省级普通高等教育一流教材
省级一流本科课程教材
省级示范性财务管理课程教学团队

21世纪会计系列规划教材
应用型

财务管理学

Financial Management

（第四版）

孔令一 主 编
郑清兰 于晓雨 副主编

东北财经大学出版社
Dongbei University of Finance & Economics Press
大连

图书在版编目（CIP）数据

财务管理学 / 孔令一主编．—4版．—大连：东北财经大学出版社，2025.6．—（21世纪会计系列规划教材·应用型）．—ISBN 978-7-5654-5609-1

Ⅰ．F275

中国国家版本馆CIP数据核字第2025ZJ0947号

财务管理学

CAIWU GUANLI XUE

东北财经大学出版社出版

（大连市黑石礁尖山街217号　邮政编码　116025）

网　址：http://www.dufep.cn

读者信箱：dufep@dufe.edu.cn

大连雪莲彩印有限公司印刷　东北财经大学出版社发行

幅面尺寸：185mm×260mm　字数：424千字　印张：19

2025年6月第4版　2025年6月第1次印刷

责任编辑：高　铭　责任校对：赵　楠

封面设计：张智波　版式设计：原　皓

书号：ISBN 978-7-5654-5609-1　定价：52.00元

教学支持　售后服务　联系电话：（0411）84710309

如有印装质量问题，请联系营销部：（0411）84710711

第四版前言

随着市场经济的不断发展和现代企业制度的不断完善，现代企业的经营方式和理念也正在转变，货币时间价值、风险管理和资本运营等理论已成为现代企业财务管理的基本理念。围绕资本保值增值进行经营管理，把资本收益作为管理的核心，通过优化配置、资本流通、收购、重组、参股和控股来提高资本营运效益是当前企业财务管理的重点工作。

本书以公司制企业为对象，在阐述现代企业财务管理原理的基础上，系统地介绍了货币时间价值、风险报酬等财务管理基本观念，阐述了以企业的筹资管理、投资管理、营运资金管理和收益分配管理为主要内容的现代企业财务管理理论体系与实践。

财务管理是一门应用性、实践性很强的课程，是高等院校经济和管理类专业的主干课程。多年的财务管理教学实践和教学研究使我们认识到，一本合意的教材对教师组织教学工作的重要性。在本书的使用过程中，我们收到了不少师生的宝贵修改建议，值此第四版出版之际，谨向使用本书和提出宝贵建议的广大师生和读者朋友们，致以衷心感谢。

本次修订在保持第三版内容体系的基础上，贯彻落实党的二十大精神，增加思政元素，设置了“课堂拓展”栏目，以立德树人为核心，将社会主义核心价值观塑造、专业知识传授和综合能力培养三者融为一体。根据财务学科和有关法规变化，突出应用型人才培养目标，对部分内容进行修订。在第三版的教材里除了精心安排全书的整体架构外，还增加了微课视频，方便学生和读者朋友在线观看本书重要知识点的讲解。在章中设计了导入案例、Excel应用、知识测试等项目，使读者的感性认识及动手能力得以提高，进而达到提高读者学习兴趣、增强应用能力和实践能力的目的。第四版主要修订内容如下：

1. 增加知识导图。
2. 更新导入案例。
3. 更新“课堂拓展”栏目内容。
4. 增加重要知识点微课。
5. 更新注册资本制度的相关内容。
6. 完善课程教学资源。

本书配有微课视频、题库、教学课件等教学资源，可登录东北财经大学出版社网站（http://www.dufep.cn）下载使用，或直接扫描书中二维码查看微课视频以及在线答题（可扫描本书各章后的“本章知识测试”二维码进行线上答题，提交后即可看到正确答案及解析，进而实现线上教学与线下教学的有效结合，提高课程高阶性）。

本书适用于应用型或应用技术型高等学校在会计学、财务管理、金融学、工商管理、市场营销、国际贸易等专业的教学，也可以作为对学习财务管理有兴趣的读者的学习参考书。

本次修订由孔令一担任主编，郑清兰、于晓雨担任副主编。相福刚、徐嵩杰、滕萍萍、朱淑梅、李满林参与编写。本书在修订过程中参阅了大量的文献资料和相关教材，还得到了多位专家的指点帮助，在此表示诚挚的谢意。我们衷心希望本书的出版能帮助读者朋友们深入、系统地理解和把握财务管理的知识体系，并给您带来学习财务管理的乐趣。

由于编者水平有限，书中难免有疏漏和不当之处，敬请广大读者朋友们批评指正，以便使本教材能够得到不断的充实和完善。

编 者

2025年3月

目　录

第一章

财务管理总论

学习目标

1. 理解财务管理的概念。
2. 掌握财务管理目标的主要观点。
3. 了解企业的组织形式。
4. 了解财务管理的环境。
5. 了解利率的构成及其测算。

导入案例

格力电器财务管理的目标[①]

2019年3月，珠海格力电器股份有限公司董事长董明珠在博鳌亚洲论坛表示，员工的幸福就是自己的幸福，格力电器已经开始建设员工住房，“要分给每个员工两室一厅”。在董明珠看来，现在的80后已经当家了，而且要养老、养小，他们已经成为社会主流了，但是他们为了房子愁眉苦脸，还有心思干活吗？他们不会有幸福感的。

知识图谱

董明珠还认为，对于普通员工来讲，“把本职工作做好，尽职尽力就足够了”，“你要求他无私奉献，一分钱不要，为你的企业去干活，那不存在，也不客观”。

董明珠谈到如何稳定人才队伍问题时表示，为了给员工安全感，现在开始逐年落实一项政策，最终分给每位员工一套两室一厅的房子。董明珠还再次强调格力电器要拿出两年的利润，使其每一位员工，不光是技术人员、核心人员，而是所有在格力电器的员工，都可以享受到两室一厅的住房。

2023年，格力电器纳税176亿元，为国家税收作出了贡献。在2024年1月的“格力2024全球梦想盛典”上，董明珠公开宣布会多拿出2亿元给员工发年终奖。董明珠认为，要让员工有尊严地工作，这一举措有助于提升员工的积极性和对公司的认同感。

讨论与思考：

结合格力电器为员工分房的行为，谈谈怎样正确认识企业财务管理的目标。

---

① 资料来源：李春晖．董明珠谈给员工分房：是回报 不是以这个为条件让员工留下［EB/OL］．［2019-03-26］．http：//finance.china.com.cn/news/special/boao2019/20190326/4934357.shtml.

谷雨．“格力2024全球梦想盛典”在珠海举行［EB/OL］．［2024-01-30］．http：//www.xinhuanet.com/tech/20240130/3902cd370994437e88c52ff86a40957a/c.html.

第一节 财务管理概述

一、财务管理的概念

本章课件

（一）财务管理的含义

财务管理（Financial Management）是组织企业财务活动、处理财务关系的一项经济管理工作。企业的财务活动包括筹资活动、投资活动、营运活动、利润分配活动。企业的财务关系是指企业与其利益相关者之间的经济利益关系。

（二）财务管理的特征

什么是财务管理？

第一，财务管理的基本特征是对企业资金循环和周转过程中的价值管理。社会经济的发展，要求财务管理主要是运用价值形式对经营活动实施管理。通过价值形式，把企业的一切物质条件、经营过程和经营结果都合理地加以规划和控制，达到企业效益不断提高、财富不断增加的目的。

第二，财务管理与企业各方面都具有广泛联系。在企业中，一切涉及资金的收支活动，都与财务管理有关。因此，每一个部门都会通过资金的使用与财务部门发生联系。

第三，财务管理能迅速反映企业的生产经营状况。在企业管理中，决策是否得当，经营是否合理，技术是否先进，产销是否顺畅，都可迅速地在企业财务指标中得到反映。财务部门应通过自己的工作，向企业领导及时通报有关财务指标的变化情况，以便把各部门的工作都纳入提高经济效益的轨道上，努力实现财务管理的目标。

第四，财务管理是一项动态管理。企业涉及的财务活动主要包括筹资活动、投资活动、营运活动、利润分配活动。企业运作的重要内容就是有序、科学地组织上述财务活动。不同活动过程应当运用不同的财务方法、制定不同的财务决策。同时，随着时间的推移和经济环境的变化，财务管理也应做相应的调整。比如，经济繁荣时，企业一般会扩大投资；经济萧条时，企业一般会缩小投资。

（三）财务管理的本质

企业资金来源包括债权人投入和所有者投入。前者形成负债，后者形成所有者权益。资产负债率（负债与资产的比值）过高，会导致企业承担较多的债务，形成较大的财务风险；资产负债率过低，致使企业不能充分利用财务杠杆为企业所有者赚取更多利润。因此，资产负债率存在一个平衡点，即最佳资本结构。财务管理筹资决策重点解决的问题就是确定筹资规模和最佳资本结构。

企业的项目可能有很多，但有些项目是不可行的，所以要从全部项目中选择出可行项目。在选择出所有可行项目后，由于企业的资金是有限的，可能不允许覆盖全部可行项目。好钢要用在刀刃上，此时企业要将有限的资金投入到能够获得最大收益的项目中。上述选择的过程，本质上就是投资决策。因此，正确的投资决策可以使企业淘汰不可行项目，从可行项目中选出最优项目，使资金从收益低的领域流向收益高的领域。

企业的短期资产并非越多越好，也并不是越少越好。短期资产过多，会造成资金闲置，降低企业的收益性；短期资产过少，会增加资金短缺的风险，给企业带来短缺成本。因此，短期资产存在最佳持有量。最佳持有量是营运决策主要解决的问题。

股利政策有不同的种类，不同的企业以及同一企业在不同的发展阶段需要制定与之相适应的股利分配政策。

总而言之，管理的本质是决策，财务管理的本质是财务决策。

二、财务活动

企业财务活动（Financial Activity）是指以现金收支为主的企业资金收支活动的总称。在社会主义市场经济条件下，一切物资都具有一定量的价值。它体现着耗费于物资中的社会必要劳动量。社会再生产过程中物资价值的货币表现就是资金。在市场经济条件下，拥有一定数额的资金，是进行生产经营活动的必要条件。企业的生产经营过程，一方面表现为物资的不断购进和售出；另一方面则表现为资金的支出和收回。企业的经营活动不断进行，也就会不断产生资金的收支。企业资金的收支，构成了企业经济活动的一个独立方面，这便是企业的财务活动。企业财务活动可分为以下四个方面：

（一）筹资活动

企业的资金来源主要有两种表现形式，即所有者权益和负债。但是，企业的筹资渠道和方式是多种多样的，筹资渠道具体有政府资本、法人资本、个人资本、港澳台资本以及外商资本。筹资方式有投入资本、发行股票筹资、发行债券筹资、银行信贷与商业信用等。在筹资过程中，企业需要考虑筹资引起的资本结构的变动及筹资给企业带来的财务风险，要认真选择筹资渠道，周密研究筹资方式，降低资本成本，根据企业资金缺口筹集供日常营运和投资所需的资金，并在筹资时间上作合理的安排。总之，筹资解决的问题是筹资规模和资本结构的确定。

（二）投资活动

投资是指企业根据项目资金需要，投出资金的行为。企业投资可分为广义的投资和狭义的投资。广义的投资包括对外投资（如投资购买其他公司的股票、债券，或与其他企业联营，或投资于外部项目）和内部使用资金（如购买固定资产、流动资产）；狭义的投资仅指对外投资。

（三）营运活动

企业在正常的营运过程中，会发生一系列的资金收支。首先，企业要采购材料或商品，以便从事生产和销售活动，同时，还要支付工资和其他营业费用；其次，当企业把产品或商品售出后，便可取得收入，收回资金；再次，如果企业现有资金不能满足企业营运的需要，还要采取短期借款方式来筹集所需资金。因上述各方面所产生的企业资金的收支，即属于企业营运过程引起的财务活动。

（四）利润分配活动

企业在经营过程中会产生利润，也可能会因对外投资而分得利润，这表明企业有了资金的增值或取得了投资报酬。企业的利润要按规定的程序进行分配。首先，要依法纳税；其次，要用来弥补亏损，提取盈余公积；最后，要向投资者分配利润。这种因利润分配而产生的资金收支便属于由利润分配引起的财务活动。

上述财务活动的四个方面，不是相互割裂、互不相关的，而是相互联系、相互依存的。正是上述互相联系又有一定区别的四个方面，构成了完整的企业财务活动。这四个方面也就是财务管理的基本内容：企业筹资管理、企业投资管理、营运资金管理、利润分配管理。

三、财务关系

企业财务关系（Financial Relationship）是指企业在组织财务活动过程中与各有关方面发生的经济关系。企业的筹资活动、投资活动、营运活动、利润分配活动与企业上下左右各方面具有广泛的联系。企业的财务关系可概括为以下几个方面：

财务关系

（一）企业同其所有者之间的财务关系

企业同其所有者之间存在受资与投资的关系。这主要是指企业的所有者向企业投入资金、企业向其所有者支付投资报酬所形成的经济关系。企业所有者主要有以下四类：①国家；②法人单位；③个人；④外商。企业的所有者要按照投资合同、协议、章程的约定履行出资义务，以便能及时形成企业的资本金。企业利用资本金进行经营，实现利润后，应按出资比例或合同、章程的规定，向其所有者分配利润。

（二）企业同其债权人之间的财务关系

企业同其债权人之间存在债务与债权的关系。这主要是指企业向债权人借入资金，并按借款合同的规定按时支付利息和归还本金所形成的经济关系。企业除利用资本金进行经营活动外，还要借入一定数量的资金，以便降低企业资本成本，扩大企业经营规模。企业的债权人主要有：①债券持有人；②贷款机构；③商业信用提供者；④其他出借资金给企业的单位或个人。企业利用债权人的资金后，要按约定的利息率，及时向债权人支付利息；债务到期时，要合理调度资金，按时向债权人归还本金。

（三）企业同其被投资单位之间的财务关系

企业同其被投资单位之间存在投资与受资的关系。这主要是指企业将其闲置资金以购买股票或直接投资的形式向其他企业投资所形成的经济关系。随着经济体制改革的深化和横向经济联合的开展，这种关系将会越来越广泛。企业向其他单位投资，应按约定履行出资义务，参与被投资单位的利润分配。

（四）企业同其债务人之间的财务关系

企业同其债务人之间存在债权与债务的关系。这主要是指企业将其资金以购买债券、提供借款或商业信用等形式出借给其他单位所形成的经济关系。企业将资金借出后，有权要求债务人按约定的条件支付利息和归还本金。

（五）企业内部各单位的财务关系

这主要是指企业内部各单位之间在生产经营各环节中相互提供产品或劳务所形成的经济关系。在实行内部经济核算制的条件下，企业供、产、销各部门以及各生产单位之间，相互提供产品和劳务要进行计价结算。这种在企业内部形成的资金结算关系体现了企业内部各单位之间的利益关系。

（六）企业与职工之间的财务关系

这主要是指企业向职工支付劳动报酬的过程中所形成的经济关系。企业要用自身的产品销售收入，向职工支付工资、津贴、奖金等，按照提供的劳动数量和质量支付职工的劳动报酬。这种企业与职工之间的财务关系，体现了职工和企业在劳动成果上的分配关系。

（七）企业与税务机关之间的财务关系

这主要是指企业要按税法的规定依法纳税而与国家税务机关所形成的经济关系。任何企业，都要按照国家税法的规定缴纳各种税款，以保证国家财政收入的实现，满足社会各方面的需要。及时、足额地纳税是企业对国家的贡献，也是对社会应尽的义务。因此，企业与税务机关的关系反映的是依法纳税和依法征税的权利义务关系。

第二节 财务管理目标

一、财务管理目标观念

财务管理目标（Objective of Financial Management）是企业理财活动所希望实现的结果，是评价企业理财活动是否合理的基本标准。为了完善财务管理理论，有效指导财务管理实践，必须对财务管理目标进行认真的研究。财务管理目标直接反映理财环境的变化，并根据环境的变化作适当调整。它是财务管理理论体系中的基本要素和行为导向，是财务管理实践中进行财务决策的出发点和归宿。财务管理目标制约着财务运行的基本特征和发展方向，是财务运行的一种驱动力。不同的财务管理目标，会产生不同的财务管理运行机制。科学地设置财务管理目标，对优化理财行为、实现财务管理的良性循环，具有重要意义。财务管理目标是企业财务运行的导向力量。若财务管理目标设置有偏差，则财务管理的运行机制就很难合理。因此，研究财务管理目标，既是建立科学的财务管理理论结构的需要，也是优化财务管理行为的需要。

（一）利润最大化

利润最大化（Profit Maximization）是西方微观经济学的理论基础。西方经济学家以往都是以“利润最大化”这一目标来分析和评价企业行为和业绩的。

以利润最大化作为财务管理的目标，有其合理的一面。企业追求利润最大化，就必须讲求经济核算，加强管理，改进技术，提高劳动生产率，降低产品成本。这些措施都有利于资源的合理配置，有利于经济效益的提高。同时，企业的利润目标比较直观，容易被企业的管理者和职工接受。

但是，以利润最大化作为财务管理目标存在以下缺点：

（1）利润最大化没有考虑利润实现的时间，没有考虑资金时间价值。

（2）利润最大化没能有效地考虑风险问题，可能会使财务人员不顾风险的大小去追求最大的利润。

（3）利润最大化往往会使企业财务决策带有短期行为的倾向，即只顾实现目前的最大利润，而不顾企业的长远发展。

（4）利润最大化没有反映创造的利润和投入的资本之间的关系。应该看到，将利润最大化作为企业财务管理的目标，只是对经济效益的浅层次的认识，存在一定的片面性，所以，现代财务管理理论认为，利润最大化并不是财务管理的最优目标。

（二）股东财富最大化

股东财富最大化（Shareholder Wealth Maximization）是指通过财务上的合理经营，为股东带来最多的财富。在股份制公司中，股东财富由其所拥有的股票数量和股票市场价格两方面来决定。如果股票数量一定，当股票价格达到最高时，股东财富也达到最大。所以，股东财富最大化又演变为股票价格最大化。

与利润最大化目标相比，股东财富最大化目标有其积极的方面，这是因为：

（1）股东财富最大化目标考虑了风险因素，因为风险的高低会对股票价格产生重要影响。

（2）股东财富最大化在一定程度上能够克服企业在追求利润上的短期行为，因为不仅目前的利润会影响股票价格，预期未来的利润对企业股票价格也会产生重要影响。

（3）股东财富最大化目标比较容易量化，便于考核和奖惩。

但应该看到，股东财富最大化目标也存在一些缺点：

（1）它只适用于上市公司。

（2）它只强调股东的利益，而对企业其他利益关系人的利益重视不够。

（3）股票价格受多种因素影响，并非都是公司所能控制的。把不可控因素引入理财目标是不合理的。

尽管股东财富最大化存在上述缺点，但如果一个国家的证券市场高度发达，市场效率极高，那么上市公司可以把股东财富最大化作为财务管理的目标。

股东财富是在其他利益相关者的利益得到基本满足之后的剩余权益，其约束条件是：

（1）利益相关者的利益受到了完全的保护。

（2）没有社会成本。

（三）企业价值最大化

建立企业的重要目的，在于创造尽可能多的财富。企业价值最大化，是指企业通过生产经营，在激烈的市场竞争中不断开拓创新产品、优化业务服务、增加企业财富，使企业价值最大化。企业价值能够被理解为企业所有者权益的市场价值，或者是企业所能创造的未来现金流量的现值。未来现金流量的现值这一概念，考虑了货币时间价值和风险报酬的关系。在对企业进行评价时，不仅要看企业已经获得的利润水平，还要评价企业潜在的获利能力。因此，企业价值不是账面资产的总价值，而是企业全部财产的市场价值，它反映了企业潜在或预期的获利能力和未来收入预期。

将企业价值最大化作为财务管理的目标，其优点表现在：

（1）考虑了资金的时间价值和投资的风险价值，有利于选择投资方案。

（2）反映了对企业资产保值增值的要求，股东财富越多，企业价值就越大，追求企业价值最大化可促使企业资产保值或增值。

（3）有利于克服管理的片面性和短期行为。

（4）有利于社会资源合理配置，实现社会效益最大化。

将企业价值最大化作为财务管理的目标也存在一些不足之处，具体表现在：

（1）对于上市企业而言，虽然可通过股票价格的变动揭示企业价值，但股票价格受多种因素的影响，不一定能够准确地揭示企业的获利能力。

（2）现代企业不少采用环形持股即相互持股的方式，而对企业价值最大化目标没有足够的兴趣。

（3）对于非上市企业，只有对企业进行专业评估才能真正确定其价值，但这种评估不易做到客观和准确，从而很难确定企业的价值。

近年来，随着上市公司数量的增加，以及上市公司在国民经济中地位的提高、作用的增强，企业价值最大化目标逐渐得到了广泛认可。

（四）相关者利益最大化

所谓利益相关者，一般是指股东、债权人、员工、管理者、供应商、顾客、政府、所在社区等所有与企业生产经营行为和后果有利害关系的群体。相关者利益最大化是指企业的财务活动必须兼顾和均衡各个利益相关者的利益，使所有利益相关者的利益尽可能最大化。

相关者利益最大化目标的具体内容包括以下几个方面：

（1）强调风险与酬劳的均衡，将风险限制在企业能够承受的范围内。

（2）强调股东的首要地位，并强调企业与股东之间的协调关系。

（3）强调对代理人即企业经营者的监督，建立有效的激励机制，以便企业战略目标的顺利实施。

（4）关怀本企业职工的利益，创造优美和谐的工作环境和提供合理恰当的福利待遇，培养职工长期努力为企业工作。

（5）不断加强与债权人的关系，培养可靠的资金供应者。

（6）关怀客户的长期利益，以便保持销售收入的长期稳定增长。

（7）加强与供应商的协作，共同面对市场竞争，并注重企业形象的宣传，遵守承诺，讲究信誉。

（8）保持与政府部门的良好关系。

以相关者利益最大化作为财务管理目标，具有以下优点：

（1）有利于企业长期稳定发展。这一目标注重企业在发展过程中考虑并满足各利益相关者的利害关系。在追求长期稳定发展的过程中，站在企业的角度上进行投资研究，避免了只站在股东的角度进行投资可能导致的一系列问题。

（2）体现了合作共赢的价值理念，有利于实现企业经济效益和社会效益的统一。由于兼顾了企业、股东、政府、客户等的利益，企业就不仅仅是一个单纯谋利的组织，还承担了一定的社会责任。企业在寻求其自身的发展和利益最大化的过程中，由于考虑了客户及其他利益相关者的利益，就会依法经营，依法治理，正确处理各种财务关系，自觉维护和切实保障国家、集体和社会公众的合法权益。

（3）这一目标本身就是一个多元化、多层次的目标体系，较好地兼顾了各利益主体的利益。这一目标可使企业各利益主体相互作用、相互协调，并在使企业利益、股东利益达到最大化的同时，使其他利益相关者的利益也达到最大化。

应当指出，企业不但要为其所有者提供收益，还要合理承担相应的社会责任（Social Responsibility），如保护生态平衡、防治环境污染和支持社区文化教育、福利事业等。我国上市公司从2009年开始披露社会责任报告，每股社会贡献值较好地体现了企业所承担的社会责任。每股社会贡献值的公式为：

$$每股社会贡献值=每股收益+\frac{纳税额+职工费用+利息支出+公益投入总额}{期末总股本}$$

相关者利益最大化通常被看作公司财务管理最理想的目标。然而，鉴于该目标过于理想化，可操作性难度大，公司通常把企业价值最大化作为财务管理的目标。

【课堂拓展】

危难时见真情——鸿星尔克捐款上热搜①

2021年7月20日下午，受台风“烟花”裹挟的水汽及太行山地形等因素的影响，河南受到“千年一遇”的暴雨侵袭，全国各地支援河南。

7月21日，鸿星尔克向河南捐赠5 000万元物资。7月22日，“鸿星尔克的微博评论好心酸”冲上微博热搜。网友纷纷心疼鸿星尔克，“感觉快倒闭了还捐这么多”。让我们来认识一下鸿星尔克。

鸿星尔克实业有限公司创立于2000年6月，总部位于福建省厦门市，是一家集研发、生产、销售为一体，员工近3万人的大型运动服饰企业。公司在全世界拥有店铺7 000余家，产品销往欧洲、东南亚、中东、南北美洲、非洲等国家和地区。公司2005年在新加坡主板上市，2011年因财务造假被停牌，2020年正式从新加坡退市。

鸿星尔克一直亏损，2020年营收28.4亿元，亏损2.2亿元，2021年第一季度亏损6 000万元。这样一家企业，却藏着一颗爱国之心。网友发表评论“连微博会员都舍不得充，却慷慨给河南捐赠5 000万元”“它还存在吗？我以为它倒闭了”“它为什么不给自己宣传一下”……

鸿星尔克的捐赠事件彻底激起了全国人民的情怀。网友视频截图显示，4 735万人挤爆鸿星尔克的直播间。2021年7月23日至24日，鸿星尔克官方旗舰店的淘宝直播间销售额突破1.07亿元，总销量64.5万件。直播间主播与网友的部分对话：

主播：大家一定理性消费，喜欢才买。

网友：我不听，我就要买。

主播：我给大家展示细节，大家看清楚。

网友：别说了，上链接，管它细节不细节。

主播：我们老板也希望大家理性消费。

网友：野性消费。

主播：这个没有了。

网友：把吊牌寄来就行了，我自己缝一件。

① 资料来源：陈晴．鸿星尔克捐赠上热搜 每份爱心传递的正能量都相同［N］．每日经济新闻，2021-07-26（001）．

鸿星尔克官方微博．天灾无情，鸿星有爱，甘肃加油！［EB/OL］．［2023-12-19］．https://weibo.com/2171593110/NxPfLbJGE?pagetype=profilefeed.

此外，网友们给鸿星尔克的微博会员充到了2140年。

2023年12月18日，甘肃省临夏州积石山县发生6.2级地震。震后，鸿星尔克官方微博发文宣布向甘肃受灾地区捐赠2 000万元物资。

请分析：

1.鸿星尔克为什么在自身亏损的状况下全力支援河南?

2.全国人民为什么在鸿星尔克直播间“野性”消费?

3.鸿星尔克怎样才能“活”到2140年?

二、利益冲突与协调

协调相关利益群体的利益冲突，要把握力求使企业相关利益者的利益分配均衡的原则，也就是减少各相关利益群体之间的利益冲突所导致的企业总体利益和价值的下降，使利益分配在数量上和时间上达到动态的协调平衡。

（一）经营者和股东的矛盾与协调

股东与经营者的利益冲突与解决措施

股东是企业终极的、永久的出资者，股东期待经营者实现他们的利益，追求的目标是通过企业的经营管理，使他们的资本保值增值，最大限度地提高资本收益，增加股权价值。对经营者来说，他们考虑的是在什么条件下为股东工作以及从股东那里能够取得多少薪酬。在这些前提下，他们才能努力地为股东创造财富。舒适的工作条件、优厚的报酬、个人声誉和社会地位等职业经理人价值，是他们追求的目标。股东目标与经营者目标不完全一致，导致经营者可能为了自身的利益而背离股东的利益。

解决股东与经营者之间的利益矛盾，一般可采用三种形式：①监督，通过定期报告、注册会计师审计制度、独立董事制度等方式，让股东得到更多的企业信息，了解经营者的情况；②约束，通过一系列管理机制和制度安排，约束经营者的行为，甚至解聘经营者；③激励，通过绩效薪酬、股票期权等方式，使经营者为实现股东的利益而努力工作。

（二）股东与债权人的矛盾与协调

债权人实际上也是企业的出资者，但其出资有固定的期限，到期要收回本金。债权人关注的是本金的安全和期望报酬的取得，其利益要求是到期收回本金，并获得期望的利息。当公司从债权人那里取得资金后，债权人就失去了对资金的控制权，股东往往将其投入风险更高的项目中，或者改变举借资金的原定用途。高风险项目成功所取得的额外收益全部由股东独享，而债权人却有可能承担项目失败的损失。

债权人为了防止其利益被侵害，一般采取两种保护方式：①立法保护，如通过法律途径收回借款，破产时优先接管等；②限制性条款，在借款合同中加入某些限制性条款，如规定资金用途、借款的担保条款、允许提前收回借款等。

（三）大股东与小股东的矛盾与协调

大股东通常是指控股股东，他们持有企业大多数股份，能够左右股东大会和董事会的决议，往往还委派企业的最高管理者，从而掌握企业的重大决策权，拥有对企业的控制权。人数众多但持有股份数量很少的中小股东基本没有机会接触到企业的经营管理，尽管他们按照各自的持股比例对企业的利润享有索取权，但由于与控股股东之间存在严重的信息不对称，因此他们的权利很容易被控股股东以各种形式侵害。大股东侵害小股东利益的主要表现形式有：①利用关联方交易转移上市公司的利润，如大股东向上市公司高价出售劣质资产，或大股东低价购买上市公司的优质资产。②非法占用上市公司巨额资金，或以上市公司的名义进行各种担保和恶意筹资。③发布虚假信息，操纵股价，欺骗中小投资者。④为大股东派出的高级管理者支付过高的报酬和特殊津贴。⑤利用不合理的股利政策，掠夺中小股东的既得利益。

目前，小股东的利益保护机制有：①完善上市公司的治理结构，使股东大会、董事会和监事会三者有效运作，形成互相制约的机制。②规范上市公司的信息披露制度，保证信息的完整性、真实性和及时性。

第三节 企业组织形式

一、个人独资企业

企业的组织形式

个人独资企业（Sole Proprietorship），即个人出资经营、归个人所有和控制、由个人承担经营风险和享有全部经营收益的企业。以独资经营方式经营的独资企业有无限的经济责任，破产时借方可以扣留企业主的个人财产。

个人独资企业具有以下特点：①企业的建立与解散程序简单。②经营管理灵活自由，企业主可以完全根据个人的意志确定经营策略，进行管理决策。③企业主对企业的债务承担无限责任。当企业的资产不足以清偿其债务时，企业主以其个人财产偿付企业债务，有利于保护债权人利益，但独资企业不适宜风险大的行业。④企业的规模有限，个人独资企业有限的经营所得、企业主有限的个人财产、企业主一人有限的工作精力和管理水平等都制约着企业经营规模的扩大。⑤企业的存在缺乏可靠性，个人独资企业的存续完全取决于企业主个人的得失安危，企业的寿命有限。

个人独资企业是企业制度序列中最初始和最古典的形态，也是民营企业主要的企业组织形式。其主要优点为：①企业资产所有权、控制权、经营权、收益权高度集中，这有利于保守与企业经营和发展有关的秘密，有利于企业主个人创业精神的发扬。②企业主自负盈亏和对企业的债务负无限责任成为强硬的预算约束，企业经营好坏同企业主个人和其家庭的经济利益紧密相连。因而，企业主会竭尽全力地把企业经营好。③外部的法律法规等对企业的经营管理、决策、进入与退出、设立与破产的制约较小。④企业税负较轻，只需要缴纳个人所得税。

个人独资企业存在无法克服的缺点，主要有：①难以筹集大量资金。因为一个人的资金毕竟有限，以个人名义借款的难度也较大。因此，个人独资企业限制了企业的扩张和大规模经营。②投资者风险巨大。企业主对企业负无限责任，在硬化了企业预算约束的同时，也带来了企业主所承担风险过大的问题，从而限制了企业主向风险较大的部门或领域进行投资。这对新兴产业的形成和发展极为不利。③企业连续性差。企业所有权和经营权高度集中的产权结构，虽然使企业拥有充分的自主权，但这也意味着企业是自然人的企业，企业主的病、死，以及其个人及家属知识和能力的缺乏，都可能导致企业破产。④企业内部的基本关系是雇佣劳动关系，劳资双方利益目标的差异，构成企业内部组织效率的潜在危险。

二、合伙企业

合伙企业（Partnership），是指自然人、法人和其他组织依照《中华人民共和国合伙企业法》在中国境内设立的，由两个或两个以上的自然人通过订立合伙协议，共同出资经营、共负盈亏、共担风险的企业组织形式。合伙企业一般无法人资格，不缴纳企业所得税，缴纳个人所得税。

合伙企业有如下特点：①生命有限。合伙企业比较容易设立和解散。合伙人签订了合伙协议，就宣告合伙企业成立。新合伙人的加入，旧合伙人的退伙、死亡、自愿清算、破产清算等均可造成原合伙企业的解散以及新合伙企业的成立。②责任无限。合伙组织作为一个整体对债权人承担无限责任。按照合伙人对合伙企业的责任，合伙企业可分为普通合伙企业和有限责任合伙企业。普通合伙企业的合伙人均为普通合伙人，对合伙企业的债务承担无限连带责任。有限责任合伙企业由一个或几个普通合伙人和一个或几个责任有限的合伙人组成，即合伙人中至少有一个人要对企业的经营活动负无限责任，而其他合伙人只以其出资额为限对债务承担偿还责任，因而其他合伙人一般不直接参与企业的经营管理活动。③相互代理。合伙企业的经营活动，由合伙人共同决定，合伙人有执行和监督的权利。合伙人可以推举负责人。合伙负责人和其他人员的经营活动，由全体合伙人承担民事责任。换言之，每个合伙人代表合伙企业所发生的经济行为对所有合伙人均有约束力。因此，合伙人之间较易发生纠纷。④财产共有。合伙人投入的财产，由合伙人统一管理和使用，不经其他合伙人同意，任何一位合伙人不得将合伙财产移为他用。只提供劳务，不提供资本的合伙人仅有权分享一部分利润，而无权分享合伙财产。⑤利益共享。合伙企业在生产经营活动中所取得、积累的财产，归合伙人共有，亏损也由合伙人共同承担。损益分配的比例，应在合伙协议中明确规定；未经规定的，可按合伙人出资比例分摊，或平均分摊。以劳务抵作资本的合伙人，除另有规定者外，一般不分摊损失。

合伙企业具有设立程序简单、设立费用低等优点，但也存在责任无限、权力分散、产权转让困难等缺点。

三、公司制企业

公司制企业是指依照国家相关法律集资创建的，实行自主经营、自负盈亏，由法定出资人（股东）组成的，具有法人资格的独立经济组织。一般来说，公司分为有限责任公司（Limited Liability Company）和股份有限公司（Corporation）。

公司制企业的主要优点包括以下几个方面：①独立的法人实体。公司一经宣告成立，法律即赋予其独立的法人地位，具有法人资格，能够以公司的名义从事经营活动，享有权利，承担义务，从而使公司在市场上成为竞争主体。②具有无限存续期。一家公司在最初的所有者和经营者退出后仍然可以继续存在。③有限债务责任。公司债务是法人的债务，不是所有者的债务。所有者的债务责任以其出资额为限。④所有权和经营权分离。公司的所有权属于全体股东，经营权委托专业的经营者负责管理，管理的专业化有利于提高公司的经营能力。⑤筹资渠道多元化。股份制公司可以通过资本市场发行股票或发行债券募集资金，有利于企业的资本扩张和规模扩大。

公司制企业的缺点主要有：①双重课税。公司作为独立的法人，其利润需缴纳企业所得税；企业利润分配给股东后，股东还需缴纳个人所得税。②组建公司的成本高。《中华人民共和国公司法》（以下简称“公司法”）对建立公司的要求比独资企业和合伙企业高，并且需要提交各种报告。③存在代理问题（Agency Problem）。经营者和所有者分开以后，经营者称为代理人，所有者称为委托人，代理人可能为了自身利益而侵害委托人利益。

第四节 财务管理环境

财务管理环境又称理财环境，是指对组织财务活动和处理财务关系产生影响的企业外部条件。本节主要阐述经济环境、法律环境以及金融市场环境。

财务管理环境

一、经济环境

（一）经济周期

经济周期一般是指经济活动沿着经济发展的总体趋势所经历的有规律的扩张和收缩，大体上要经历复苏、繁荣、衰退和萧条四个阶段的循环。企业应该根据宏观经济所处的不同周期阶段制定不同的财务决策，组织不同的财务活动。比如在经济复苏阶段，企业应该增加厂房设备，实行长期租赁，增加存货，增加雇员，研发新产品；在经济繁荣阶段，企业应该扩充厂房设备，继续增加存货，提高产品价格，增加雇员，开展营销规划，制定并实施扩张战略；在经济衰退阶段，企业应该处置闲置设备，减少存货，适当裁减员工，停止扩张，调整资本结构和资产组合；在经济萧条阶段，企业应处置闲置设备，削减存货，裁减员工，制定并实施退出战略。

（二）经济发展水平

根据经济发展水平和贫富状况，通常分为发达国家和发展中国家。发达国家与发展中国家的经济差别，源于旧的国际经济秩序，具体表现在国际生产领域、国际贸易领域和国际金融货币领域三个方面。同一国家不同地区之间也存在经济发展水平的差异。企业在组织筹资活动、投资活动、营运活动以及利润分配活动等财务活动时必须与经济发展水平协同一致，财务管理不能落后于经济发展水平，也不能超前于经济发展水平。

（三）宏观经济政策

宏观经济政策是国家在一定时期内，按照宏观调控目标的要求而制定的组织、调节、控制经济活动的行为规范和准则。宏观经济政策是建立在市场机制作用基础上的，同市场运行变量有内在联系的经济范畴，是国家宏观调控经济运行、保障市场经济健康发展的重要工具。经济运行的复杂性与调控目标的综合性，决定了宏观经济政策在现实中总表现为互相联系、取长补短的政策所组成的政策体系。这一政策体系包括财政政策、货币政策、产业政策、价格政策、收入分配政策等。顺应经济政策导向，会给企业带来经济利益，因此，财务人员应该认真研究当前经济形势和宏观经济政策，趋利除弊。经济政策会随经济环境和经济形势的变化而变化，因此，企业财务人员在制定财务政策时应该留有余地，甚至应该有能力预见经济政策的变化趋势。

二、法律环境

（一）企业组织法规

企业组织必须依法成立。组建不同的企业，要遵照不同的法律。在我国，这些法律主要有《中华人民共和国公司法》（以下简称《公司法》）、《中华人民共和国个人独资企业法》、《中华人民共和国合伙企业法》（以下简称《合伙企业法》）等。这些法律详细规定了不同类型的企业组织设立的条件、设立程序、组织结构、组织变更以及终止的条件和程序等。

（二）财务会计法规

我国目前企业财务管理法规制度有《中华人民共和国会计法》《企业财务通则》《企业内部控制基本规范》等。这些法规制度是企业进行财务管理的依据。

（三）税收法律规范

税法是国家制定的用以调整国家与纳税人之间在征纳税方面权利与义务的法律规范的总称。税法是国家法律的重要组成部分，是保障国家和纳税人合法权益的法律规范。税法按征税对象的不同可以分为：①对流转额课税，以企业的销售所得为征税对象，主要包括增值税、消费税和关税。②对所得额课税，包括企业所得税、个人所得税。其中，企业所得税适用于在中华人民共和国境内的企业和其他取得收入的组织（不包括个人独资企业和合伙企业），上述企业在我国境内和境外的生产、经营所得和其他所得为应纳税所得额，一般按25%的税率计算缴纳税款。③对自然资源课税，目前主要以矿产资源和土地资源为征税对象，包括资源税、城镇土地使用税等。④对财产课税，以纳税人所有的财产为征税对象，主要有房产税。⑤对行为课税，以纳税人的某种特定行为为征税对象，主要有印花税、城市维护建设税等。

我国社会主义税收“取之于民，用之于民”。国家职能的实现，必须以社会各界缴纳的税收为物质基础。因而，在我国，每个公民和企业都应自觉纳税。在现实生活中，一些单位和个人存在偷漏税、欠税、骗税、抗税的违反税法的行为。这些行为危害社会经济健康发展、国家和人民的根本利益。因而，我们必须坚决同任何违反税法的行为作斗争，以维护国家的根本利益。但是税费支出是企业现金流出的主要内容，是企业运营成本的重要组成部分，因此在不危害社会经济健康发展、国家和人民根本利益的前提下合理进行税务合规管理，进行合理避税是每个财务人员的基本能力要求。

三、金融市场环境

（一）金融市场的含义

金融市场是指一切资本流动的场所，包括实体资本的流动场所和货币资本的流动场所。

（二）金融市场的种类

（1）按交易的期限划分，金融市场可分为短期资本市场和长期资本市场。短期资本市场是指期限不超过一年的资金交易市场。长期资本市场是指期限在一年以上的股票和债券市场。

（2）按交易的时间划分，金融市场可分为现货市场和期货市场。现货市场是指买卖双方成交后，当场或几天之内交割的交易市场。期货市场是指买卖双方成交后，在双方约定的未来某一特定的日期交割的交易市场。

（3）按交易的性质划分，金融市场可分为发行市场和流通市场。发行市场是指从事新证券和票据等金融工具买卖的市场。流通市场是指从事已上市的证券或票据等金融工具买卖的市场。

金融市场的基本类型如图 1-1 所示。

- 金融市场
  - 外汇市场
  - 资金市场
    - 货币市场
      - 短期证券市场
      - 短期借贷市场
    - 资本市场
      - 长期证券市场
        - 一级市场
        - 二级市场
      - 长期借贷市场
  - 黄金市场

图 1-1　金融市场的基本类型

（三）金融机构

我国的金融机构主要有：

（1）中国人民银行。中国人民银行简称“中央银行”，它代表政府管理全国的金融机构和金融活动，经营国库。其主要职能是制定和实施货币政策，保持货币币值稳定；维持支付和清算系统的正常运行；持有、管理、经营国家外汇储备和黄金储备；代理国库和其他与政府有关的金融业务；代表政府从事有关的国际金融活动。

（2）政策性银行。政策性银行是指由政府设立，以贯彻国家产业政策、区域发展政策、不以营利为目的的金融机构。其特点在于：不面向公众吸收存款；其资本主要由政府拨付；其服务领域主要是对国家经济发展和社会稳定具有重要意义的领域。目前我国有三家政策性银行：国家开发银行、中国进出口银行、中国农业发展银行。

（3）商业银行。商业银行是指以经营工商业务、放款为主要业务，并以获得利润为目的的货币经营企业。我国商业银行主要有中国建设银行、中国农业银行、中国银行、中国工商银行、光大银行、浦发银行等。

（4）非银行金融机构。目前我国主要的非银行金融机构有保险公司、信托投资公司、证券公司、财务公司、租赁公司等。

（四）利率

利率（Interest Rate）也称利息率，是利息占本金的比率。从资金的借贷关系来看，利率是一定时期运用资金资源的交易价格。利率可用下式表示：

利率 = 纯利率 + 通货膨胀补偿率 + 风险报酬率

（1）纯利率。纯利率是指在没有风险和通货膨胀的情况下的平均利率。在没有通货膨胀时，国库券的利率可以视为纯利率。纯利率的高低受平均利率、资金供求关系的影响。

（2）通货膨胀补偿率。通货膨胀补偿率是指由于持续的通货膨胀不断降低货币的实际购买力，为补偿其购买力下降而要求提高的利率。

（3）风险报酬率。根据风险与报酬对等的原则，风险越高，预期报酬越高；风险越低，预期报酬越低。风险报酬率包括违约风险报酬率、流动性风险报酬率和期限风险报酬率。其中，违约风险报酬率是指为了弥补因债务人无法按时还本付息而带来的风险，由债权人要求提高的利率；流动性风险报酬率是指为了弥补因债务人资产的流动性不好而带来的风险，由债权人要求提高的利率；期限风险报酬率是指为了弥补因偿债期而带来的风险，由债权人要求提高的利率。

章后实训与测试

※ Excel函数运用

（1）单击需要输入函数的单元格，如图1-2所示，单击单元格C1，出现编辑栏：

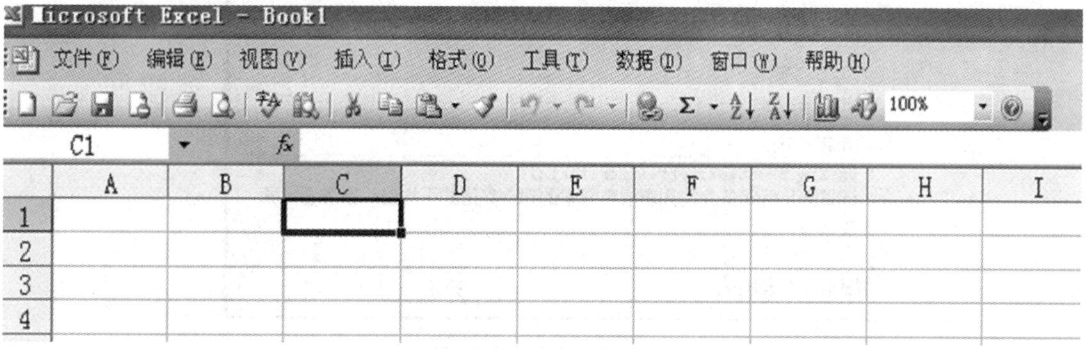

图1-2 单元格编辑

（2）单击编辑栏中的"编辑公式"按钮，将会在编辑栏下面出现一个"公式选项板"，此时"名称"框将变成"函数"按钮，如图1-3所示。

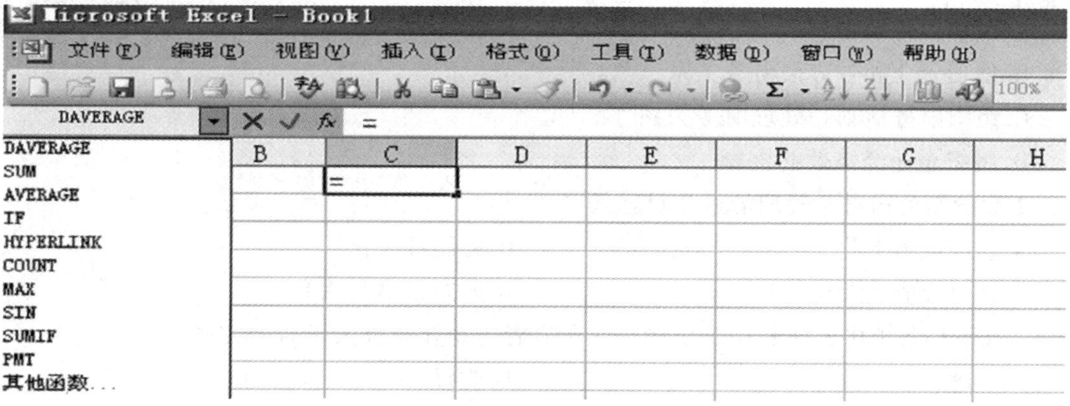

图1-3 函数列表框

（3）单击"函数"按钮右端的箭头，打开函数列表框，从中选择所需的函数。

（4）选中所需的函数后，Excel将打开"公式选项板"。用户可以在这个选项板中输入函数的参数。输入完参数后，在"公式选项板"中还将显示函数计算的结果。

（5）单击“确定”按钮，即可完成函数的输入。

（6）如果列表中没有所需的函数，可以单击“其他函数”选项，打开“粘贴函数”对话框，用户可以从中选择所需的函数，然后单击“确定”按钮返回到“公式选项板”对话框。

在了解了函数的基本知识及使用方法后，可以寻找Excel提供的各种函数。通过单击插入栏中的“函数”可以看到所有的函数，如图1-4所示。

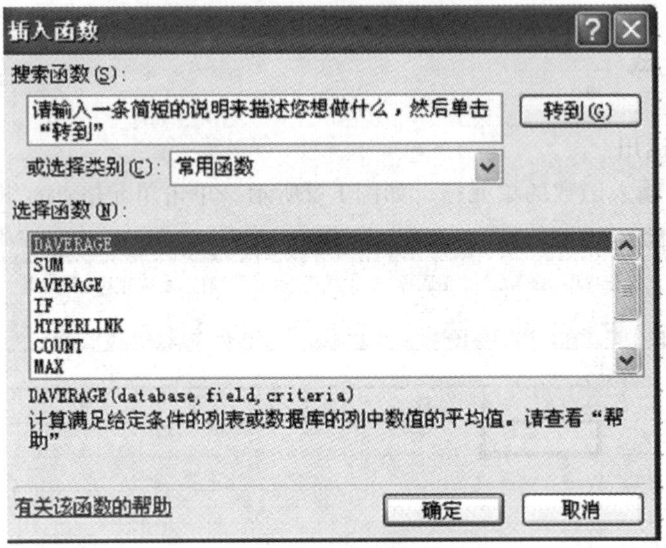

图1-4 插入函数列表

※ 知识测试

本章知识测试

一、单项选择题（每小题5分，共30分）

1.企业财务管理是（　　）的一项综合性管理工作。

A.组织财务活动

B.处理企业和各方面财务关系

C.组织财务活动、处理财务关系

D.组织企业经济效益核算

2.股份制公司财务管理的最佳目标是（　　）。

A.总产值最大化　　B.利润最大化

C.企业价值最大化　　D.股东财富最大化

3.在下列各项中，能够用于协调企业所有者与企业债权人矛盾的方法是（　　）。

A.解聘　　B.监督

C.激励　　D.停止借款

4.（　　）组织形式最具优势，成为企业普遍采用的组织形式。

A.普通合伙企业　　B.公司制企业

C.独资企业　　D.有限合伙企业

5.企业同其所有者之间的财务关系反映的是（　　）。

A.受资与投资关系　　B.债权债务关系

C.投资与受资关系　　D.债务债权关系

6.在没有通货膨胀时，（　　）的利率可以视为纯利率。

A.短期借款　　B.金融债券

C.短期国库券　　D.商业票据贴现

二、多项选择题（每小题5分，共20分）

1.为确保企业财务目标的实现，下列各项中，可用于协调经营者与所有者之间的矛盾的措施有（　　）。

A.所有者解聘经营者　　B.所有者向企业派遣财务总监

C.在债务合同中预先加入限制条款　　D.所有者给经营者以股票选择权

2.以利润最大化作为财务管理的目标，其缺陷是（　　）。

A.没有考虑利润的时间价值

B.没有考虑获取利润和所承担风险的关系

C.往往会使企业财务决策带有短期行为倾向

D.没有考虑投入资本和获利之间的关系

3.债权人为了防止其利益被侵害，通常采取的措施有（　　）。

A.解聘经营者　　B.规定资金的用途

C.提前收回借款　　D.限制发行新债数额

4.金融市场利率由（　　）构成。

A.贷款利率　　B.纯利率

C.通货膨胀补偿率　　D.风险报酬率

三、判断题（每小题5分，共50分）

1.主张股东财富最大化，不必考虑利益相关者的利益。（　　）

2.金融市场是以货币为交易对象的市场。（　　）

3.在企业经营引起的财务活动中，主要涉及的是固定资产和长期负债的管理问题，其中关键是资本结构的确定。（　　）

4.货币市场是不同货币进行交易的市场。（　　）

5.企业价值与企业获利能力成正比，与企业风险成反比。（　　）

6.以利润最大化作为财务管理目标可能导致管理者的短期行为。（　　）

7.只要能获取最大的利润，就可以使企业价值最大化。（　　）

8.在市场经济条件下，风险与报酬是成反比的，即投资风险越大，获取的报酬越小。（　　）

9.股东财富由股东所拥有的股票数量和股票市场价格两方面决定。如果股票数量一定，当股票价格达到最高时，股东财富也达到最大。（　　）

10.股东与管理层之间存在着委托-代理关系，由于双方目标存在差异，因此不可避免地会产生冲突。一般来说，这种冲突可以通过一套激励、约束和惩罚机制来协调解决。（　　）

第二章

货币时间价值与风险报酬

学习目标

1. 了解货币时间价值的概念。
2. 掌握货币时间价值的计算方法。
3. 掌握风险报酬的相关概念以及计算方法。

导入案例

两种支付方案如何作出决策

甲公司为了企业发展的需要，拟在郊区购买一处房产作为实验基地，在商谈过程中，房主提出两个付款方案：

（1）从现在起，每年年初支付20万元，连续支付10次，共200万元；

（2）从第5年开始，每年年初支付25万元，连续支付10次，共250万元。

假设该公司的资本成本为10%。

讨论与思考：

作为甲公司的负责人，你认为选择哪个方案比较合适？

知识图谱

第一节 货币时间价值

一、货币时间价值的概念

在日常生活中，我们知道，当我们把1万元存到银行，一年后甚至几年后，我们希望从银行拿到的货币数额绝不是1万元，而是比1万元多；而当我们向银行借1万元，到期还款的时候，银行也一定要求我们归还货币的数额比1万元多。换言之，对1万元这笔资金而言，经过未来的一年甚至几年的时间，它的数额会增加，也就是未来的货币数量值会超过现在的货币数量值，即现在的1万元和未来的1万元是不等值的。

本章课件

关于货币增值的本质，马克思在《资本论》中表明，借贷资本家将货币借给产业资本家，产业资本家利用货币进行生产经营并获得一定的收益。借款到期时，产业资本家要向借贷资本家偿还货币本金，还要支付一定的利息。此笔利息即为货币增值，是借贷资本家的收益。产业资本家享受的是新创造价值的其他部分。简言之，将货币投入生产经营是随时间延续带来货币

资金与时间的唯美爱情

价值增值的前提。

由此，我们也可以看出货币时间价值的原理。它正确地揭示了不同时点上资金之间的换算关系，它也是财务决策的基本依据。而我们计算的货币时间价值，通常都是在没有风险和没有通货膨胀的情况下，一定量货币在不同时点的价值差额。

在学习讨论货币时间价值的时候，我们往往会借助具体的事例进行分析，因此，我们会用具体的资金来代替货币这一概念。

二、资金流量时间线

在讨论货币时间价值时，我们通常会用资金流量时间线来表示资金的状况，如图2-1所示。

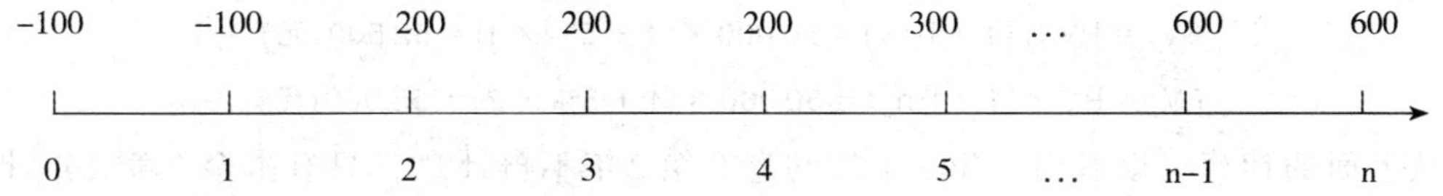

图2-1　资金流量时间线

资金流量时间线是表示现金在某时刻流入、流出的图形，即由期限、现金流入流出的时间、数量三部分构成。如图2-1所示，时间线下方的0，1，2，…，n－1，n等代表的是现金流入流出的时间点，而时间线上方的数字代表的是现金流入流出的数量。其中，-100代表的是数量为100的现金流出，200、300、600等代表的是数量为200、300、600的现金流入，因此，“-”代表的是现金流出，“+”代表的是现金流入，但通常现金流入的数字前面的“+”省略不写。

三、货币时间价值的计算

货币时间价值的计算，涉及两个重要的概念：现值和终值。

现值又称本金，是指未来某一时点上的一定量现金折算到现在的价值，通常用PV表示。终值又称将来值或本利和，是指现在一定量的现金在将来某一时点上的价值，通常用FV表示。

由于终值与现值的计算与利息的计算方法有关，而利息的计算有复利和单利两种，因此终值与现值的计算也有复利和单利之分。我们在学习财务管理的过程中，一般按复利来计算终值和现值。在正式接触复利计算之前，我们先来简单地看一下单利的终值及现值的计算。

（一）单利终值及现值的计算

单利是指只对本金计算利息，利息部分不再计息，通常用PV表示现值，FV表示终值，i表示利率（贴现率、折现率），n表示计算利息的期数，I表示利息。

1.单利利息

所谓单利的利息，是指只针对本金计算的利息，其计算公式为：

$$I = PV \cdot i \cdot n$$

2.单利终值

所谓单利的终值，即现在的一定量资金在将来某一时点按照单利方式计算的本利和，其计算公式为：

$$FV = PV \cdot (1 + i \cdot n)$$

3.单利现值

在现实经济生活中，有时需要根据终值来确定其现在的价值，即现值，其计算公式为：

$$PV = \frac{FV}{1 + i \cdot n}$$

【例2-1】如果你将一笔50 000元的现金存入银行，银行一年期定期利率为5%。

要求：计算第1年和第2年的终值。

解：

$$FV_1 = PV \times (1 + i \cdot n_1) = 50\,000 \times (1 + 5\% \times 1) = 52\,500(\text{元})$$

$$FV_2 = PV \times (1 + i \cdot n_2) = 50\,000 \times (1 + 5\% \times 2) = 55\,000(\text{元})$$

从上面的计算可以看出，第1年的利息在第2年不再计息，只有本金在第2年计息。此外，无特殊说明，给出的利率均为年利率。

【例2-2】若你希望5年后获得10 000元本利和，银行利率为5%，单利计息。

要求：计算现在需存入银行多少资金。

解：

$$PV = \frac{FV}{1 + i \cdot n} = \frac{10\,000}{1 + 5\% \times 5} = 8\,000(\text{元})$$

上面求现值的计算，也可称为折现值的计算，折现使用的利率称为折现率。

（二）复利终值及现值的计算

1.复利终值

由于有单利的基础，现在我们一起来看一下复利终值的计算。在正式进行复利终值计算之前，我们应该先来了解什么是复利。所谓复利，是指不仅要对本金计息，还要对本金所生的利息计息，即“利滚利”。复利的终值是指一定量的本金按复利计算的若干年后的本利和。

复利的威力

复利终值的计算公式为：

$$FV = PV(1 + i)^n$$

上式中，$(1+i)^n$称为“复利终值系数”或“1元复利终值系数”，用符号$FVIF_{i,n}$来表示，数值可查阅复利终值系数表得到。复利终值的计算公式可以整理为：

$$FV = PV \cdot FVIF_{i,n}$$

【例2-3】你现在将5 000元存入银行，银行利率为5%。

要求：计算第1年和第2年的本利和。

解：

$$FV_1 = PV \cdot (1 + i)^1 = PV \cdot FVIF_{5\%,1} = 5\,000 \times 1.05 = 5\,250(\text{元})$$

$$FV_2 = PV \cdot (1 + i)^2 = PV \cdot FVIF_{5\%,2} = 5\,000 \times 1.1025 = 5\,512.50(\text{元})$$

上式中的$FVIF_{5\%,2}$表示利率为5%、期限为2年的复利终值系数。在复利终值系数表中，我们可以在行中找到利率5%，在列中找到期数2年，两者相交处可查到$FVIF_{5\%,2}$ =

1.1025。该系数表明，在年利率为5%的条件下，现在的1元与2年后的1.1025元相等。

将单利终值与复利终值比较，我们可以发现：在第1年，单利终值和复利终值是相等的；在第2年，单利终值和复利终值不相等，两者相差12.50元(5 512.50 - 5 500)。第1年本金所生的利息在第2年也要计算利息，即：

$$250 \times 5\% = 12.50(\text{元})$$

因此，从第2年开始，单利终值和复利终值就不相等了。

2.复利现值

复利现值是指在将来某一特定时间取得或支出一定数额的资金，按复利折算到现在的价值。复利现值是和复利终值相对的概念，是复利终值的逆运算，因此，复利现值的计算公式为：

$$PV = \frac{FV}{(1+i)^n} = FV \cdot (1+i)^{-n}$$

式中的$(1+i)^{-n}$称为“复利现值系数”或“1元复利现值系数”，可以用符号$PVIF_{i,\ n}$来表示，其数值可查阅复利现值系数表得到。复利现值的计算公式可以整理为：

$$PV = FV \cdot PVIF_{i,\ n}$$

【例2-4】你希望5年后获得10 000元本利和，银行利率为5%。

要求：计算现在应存入银行多少资金。

解：

$$PV = FV \cdot PVIF_{5\%,\ 5} = 10\,000 \times 0.7835 = 7\,835(\text{元})$$

$PVIF_{5\%,\ 5}$表示利率为5%、期限为5年的复利现值系数。同样，我们在复利现值系数表中，从行中找到利率5%，从列中找到期限5年，两者相交处可查到$PVIF_{5\%,\ 5} = 0.7835$。该系数表明，在年利率为5%的条件下，5年后的1元相当于现在的0.7835元。

【课堂拓展】

拒绝校园贷

某高校王同学看到班上有同学买了某新款手机，由于存在攀比心理迷恋上该手机，因此从某借贷平台借款5 000元。借款时对方要求“一周10个点”。该同学心中并没有明确的还款额的概念。请计算4周后王同学需还款多少元？

4周后，王同学需要偿还7 320.50元。

请分析：

1.校园贷和普通金融信贷的区别。

2.校园贷入侵的路径有哪些？校园贷的危害有哪些？

3.大学生如何拒绝校园贷？

（三）年金终值及现值的计算

年金是指一定时期内，每隔相同的时间，收入或支出相同金额的系列款项。例如，折旧、租金、等额分期付款、养老金、保险费、零存整取的整取数等都属于年金问题。

年金根据每次收付款项发生的时点不同，可分为后付年金、先付年金、递延年金和永续年金四种。需要注意的是，在财务管理中，年金一般是指后付年金，也就是我们通常所说的普通年金。

1.普通年金

普通年金是指在每期期末，间隔相等时间，收入或支出相等金额的系列款项。每一间隔期，有期初和期末两个时点。由于普通年金是在期末这个时点上发生收付款项的，故又称后付年金。

普通年金

(1) 普通年金终值

普通年金的终值是指每期期末收入或支出的相等款项，按复利计算，在最后一期所得的本利和。每期期末收入或支出的款项用A表示，利率用i表示，期数用n表示，那么每期期末收入或支出的款项，折算到第n年的终值可用图2-2来表示：

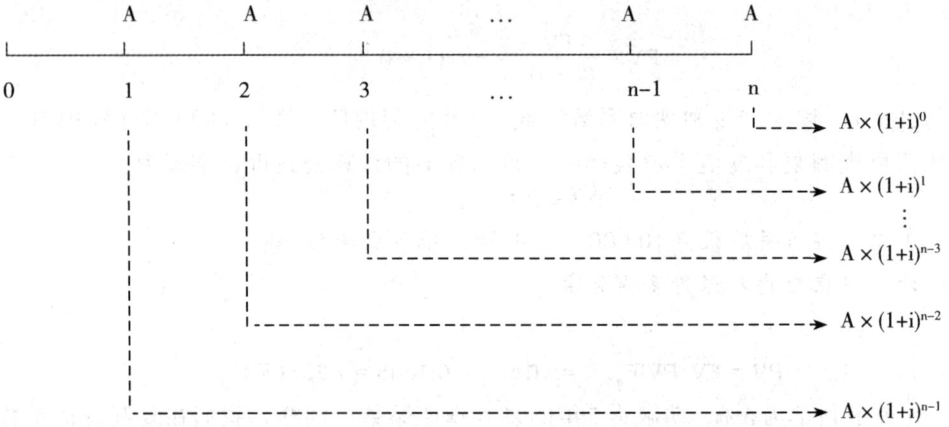

图2-2 普通年金终值

第n年支付或收入的款项A折算到最后一期（第n年），其终值为$A\cdot(1+i)^0$。

第（n－1）年支付或收入的款项A折算到最后一期（第n年），其终值为$A\times(1+i)^1$。

第3年支付或收入的款项A折算到最后一期（第n年），其终值为$A\cdot(1+i)^{n-3}$。

第2年支付或收入的款项A折算到最后一期（第n年），其终值为$A\cdot(1+i)^{n-2}$。

第1年支付或收入的款项A折算到最后一期（第n年），其终值为$A\cdot(1+i)^{n-1}$。

那么，n年的年金终值和可用下式表示：

$$\begin{aligned}FVA &= A\cdot(1+i)^0 + A\cdot(1+i)^1 + \cdots + A\cdot(1+i)^{n-3} + A\cdot(1+i)^{n-2} + A\cdot(1+i)^{n-1}\\ &= A\cdot[(1+i)^0 + (1+i)^1 + \cdots + (1+i)^{n-3} + (1+i)^{n-2} + (1+i)^{n-1}]\end{aligned}$$

经整理：

$$FVA = A\cdot\sum_{t=1}^{n}(1+i)^{t-1}$$

式中的$\sum_{t=1}^{n}(1+i)^{t-1}$称为“年金终值系数”或“1元年金终值系数”，记为$FVIFA_{i,n}$，表示年金为1元、利率为i、经过n期的年金终值是多少，可直接查阅年金终值系数表得到，因此，后付年金终值的计算公式也可以表示为：

$$FVA = A\cdot FVIFA_{i,n}$$

【例2-5】你连续5年每年年末存入银行10 000元，假设年利率为5%。

要求：计算第5年年末的本利和。

解：

$$FVA = A \cdot FVIFA_{5\%,\ 5} = 10\,000 \times 5.5256 = 55\,256(\text{元})$$

上面的计算表明，每年年末存10 000元，连续存5年，到第5年年末可得55 256元。

计算年金终值，一般是已知年金数额，然后求终值。有时我们会碰到已知年金终值，反过来求每年支付的年金数额，这是年金终值的逆运算。我们把它称作年偿债基金的计算，其计算公式为：

$$A = \frac{FVA}{FVIFA_{i,\ n}} = FVA \cdot \frac{1}{FVIFA_{i,\ n}}$$

式中的$\frac{1}{FVIFA_{i,\ n}}$称作“偿债基金系数”，可根据年金终值系数的倒数求得。利用偿债基金系数可把年金终值折算为每年需要支付的年金数额。

【例2-6】你在5年后要偿还一笔50 000元的债务，银行利率为5%。

要求：计算为归还这笔债务，每年年末应存入银行多少元。

解：

$$A = \frac{FVA}{FVIFA_{5\%,\ 5}} = \frac{50\,000}{5.5256} = 9\,048.79(\text{元})$$

在银行利率为5%时，每年年末存入银行9 048.79元，5年后才能还清债务50 000元。

（2）普通年金现值

普通年金的现值是指一定时期内每期期末等额收支款项的复利现值之和。实际上就是指为了在每期期末取得或支出相等金额的款项，现在需要一次性投入或借入多少金额。年金现值用PVA表示，其计算如图2-3所示：

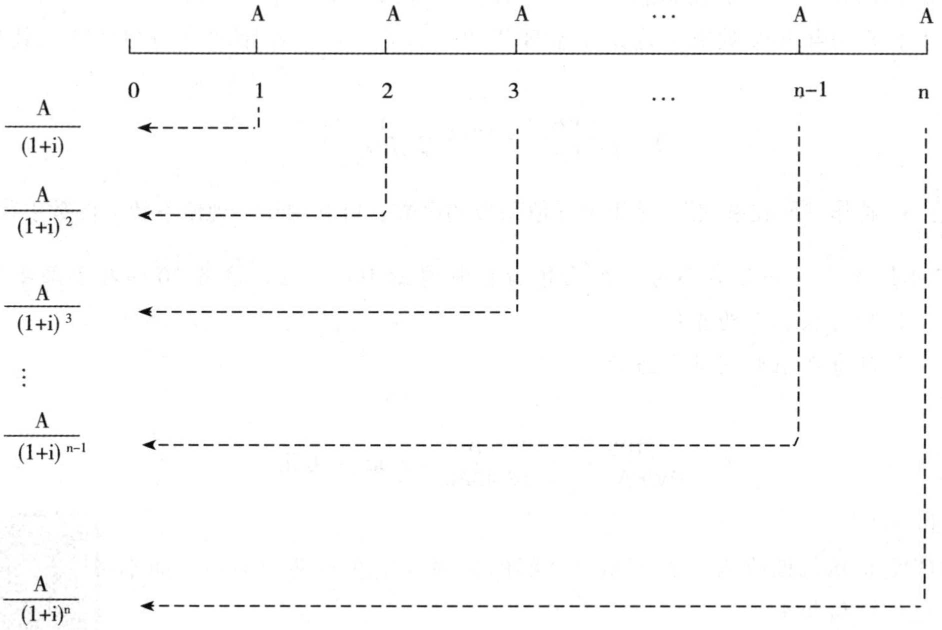

图2-3　普通年金现值

要将每期期末的收支款项全部折算到时点0，则：

第1年年末的年金A折算到时点0的现值为$A\cdot(1+i)^{-1}$。

第2年年末的年金A折算到时点0的现值为$A\cdot(1+i)^{-2}$。

第3年年末的年金A折算到时点0的现值为$A\cdot(1+i)^{-3}$。

第(n－1)年年末的年金A折算到时点0的现值为$A\cdot(1+i)^{-(n-1)}$。

第n年年末的年金A折算到时点0的现值为$A\cdot(1+i)^{-n}$。

那么，n年的年金现值之和：

$$PVA=\frac{A}{(1+i)^1}+\frac{A}{(1+i)^2}+\cdots+\frac{A}{(1+i)^{n-1}}+\frac{A}{(1+i)^n}$$

经整理：

$$PVA=A\cdot\sum_{t=1}^{n}\frac{1}{(1+i)^t}$$

式中的$\sum_{t=1}^{n}\frac{1}{(1+i)^t}$称为“年金现值系数”或“1元年金现值系数”，记为$PVIFA_{i,n}$，表示年金1元，利率为i，经过n期的年金现值是多少，可查阅年金现值系数表得到，所以年金现值公式也可整理为：

$$PVA=A\cdot PVIFA_{i,n}$$

【例2-7】你希望每年年末取得10 000元，连续取5年，银行利率为5%。

要求：计算第1年年初应一次性存入多少元。

解：

$$PVA=10\,000\times PVIFA_{5\%,5}=10\,000\times 4.3295=43\,295(\text{元})$$

为了每年年末取得10 000元，连续取5年，第1年年初应一次性存入43 295元。

上题是在已知每年年金数额的条件下，计算年金的现值。也可以反过来在已知年金现值的条件下，求每年年金数额，这是年金现值的逆运算，可称作年回收额的计算。其计算公式如下：

$$A=\frac{PVA}{PVIFA_{i,n}}=PVA\cdot\frac{1}{PVIFA_{i,n}}$$

$\frac{1}{PVIFA_{i,n}}$称作“回收系数”，是年金现值系数的倒数，可利用年金现值系数的倒数求得。

【例2-8】你购入一套商品房，需向银行按揭贷款100万元，准备20年内于每年年末等额偿还，银行贷款利率为5%。

要求：计算每年应归还多少万元。

解：

$$A=\frac{100}{PVIFA_{5\%,20}}=\frac{100}{12.4622}=8.0243(\text{万元})$$

2.先付年金

先付年金是指每期收入或支出相等金额的款项发生在每期的期初，而不是期末，也称即付年金。

先付年金

（1）先付年金终值

先付年金与普通年金的区别在于收付款的时点不同。普通年金在每期的期末收付款项，先付年金在每期的期初收付款项，收付时间如图2-4所示：

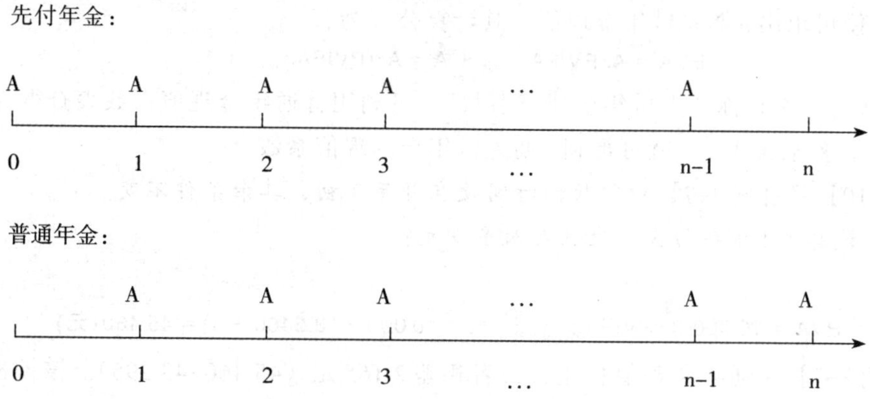

图2-4 先付年金与普通年金

从图2-4可见，n期的先付年金与n期的普通年金，其收付款次数是一样的，只是收付款时点不一样。如果计算年金终值，先付年金要比普通年金多计1年的利息。因此，在普通年金终值的基础上，乘以(1 + i)便可计算出先付年金的终值，其计算公式为：

$$FVA_n = A \cdot FVIFA_{i,\ n} \cdot (1+i)$$

此外，还可根据n期先付年金终值与(n + 1)期普通年金终值的关系推导出另一个计算公式。n期先付年金与(n + 1)期普通年金的计息期数相同，但比(n + 1)期普通年金少收付1次款，因此，只要将(n + 1)期普通年金的终值减去1期收付款A，便可求出n期先付年金终值，其计算公式为：

$$FVA_n = A \cdot FVIFA_{i,\ n+1} - A = A \cdot (FVIFA_{i,\ n+1} - 1)$$

$(FVIFA_{i,\ n+1} - 1)$称为“先付年金终值系数”，可利用普通年金终值系数表查得(n + 1)期的终值系数，然后减去1，就可得到n期的先付年金终值系数。

【例2-9】将【例2-5】中收付款的时间改为每年年初，其余条件不变。

要求：计算第5年年末的本利和。

解：

$$FVA = 10\,000 \times \left(FVIFA_{5\%,\ 5+1} - 1\right) = 10\,000 \times (6.8019 - 1) = 58\,019(元)$$

与【例2-5】的普通年金终值相比，二者相差2 763元（58 019-55 256）。该差额实际上就是先付年金比普通年金多计了1年利息，即：

$$55\,256 \times 5\% = 2\,762.80(元)$$

（2）先付年金现值

n期的先付年金与n期的后付年金，其收付款次数是一样的，但由于收付款时间的不同，在计算现值时，n期后付年金比n期先付年金多折现一期。因此，可先求出n期后付年金的现值，再乘以(1 + i)，便可求出n期先付年金的现值，其计算公式为：

$$PVA = A \cdot PVIFA_{i,\ n} \cdot (1+i)$$

此外，还可根据n期先付年金与(n－1)期后付年金的关系推导出另一个计算公式。n期先付年金现值与(n－1)期后付年金现值的折现期数相同，但比(n－1)期后付年金多一期不用折现的收付款额A。因此，只要将(n－1)期后付年金的现值加上一期不用折现的收付款额A，便可求出n期先付年金现值，其计算公式为：

$$PVA = A \cdot PVIFA_{i,\ n-1} + A = A \cdot (PVIFA_{i,\ n-1} + 1)$$

$(PVIFA_{i,\ n-1} + 1)$称“先付年金现值系数”，可利用普通年金现值系数表查得(n－1)期的现值系数，然后加上1，就可得到n期先付年金的现值系数。

【例2-10】将【例2-7】中取款的时间改在每年年初，其余条件不变。

要求：计算第1年年初应一次性存入多少元？

解：

$$PVA = 10\,000 \times \left(PVIFA_{5\%,\ 5-1} + 1\right) = 10\,000 \times (3.5460 + 1) = 45\,460(\text{元})$$

与【例2-7】普通年金现值相比，二者相差2 165元（45 460-43 295）。该差额实际上是由于先付年金现值比普通年金现值少折现了一期，即：

$$43\,295 \times 5\% = 2\,164.75(\text{元})$$

3.递延年金

前两种年金的第一次收付时间都发生在整个收付期的第一期，要么在第一期期末，要么在第一期期初。有时我们会遇到第一次收付不发生在第一期，而是隔了几期后才在以后的每期期末发生一系列的收付款项。这种年金形式就是递延年金。它是普通年金的特殊形式。因此，递延年金是指在最初若干期没有收付款项的情况下，后面若干期有等额的系列收付款项的年金。图2-5可说明递延年金的支付特点：

递延年金及永续年金

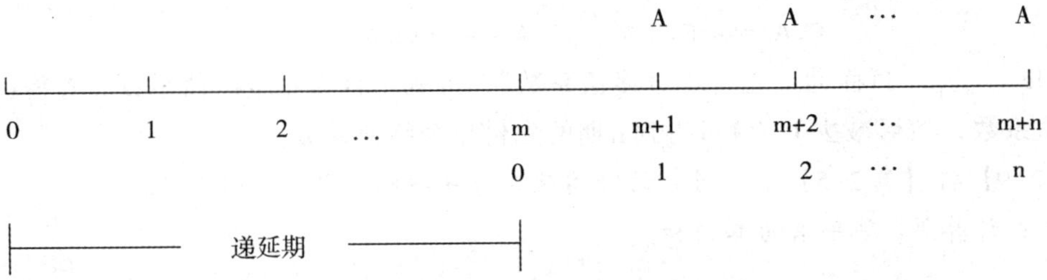

图2-5 递延年金

从图2-5中可知，递延年金的第一次年金收付没有发生在第一期，而是隔了m期（这m期就是递延期），在第(m＋1)期的期末才发生第一次收付，并且在以后的n期内，每期期末均发生等额的现金收付。与普通年金相比，尽管期限一样，都是(m＋n)期，但普通年金在(m＋n)期内，每个期末都要发生收付款项，而递延年金在(m＋n)期内，只在后n期发生收付款项，前m期无收付款项发生。

（1）递延年金的终值

在图2-5中，先不看递延期，年金一共支付了n期。只要将这n期年金折算到期末，就可得到递延年金终值。所以，递延年金终值的大小与递延期无关，只与年金共支付了多少期有关，它的计算方法与普通年金相同。

$$FVA = A \cdot FVIFA_{i,\ n}$$

【例2-11】某企业于年初投资一个项目，估计从第5年开始至第10年，每年年末可得收益10万元，假定年利率为5%。

要求：计算投资项目年收益的终值。

解：

$$FVA = A \cdot FVIFA_{5\%,\ 6} = 10 \times 6.8019 = 68.019(\text{万元})$$

（2）递延年金的现值

递延年金的现值可用三种方法来计算。

方法一：把递延年金视为n期的普通年金，求年金在递延期期末m点的现值，再将m点的现值调整到第一期期初。

$$PVA = A \cdot PVIFA_{i,\ n} \cdot PVIF_{i,\ m}$$

方法二：先假设递延期也发生收付款项，则递延年金变成一个(m + n)期的普通年金，算出(m + n)期的普通年金现值，再扣除并未发生年金收付款项的m期递延期的年金现值，即可求得递延年金现值。

$$PVA = A \cdot PVIFA_{i,\ m+n} - A \cdot PVIFA_{i,\ m}$$

方法三：先算出递延年金的终值，再将终值折现到第一期期初，即可求得递延年金的现值。

$$PVA = A \cdot FVIFA_{i,\ n} \cdot PVIF_{i,\ m+n}$$

【例2-12】某企业年初投资一项目，希望从第5年开始每年年末取得10万元收益，投资期限为10年，假定年利率5%。

要求：分析该企业年初最多投资多少万元才有利。

解：

$$PVA = 10 \times PVIFA_{5\%,\ 6} \times PVIF_{5\%,\ 4} = 10 \times 5.0757 \times 0.8227 = 41.758(\text{万元})$$

$$PVA = 10 \times \left(PVIFA_{5\%,\ 10} - PVIFA_{5\%,\ 4}\right)$$
$$= 10 \times (7.7217 - 3.5460) = 41.757(\text{万元})$$

$$PVA = 10 \times FVIFA_{5\%,\ 6} \times PVIF_{5\%,\ 10} = 10 \times 6.8019 \times 0.6139 = 41.757(\text{万元})$$

从计算中可知，该企业年初的投资额不超过41.76万元才合算。

4.永续年金

永续年金是指无限期的收入或支出相等金额的年金，也称永久年金。它也是普通年金的一种特殊形式。由于永续年金的期限趋于无限，没有终止时间，因而没有终值，只有现值。永续年金的现值计算公式如下：

$$PVA = A \cdot \frac{1 - \frac{1}{(1+i)^n}}{i}$$

当$n \to \infty$时，$\frac{1}{(1+i)^n} \to 0$，所以，永续年金的现值公式可以整理为：

$$PVA = A \cdot \frac{1}{i}$$

【例2-13】某企业要建立一项永久性帮困基金，计划每年拿出5万元帮助失学儿童，年利率为5%。

要求：计算现应筹集多少资金。

解：

$$PVA = \frac{A}{i} = \frac{5}{5\%} = 100(\text{万元})$$

现筹集到100万元资金，就可每年拿出5万元帮助失学的儿童。

四、货币时间价值的应用

前面讲解的年金是指每次收入或支出相等金额款项的情况，但是在实际的财务管理过程中，并不是每次收入或支出的款项金额都相等，更多的是款项金额不等的情况，因此，我们更要学习不等额现金流入或现金流出的计算。不等额现金流入或现金流出的计算实质上便是将复利和年金结合起来进行综合计算。我们可以通过下面的例题具体掌握其计算方法。

【例2-14】有一笔现金流量，第1年年初有1 000元的现金流入，第1年年末有2 000元的现金流入，第2年年末有1 000元的现金流入，第3年至第5年年末分别有3 000元的现金流入，假设折现率为5%。

要求：计算这笔不等额现金流入的现值是多少？

解：

$$\begin{aligned} PV &= 1\,000 \times PVIF_{5\%,0} + 2\,000 \times PVIF_{5\%,1} + 1\,000 \times PVIF_{5\%,2} + 3\,000 \times PVIFA_{5\%,3} \times PVIF_{5\%,2} \\ &= 1\,000 \times 1.000 + 2\,000 \times 0.952 + 1\,000 \times 0.907 + 3\,000 \times 2.723 \times 0.907 \\ &= 11\,220.28(\text{元}) \end{aligned}$$

第二节 风险报酬

在讨论时间价值时，货币时间价值通常被描述为：在没有风险和通货膨胀情况下的社会平均投资报酬率。然而，事实上，任何投资都是有风险的。公司的财务决策几乎都是在包含风险和不确定的情况下作出的，风险是客观存在的。

一、风险的概念

风险是现代财务管理环境的一个重要特征，通常指决策结果的不确定性。风险产生的原因是缺乏信息和决策者不能控制未来事物的发展过程。在企业中，这种不确定性可能是积极的、正向的，也可能是消极的、逆向的。

按风险的程度不同，企业的财务决策可以分为确定性决策、风险性决策以及不确定性决策三种。

（1）确定性决策

决策者对未来的情况是完全确定的或已知的决策，这种情况下的决策称为确定性决策。

（2）风险性决策

决策者对未来的情况不能完全确定，但不确定性出现的可能性（概率的具体分布）是已知的或可以估计的，这种情况下的决策称为风险性决策。

（3）不确定性决策

决策者对未来的情况不仅不能完全确定，而且对不确定性可能出现的概率也不清楚，这种情况下的决策为不确定性决策。

企业面临的风险主要有两种，即市场风险和企业特有风险。

（1）市场风险是指影响所有企业的风险。它由企业的外部因素引起，企业无法控制、无法分散，涉及所有的投资对象，又称为系统风险或不可分散风险，如战争、自然灾害、利率的变化、经济周期的变化等。

（2）企业特有风险是指由个别企业的特有事件造成的风险。它是随机发生的，只与个别企业和个别投资项目有关，不涉及所有企业和所有项目，可以被分散，又称为非系统风险或可分散风险，如产品开发失败、销售份额减少、工人罢工等。非系统风险根据风险形成的原因不同，又可分为经营风险和财务风险。

①经营风险是指由于企业生产经营条件的变化给企业收益带来的不确定性，又称商业风险。这些生产经营条件的变化可能来自企业内部的原因，也可能来自企业外部的原因，如顾客购买力发生变化、竞争对手增加、政策变化、产品生产方向不对路、生产组织不合理等。这些内外因素使企业的生产经营产生不确定性，最终引起收益变化。

②财务风险是指由于企业举债而给财务成果带来的不确定性，又称筹资风险。企业借款，虽然可以解决企业资金短缺的困难、提高自有资金的盈利能力，但也改变了企业的资本结构和自有资金利润率，还需还本付息，并且借入资金所获得的利润是否大于支付的利息额，具有不确定性，因此借款就有风险。在全部资金来源中，借入资金所占的比重大，企业的负担就重，风险程度也就提高了；借入资金所占的比重小，企业的负担就轻，风险程度也就减轻了。因此，企业必须确定合理的资本结构，这样才能既提高资金盈利能力，又防止财务风险增加。

二、风险与报酬的关系及计量

如上所述，企业的财务活动和经营管理活动总是在有风险的状态下进行的，只不过风险有大有小。投资者冒着风险投资，是为了获得更多的报酬，冒的风险越大，要求的报酬就越高。风险和报酬之间存在密切的关系，高风险的项目必然高报酬，低风险的项目必然低报酬，因此，风险报酬是投资报酬的组成部分。

鱼和熊掌不可兼得——单项资产风险的衡量

那么，什么是风险报酬呢？它是指投资者冒着风险进行投资而获得的超过货币时间价值的那部分额外收益，是对人们所遇到的风险的一种价值补偿，也称风险价值。它的表现形式可以是风险报酬额，也可以是风险报酬率。在实务中一般以风险报酬率来表示。

如果不考虑通货膨胀，投资者冒着风险进行投资所希望得到的投资报酬率是无风险报酬率与风险报酬率之和，即：

$$\text{投资报酬率} = \text{无风险报酬率} + \text{风险报酬率}$$

无风险报酬率就是货币时间价值，是在没有风险状态下的投资报酬率，是投资者投资某一项目肯定能够得到的报酬，具有预期报酬的确定性，并且与投资时间的长短有关，可用政府债券利率或存款利率表示。风险报酬率是风险价值，是超过货币时间价值的额外报酬，具有预期报酬的不确定性，与风险程度和风险报酬斜率的大小有关，并成正比关系。风险报酬斜率可根据历史资料用高低点法、直线回归法或由企业管理人员会同专家根据经验确定，风险程度用期望值、标准差来确定。

风险报酬率=风险报酬斜率×风险程度

风险与报酬的关系如图2-6所示。

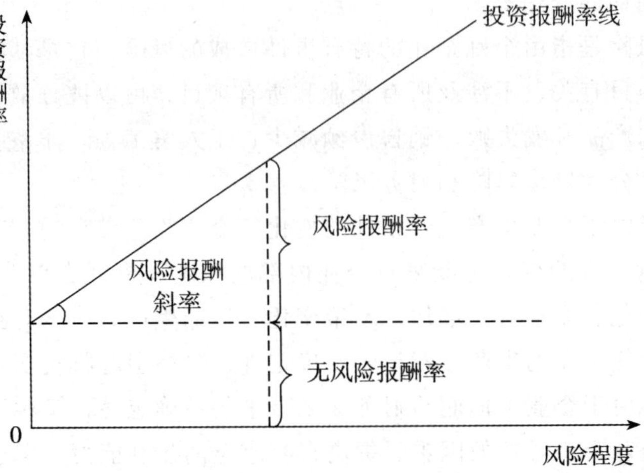

图2-6 风险与报酬的关系

【例2-15】无风险报酬率为5%，某项投资的风险报酬率为10%。

要求：在不考虑通货膨胀的情况下，计算投资报酬率。

解：

投资报酬率 = 无风险报酬率 + 风险报酬率 = 5% + 10% = 15%

三、风险衡量

由于风险具有普遍性和广泛性，那么正确地衡量风险就十分重要。风险是可能值对期望值的偏离。利用概率分布，用期望值和标准差来计算与衡量风险的大小，是一种最常用的方法。

（一）概率

在完全相同的条件下，某一事件可能发生也可能不发生，可能出现这种结果也可能出现另外一种结果，这类事件称为随机事件。概率就是用来反映随机事件发生的可能性大小的数值。一般用X表示随机事件，X_i表示随机事件的第i种结果，P_i表示第i种结果出现的概率。一般随机事件的概率在0与1之间，即$0 \leqslant P_i \leqslant 1$，$P_i$越大，表示该事件发生的可能性越大，反之，$P_i$越小，表示该事件发生的可能性越小。所有可能的结果出现的概率之和一定为1，即$\sum_{i=1}^{n} P_i = 1$。

【例2-16】A企业投资生产一种新产品，在不同的市场情况下，各种可能收益及概率见表2-1。

表 2-1 某企业投资新产品可能收益及概率

市场情况	年收益（万元）	概 率
繁荣	200	0.3
正常	100	0.5
疲软	50	0.2

解：

从表 2-1 中可见，所有的 P_i 均在 0 和 1 之间，且 $P_1 + P_2 + P_3 = 0.3 + 0.5 + 0.2 = 1$。

如果我们将该企业年收益的各种可能结果及相应的各种结果出现的概率按一定规则排列出来，构成分布图，则称为概率分布。概率分布一般用坐标图来反映。横坐标表示某一事件的结果，纵坐标表示每一结果相应的概率。

（二）期望值

期望值，又称均值，它是随机变量各个可能取值以概率为权数的加权平均值，通常以字母上划一短横线的形式来表示。

$$\bar{r} = P_1 \cdot r_1 + P_2 \cdot r_2 + \cdots + P_n \cdot r_n = \sum_{t=1}^{n} P_i \cdot r_i$$

【例 2-17】A 企业和 B 企业股票报酬率及其概率分布情况详见表 2-2。

表 2-2 A 企业和 B 企业股票报酬率及其概率分布

市场情况	报酬率		概 率
	A 企业	B 企业	
繁荣	40%	70%	0.3
正常	20%	20%	0.5
疲软	0	-30%	0.2

要求：计算 A 企业和 B 企业股票的报酬率期望值。

解：

$$\bar{r}_A = 40\% \times 0.3 + 20\% \times 0.5 + 0 \times 0.2 = 22\%$$
$$\bar{r}_B = 70\% \times 0.3 + 20\% \times 0.5 + (-30\%) \times 0.2 = 25\%$$

（三）标准差

标准差是用来衡量概率分布中各种可能值对期望值的偏离程度，反映风险的大小，通常用 σ 表示。

标准差的计算公式为：

$$\sigma = \sqrt{\sum_{t=1}^{n} (r_i - \bar{r})^2 \cdot P_i}$$

标准差用来反映决策方案的风险，是一个绝对数。对 n 个方案进行决策的情况下，若期望值相同，则标准差越大，表明各种可能值偏离期望值的幅度越大，结果的不确定性越大，风险也越大；反之，标准差越小，表明各种可能值偏离期望值的幅度越小，结果的不确定性越小，则风险也越小。

【例2-18】利用【例2-17】的数据，计算A企业和B企业股票报酬率的标准差。

解：

$$\sigma_A = \sqrt{(40\% - 22\%)^2 \times 0.3 + (20\% - 22\%)^2 \times 0.5 + (0 - 22\%)^2 \times 0.2} = 0.14$$

$$\sigma_B = \sqrt{(70\% - 25\%)^2 \times 0.3 + (20\% - 25\%)^2 \times 0.5 + (-30\% - 25\%)^2 \times 0.2} = 0.35$$

标准差越小，离散程度越小，风险也越小，说明A企业股票的风险要小于B企业股票的风险。

（四）标准差系数

标准差作为反映可能值与期望值偏离程度的一个指标，可用来衡量风险，但它只适用于在期望值相同条件下风险程度的比较，对于期望值不同的决策方案，则不适用。于是，我们引入标准差系数这个概念。

标准差系数是指标准差与期望值的比值，也称离散系数，用q表示，计算公式如下：

$$q = \frac{\sigma}{\bar{r}}$$

标准差系数是一个相对数，在期望值不同时，标准差系数越大，表明可能值与期望值的偏离程度越大，结果的不确定性越大，风险也越大；反之，标准差系数越小，表明可能值与期望值的偏离程度越小，结果的不确定性越小，风险也越小。

【例2-19】利用【例2-18】和【例2-17】的数据，计算A企业和B企业股票报酬率的标准差系数。

解：

$$q_A = \frac{0.14}{22\%} = 0.636$$

$$q_B = \frac{0.35}{25\%} = 1.4$$

有了期望值和标准差系数，我们就可以利用这两个指标来确定方案风险的大小，选择决策方案。对于单个方案，可将标准差（系数）与设定的可接受的此项指标最高限值进行比较；对于多个方案，选择标准差系数低、期望值高的方案。具体情况还要具体分析。

（五）风险报酬率

投资者冒着风险进行投资而获得的超过货币时间价值的额外收益，称为风险报酬额。风险报酬额与投资额的比率，则为风险报酬率。在实际工作中，风险价值通常用风险报酬率进行计量。

$$风险报酬率 = 风险报酬斜率 \cdot 风险程度 = b \cdot q$$

其中，b表示风险报酬斜率，q表示风险程度。

【例2-20】利用【例2-19】的数据，假定风险报酬斜率为10%，计算A企业和B企业股票的风险报酬率。

解：

$$A企业股票的风险报酬率 = b \cdot q = 10\% \times 0.636 = 6.36\%$$

$$B企业股票的风险报酬率 = b \cdot q = 10\% \times 1.4 = 14\%$$

章后实训与测试

※ Excel在时间价值分析中的应用

1.终值和现值的计算

某人5年后想要从银行取出10 000元，年利率6%，按复利计算，则现在应该存入银行的现金是多少？若某人现在存入银行10 000元，年利率6%，按复利计算，则5年后复利终值是多少？若有一笔年金，分期支付，每期支付1 000元，年利率6%，则这笔年金的现值是多少？若有一笔年金，分期支付，每期支付1 000元，年利率6%，则这笔年金在第5期时的终值是多少？

2.计算期数

A.某企业现有资金50 000元，拟投资于甲方案。甲方案的年投资报酬率为12%。该企业投资于甲方案几年后才能得到100 000元的终值？

B.某人现在投入资金20 000元购买一个理财产品，每年的回报资金均为1 600元，贴现率为6%。这个理财产品至少要持有多少年才能够开始取得净收益？

3.计算贴现率

A.某人现在存款20 000元，希望5年后得到50 000元。假设每年年末复利计息一次，那么复利年利率应该达到多少？

B.某人现在投入资金20 000元购买一个理财产品，每年的回报资金均为1 600元，收益的持续时间为25年，求该投资的实际收益率。

分析步骤：

1.终值和现值的计算

（1）创建工作表，见表2-3。

表2-3 工作表的创建

	A	B	C	D	E
1	终值、现值计算表				
2	年限	利率	终值（元）	现值（元）	年金（元）
3	5	6%	10 000	10 000	1 000
4	现值	—	—		—
5	终值	—		—	—
6	年金现值	—	—	—	
7	年金终值	—	—	—	

（2）在表2-3的A3：E3中输入原始数据。

（3）参考表2-4，利用FV、PV函数在表2-3中进行计算。

表2-4 定义函数

单元格	函 数
D4	=PV（B3，A3，0，-C3）
C5	=FV（B3，A3，0，-D3）
E6	=PV（B3，A3，-E3，0）
E7	=FV（B3，A3，-E3，0）

2.计算期数

A.在单元格中插入NPER函数，输入内容为：=NPER（12%，，-50 000，100 000），运算结果为6.12。

B.在单元格中插入NPER函数，输入内容为：=NPER（6%，1 600，-20 000），运算结果为23.79。

3.计算贴现率

A.在单元格中插入RATE函数，输入内容为：=RATE（5，，-20 000，50 000），运算结果为20.11%。

B.在单元格中插入RATE函数，输入内容为：=RATE（25，-1 600，20 000），运算结果为6.24%。

※ 知识测试

一、单项选择题（每小题5分，共60分）

本章知识测试

1.货币时间价值的实质是（　　）。

A.利率

B.资金周转使用后的价值增值额

C.企业的成本利润率

D.差额价值

2.当银行利率为10%，一项6年后付款800元的购货款，若按单利计息，相当于第1年年初一次支付现金额（　　）元。

A.451.6　　B.500

C.800　　D.480

3.为在第5年获得本利和100元，若年利率为8%，每3个月复利一次，求现在应向银行存入多少钱。下列计算正确的是（　　）。

A.$PV = 100 \times (1 + 8\%)^{5}$　　B.$PV = 100 \times (1 + 8\%)^{-5}$

C.$PV = 100 \times (1 + 8\%/4)^{5 \times 4}$　　D.$PV = 100 \times (1 + 8\%/4)^{-5 \times 4}$

4.在复利条件下，已知现值、年金和折现率，求计算期数，应先计算（　　）。

A.年金终值系数　　B.年金现值系数

C.复利终值系数　　D.复利现值系数

5.假如企业按12%的年利率取得贷款200 000元，要求在5年内每年年末等额偿还，每年的偿付额应为（　　）元。

A.40 000　　B.52 000

C.55 482　　D.64 000

6.先付年金终值的计算（　　）。

A.与普通年金的计算一样　　B.比普通年金少计一年利息

C.与普通年金的计算无关　　D.比普通年金多计一年利息

7.下列各项年金中，只有现值没有终值的是（　　）。

A.普通年金　　B.先付年金

C.延期年金　　D.永续年金

8.某人某年年初存入银行100元，年利率3%，按复利方法计算，第3年年末可以得到本利和（　　）元。

A.100　　B.109

C.103　　D.109.27

9.普通年金终值系数的倒数称为（　　）。

A.复利终值系数　　B.偿债基金系数

C.普通年金现值系数　　D.投资回收系数

10.货币时间价值是（　　）。

A.货币经过投资后所增加的价值

B.没有通货膨胀条件下的社会平均资金利润率

C.没有通货膨胀和风险条件下的社会平均资金利润率

D.没有通货膨胀条件下的利率

11.普通年金（　　）。

A.又称永续年金　　B.又称预付年金

C.是每期期末等额支付的年金　　D.是每期期初等额支付的年金

12.投资者甘冒风险进行投资的诱因是（　　）。

A.可获得投资收益　　B.可获得时间价值回报

C.可获得风险报酬　　D.可一定程度抵御风险

二、多项选择题（每小题5分，共40分）

1.下列选项中，（　　）可以视为年金的形式。

A.直线法计提的折旧　　B.每月等额的房租

C.利滚利　　D.20年等额支付的养老保险费用

2.设利率为i，计息期数为n，则复利终值的计算公式为（　　）。

A.$FV = PV \cdot FVIF_{i,n}$　　B.$FV = PV \cdot FVIFA_{i,n}$

C.$FV = PV \cdot (1+i)^n$　　D.$FV = PV \cdot \frac{1}{(1+i)^n}$

3.设年金为A，计息期为n，利率为i，则后付年金现值的计算公式为（　　）。

A.$PVA = A \cdot PVIF_{i,n}$　　B.$PVA = A \cdot PVIFA_{i,n}$

C. $PVA = A \cdot \frac{1-(1+i)^{-n}}{i}$

D. $PVA = A \cdot PVIF_{i,n} \cdot (1+i)$

4.设年金为A，计息期为n，利率为i，则先付年金终值的计算公式为（　　）。

A. $FVA = A \cdot FVIFA_{i,n} \cdot (1+i)$

B. $FVA = A \cdot PVIFA_{i,n} \cdot (1+i)$

C. $FVA = A \cdot FVIFA_{i,n+1} - A$

D. $FVA = A \cdot PVIFA_{i,n} - A$

5.假设最初有m期没有收付款项，后面n期有等额的收付款项，利率为i，则延期年金现值的计算公式为（　　）。

A. $PVA = A \cdot PVIFA_{i,n} \cdot PVIF_{i,m}$

B. $PVA = A \cdot PVIFA_{i,m+n}$

C. $PVA = A \cdot PVIFA_{i,m+n} - A \cdot PVIFA_{i,m}$

D. $PVA = A \cdot PVIFA_{i,n}$

6.永续年金的特点有（　　）。

A.没有终值

B.期限趋于无穷大

C.只有现值

D.每期等额收付

7.衡量风险时，应考虑的因素有（　　）。

A.利率

B.概率

C.标准差

D.期望值

8.按风险形成的原因，企业特有的风险可划分为（　　）。

A.可分散风险

B.经营风险

C.市场风险

D.财务风险

第三章

证券估价

学习目标

1.理解证券投资的含义与种类、了解其特点及目的。
2.掌握债券投资的特点、债券价格的确定。
3.掌握股票投资的特点、股票价格的确定。
4.掌握证券投资组合的风险及收益率，了解证券投资组合的策略。

导入案例

***ST博信股票投资风险案例①**

2024年，股市中*ST博信的股价走势惊心动魄，成为众多投资者关注的焦点。*ST博信的主要产品和服务涵盖风电安装设备、城市基建设备、自有智能硬件及其衍生产品。在这一年里，其股票年度跌幅达到了惊人的80%，让持有它的股民损失惨重。

知识图谱

造成*ST博信股价暴跌的核心原因在于它存在严重的退市风险。从财务数据来看，2023年公司的净资产就已为负；到了2024年前三季度，营收不到5 000万元，与上一年同期相比下滑了35%，亏损幅度更是扩大了28%。公司面临着财务退市和市值退市的双重风险。按照相关规定，若公司净资产连续两年为负，或者营收低于1亿元且亏损，连续两年就会触发退市；市值低于5亿元连续20个交易日也会被强制退市。如此严峻的形势，使得投资者们纷纷恐慌，抛售手中股票，股价一路狂泻。

讨论与思考：

1.针对*ST博信股票投资，分析投资者在投资过程应如何规避投资风险？

2.针对我国目前的经济发展情况，投资者应该如何选择投资品种？

第一节 证券投资概述

一、证券投资的含义和种类

（一）证券投资的含义

证券投资是以国家或外单位公开发行的有价证券为购买对象的投资行为，它是企业投资的重要组成部分，是企业、个人或其他社会组织买卖有价

本章课件

① 资料来源：江苏博信投资控股股份有限公司董事会.江苏博信投资控股股份有限公司2024年年度业绩预告[EB/OL].[2025-01-17]. https://data.eastmoney.com/notices/detail/600083/AN202501161641953482.html.

证券的经济行为。证券投资按时间划分，大致可分为短期（1年以内）证券投资和长期（1年以上）证券投资。两种证券投资的目的是不同的。短期证券投资的主要目的是调节现金余额，充分利用现金资产，在保持较高流动性的同时获得高于现金资产的收益；长期证券投资的目的主要是获得收益或实现控制权。

（二）证券投资的种类

证券投资是多种多样的。按不同标准，证券投资有不同的分类方式。证券投资根据其投资对象不同，可分为债券投资、股票投资和组合投资三类。

1.债券投资

债券投资是指企业将资金投向各种各样的债券。例如，企业购买国库券、公司债券和短期融资券等都属于债券投资。与股票投资相比，债券投资能获得稳定收益，投资风险较低。当然，也应看到，投资于一些期限长、信用等级低的债券，也会承担较大风险。

2.股票投资

股票投资是指企业将资金投向其他企业所发行的股票，将资金投向优先股、普通股都属于股票投资。企业投资于股票，尤其是投资于普通股股票，要承担较大的风险，但在通常情况下，也会取得较高的收益。

3.组合投资

组合投资是指企业将资金同时投资于多种证券，例如既投资于国库券，又投资于企业债券，还投资于企业股票。组合投资可以有效地分散证券投资风险，是企业等法人单位进行证券投资时常用的投资方式。

二、证券投资的特点与目的

（一）证券投资的特点

相对于实际资产投资或项目投资而言，证券投资具有以下特点：

1.流动性强

证券投资的流动性明显高于实际资产投资。证券具有十分活跃的二级市场，与实际资产投资相比，其转让过程更快捷、更简便，而实际资产则很难找到一个连续的二级市场，其变现受到限制。

2.价值不稳定

证券投资不涉及人与自然界的关系，只涉及人与人之间的财务交易。由于证券相对实际资产来说，受人为因素的影响较大，且没有相应的实物作保证，其价值受政治、经济等各种环境因素的影响较大，所以具有价值不稳定、投资风险大的特征。

3.交易成本低

证券买卖的交易快速、简捷、成本较低。然而，实际资产的交易过程复杂、手续繁多，通常还需要进行调查、咨询等工作，交易成本较高。

（二）证券投资的目的

科学地进行证券投资管理，能增加企业投资收益，降低风险，有利于财务管理目标的实现。企业进行证券投资的目的主要有以下几个方面：

1.暂时存放闲置资金

企业一般都持有一定量的有价证券，以替代较大量的非盈利性的现金，并在现金流出超过现金流入时，将有价证券出售，以增加现金。短期证券的投资在多数情况下都是出于预防的动机，因为大多数企业都依赖银行信用来应付短期交易对现金的需要，但银行信用有时是不可靠的或不稳定的，因此，必须持有有价证券，以防银行信用的短缺。

2.与筹集长期资金相配合

处于成长期或扩张期的公司一般每隔一段时间就会发行长期证券（股票或公司债券）。但发行长期证券所获得的资金一般并不一次用完，而是逐渐、分次使用。这样，暂时不用的资金可投资于有价证券，以获取一定收益，而当企业进行投资需要资金时，则可卖出有价证券，以获得现金。

3.满足未来的财务需求

假如企业在不久的将来有一笔现金需求，如建造一座厂房或归还到期债务，则企业往往将现有现金投资于有价证券，以便到时出售，满足现金需求。

4.满足季节性经营对现金的需求

从事季节性经营的公司在一年内的某些月份有剩余现金，而在另外几个月则会出现现金短缺，那么这些公司通常在现金有剩余时购入有价证券，而在现金短缺时出售有价证券。

5.获得对相关企业的控制权

有些企业往往从战略上考虑，要控制另外一些企业，一般可以通过股票投资来实现。

第二节　债券投资

一、债券投资概述

债券投资是指企业通过证券市场购买各种债券（如国库券、金融债券、公司债券及短期融资券等）进行的投资。

债券投资含义

（一）债券投资的要素

1.市场利率

市场利率，又称贴现率，是影响债券发行价格最主要的因素。

2.债券面值

债券面值是指设定的债券票面金额。它代表发行人借入并且承诺于未来某一特定日期偿付给债券持有人的金额。

3.债券的票面利率

债券的票面利率是指债券发行者预计1年内向投资者支付的利息占票面金额的比率。

4.债券的到期日

债券的到期日是指偿还债券本金的日期。债券一般都规定到期日，以便到期时归还本金。

（二）债券投资的优缺点

1.债券投资的优点

（1）本金安全性高。与股票投资相比，债券投资的风险较小。政府发行的债券有国家财力作后盾，其本金的安全性非常高，通常视为无风险证券。公司债券的持有者拥有优先求偿权，即当公司破产时，优先于股东分得公司资产，因此，其本金损失的可能性小。

（2）收入比较稳定。债券面值一般都标有固定利率，债券的发行人有按时支付利息的法定义务，因此，在正常情况下，投资于债券都能获得比较稳定的收入。

（3）许多债券都具有较好的流动性。政府及大公司发行的债券一般都可在金融市场上迅速出售，流动性很好。

2.债券投资的缺点

（1）购买力风险比较大。债券的面值和利率在发行时就已确定。如果投资期间的通货膨胀率比较高，则本金和利息的购买力将不同程度地受到侵蚀；在通货膨胀率非常高时，投资者虽然名义上有报酬，但实际上却遭受了损失。

（2）没有经营权。投资于债券只是获得报酬的一种手段，无权对债券发行单位施以影响和控制。

（3）需要承受利率风险。市场利率随时间上下波动，市场利率的上升会导致流通在外的债券价格下降。由市场利率上升导致的债券价格下降的风险称为利率风险。因此，投资债券的个人或公司承受着市场利率变化的风险。

（三）债券投资的种类与目的

债券投资是企业证券投资的一个重要方面，财务人员必须熟知债券投资的基本原理。

企业债券投资按不同标准可进行不同的分类。这里按债券投资的时间将债券投资分为短期债券投资和长期债券投资两类。其中，短期债券投资是指在1年以内就能到期或准备在1年之内变现的投资；长期债券投资是指在1年以上才能到期且不准备在1年以内变现的投资。

企业进行短期债券投资的目的主要是配合企业对资金的需求，调节现金余额，使现金余额达到合理水平。当企业现金余额太多时，便投资于债券，使现金余额降低；反之，当现金余额太少时，则出售原来投资的债券，收回现金，使现金余额提高。企业进行长期债券投资的目的主要是获得稳定的收益。

二、债券的估价模型

企业进行债券投资，必须知道债券价格的计算方法。现介绍几个最常见的估价模型。

债券估价模型

（一）一般情况下的债券估价模型

一般情况下的债券估价模型是指按复利方式计算债券各期利息的现值及债券到期收回本金的现值，以此来确定债券价格的估价方式。其一般计算公式为：

$$V = \sum_{t=1}^{n} \frac{I}{(1+i)^t} + \frac{M}{(1+i)^n}$$
$$= I \times PVIFA_{i,\ n} + M \times PVIF_{i,\ n}$$

式中：V为债券价格；M为债券面值；I为每年利息；i为市场利率或投资人要求的必要报酬率。

【例3-1】某债券面值为1 000元，票面利率为10%，期限为5年。某企业要对这种债券进行投资，要求必须获得12%的报酬率。

要求：计算该债券价格为多少时才能进行投资？

解：根据上述公式得：

$$
\begin{aligned}
V &= 1\,000 \times 10\% \times PVIFA_{12\%,\ 5} + 1\,000 \times PVIF_{12\%,\ 5} \\
&= 100 \times 3.6048 + 1\,000 \times 0.5674 \\
&= 927.88(\text{元})
\end{aligned}
$$

这种债券的价格低于927.88元时，该投资者才能购买，否则得不到12%的报酬率。

【例3-2】某债券面值为1 000元，票面利率为8%，期限为6年。某企业要对这种债券进行投资，当前的市场利率为10%。

要求：计算该债券价格为多少时值得投资？

解：

$$
\begin{aligned}
V &= 1\,000 \times 8\% \times PVIFA_{10\%,\ 6} + 1\,000 \times PVIF_{10\%,\ 6} \\
&= 80 \times 4.3553 + 1\,000 \times 0.5645 \\
&= 912.92(\text{元})
\end{aligned}
$$

理论上，公司债券的发行价格通常有三种情况，即等价、溢价和折价。等价是指以债券的票面金额作为发行价格。多数公司债券采用等价方式发行。溢价是指按高于债券面值的价格发行债券。折价是指按低于债券面值的价格发行债券。

【例3-3】某公司发行面值100元，票面利率10%，期限10年的债券，每年年末付息一次。其发行价格可分为下列3种情况来分析测算：

（1）如果市场利率为10%，与票面利率一致，那么该债券属于等价发行。其发行价格为：

$$100 \times PVIF_{10\%,\ 10} + 10 \times PVIFA_{10\%,\ 10} = 100(\text{元})$$

（2）如果市场利率为8%，低于票面利率，那么该债券属于溢价发行。其发行价格为：

$$100 \times PVIF_{8\%,\ 10} + 10 \times PVIFA_{8\%,\ 10} = 113.4(\text{元})$$

（3）如果市场利率为12%，高于票面利率，那么该债券属于折价发行。其发行价格为：

$$100 \times PVIF_{12\%,\ 10} + 10 \times PVIFA_{12\%,\ 10} = 88.7(\text{元})$$

（二）期末一次还本付息且不计复利时的债券估价模型

我国目前发行的债券大多属于一次还本付息且不计复利的债券。其估价计算公式为：

$$
\begin{aligned}
V &= \frac{M + M \times i_b \times n}{(1 + i)^n} \\
&= (M + M \times i_b \times n) \times PVIF_{i,\ n}
\end{aligned}
$$

式中：V为债券价格；M为债券面值；i_b为债券票面利率；i为市场利率或投资人要求的必要报酬率。

【例3-4】某企业拟购买另一家企业发行的利随本清的企业债券。该债券面值为1 000

元，期限为5年，票面利率为10%，不计复利。当前市场利率为8%。

要求：计算该债券发行价格为多少时企业才适合购买？

解：由上述公式可知：

$$V = (1\,000 + 1\,000 \times 10\% \times 5) \times PVIF_{8\%,\ 5} \approx 1\,021(元)$$

债券价格低于1 021元时，企业才适合购买。

（三）折现发行时的债券估价模型

有些债券以折现方式发行，没有票面利率，到期按面值偿还。这些债券的估价模型为：

$$V = \frac{M}{(1+i)^n} = M \times PVIF_{i,\ n}$$

公式中的符号含义同前式。

【例3-5】某债券面值为1 000元，期限为5年，以折现方式发行，期内不计利息，到期按面值偿还。当时的市场利率为8%。

要求：计算其价格为多少时，企业才能购买？

解：由上述公式得：

$$V = 1\,000 \times PVIF_{8\%,\ 5} = 1\,000 \times 0.6806 \approx 681(元)$$

该债券的价格只有低于681元时，企业才能购买。

【例3-6】某债券面值为1 000元，期限为6年，以折现方式发行，期内不计利息，到期按面值偿还。当时的市场利率为6%。

要求：计算其价格为多少时，企业才能购买？

解：由上述公式得：

$$V = 1\,000 \times PVIF_{6\%,\ 6} = 1\,000 \times 0.7050 = 705(元)$$

该债券的价格只有低于705元时，企业才能购买。

第三节 股票投资

一、股票投资概述

（一）股票投资的定义

股票是股份制公司为了筹集自有资金而发行的代表所有权的有价证券，购买股票是企业投资的一种重要形式。

股票投资含义

（二）股票投资的优缺点

1.股票投资的优点

股票投资是一种最具挑战性的投资，其报酬和风险都比较高，股票投资的优点主要有：

（1）能获得比较高的报酬。普通股的价格虽然变动频繁，但从长期看，优质股票的价格总是上涨的居多。只要选择得当，一般都能获得优厚的投资报酬。

（2）能适当降低购买力风险。普通股的股利不固定。在通货膨胀率比较高时，由于物价普遍上涨，股份制公司盈利增加，股利的支付也随之增加。因此，与固定报酬证券相比，普通股能有效地降低购买力风险。

（3）拥有一定的经营控制权。普通股股东属于股份制公司的所有者，有权监督和控制公司的生产经营情况，因此，欲控制一家公司最好的途径就是收购这家公司的股票。

2.股票投资的缺点

股票投资的缺点主要是风险大，这是因为：

（1）普通股对公司资产和盈利的求偿权均居最后。公司破产时，股东原来的投资可能得不到全数补偿，甚至可能血本无归。

（2）普通股的价格受众多因素影响，很不稳定。政治因素、经济因素、投资人心理因素、企业的盈利情况、风险情况等，都会影响股票价格。这也使得股票投资具有较高的风险。

（3）普通股的收入不稳定。普通股股利的多少视企业经营状况和财务状况而定，其有无、多寡均无法律上的保证，其收入的风险也远远大于固定收益证券。

（三）股票投资的种类与目的

股票投资是企业进行证券投资的一个重要方面，预计今后随着我国股票市场的发展，将变得越来越重要。

股票投资主要有普通股投资和优先股投资两种。企业投资于优先股，可以获得固定的股利收入。优先股价格的波动相对也较小，因而，投资优先股的风险较低。企业投资于普通股，股利收入忽高忽低，股票价格波动较大，因而，投资于普通股的风险较大。但是，投资于普通股一般能获得较高的收益。

企业进行股票投资的目的主要有两个：一是作为一般的证券投资，获取股利收入及股票买卖差价；二是利用购买某一企业的大量股票达到控制该企业的目的。在第一种情况下，企业仅将某种股票作为证券组合的一个组成部分，不应冒险将大量资金投资于某一企业的股票上。而在第二种情况下，企业应集中资金投资于被控企业的股票上。这时考虑更多的不应是目前的利益（股票投资收益的高低），而应是长远利益（占有多少股权才能达到控制的目的）。

【课堂拓展】

叶飞举报事件[①]

2021年5月，私募投资人叶飞举报上市公司中源家居通过“伪市值管理”进行股价操纵。经查，2020年9月至2021年5月，史某等操纵团伙控制数十个证券账户，通过连续交易、对倒等违法方式拉抬“中源家居”“利通电子”的股票价格，交易金额达30余亿元，主要涉嫌犯罪人员已抓捕归案。

2021年7月，中共中央办公厅、国务院办公厅印发《关于依法从严打击证券违法活动的意见》。

---

① 资料来源：证监会．证监会通报“中源家居”“利通电子”等股票价格操纵案调查进展［EB/OL］．［2021-07-23］．http：//www.csrc.gov.cn/csrc/c100200/c6956de97914240a6bc4866ce221a02ce/content.shtml.

薄克国，何文婕，吕佼．网络大V伙同他人炒作操纵股价！青岛中院发布证券期货犯罪审判典型案例［EB/OL］．［2023-12-19］．https：//www.toutiao.com/article/7314177487465038399/？&source=m_redirect.

2021年9月，证监会发布消息称，公安机关将“南岭民爆”“今创集团”“昊志机电”3起操纵市场案件的主要涉嫌犯罪人员抓捕归案，其中包括各方高度关注的叶某。

2023年12月，青岛市中级人民法院发布的证券期货犯罪典型案例中，提及“网络大V”叶某伙同他人炒作操纵证券市场案，据媒体报道该叶某即为叶飞。法院认定，叶飞明知刘某等人操纵某上市公司股票，仍与其共谋，帮助刘某等人获利2 900余万元。鉴于叶飞是从犯且有坦白情节，被判处有期徒刑三年，并处罚金五十万元。

2024年9月，昊志机电发布公告称，公司控股股东、实际控制人、董事长汤秀清和董事、董事会秘书、副总经理、财务总监肖泳林收到中国证监会的《行政处罚事先告知书》。汤秀清、肖泳林涉嫌违反《证券法》相关规定，构成操纵证券市场违法行为。证监会拟决定对汤秀清处以1.09亿元罚款，对肖泳林处以200万元罚款。

请分析：

1.什么是伪市值管理？

2.该事件涉嫌的犯罪人员违背了哪些证券从业人员职业道德准则？

二、股票估价模型

同债券投资一样，企业在进行股票投资时，也必须知道股票价格的计算方法。优先股的估价比较简单，其计算方法与债券的计算方法基本一样，在此不再赘述。现介绍普通股的估价模型。

股票估价模型

（一）股票估价的基本模型

一项金融资产的价格是由其未来现金流的现值决定的。如果投资者打算永久持有股票，则股票的未来现金流就是各期的股利收入，其股票估价模型可用计算公式表示为：

$$V = \sum_{t=1}^{\infty} \frac{D_t}{(1+i)^t} \tag{1}$$

式中：V为股票现在的估价；i为股票的必要报酬率；D_t为第t期的预期每股股利。

如果投资者打算在未来出售股票，则股票可以为投资者提供两种形式的现金流入：股利收入和未来出售股票的收入。这种情况下的股票估价模型可用计算公式表示为：

$$V = \sum_{t=1}^{n} \frac{D_t}{(1+i)^t} + \frac{P_n}{(1+i)^n} \tag{2}$$

式中：P_n为未来出售时预计的股票价格；n为预计持有股票的期数；V为股票现在的估价；i为股票的必要报酬率；D_t为第t期的预期每股股利。

在第n期期末购买股票的投资者可能打算永久持有股票，也可能打算在未来出售股票。如果第n期期末购买股票的投资者打算永久持有股票，则P_n等于未来所有期间股利的折现值，将其代入公式（2），就得到公式（1）。如果第n期期末购买股票的投资者打算在未来出售股票，则P_n等于未来股利收入和出售股票收入的现值。以此类推，不断迭代，最终也会得到公式（1）。因此，公式（1）是股票估价的基本模型。无论投资者打算持有股票的期限如何，均适用。

根据不同的股利特征，可以由基本模型推导出相应的股票估价模型。

（二）长期持有、股利稳定不变的股票的估价模型

股票价格的高低，同债券价格一样，取决于股票持有期间的现金流的现值。因此，股票的价格就是永续股利年金的现值之和。

于是，股票价格的估价模型可表述为：

$$V=\frac{D}{i}$$

式中：V为股票现在的价格；D为每年固定每股股利；i为优先股投资者要求的报酬率。

【例3-7】某企业购入一种股票准备长期持有，预计每年股利为4元/股，预期收益率为10%。

要求：计算股票价值为多少？

解：

$$V=\frac{D}{i}=\frac{4}{10\%}=40(\text{元/股})$$

如果股票价格低于40元/股，价值就被低估了；反之，价值就被高估了。

（三）长期持有、股利固定增长的股票的估价模型

发行公司如果经营状况很好，其股利分派一般呈现逐年增长的状态。这种股票的估价就比较困难，只能计算近似数。

假设某公司最近一年的每股股利为D_0，D_1为第1年的每股股利，预期股利增长率为g，则：

$$V=\frac{D_0(1+g)}{i-g}=\frac{D_1}{i-g}$$

【例3-8】甲公司准备投资购买乙公司的股票。该股票去年每股股利为2元，预计以后每年以4%的增长率增长。甲公司经分析后，认为必须得到10%的报酬率，才能购买乙公司的股票。

要求：计算该种股票的价格应为多少时，甲公司才能购买？

解：

$$V=\frac{2\times(1+4\%)}{10\%-4\%}=34.67(\text{元/股})$$

乙公司的股票价格在34.67元/股以下时，甲公司才能购买。

（四）短期持有、未来准备出售的股票的估价模型

在现实生活中，大部分投资者并不准备永久持有某种股票，而是准备持有一段时间后再转让。他们不仅希望得到股利收入，还希望在未来出售股票时从股票价格的上涨中获得好处。于是，投资者获得的未来现金流量就包括两个部分：股利和股票转让收入。这时，股票价格的计算公式为：

$$V=\sum_{t=1}^{n}\frac{D_t}{(1+i)^t}+\frac{P_n}{(1+i)^n}$$

式中：V为股票现在的价格；P_n为未来出售时预计的股票价格；i为投资者要求的必要报酬率；D_t为第t期的预期每股股利；n为预计持有股票的期数。

从以上计算可以看出，股票估价的关键在于确定一个能把风险因素考虑在内的、合适

的收益率。为此，必须对股票投资的风险有足够的估量。

【例 3-9】某公司股票预期未来3年每年每股可获得现金股利3元，3年后该股票预期售价为每股20元，要求的回报率为18%。

要求：计算该股票目前的价值。

解：

$$V=\frac{D_1}{1+i}+\frac{D_2}{(1+i)^2}+\frac{D_3}{(1+i)^3}+\frac{P_3}{(1+i)^3}$$

$$=\frac{3}{1+18\%}+\frac{3}{(1+18\%)^2}+\frac{3}{(1+18\%)^3}+\frac{20}{(1+18\%)^3}=18.7(\text{元/股})$$

第四节 证券投资组合

投资者在进行投资时，一般并不把其所有资金都投资于一种证券，而是同时持有多种证券。这种同时投资的多种证券叫作证券的投资组合，简称证券组合或投资组合。投资银行、基金、保险公司和其他金融机构一般都持有多种有价证券。个人投资者一般也持有证券组合，而不是投资于一家公司的股票或债券。

不要把鸡蛋放在同一个篮子里

一、证券投资组合的目的

证券投资是一种高风险与高收益并存的投资方式。获取最高的投资收益，避免风险损失是投资者良好的投资愿望。然而，证券市场各种不确定因素的客观存在，决定了投资者往往无法使二者达到统一。因此，如何在获得理想收益的同时，尽可能降低风险损失的发生，是投资者进行证券投资时必须慎重考虑的事宜。

降低证券投资风险的途径多种多样，其中最为有效的是进行投资组合。“不要把所有的鸡蛋放在同一个篮子里”就揭示了证券投资组合的一般规律和基本目的，即投资者应当将资金分散投资于不同的证券之中。通过不同证券风险与收益的互补关系，达到分散和降低风险、稳定收益的目的。

二、证券投资组合的风险与收益率

证券投资组合能够降低风险，因此，绝大多数法人投资者都同时投资于多种证券。个人投资者一般也会持有证券的投资组合，而不会只投资于某一家公司的股票或债券。因此，企业财会人员必须了解证券投资组合的风险与收益率的相关知识。

（一）证券投资组合的风险

党的二十大报告要求“守住不发生系统性风险底线”。财务管理人员应该了解风险的含义及衡量方式。虽然证券投资组合也无法消除全部风险，但如果股票种类较多，则能分散大部分风险。证券投资组合理论旨在探索如何通过有效的方法来消除投资风险。证券投资组合的风险可以分为两种性质完全不同的风险：

1.非系统性风险

非系统性风险，又叫可分散风险或公司特别风险，是指某些因素对单个证券造成经济损失的可能性，是可以分散的风险。例如，个别公司工人的罢工、公司在市场竞争中的失败等。

这种风险可通过证券持有的多样化来抵消，即多买几家公司的股票，其中某些公司股票的报酬下降，而另一些公司股票的报酬上升，从而降低了风险。因而，这种风险可被分散。

2.系统性风险

系统性风险，又称不可分散风险或市场风险，指的是由于某些因素给市场上所有的证券都带来经济损失的可能性。例如，宏观经济状况的变化、国家税法的变化、国家财政政策和货币政策的变化、世界能源状况的改变等都会使股票收益发生变动。这些风险影响所有的证券，因此，不能通过证券投资组合分散。换句话说，即使投资者持有的是证券投资组合，也将遭受这种风险。因此，对投资者来说，这种风险是无法消除的，故称不可分散风险。不可分散风险的程度，通常用β系数来计量。

证券投资组合的β系数是单个证券β系数的加权平均数。权数为各股票、债券在证券投资组合中所占的比重。其计算公式为：

$$\beta_p=\sum_{j=1}^{n}W_j\beta_j$$

式中：β_p为证券投资组合的β系数；W_j为证券投资组合中第j种证券所占的比重；β_j为第j种证券的β系数；n为证券投资组合中包含的证券数量。

一些标准的β系数如下：

（1）β=0.5，说明该证券的风险只有整个证券市场风险的一半；

（2）β=1.0，说明该证券的风险等于整个证券市场的风险；

（3）β=2.0，说明该证券的风险等于整个证券市场风险的两倍。

（二）证券投资组合的风险收益

投资者进行证券组合投资与进行单项投资一样，都要求对承担的风险进行补偿。股票的风险越大，要求的报酬就越高。但是，与单项投资不同，证券组合投资要求补偿的风险只是不可分散风险，而不要求对可分散风险进行补偿。如果可分散风险的补偿存在，那么，善于科学地进行投资组合的投资者将购买这部分股票，并抬高其价格，其最后的报酬率只反映不能分散的风险。因此，证券组合的风险收益是投资者因承担不可分散风险而要求的补偿，超过时间价值的那部分额外收益。证券组合的风险收益率可用下列公式计算：

$$R_P=\beta_P\times(R_m-R_f)$$

式中：R_P为证券投资组合的风险收益率；β_P为证券投资组合的β系数；R_m为所有证券的平均收益率，简称“市场收益率”；R_f为无风险收益率，一般用国债的利率来衡量。

【例3-10】新华公司持有甲、乙、丙三只股票构成的证券投资组合。它们的β系数分别是2.0、1.0和0.5。它们在证券投资组合中所占的比重分别为60%、30%和10%。股票的市场收益率为14%，无风险收益率为10%，试确定这种证券投资组合的风险收益率。

解：（1）确定证券投资组合的β系数。

$$\beta_P=60\%\times2.0+30\%\times1.0+10\%\times0.5=1.55$$

（2）计算证券投资组合的风险收益率。

$$R_P=\beta_P\times(R_m-R_f)=1.55\times(14\%-10\%)=6.2\%$$

当然，计算出风险收益率后，便可根据投资额和风险收益率计算出风险收益的数额。

从以上计算中可以看出，在其他因素不变的情况下，风险收益大小取决于证券投资组合的β系数的大小。β系数越大，风险收益就越大；反之亦然。或者说，β系数表示股票收益对系统风险的反映程度。

（三）风险和收益率的关系

在西方金融学和财务管理中，有许多模型论述风险和收益率的关系，其中一个最重要的模型为资本资产定价模型（CAPM），这一模型为：

$$R_i = R_f + \beta_i \times (R_m - R_f)$$

式中：R_i为第i种股票或第i种证券投资组合的必要报酬率；R_f为无风险收益率；β_i为第i种股票或第i种证券投资组合的β系数；R_m为所有股票或所有证券的平均收益率。

资本资产定价模型通常可以用图形来表示。证券市场线用于说明必要报酬率R_i与不可分散风险β系数之间的关系，如图3-1所示。

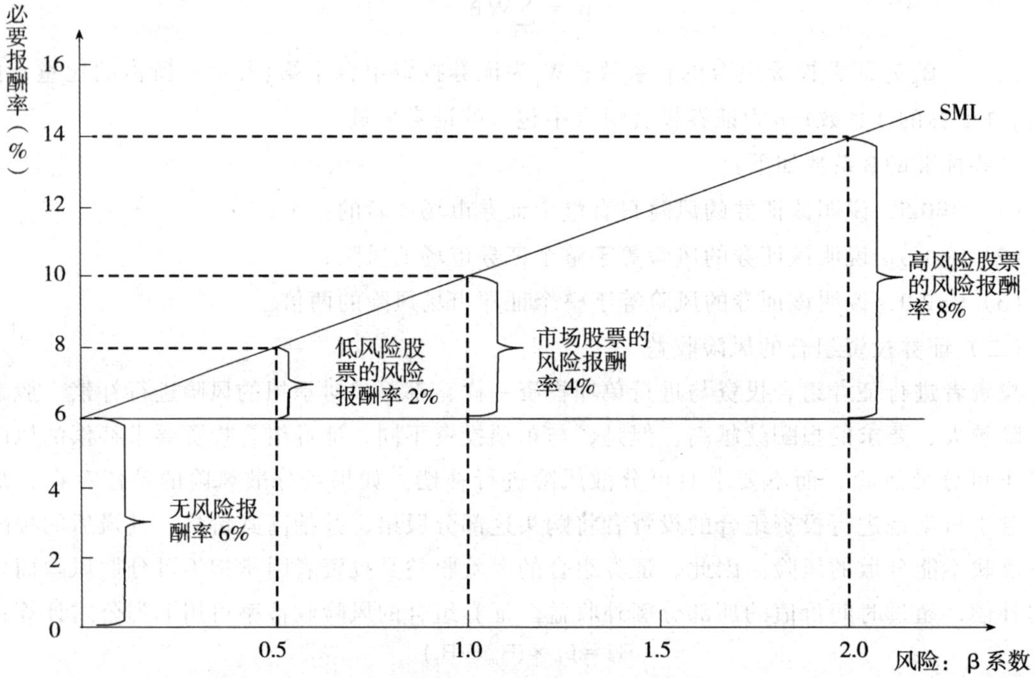

图3-1 证券报酬率与β系数的关系

证券投资组合的风险收益率计算的关键在于，组合中各种证券β系数和所占比重的确定。同时，要掌握投资组合的投资收益率与风险收益率的关系。

【例3-11】甲公司股票的β系数为2.0，无风险利率为6%，市场上所有股票的平均收益率为10%，那么，甲公司股票的收益率为：

$$R_i = R_f + \beta_i \times (R_m - R_f) = 6\% + 2.0 \times (10\% - 6\%) = 14\%$$

也就是说，甲公司股票的收益率达到或超过14%时，投资者就会购买甲公司的股票；如果低于14%，那么投资者不会购买甲公司的股票。

三、证券投资组合的策略

证券投资组合策略是投资者根据市场上各种证券的具体情况以及投资者对风险的偏好

与承受能力，选择相应证券进行组合时所采用的方针。

常见的证券投资组合策略有以下几种：

1.保守的投资组合策略

该组合策略要求尽量模拟证券市场现状（无论是证券种类，还是各证券的比重），将尽可能多的证券包括进来，以便分散全部可避免风险，从而得到与市场平均报酬率相同的投资报酬率。

2.冒险的投资组合策略

该组合策略要求尽可能多地选择一些成长性较好的股票，而少选择低风险、低报酬的股票，这样就可以使投资组合的收益高于证券市场的平均收益。

3.适中的投资组合策略

该组合策略认为，股票的价格主要由企业的经营业绩决定。只要企业的经济效益好，股票的价格终究会体现其优良的业绩。

章后实训与测试

※ Excel在债券筹资分析中的应用

某公司拟发行两种期限不同的债券：M债券的期限为5年，N债券的期限为10年。两种债券的面值均为1 000元，票面利率均为10%，每年年末付息一次，到期一次还本。当市场利率分别为6%、8%、10%、12%和14%时，两种债券的价值分别是多少？试根据计算结果对债券发行价格进行分析。

分析步骤如下：

将M、N两种债券的原始数据填列在表3-1的上部。

表3-1 M、N两种债券分析

	A	B	C	D	E	F
1	债券资料					
2		M债券	N债券			
3	债券面值（元）	1 000	1 000			
4	票面利率	10%	10%			
5	期限（年）	5	10			
6						
7	债券价值计算					
8	市场利率	6%	8%	10%	12%	14%
9	M债券的价值（元）	1 168.49	1 079.85	1 000.00	927.90	862.68
10	N债券的价值（元）	1 294.40	1 134.20	1 000.00	887.00	791.36

填充公式见表3-2：

表3-2 填充公式

单元格	公　式
B9	=PV（B8，$B$5，-$B$3*$B$4，-$B$3）
C9	=PV（C8，$B$5，-$B$3*$B$4，-$B$3）
D9	=PV（D8，$B$5，-$B$3*$B$4，-$B$3）
E9	=PV（E8，$B$5，-$B$3*$B$4，-$B$3）
F9	=PV（F8，$B$5，-$B$3*$B$4，-$B$3）
B10	=PV（B8，$C$5，-$C$3*$C$4，-$C$3）
C10	=PV（C8，$C$5，-$C$3*$C$4，-$C$3）
D10	=PV（D8，$C$5，-$C$3*$C$4，-$C$3）
E10	=PV（E8，$C$5，-$C$3*$C$4，-$C$3）
F10	=PV（F8，$C$5，-$C$3*$C$4，-$C$3）

将表3-2的公式代入表3-1对应位置，可得出表3-1下部的相关数据。选取单元格区域B8：F10，单击工具栏上的［插入］按钮，在［图表］中选取［XY散点图］，然后按照图表向导对话框提示的4个步骤依次操作，并对图表进行格式化，即可得到M和N两种债券的价值与市场利率之间的关系图，如图3-2所示。

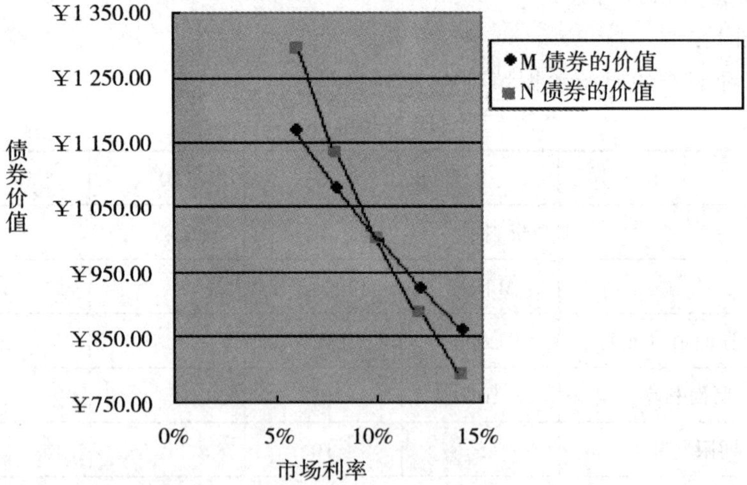

图3-2 债券价值与市场利率之间的关系图

结果分析：

由表3-1的计算结果和图3-2债券价值与市场利率之间的关系图可以看出，随着市场利率的升高，M和N两种债券的价值都会逐渐降低，即债券的价值与市场利率之间呈反方向变化的关系。但是期限长的N债券价值的变动比期限短的M债券价值的变动受市场利率的影响更大：当市场利率升高时，N债券价值下降的幅度大于M债券；反之，当市场利率降低时，N债券价值增加的幅度也大于M债券。

※ 知识测试

本章知识测试

一、单项选择题（每小题5分，共40分）

1.投资组合（　　）。

A.能分散所有风险　　B.能分散系统风险

C.能分散非系统风险　　D.不能分散风险

2.当投资期望收益率等于无风险收益率时，β系数应（　　）。

A.等于0　　B.等于1

C.小于1　　D.大于1

3.非系统风险（　　）。

A. 归因于广泛的价格趋势和事件

B. 归因于某一投资企业特有的价格因素或事件

C. 不能通过投资组合得以分散

D. 通常用β系数衡量

4.某公司发行的股票，预期报酬率为10%，最近刚支付的股利为每股2元，估计股利年增长率为2%，则该股票的价值为（　　）元/股。

A.17　　B.20

C.20.4　　D.25.5

5.宏发公司股票的β系数为1.5，无风险利率为4%，市场上所有股票的平均收益率为8%，则宏发公司股票的收益率应为（　　）。

A.4%　　B.12%

C.8%　　D.10%

6.下列因素引起的风险中，投资者可以通过证券投资组合予以分散的是（　　）。

A.国家货币政策变化　　B.发生经济危机

C.企业经营管理不善　　D.通货膨胀

7.某公司发行5年期债券，债券的面值为1 000元，票面利率为5%，每年付息一次，到期还本，投资者要求的必要报酬率为6%，则该债券的价值为（　　）元。

A.957.92　　B.769

C.1 000　　D.784.67

8.下列不属于债券投资对象的是（　　）。

A.国库券　　B.公司债券

C.短期融资券　　D.普通股

二、判断题（每小题5分，共60分）

1. β系数可用来衡量可分散风险的大小。（　　）

2. 某种股票的β系数越大，风险收益率越高，预期报酬率也越大。（　　）

3. 公司在市场竞争中失败属于非系统风险。（　　）

4. 只要债券价值大于市场价格，就值得投资。（　　）

5. 企业购买的优先股股票属于投资混合性证券。 ( )

6. 购买国库券和公司债券相对于购买股票，风险更大。 ( )

7. 企业投资股票，要承担的风险较大，但获得的收益也较高。 ( )

8. 风险只能带来损失，不能带来收益。 ( )

9. 系统风险不能通过证券投资组合来消减。 ( )

10. 国家货币政策的变化属于系统风险。 ( )

11. 市场上短期国库券利率为5%，通货膨胀补偿率为2%，投资者对某资产要求的最低收益率为10%，则该项资产的风险报酬率为3%。 ( )

12. 随着到期时间的缩短，折现率变动对证券价值的影响越来越大。 ( )

第四章

筹资管理

学习目标

1. 理解企业筹资的动机、基本原则、筹资渠道及筹资方式。
2. 掌握投入资本筹资、普通股筹资、留存收益筹资的优缺点。
3. 掌握长期借款、债券筹资、融资租赁的优缺点。
4. 掌握优先股、可转换债券和认股权证筹资的优缺点。
5. 掌握营业收入比例法资金需要量预测方法。

导入案例

“互联网+”背景下的民间融资①

中国的互联网金融发展迅猛，涌现出多种新业态。从行为本质来看，P2P网络借贷、众筹融资和余额宝三种模式属于民间融资范畴。

知识图谱

央行对P2P网络借贷行业非法集资行为进行了清晰的界定，主要包括三类情况：私设“资金池”模式、庞氏骗局以及借款人诈欺。

（1）私设“资金池”。由于客户资金第三方存管制度的缺失，出借人资金大量涌入平台账户形成“资金池”。平台先通过理财等名义承诺一定的收益，然后寻找借款人，以更高的利率借出资金，并从中赚取利息差。

（2）庞氏骗局，非法自融。在不存在真实借款人的前提下，平台发布虚假的借款信息，诱使出借人借出资金。网站将收到的资金用于投资股票、房地产，甚至用于平台经营者个人挥霍，并采取用后筹措的资金偿还前期资金的本金和利息的方式维持资金链的延续。这种行为涉嫌非法吸收公众存款或构成集资诈骗。

（3）借款人诈欺。借款人诈欺行为主要表现为两类：一类是通过虚构或拆分主体、虚构能力发布借款信息；另一类是借款人在不同的P2P平台重复借款，即一人多贷。平台出于节约成本的考虑极少进行线下审查，未尽到审慎的义务；或平台明知借款信息虚假，但因高额佣金或中介费而持默许态度。

讨论与思考：

如何防范“互联网+”背景下民间融资非法集资风险？

---

① 资料来源：张婷，胡中立，何德旭．社会网络、民间融资与金融创新［J］．宏观经济研究，2021（11）：17-33．

第一节 企业筹资概述

企业筹资是指企业作为筹资主体根据其生产经营、对外投资和调整资本结构等需要，通过筹资渠道和金融市场，运用筹资方式，经济有效地筹措和集中资本的活动。通常所说的筹资主要是指长期资金的筹集，短期资金则归入营运资金中进行管理。企业筹资需要针对不同的筹资来源，运用适当的筹资方式。

本章课件

一、企业筹资的动机

企业筹资的基本目的是自身的生存与发展。企业在持续的生存与发展中，其具体的筹资活动通常受特定的筹资动机所驱使。企业筹资的具体动机是多种多样的。例如，为购置设备、引进新技术、开发新产品而筹资；为对外投资、并购其他企业而筹资；为现金周转与调度而筹资；为偿付债务和调整资本结构而筹资等。概括起来，企业筹资的动机可分为三种类型。

企业筹资概述

（一）扩张性筹资动机

扩张性筹资动机是指企业因扩大生产经营规模或增加对外投资而产生的追加筹资的动机。例如，企业开发新产品、修建厂房、购置设备、拓展市场、购买证券等往往都需要追加筹资。扩张性筹资动机所产生的直接结果是企业的负债和所有者权益总额的增加。

例如，长江公司根据扩大生产经营和对外投资的需求，现追加筹资4 000万元。该企业扩张筹资前的资产和筹资规模见表4-1的（A）列。追加长期借款500万元，追加长期债券1 000万元，企业所有者追加投入资本2 500万元；追加存货价值400万元，追加设备价值2 600万元，追加长期股权投资1 000万元。假定其他项目没有发生变动。在进行这种扩张筹资后，该公司的资产和资本总额见表4-1的（B）列。通过对表4-1中（A）列、（B）列的金额进行比较可以看出，该公司进行扩张筹资后，资产总额从10 000万元增至14 000万元。与此相应，资本总额也从10 000万元增至14 000万元。这是公司扩张筹资带来的直接结果。

表4-1 长江公司扩张筹资前后资产和资本总额变动表 单位：万元

资产	扩张筹资前（A）	扩张筹资后（B）	资本	扩张筹资前（A）	扩张筹资后（B）
货币资金	1 000	1 000	应付账款	1 500	1 500
应收账款	2 000	2 000	短期借款	1 000	1 000
存货	1 500	1 900	长期借款	1 500	2 000
长期股权投资	1 500	2 500	长期债券	2 000	3 000
固定资产	4 000	6 600	股东权益	4 000	6 500
资产总额	10 000	14 000	资本总额	10 000	14 000

（二）调整性筹资动机

企业的调整性筹资动机是企业因调整现有资本结构的需要而产生的筹资动机。简言之，资本结构是指企业各种筹资的构成及其比例关系，企业的资本结构是由企业采取的各种筹资方式组合而形成的。一家企业在不同时期由于筹资方式的不同组合会形成不尽相同的资本结构。随着相关情况的变化，现有的资本结构可能不再合理，需要相应地予以调整，使之趋于合理。

例如，黄河公司调整筹资前的资产和筹资规模见表4-2中的（A）列。经分析，该公司认为这种资本结构不再合理，需要采取债转股措施予以调整，将2 000万元债券转换为普通股。调整筹资后的资产和资本情况见表4-2中的（B）列。

表4-2 **黄河公司调整筹资前后资产和资本总额变动表** 单位：万元

资产	调整筹资前（A）	调整筹资后（B）	资本	调整筹资前（A）	调整筹资后（B）
货币资金	1 000	1 000	应付账款	1 500	1 500
应收账款	2 000	2 000	短期借款	1 000	1 000
存货	1 500	1 500	长期借款	500	500
长期股权投资	1 500	1 500	长期债券	3 000	1 000
固定资产	4 000	4 000	股东权益	4 000	6 000
资产总额	10 000	10 000	资本总额	10 000	10 000

黄河公司调整筹资前的资本结构中的债务筹资比例为60%，股权筹资比例为40%。调整筹资后的资本结构改变为债务筹资比例降至40%，股权筹资比例升至60%。该公司的资产和筹资规模并没有发生变化，纯粹是为调整资本结构而筹资。

（三）混合性筹资动机

混合性筹资动机是指上述两种筹资动机的混合，既为生产经营或对外投资，又为偿还债务。

这种筹资动机所导致的筹资行为，既增加了企业的负债和所有者权益总额，又调整了各种权益之间的比例。

二、企业筹资的基本原则

企业筹资是企业的基本财务活动，是企业扩大生产经营规模和调整资本结构必须采取的行动。为了经济有效地筹集资金，企业筹资必须遵循下列基本原则：

（一）合法性原则

企业的筹资活动，影响着社会资本及资源的流向和流量，涉及相关主体的经济权益。为此，必须遵守国家有关法律法规，依法履行约定的责任，维护有关各方的合法权益，避免非法筹资行为而给企业本身及相关主体造成损失。

（二）效益性原则

企业筹资与企业投资在效益上应当相互权衡。企业投资是决定企业是否要筹资的重要因素。投资收益与资本成本相比较，决定了是否要追加筹资，而一旦采纳某个投资项目，其投资数量就决定了所需筹资的数量。因此，企业在筹资活动中，一方面，需要认真分析投资机会，讲究投资效益，避免不顾投资效益的盲目筹资；另一方面，由于不同筹资方式的资本成本的高低不尽相同，需要综合研究各种筹资方式，寻求最优的筹资组合，以便降低资本成本，经济有效地筹集资金。

（三）合理性原则

企业筹资必须合理确定所需筹资的数量。无论企业筹资通过哪些筹资渠道，运用哪些筹资方式，都要预先确定筹资的数量。企业筹资必须有合理的限度，使所需筹资的数量与投资所需数量达到平衡，避免筹资数量不足而影响投资活动或筹资数量过剩而影响筹资效益。企业筹资还必须合理确定资本结构。合理地确定企业的资本结构，主要有两方面的内容：一方面，要合理确定股权资本与债权资本的结构，也就是合理确定企业债权资本的规模或比例问题。债权资本的规模应当与股权资本的规模和偿债能力的要求相适应。既要避免债权资本过多，导致财务风险过高，偿债负担过重，又要有效地利用债务经营，提高股权资本的收益水平。另一方面，要合理确定长期资本与短期资本的结构，也就是合理确定企业全部资本的期限、结构问题。这要与企业资产所需持有的期限相匹配。

（四）及时性原则

企业筹资必须根据企业资本的投放时间安排予以筹划，及时地取得资本来源，使筹资与投资在时间上相协调。企业投资一般都有投放时间上的要求，尤其是证券投资，其投资的时间性要求非常重要，筹资必须与此相配合，避免筹资过早而造成投资前的资本闲置或筹资滞后而贻误投资的有利时机。

三、企业筹资的渠道与方式

企业筹资需要通过一定的筹资渠道，运用一定的筹资方式来进行。不同的筹资渠道和筹资方式各有特点和适用性，为此需要加以分析研究。筹资渠道与筹资方式既有联系，又有区别。同一筹资渠道的资本往往可以采用不同的筹资方式取得，而同一筹资方式又往往可以筹集不同筹资渠道的资本，这也需要分析研究两者之间的有效配合。

（一）企业筹资渠道

企业的筹资渠道是指企业筹集资本来源的方向与通道，体现着资本的源泉和流量。筹资渠道主要是由社会资本的提供者及数量分布决定的。目前，我国社会资本的提供者众多，数量分布广泛，为企业筹资提供了广泛的资本来源。认识企业筹资渠道的种类及其特点和适用性，有利于企业充分开拓和利用筹资渠道，实现各种筹资渠道的合理组合，有效地筹集资金。

企业的筹资渠道可以归纳为如下7种：

1. 政府财政资本。政府财政资本历来是国有企业筹资的主要来源，政策性很强，通常只有国有企业才能利用。现有的国有企业，包括国有独资公司，其筹资来源的大部分是由政府通过中央和地方财政部门以拨款方式投资而形成的。政府财政资本具有广阔的源泉和稳固的基础，并在国有企业资本金预算中安排，今后仍然是国有企业权益资本筹集的重要渠道。

2. 银行信贷资本。银行信贷资本是各类企业筹资的重要来源。银行一般分为商业性银行和政策性银行。在我国，商业性银行主要有中国工商银行、中国农业银行、中国建设银行、中国银行以及交通银行等；政策性银行有国家开发银行、中国农业发展银行和中国进出口银行。商业性银行可以为各类企业提供各种商业性贷款；政策性银行主要为特定企业提供一定的政策性贷款。银行信贷资本拥有居民储蓄、单位存款等经常性的资本来源，贷款方式灵活多样，可以适应各类企业债权资本筹集的需要。

3. 非银行金融机构资本。非银行金融机构资本也可以为一些企业提供一定的筹资来源。非银行金融机构是指除了银行以外的各种金融机构及金融中介机构。在我国，非银行金融机构主要有租赁公司、保险公司、企业集团的财务公司以及信托投资公司、证券公司。它们有的集聚社会资本，融资融物；有的承销证券，提供信托服务，为一些企业直接筹集资金或为一些公司发行证券筹资提供承销信托服务。这种筹资渠道的财力虽然比银行小，但具有广阔的发展前景。

4. 其他法人资本。其他法人资本有时亦可为筹资企业提供一定的筹资来源。在我国，法人可分为企业法人、事业法人和团体法人等。它们在日常的资本运营周转中，有时也可能形成部分暂时闲置的资本。为了让其发挥一定的效益，也需要相互融通，这就为企业筹资提供了一定的筹资来源。

5. 民间资本。民间资本可以为企业直接提供筹资。我国企业和事业单位的职工和广大城乡居民持有大笔的货币资本，可以对一些企业直接进行投资，为企业筹资提供资本。

6. 企业内部资本。企业内部资本主要是指企业通过提留盈余公积和保留未分配利润而形成的资本。这是企业内部形成的筹资渠道，比较便捷。有盈利的企业通常都可以加以利用。

7. 国外和我国港澳台资本。在改革开放的条件下，对于国外以及我国香港、澳门和台湾地区的投资者持有的资本，亦可加以吸收，从而形成所谓外商投资企业的筹资渠道。

在上述各种筹资渠道中，政府财政资本、其他法人资本、民间资本、企业内部资本、国外和我国港澳台资本，可以成为特定企业股权资本的筹资渠道；银行信贷资本、非银行金融机构资本、其他法人资本、民间资本、国外和我国港澳台资本，可以成为特定企业债权资本的筹资渠道。

（二）企业筹资方式

企业筹资方式是指企业筹集资本所采取的具体形式和工具，体现了资本的属性和期限。这里，资本属性是指资本的股权或债权性质。筹资方式取决于企业资本的组织形式和金融工具的开发利用程度。目前，我国企业资本的组织形式多种多样，金融工具得到了比较广泛的开发和利用，为企业筹资提供了良好的条件。认识企业筹资方式的种类及其特点和适用性，有利于企业准确地开发和利用各种筹资方式，实现各种筹资方式的合理组合，有效地筹集资本。

按照资本属性的不同，企业长期筹资可以分为权益性筹资、债务性筹资和混合性筹资。

1.权益性筹资（Equity Financing）。权益性筹资形成企业的股权资本，也称股权性筹资，是企业依法取得并长期拥有，可自主调配运用的资本。我国企业的股权资本一般是通过政府财政资本、其他法人资本、民间资本、企业内部资本，以及国外和我国港澳台地区资本等筹资渠道获得，主要有投入资本筹资、发行股票筹资和留存收益筹资三种方式。

（1）投入资本筹资。投入资本筹资是企业以协议形式筹集政府、法人、自然人等直接投入的资本，形成企业投入资本的一种筹资方式。其筹资方式不以股票为媒介，适用于非股份制企业，是非股份制企业取得股权资本的基本方式。

（2）发行股票筹资。发行股票筹资是股份制公司按照公司章程依法发售股票直接筹资，形成公司股本的一种筹资方式。发行股票筹资要以股票为媒介，仅适用于股份制公司，是股份制公司取得股权资本的基本方式。

（3）留存收益筹资。留存收益筹资是指企业将留存收益转化为投资的过程，将企业生产经营所实现的净收益留在企业，而不作为股利分配给股东，其实质为原股东对企业追加投资。

2.债务性筹资（Debt Financing）。债务性筹资形成企业的债权资本，亦称负债资本，是企业依法取得并依法运用、按期偿还的资本，主要包括长期借款筹资、发行债券筹资和融资租赁筹资三种方式。

（1）长期借款筹资。长期借款筹资是各类企业按照借款合同从银行等金融机构借入偿还期在1年以上的各种款项的筹资方式。

（2）发行债券筹资。发行债券筹资是企业按照债券发行协议通过发售债券直接筹资，形成企业债权资本的一种筹资方式。在我国，股份有限公司、国有独资公司等可以采用发行债券筹资方式，依法发行公司债券，获得大额的长期债权资本。

（3）融资租赁筹资。融资租赁筹资指出租方根据承租方对供货商、租赁物的选择，向供货商购买租赁物，提供给承租方使用，承租方在契约或者合同规定的期限内分期支付租金的筹资方式。

3.混合性筹资（Hybrid Financing）。混合性筹资是指兼具权益性筹资和债务性筹资双重属性的筹资类型，主要包括发行优先股筹资、发行可转换债券筹资和认股权证筹资三种方式。

（1）发行优先股筹资。从筹资企业的角度看，优先股股本属于企业的股权资本，但优先股股利同债券利息一样，通常是固定的，因此，发行优先股筹资属于混合性筹资。

（2）发行可转换债券筹资。可转换债券在其持有者将其转换为发行公司股票之前，属于债务性筹资；在其持有者将其转换为发行公司股票之后，则属于权益性筹资。因此，发行可转换债券筹资属于混合性筹资。

（3）认股权证筹资。认股权证通常是指由发行人所发行的附有特定条件的一种有价证券。其持有者认购股份之前对发行公司既不拥有债权也不拥有股权，属于混合性筹资。

第二节 权益资金的筹集与管理

企业权益性筹资涉及企业的注册资本制度。因此，本节首先介绍企业注册资本制度，然后分别讲述投入资本筹资、发行普通股股票筹资和留存收益筹资三种权益性资金筹集方式。

一、注册资本制度

1.注册资本的含义

一般而言，注册资本（Registered Capital）是企业法人资格存在的物质要件，是股东对企业承担有限责任的界限，也是股东行使股权的依据和标准。具体而言，注册资本是指企业在公司登记机关登记注册的资本总额。

根据《公司法》的规定，股份有限公司可以采取发起设立或者募集设立的方式。发起设立是指由发起人认购公司发行股份的全部而设立公司。募集设立是指由发起人认购公司发行股份的一部分，其余股份向社会公开募集或者向特定对象募集而设立公司。股份有限公司采取发起设立方式设立的，注册资本为在公司登记机关登记的全体发起人认购的股本总额；采取募集设立方式设立的，注册资本为在公司登记机关登记的实收股本总额。有限责任公司的注册资本为在公司登记机关登记的全体股东认缴的出资额。

2.注册资本制度的模式

从世界各国的情况看，公司注册资本制度的模式主要有三种：

（1）实缴资本制。实缴资本制，又称实收资本制。这种注册资本制度规定公司的实收资本必须等于注册资本，否则公司不得设立。该制度由法国和德国首创，为多数大陆法系国家所采用，如欧洲大陆各国。实缴资本制一般规定公司注册资本的最低限额，并规定公司全体发起人或全体股东首次出资额的最低比例，其余部分限期缴足；有的还规定货币资本出资的最低比例。由此可见，实缴资本制对注册资本的规定比较严格，其宗旨是保护债权人的利益，维护公司经营的安全。

（2）认缴资本制。认缴资本制，又称授权资本制。它是指在公司设立时，在公司章程中确定资本总额，但不要求股东一次全部缴足，只要缴付首次出资额，公司即可设立；其余部分可授权公司董事会根据需要随时发行。这种制度允许实收资本与注册资本不一致，公司增减资本比较灵活。认缴资本制为英国和美国所创立，主要为英美法系的国家和地区所采用。

（3）折中资本制。折中资本制是介于实缴资本制和认缴资本制之间的一种注册资本制度。这种注册资本制度一般规定公司在设立时应明确资本总额，并规定首次出资额或出资比例以及缴足资本的最长期限。由此可见，该制度吸收了实缴资本制和认缴资本制的优点：一方面，允许公司根据实际需要发行资本，以适应公司的经营需要；另一方面，规定缴足资本的期限，有利于降低公司的经营风险。

我国2006年修改后的《公司法》取消了按照公司经营内容区分最低注册资本额的规定，将有限责任公司的最低注册资本从10万～50万元统一降至3万元，将股份有限公司的最低注册资本从原来的1 000万元降至500万元。同时，由于各种原因，虽然最终没有采纳认缴资本制，但两种公司的资本都允许分期缴纳，而不必一次性缴足，只是要求全体股东的首次出资额不得低于注册资本的20%，其余部分必须在两年内缴足，投资公司可以在5年内缴足。

2014年，国务院批准《注册资本登记制度改革方案》，推进工商注册制度便利化，加快政府职能转变，创新政府监管方式，建立公平开放透明的市场规则，保障创业创新。实行注册资本登记制度改革，将注册资本实缴登记制改为认缴登记制。除法律、行政法规以及国务院决定对公司注册资本实缴有另行规定的以外，取消了关于公司股东（发起人）应自公司成立之日起两年内缴足出资，投资公司在5年内缴足出资的规定；取消了一人有限责任公司股东应一次足额缴纳出资的规定。采取公司股东（发起人）自主约定认缴出资额、出资方式、出资期限等，并记载于公司章程的方式。

2024年，国务院通过关于实施《中华人民共和国公司法》注册资本登记管理制度的规定，要求2024年6月30日前登记设立的公司，有限责任公司剩余认缴出资期限自2027年7月1日起超过5年的，应当在2027年6月30日前将其剩余认缴出资期限调整至5年内并记载于公司章程，股东应当在调整后的认缴出资期限内足额缴纳认缴的出资额；股份有限公司的发起人应当在2027年6月30日前按照其认购的股份全额缴纳股款。

二、投入资本筹资

投入资本筹资是指非股份制企业按照“共同投资、共同经营、共担风险、共享利润”的原则直接吸收国家、法人、个人投资者投入资金的一种筹资方式。吸收投资与发行股票、留存收益筹资都是企业筹集自有资金的重要方式。吸收投资中的出资者都是企业的所有者，他们对企业具有经营管理权，并按其出资比例分享利润、承担损失。

（一）投入资本筹资的种类

1.按筹资来源划分，投入资本筹资分为以下四类：

（1）吸收国家直接投资，形成企业的国有资本。

（2）吸收其他企业、事业单位等法人的直接投资，形成企业的法人资本。

（3）吸收企业内部职工和社会公众的直接投资，形成企业的个人资本。

（4）吸收外国投资者和我国港澳台投资者的直接投资，形成企业的外商资本。

2.按投资者的出资形式划分，投入资本筹资分为以下两类：

（1）吸收现金投资。现金投资是最常见的投资形式。

（2）吸收非现金投资。非现金投资主要包括两种形式：一是材料、燃料、产品、房屋建筑物、机器设备等实物资产投资；二是专利权、非专利技术、商标权、土地使用权等无形资产投资。

（二）筹集非现金投资的估值

企业筹集的非现金投资主要指流动资产、固定资产和无形资产投资，应按照评估确定或合同、协议约定的金额计价。

1.筹集流动资产的估值

企业筹集的流动资产包括材料、燃料、产成品、在产品、自制半成品、应收款项和有价证券等。

(1) 对于材料、燃料、产成品等，可采用现行市价法或重置成本法进行估值。

(2) 对于在产品、自制半成品，可先按完工程度折算为相当于产成品的约当量，再按产成品的估价方法进行估值。

(3) 对于应收款项，应针对具体情况，采用合理的估值方法：能够立即收回的应收账款，可以其账面价值作为评估价值；能够立即贴现的应收票据，可以其贴现值作为评估价值；不能立即收回的应收账款，应合理估计其坏账损失，并以其账面价值扣除坏账损失后的金额作为评估价值；能够立即变现的带息票据和计息债券，可以其面额加上持有期间的利息作为评估价值。

2.筹集固定资产的估值

筹集的固定资产主要是机器设备、房屋建筑物等。

(1) 对于筹集的机器设备，一般采用重置成本法或现行市价法进行估值；对于有独立生产能力的机器设备，亦可采用收益现值法估值，评估价值应包括机器设备的直接成本和间接成本。

(2) 房屋建筑物价值的高低是由多方面因素决定的，主要受原投资额、地理位置、质量、新旧程度等因素的影响，可采用现行市价法并结合收益现值法进行估值。

3.筹集无形资产的估值

企业筹集的无形资产主要有专利权、专有技术、商标权、商誉、土地使用权、特许经营权、租赁权、版权等。

(1) 对于能够单独计算自创成本或外购成本的无形资产，如专利权、专有技术等，可以采用重置成本法估值。

(2) 对于在现时市场上有交易参照物的无形资产，如专利权、租赁权、土地使用权等，可采用现行市价法进行估值。

(3) 对于无法确定研制成本或购买成本，又不能在市场上找到交易参照物，但能为企业持续带来收益的无形资产，如特许经营权、商标权、商誉等，可采用收益现值法估值。

(三) 投入资本筹资的程序

1.确定投入资本筹资所需的资金数量。企业新建或扩大经营规模时，应先确定资金的总需要量及理想的资本结构，然后据以确定吸收直接投资所需的资金数量。

2.寻找投资单位，商定投资数额和出资方式。企业在吸收投资之前，需要做一些必要的宣传，以便使出资单位了解企业的经营状况和财务情况，有目的地进行投资。这将有利于企业在较多的投资者中寻找最合适的合作伙伴。

3.签署投资协议。双方经协商达成共识后，就可以进一步签署投资协议，以明确双方的权利和责任。这里的关键问题是以实物、工业产权、土地使用权等投资的作价问题。因为投资的报酬、风险的承担都以由此确定的出资额为依据。一般而言，双方应按公平合理的原则协商定价。如果争议比较大，可聘请专业资产评估机构来评定。

4.执行投资协议。企业与投资者按协议约定，做好投资交接及有关手续，并在以后确保投资者参与经营管理的权利及盈利分配的权利。

（四）投入资本筹资的优缺点

1.投入资本筹资的优点

（1）筹资方式简便、筹资速度快，吸收直接投资的双方直接接触磋商，没有中间环节。只要双方协商一致，筹资即可成功。

（2）有利于增强企业信誉。吸收投资所筹集的资金属于自有资金，与借入资金相比，能增强企业的信誉和借款能力。对扩大企业经营规模、提高企业实力具有重要作用。

（3）有利于企业尽快形成生产能力。吸收投资可以直接获取现金、先进设备和先进技术，与通过有价证券等间接筹资相比，有利于尽快形成生产能力以开拓市场。

（4）有利于降低企业财务负担。吸收直接投资可以根据企业的经营状况向投资者支付报酬，没有固定的财务负担，形式比较灵活，所以财务风险较小。

2.投入资本筹资的缺点

（1）资本成本较高。企业向投资者支付的报酬是根据其出资的数额和企业实现利润的多寡来计算的，不能减免企业所得税，当企业盈利丰厚时，企业向投资者支付的报酬较多。

（2）容易分散企业控制权。采用吸收投资方式筹集资金，投资者一般都要求获得与投资数额相适应的经营管理权，这会造成原有投资者控制权的分散与减弱。

三、发行普通股股票筹资

发行股票是股份制公司筹集权益资本的最主要方式。普通股（Common Stock）是一种有价证券，是股份制公司发行的具有管理权而股利不固定的股票。

普通股筹资和留存收益筹资

（一）普通股股东的权利

普通股股票的持有人称为普通股股东。普通股股东一般具有如下权利：

1.管理权。普通股股东的权利主要体现为在董事会选举中有选举权和被选举权。通过选出的董事会代表所有股东对企业进行控制和管理。具体来说，普通股股东的管理权主要表现为：

（1）投票权。普通股股东有权投票选举公司董事会成员并有权对修改公司章程、改变公司资本结构、批准出售公司重要资产、吸收或兼并其他公司等重大问题进行投票表决。

（2）查账权。从原则上来讲，普通股股东具有查账权。但由于保密的原因，这种权利常常受到限制。因此，并不是每个股东都可以自由查账，但股东可以委托会计师事务所代表他去查账。

（3）阻止越权的权利。当公司的管理层越权进行管理时，股东有权阻止。

2.盈余分享权。盈余分享权也是普通股股东的一项基本权利。盈余的分配方案由股东大会决定，每一个会计年度由董事会根据公司的盈利数额和财务状况来决定发放股利的多少并经股东大会批准通过。

3.出售或转让股份权。股东有权出售或转让股票，这也是普通股股东的一项基本权利。

4.优先认股权。当公司增发新股时，原有股东有权按持股比例，优先认购新股。

5.剩余财产要求权。当公司解散、清算时，普通股股东对剩余财产有要求权。但是，公司破产清算时，财产的变价收入，首先要用来清偿债务，然后支付给优先股股东，最后才能分配给普通股股东。所以，在破产清算时，普通股股东实际上很少能分得剩余财产。

（二）股票的种类

1.股票按股东的权利和义务分类，可分为普通股和优先股。

普通股是指公司发行的，代表股东享有的平等的权利、义务，不加特别限制，为股利不固定的股票。普通股是最基本的股票。通常情况下，股份有限公司只发行普通股。

普通股在权利和义务方面的特点是：①普通股股东享有公司的经营管理权；②普通股股利分配在优先股之后进行，并依公司盈利情况而定；③公司解散清算时，普通股股东对公司剩余财产的请求权位于优先股之后；④公司增发新股时，普通股股东具有认购优先权，可以优先认购公司所发行的股票。

优先股（Preferred Stock）是指公司发行的，具有优先于普通股股东分取股利和公司剩余财产的权利的股票。多数国家的公司法规定，优先股可以在公司设立时发行，也可以在公司增发新股时发行。有些国家的法律则规定，优先股只能在特殊情况下，如公司增发新股或清理债务时，才允许发行。

2.股票按票面有无记名分类，可分为记名股票和无记名股票。

记名股票是指在股票票面上记载股东的姓名或者名称的股票，股东姓名或名称要记入公司的股东名册。我国《公司法》规定，公司向发起人、国家授权投资的机构、法人发行的股票，应为记名股票；向社会公众发行的股票，可以为记名股票，也可以为无记名股票。记名股票一律记载股东本名，其转让、继承要办理过户手续。

无记名股票是指在股票票面上不记载股东的姓名或名称的股票，股东姓名或名称也不记入公司的股东名册，公司只记载股票数量、编号及发行日期。公司向社会公众发行的股票可以为无记名股票。无记名股票的转让、继承无须办理过户手续，即可实现股权的转移。

3.股票按票面是否标明金额分类，可分为有面额股票和无面额股票。

有面额股票是指公司发行的，票面标有金额的股票。持有这种股票的股东，对公司享有权利和承担义务的大小，以其所拥有的全部股票的票面金额之和占公司发行在外股票总面额的比例大小来确定。我国《公司法》规定，股票应当标明票面金额。

无面额股票不标明票面金额，只在股票上载明占公司股本总额的比例或股份数，故也称“分权股份”或“比例股”。公司之所以采用无面额股票形式，是因为股票价值实际上是随公司财产的增减而变动的。发行无面额股票，有利于促使投资者在购买股票时，注意计算股票的实际价值。

4.股票按投资主体的不同分类，可分为国家股、法人股、个人股和外资股。

国家股是指有权代表国家投资的部门或机构以国有资产向公司投入而形成的股份。国家股由国务院授权的部门或机构持有，并向公司委派股权代表。

法人股是指企业法人依法以其可支配的资产向公司投入而形成的股份，或具有法人资格的事业单位和社会团体以国家允许用于经营的资产向公司投入而形成的股份。

个人股是指社会个人或本公司职工以个人合法财产投入公司而形成的股份。

外资股是指外国和我国港澳台地区投资者购买的我国上市公司股票。

5.股票按发行时间的先后分类，可分为始发股和新股。

始发股是指公司设立时发行的股票。新股是指公司增资时发行的股票。始发股和新股发行的具体条件、目的、价格不尽相同，但股东的权利、义务是一致的。

6.股票按发行对象和上市地区分类，可分为A股、B股、H股、N股和S股。

A股是指供我国个人或法人以及境外机构投资者买卖的，以人民币标明票面价值并以人民币认购和交易的股票；B股是指专供外国和我国港澳台地区的投资者以及我国境内个人投资者（自2001年2月起开放）买卖的，以人民币标明面值但以外币认购和交易的股票。A股、B股在上海、深圳、北京证券交易所上市，H股、N股和S股是指公司注册地在中国内地，但上市地分别是我国香港交易所、美国纽约证券交易所和新加坡交易所的股票。

【课堂拓展】

设立北交所，培育“小巨人”①

习近平总书记在2021年中国国际服务贸易交易会全球服务贸易峰会上致辞，我们将继续支持中小企业创新发展，深化新三板改革，设立北京证券交易所（简称“北交所”），打造服务创新型中小企业主阵地。2021年11月15日，北交所正式开市。设立北交所的核心是为专精特新中小企业服务，培育专精特新“小巨人”企业。这些企业是专注于细分市场、创新能力强、市场占有率高、掌握关键核心技术、质量效益优的排头兵企业。

截至2024年年末，北交所上市公司数量达262家，总市值达5 386.93亿元，上市公司中高新技术企业超九成，战略性新兴产业、先进制造业占比近八成，国家级专精特新“小巨人”企业占比超一半。

（三）股票发行的条件

根据国家有关法律法规和国际惯例，股份有限公司发行股票，必须具备一定的条件。

（1）公司的组织机构健全、运行良好，包括：公司章程合法有效，股东大会、董事会、监事会和独立董事制度健全，能够依法有效地履行职责；公司内部控制制度健全，能够有效保证公司运行的效率、合法合规性和财务报告的可靠性；内部控制制度的完整性、合理性、有效性不存在重大缺陷；现任董事、监事和高级管理人员具备任职资格，能够忠实和勤勉地履行职务；上市公司与控股股东或实际控制人的人员、资产、财务分开，机构、业务独立，能够自主经营管理；最近12个月内不存在违规对外提供担保的行为。

（2）公司的盈利能力具有可持续性，包括：最近3个会计年度连续盈利（扣除非经常性损益后的净利润与扣除前的净利润相比，以低者作为计算依据）；业务和盈利来源相对稳定，不存在严重依赖控股股东、实际控制人的情形；现有主营业务或投资方向能够可持续发展，经营模式和投资计划稳健，主要产品或服务的市场前景良好，行业经营环境和市

① 资料来源：习近平．在2021年中国国际服务贸易交易会全球服务贸易峰会上的致辞［EB/OL］.［2021-09-02］. https：//www.bse.cn/important_news/200010667.html.

场需求不存在现实或可预见的重大不利变化；高级管理人员和核心技术人员稳定，最近12个月内未发生重大不利变化；公司重要资产、核心技术或其他重大权益的取得合法，能够持续使用，不存在现实或可预见的重大不利变化；不存在可能严重影响公司持续经营的担保、诉讼、仲裁或其他重大事项；最近24个月内曾公开发行证券的，不存在发行当年营业利润比上年下降50%以上的情形。

（3）公司的财务状况良好，包括：会计基础工作规范，严格遵循国家统一会计制度的规定；最近3年内财务报表未被注册会计师出具保留意见、否定意见或无法表示意见的审计报告；被注册会计师出具带强调事项段的无保留意见审计报告的，所涉及的事项对发行人无重大不利影响或者在发行前重大不利影响已经消除；资产质量良好，不良资产不足以对公司财务状况造成重大不利影响；经营成果真实，现金流量正常；营业收入和成本费用的确认严格遵循国家有关企业会计准则的规定，最近3年资产减值准备计提充分合理，不存在操纵经营业绩的情形；最近3年以现金或股票方式累计分配的利润不少于最近3年实现的年均可分配利润的20%。

（4）公司募集资金的数额和使用符合规定，包括：募集资金数额不超过项目需要量；募集资金用途符合国家产业政策和有关环境保护、土地管理等法律和行政法规的规定；除金融类企业外，募集资金使用项目不得为持有交易性金融资产、借予他人、委托理财等财务性投资，不得直接或间接投资于以买卖有价证券为主要业务的公司；投资项目实施后，不会与控股股东或实际控制人产生同业竞争或影响公司生产经营的独立性；建立募集资金专项存储制度，募集资金必须存放于公司董事会指定的专项账户。

（四）股票的发行程序

各国对股票的发行程序都有严格的法律规定，未经法定程序发行的股票无效。根据我国《上市公司证券发行管理办法》的规定，上市公司申请发行股票，应当依据下列程序：

（1）公司董事会应当依法作出决议，包括本次证券发行的方案、募集资金使用的可行性报告和前次募集资金使用的报告以及其他必须明确的事项等，并提请股东大会批准。

（2）公司股东大会就发行股票作出决定，至少应当包括本次发行证券的种类和数量、发行方式、发行对象及向原股东配售的安排、定价方式或价格区间、募集资金用途、决议的有效期、对董事会办理本次发行具体事宜的授权以及其他必须明确的事项。

（3）公司申请公开发行股票或者非公开发行新股，应当由保荐人保荐，并向中国证券监督管理委员会（以下简称“中国证监会”）申报。保荐人应当根据中国证监会的有关规定编制和报送发行申请文件。

（4）中国证监会依据下列程序审核发行证券的申请：收到申请文件后，5个工作日内决定是否受理；中国证监会受理后，对申请文件进行初审；发行审核委员会审核申请文件；中国证监会作出核准或者不予核准的决定。

（5）自中国证监会核准发行之日起，公司应在6个月内发行证券；超过6个月未发行的，核准文件失效，须重新经中国证监会核准后方可发行。公司发行证券前发生重大事项的，应暂缓发行，并及时报告中国证监会。该事项对本次发行条件构成重大影响的，发行证券的申请应重新经过中国证监会核准。

（6）证券发行申请未获核准的上市公司，自中国证监会作出不予核准的决定之日起6个月后，可再次提出证券发行申请。

（五）股票的发行方式和销售方式

公司发行股票筹资，应当选择适宜的股票发行方式和销售方式，并恰当地制定发行价格，以便及时募足资金。

1.股票发行方式。

股票发行方式是指公司通过何种途径发行股票。总的来讲，股票的发行方式可分为以下两类：

（1）公开发行。公开发行是指股份有限公司为筹集资金，通过证券经销商公开向社会公众发行股票，公开发行也叫公募发行。公开发行有利于股东队伍的扩大和产权的分散化，克服垄断和提高股票的适销性。

（2）非公开发行。非公开发行是指股份有限公司向公司内部职工和与公司有关的法人（发起人）发售股票。向公司内部职工发行股票也叫内部发行。向与公司有关的法人发行股票也叫私募发行。私募发行有确定的投资人，发行手续简单，可以节省发行时间和费用。私募发行的不足之处是投资者数量有限，流通性较差，而且也不利于提高发行人的社会信誉。目前，我国境内上市外资股（B股）的发行几乎全部采用私募方式进行。我国法律对证券私募发行活动的规范正逐步完善。

2.股票销售方式。

股票销售方式是指股份有限公司向社会公开发行股票时所采取的股票销售方式，有自销和承销两种。股票的发行是否成功，最终取决于能否成功地将股票全部销售出去。根据我国《上市公司证券发行管理办法》的规定，上市公司公开发行股票的发行对象均属于原前十名股东的，可以由上市公司自行销售。

（1）自销方式。股票发行的自销方式，是指股份有限公司在非公开发行股票时，自行直接将股票出售给认购股东，而不经过证券经营机构承销。非公开发行股票，发行对象均属于原前十名股东的，公司可以采用自销方式。自销方式可由发行公司直接控制发行过程，实现发行意图，并可节约发行成本，但发行风险完全由发行公司承担，主要由知名度高、有实力的公司向现有股东推销股票时采用。

（2）承销方式。股票发行的承销方式，是指发行公司将股票销售业务委托给证券承销机构代理。证券承销机构是指专门从事证券买卖业务的金融中介机构，在我国主要为证券公司、信托投资公司等。承销方式是发行股票所普遍采用的推销方式。我国《上市公司证券发行管理办法》规定，公司向社会公开发行股票，应由依法设立的证券经营机构承销。

承销方式包括包销和代销两种办法。

① 股票发行的包销，是指由发行公司与证券经营机构签订承销协议，全权委托证券承销机构代理股票的发售业务。采用这种办法，一般由证券承销机构买进股份有限公司公开发行的全部股票，然后将所购股票转销给社会上的投资者。在规定的募股期限内，若实际招募股份数达不到预定发行股份数，剩余部分由证券承销机构全部承购下来。发行公司选择包销办法，可促进股票顺利出售，及时筹足资金，还可免于承担发行风险；不利之处

是要将股票以略低的价格出售给承销商，且实际付出的发行费用较高。

② 股票发行的代销，是指由证券经营机构代理股票发售业务，若实际募集股份数达不到预定发行股份数，承销机构不负承购剩余股份的责任，而是将未售出的股份归还给发行公司，发行风险由发行公司自己承担。

（六）股票上市

1.股票上市的意义

股票上市是指股份有限公司公开发行的股票，符合规定条件，经过申请批准后在证券交易所作为挂牌交易的对象。经批准在证券交易所上市交易的股票，称为上市股票；股票上市的股份有限公司称为上市公司。

股份有限公司申请股票上市，基本目的是增加本公司股票的吸引力，形成稳定的资本来源，能在更大范围内筹措大量资本。股票上市对上市公司而言，主要有以下意义：

（1）提高公司所发行股票的流动性和变现性，便于投资者认购、交易；

（2）促进公司股权的社会化，避免股权过于集中；

（3）提高公司的知名度；

（4）有助于确定公司增发新股的发行价格；

（5）便于确定公司的价值，有利于促进公司实现股东财富最大化目标。

因此，不少公司都积极创造条件，争取股票上市。

但也有人认为，股票上市对公司不利，主要表现在：各种信息公开的要求可能会泄露公司的商业秘密；股市的波动可能歪曲公司的实际情况，损害公司声誉；可能分散公司的控制权。因此，有些公司即使符合上市条件，也宁愿放弃上市机会。

2.股票上市的条件

股票上市条件也称股票上市标准，是指对申请上市公司所作的规定或要求。按照国际惯例，股票上市的条件一般有开业时间、资产规模、股本总额、持续盈利能力、股权分散程度、每股市价等。各国对股票上市条件都规定了具体的数量标准。我国《证券法》规定，股份有限公司申请股票上市，应当符合下列条件：

（1）股票经国务院证券监督管理机构核准已公开发行。

（2）公司股本总额不少于人民币3 000万元。

（3）公开发行的股份达到公司股份总数的25%以上；公司股本总额超过人民币4亿元的，公开发行股份的比例为10%以上。

（4）公司最近3年无重大违法行为，财务会计报告无虚假记载。

证券交易所可以规定高于前款规定的上市条件，并报国务院证券监督管理机构批准。

（七）普通股筹资的优缺点

1.普通股筹资的优点

发行普通股是公司筹集权益性资本的一种基本方式，其优点主要有以下几方面：

（1）普通股没有固定的财务负担。公司有盈余，并且认为适合分配股利，就可以分配股利。公司盈余少或虽有盈余但资金短缺或有更有利的投资机会，就可以少分配或不分配股利。

（2）普通股资本没有到期日，不用偿还本金。利用普通股筹集的资金是永久性资金，除非公司破产清算才需偿还。

（3）普通股筹资的财务风险小。由于普通股没有到期日，没有固定的财务负担，因而不存在不能偿付的风险，所以财务风险较小。

（4）发行普通股能提升股份制公司的信誉。普通股筹资能增加股份制公司主权资金的比重，较多的主权资金为债务人提供了较大的偿债保障。因而，普通股筹资有助于提高公司的信用价值，同时也为筹措更多的债务资金提供了强有力的支持。

（5）普通股筹资限制较少。发行普通股比发行优先股或债券的限制少，它的价值受通货膨胀的影响较小，普通股资金的筹集和使用都较灵活。

2.普通股筹资的缺点

（1）资本成本较高。一般来说，普通股筹资的成本要大于债务资金。这主要是由于股利要从净利润中支付，而债务资金的利息可在税前扣除。另外，普通股的发行费用也比较高。

（2）容易分散控制权。利用普通股筹资，出售新的股票，新股东增加，容易导致公司控制权的分散。此外，新股东有分享公司以前的积累盈余的权利，会降低普通股的每股净收益，从而可能引起股价的下跌。

四、留存收益筹资

（一）留存收益筹资的渠道

留存收益筹资的渠道有盈余公积和未分配利润两个方面。

1.盈余公积，是指公司按《公司法》的规定从税后净利润中提取的、有指定用途的积累资金，包括法定盈余公积和任意盈余公积两种。

2.未分配利润，是指公司实现的税后净利润进行分配后剩余的、未限定用途的积累资金。

（二）留存收益筹资的优缺点

1.留存收益筹资的优点

（1）留存收益筹资的资本成本较普通股筹资的成本低。留存收益筹资的成本计算与普通股筹资成本的计算基本相同，但不用考虑筹资费用，因此资本成本较普通股筹资成本低。

（2）保持普通股股东的控制权。留存收益是由公司税后利润形成的，它实际上是股东对企业进行追加投资，不用对外发行股票，因此，追加的权益资本不会改变企业的股权结构，不会分散普通股股东的控制权。

（3）增强公司的信誉。留存收益筹资能解决企业经营发展需要的资金，又能提高企业的举债能力，因此可以提高公司的信誉。

2.留存收益筹资的缺点

（1）筹资数额有限制。留存收益是由公司税后利润形成的。如果企业经营发生亏损，则不存在这一资金来源。此外，留存收益的多少，常常受到股东的限制。

（2）资金使用受制约。留存收益中某些项目的使用，比如法定盈余公积，要受国家有关规定的制约。

第三节 负债资金的筹集与管理

负债是企业所承担的能以货币计量、需以资产或劳务偿付的债务。由于负债要归还本金和利息，因此又称为企业的借入资金或债务资金。

一、长期借款

长期借款筹资

长期借款（Long-term Loan）是指企业根据合同从银行或非银行金融机构借入的、偿还期在1年以上的各种借款。

（一）长期借款的种类

长期借款按不同的标准可进行不同的分类。

1.按担保条件划分，长期借款可分为信用贷款、担保贷款和抵押贷款。

（1）信用贷款是指以借款人的信誉为依据而发放的贷款。企业取得这种借款，无须以财产作抵押。这类贷款一般只发放给资信优良的企业。

（2）担保贷款是指凭借担保人的担保而发放的贷款，不需要抵押品作担保。这类贷款中的担保人一般资信较高。如果贷款到期时借款企业不能或不愿偿还贷款，则由担保人代为偿还。

（3）抵押贷款是指以特定的抵押品作担保而发放的贷款。这类贷款中的抵押品必须是能够变现的资产，可以是房产、机器设备等实物资产，也可以是股票、债券等有价证券。如果贷款到期时借款企业不能或不愿偿还贷款，则贷款机构有权处理抵押品。

2.按贷款的用途划分，长期借款可分为基本建设贷款、更新改造贷款、科研开发和新产品试制贷款。

3.按提供贷款的机构划分，长期借款可分为政策性银行贷款、商业银行贷款和非银行金融机构贷款。

（1）政策性银行贷款是指执行国家政策性贷款业务的银行（政策性银行）向企业发放的贷款。这类贷款一般利率较低、期限较长。我国设立了国家开发银行、中国进出口银行、中国农业发展银行三大政策性银行。

（2）商业银行贷款是指由各商业银行向企业提供的贷款，主要为满足企业生产经营的资金需要。这类贷款最为常见。

（3）非银行金融机构贷款是指除银行以外的其他金融机构，如保险公司、租赁公司、信托投资公司、财务公司等金融机构向企业提供的贷款。这类贷款一般利率较高，并且对企业的信用和担保条件的选择也比较严格。

【课堂拓展】

关于做好续贷工作，提高小微企业金融服务水平[①]

党的二十大报告指出：“支持中小微企业发展。”为深入贯彻落实党的二十届三中全会

① 资料来源：国家金融监督管理总局．关于做好续贷工作 提高小微企业金融服务水平的通知［EB/OL］．［2024-09-24］．https：//www.gov.cn/zhengce/zhengceku/202409/content_6976361.htm.

和中央金融工作会议、中央经济工作会议精神，进一步做好续贷工作，切实提升小微企业金融服务质量，国家金融监督管理总局出台了《关于做好续贷工作 提高小微企业金融服务水平的通知》。

第一，优化贷款服务模式。银行业金融机构应当根据小微企业生产经营特点、风险状况和偿付能力等因素，优化贷款服务模式，合理设置贷款期限，丰富还款结息方式，扩大信贷资金覆盖面。持续开发续贷产品，完善续贷产品功能，并建立健全相关管理机制。可以办理续期的贷款产品包括小微企业流动资金贷款和小微企业主、个体工商户及农户经营性贷款等。

第二，加大续贷支持力度。对贷款到期后仍有融资需求，又临时存在资金困难的债务人，在贷款到期前经其主动申请，银行业金融机构按照市场化、法治化原则，可以提前开展贷款调查和评审，经审核合格后办理续贷。

第三，合理确定续期贷款风险分类。银行业金融机构对小微企业续贷的，应当按照金融资产风险分类的原则和标准，考虑借款人的履约能力、担保等因素，确定续期贷款的风险分类。

请分析：

1.为什么加大对小微企业信用贷款的支持力度？

2.对小微企业信用贷款，银行如何降低财务风险？

（二）长期借款的信用条件

按照国际惯例，长期借款往往附加一些信用条件，主要有授信额度、周转授信协议、补偿性余额。

1.授信额度

授信额度（Credit Line）是指借款企业与银行间正式或非正式协议规定的企业借款的最高限额。通常在授信额度内，企业可随时按需要向银行申请借款。例如，在正式协议下，约定一家企业的授信额度为6 000万元。如果该企业已借用4 000万元且尚未偿还，则该企业仍可申请2 000万元的贷款，银行将予以保证。但在非正式协议下，银行并不承担按最高借款限额保证贷款的法律义务。

2.周转授信协议

周转授信协议（Revolving Credit Agreement）是一种经常为大公司使用的正式授信额度。与一般授信额度不同，银行对周转授信额度负有法律义务，并因此向企业收取一定的承诺费用，一般按企业使用的授信额度的一定比率（0.2%左右）计算。

3.补偿性余额

补偿性余额（Compensating Balance）是银行要求借款企业将借款的10%～20%的平均存款余额留存银行。银行通常都有这种要求，目的是降低银行贷款风险，提高贷款的有效利率，以便补偿银行的损失。

【例4-1】如果某企业需借款80 000元以清偿到期债务，贷款银行要求维持20%的补偿性余额，那么该企业为了获取80 000元必须借款100 000元。如果名义利率为8%，则实际利率为：

$$\frac{100\,000 \times 8\%}{100\,000 \times (1-20\%)} = 10\%$$

在银行附加上述信用条件下，企业取得的借款属于信用借款。

（三）长期借款的程序

企业利用长期借款筹集资金，要求按照一定的程序进行。现以银行借款说明长期借款的程序。

（1）企业提出申请。企业提出的借款申请，应陈述借款的原因、借款期限、借款金额、用款时间与计划、还款期限与计划。贷款机构根据有关规定和贷款条件，对企业的借款申请进行审查。贷款机构审查的内容主要包括企业的财务状况、信用状况、盈利稳定性、发展前景以及借款用途等。

（2）银行进行审批。银行针对企业的借款申请，按照有关规定和贷款条件，对借款企业进行审查，依据审批权限，核准企业申请的借款金额和用款计划。

（3）签订借款合同。银行经审查批准借款合同后，可与借款企业进一步协商贷款的具体条件，签订正式的借款合同，明确规定贷款的数额、利率、期限和一些限制性条款。

（4）企业取得借款。借款合同生效后，银行可在核定的贷款指标范围内，根据用款计划和实际需要，一次或分次将贷款转入企业的存款结算户，以便企业支用借款。

（5）企业偿还借款。企业应按借款合同的规定按期付息还本。企业偿还贷款的方式通常有三种：①到期一次偿还。在这种方式下，还款集中，借款企业需于贷款到期日前做好准备，以保证全部清偿到期贷款。②定期偿还相等份额的本金，即在到期日之前定期（如每1年或2年）偿还相同的本金金额，至贷款到期日还清全部本金。③分批偿还。每批金额不等，便于企业灵活安排。

贷款到期经银行催收，如果借款企业不予偿付，银行可按合同的规定，从借款企业的存款户中扣还贷款本息及加收的利息。

借款企业如因暂时财务困难，需延期偿还贷款的，应向银行提交延期还贷计划，经银行审查核实，续签合同，但通常要加收利息。

（四）借款合同的内容

借款合同是规定借贷当事人各方权利和义务的契约。借款企业提出的借款申请经贷款银行审查认可后，双方即可在平等协商的基础上签订借款合同。借款合同依法签订后，即具有法律约束力，借贷当事人各方必须遵守合同条款，履行合同约定的义务。

1.借款合同的基本条款

根据我国有关法规，借款合同应具备下列基本条款：①借款种类；②借款用途；③借款金额；④借款利率；⑤借款期限；⑥还款资金来源及还款方式；⑦保证条款；⑧违约责任等。

2.借款合同的限制条款

由于长期贷款的期限长、风险较大，因此，除借款合同的基本条款以外，按照国际惯例，银行对借款企业通常都约定一些限制性条款，主要有如下三类：

（1）一般性限制条款。其主要包括：企业须持有一定额度的现金及其他流动资产，以保持其资产的合理流动性及支付能力；限制企业支付现金股利；限制企业资本支出的规模；限制企业借入其他长期资金等。

（2）例行性限制条款。多数借款合同都有这类条款，一般包括：企业定期向银行报送财务报表；不能出售太多的资产；债务到期要及时偿付；禁止应收账款的转让等。

（3）特殊性限制条款。例如，要求企业主要领导人购买人身保险，规定借款的用途不得改变等。这类限制条款只在特殊情形下才生效。

（五）长期借款筹资的优缺点

1.长期借款筹资的优点

（1）筹资速度快。发行各种证券筹集资金所需时间一般较长，印制证券、申请批准和证券发行等都需要一定时间。而银行借款与发行证券相比，一般所需时间较短，程序较为简单，可以快速获得现金。

（2）筹资成本较低。利用长期借款筹资，其利息比发行债券所支付的利息要低，另外，也无须支付大量的发行费用。

（3）借款弹性较大。在借款时，企业与银行直接商定贷款的时间、数额和利率等；在用款期间，企业如因财务状况发生某些变化，亦可与银行再行协商，变更借款数量及还款期限等。因此，长期借款筹资对企业具有较大的灵活性。

（4）企业利用借款筹资，与债券一样可以发挥财务杠杆的作用。企业与银行可以直接接触，双方通过直接商谈，确定借款的时间、数额和利率。

2.长期借款筹资的缺点

（1）筹资风险较高。借款通常有固定的利息负担和固定的偿付期限，故借款企业的筹资风险较高。

（2）限制条件较多。这可能会影响企业以后的筹资和投资活动。

（3）筹资数量有限。长期借款筹资一般不如发行股票、债券那样可以一次筹集到大笔资金，利用长期借款筹资都有一定的上限。

二、发行债券

债券是债务人为筹集债务资本而发行的，约定在一定期限内向债权人还本付息的有价证券。发行债券是企业筹集债务资本的重要方式。我国非公司制企业发行的债券称为企业债券。按照我国《公司法》和国际惯例，股份有限公司和有限责任公司发行的债券称为公司债券，习惯上又称公司债。公司发行债券的目的通常是为其大型投资项目一次筹集大笔长期资本。

债券筹资

（一）债券的分类

1.公司债券按有无记名分类，可分为记名债券与无记名债券。

（1）记名债券是指在券面上记载持券人的姓名或名称的债券。对于这种债券，公司只对记名人偿付本金，持券人凭印鉴支取利息。记名债券的转让由债券持有人以背书等方式进行，并由发行公司将受让人的姓名或名称载于公司债券存根簿。

（2）无记名债券是指在券面上不记载持券人的姓名或名称，还本付息以债券为凭，一般实行剪票付息的债券。债券持有人将债券交付给受让人后即发挥转让效力。

2.公司债券按有无抵押担保分类，可分为抵押债券与信用债券。

（1）抵押债券又称有担保债券，是指发行公司有特定财产作为担保品的债券。其按担保品的不同又可分为不动产抵押债券、动产抵押债券、信托抵押债券。信托抵押债券是指公司以其持有的有价证券为担保品而发行的债券。

抵押债券还可按抵押品的先后担保顺序分为第一抵押债券和第二抵押债券。公司解散清算时，只有在第一抵押债券持有人的债权已获清偿后，第二抵押债券持有人才有权索偿剩余的财产，因此后者要求的利率相对较高。

（2）信用债券又称无担保债券，是指发行公司没有抵押品作为担保，完全凭信用发行的债券。这种债券通常由信誉良好的公司发行，利率一般略高于抵押债券。

3.公司债券按利率是否变动分类，可分为固定利率债券与浮动利率债券。

（1）固定利率债券的利率在发行债券时即已确定并载于券面。

（2）浮动利率债券在发行债券之初不固定，而是根据有关利率，如银行存贷款利率等加以确定。

4.公司债券按是否参与利润分配分类，可分为参与债券与非参与债券。

（1）参与债券的持有人除可获得预先规定的利息外，还享有一定程度参与发行公司收益分配的权利，其参与利润分配的方式与比例必须事先规定。实践中这种债券一般很少。

（2）非参与债券的持有人则没有参与利润分配的权利。公司债券大多为非参与债券。

5.公司债券按债券持有人的特定权益分类，可分为收益债券、可转换债券和附认股权债券。

（1）收益债券（Income Bond）是指只有当发行公司有税后利润可供分配时才支付利息的一种公司债券。这种债券对发行公司而言，不必承担固定的利息负担；对投资者而言，风险较大，收益亦可能很高。

（2）可转换债券（Convertible Bond）是指根据发行公司债券募集办法的规定，债券持有人可将其转换为发行公司的股票的债券。发行可转换债券的公司，应规定转换办法，并应按转换办法向债券持有人换发股票。债券持有人有权选择是否将其所持债券转换为股票。发行这种债券，既可为投资者增加灵活的投资机会，又可为发行公司调整资本结构或缓解财务压力提供便利。

（3）附认股权债券（Bond with Warrants）是指所发行的债券附带允许债券持有人按特定价格认购股票的一种长期选择权。这种认股权通常随债券发放，具有与可转换债券相类似的属性。附认股权债券的票面利率，与可转换债券一样，通常低于一般的公司债券。

6.公司债券按是否上市交易分类，可分为上市债券与非上市债券。

按照国际惯例，公司债券与股票一样，也有上市与非上市之分。上市债券是指经有关机构审批，可以在证券交易所买卖的债券。

（二）发行债券的程序

（1）作出发行债券的决议或决定。我国股份有限公司、有限责任公司发行公司债券，由董事会制订方案，股东会作出决议；国有独资公司发行公司债券，应由国家授权投资的机构或者国家授权的部门作出决定。

公司在实际发行债券之前，必须作出发行债券的决议，具体决定公司债券发行总额、票面金额、发行价格、募集办法、债券利率、偿还日期及方式等内容。

（2）提出发行债券的申请。按照国际惯例，公司发行债券须向主管部门提交申请，未经批准，公司不得发行债券。我国规定，公司申请发行债券由国务院证券管理部门批准。国务院证券监督管理部门按照国务院确定的公司规模，审批公司债券的发行。公司向国务院证券监督管理部门申请批准发行公司债券应提交公司登记证明、公司章程、公司债券募集办法、资产评估报告和验资报告等文件。

（3）公告债券募集办法。根据《公司法》的规定，公司债券募集办法中应当载明本次发行债券总额和债券面额、债券利率、还本付息的期限与方式、债券发行的起止日期、公司净资产额、已发行而未到期的公司债券总额、债券的承销机构等事项。

（4）发售债券，募集款项，登记债券存根簿。

（三）债券的发行

1.发行方式

与股票发行类似，债券的发行方式也有公募发行和私募发行两类。公募发行是指公司公开向社会发行的债券；私募发行是指公司不公开向社会发行，只向少数特定的对象直接发行的债券。

2.发行债券的要素

（1）债券面额。债券的票面金额是决定债券发行价格的最基本因素。债券发行价格的高低，从根本上取决于债券面额的大小。一般而言，债券面额越大，发行价格越高。但是，如果不考虑利息因素，债券面额就是债券的到期价值，即债券的未来价值，而不是债券的现在价值，即发行价格。

（2）票面利率。债券的票面利率是债券的名义利率，通常在发行债券之前就已确定，并注明于债券票面上。一般而言，债券的票面利率越高，发行价格也越高；反之，就越低。

（3）市场利率。债券发行时的市场利率是衡量债券票面利率高低的参照系，两者往往不一致，因此共同影响债券的发行价格。一般来说，债券的市场利率越高，债券的发行价格越低；反之，就越高。

（4）债券期限。同银行借款一样，债券的期限越长，债权人的风险越大，要求的利息报酬就越高，债券的发行价格就可能越低；反之，可能越高。

债券的发行价格是上述四项因素联合作用的结果。

3.确定债券发行价格的方法

在实务中，公司债券的发行价格通常有三种情况，即等价、溢价、折价。

等价是指以债券的票面金额作为发行价格。多数公司的债券等价发行。溢价是指按高于债券面额的价格发行债券。折价是指按低于债券面额的价格发行债券。溢价或折价发行债券，主要是由于债券的票面利率与市场利率不一致所造成的。债券的票面利率在债券发行前即已参照市场利率确定下来，并标明于债券票面之上，无法改变，但市场利率经常发生变动。在债券发售时，如果票面利率与市场利率不一致，就需要调整发行价格（溢价或者折价），以调节债券购销双方的利益。

根据货币时间价值的原理，债券发行价格由两部分构成：一部分是债券面额以市场利率作为折现率（Discount Rate）折算的现值；另一部分是各期利息（通常表现为年金形式）以市场利率作为折现率折算的现值。由此，债券的发行价格可按下列公式测算：

$$债券发行价格 = \frac{F}{(1+R_M)^n} + \sum_{t=1}^{n} \frac{I}{(1+R_M)^t}$$

式中，F表示债券面额，即债券到期偿付的本金；I表示债券年利息，即债券面额与债券票面年利率的乘积；R_M表示债券发售时的市场利率；n表示债券期限；t表示债券的付息期数。

【例4-2】某公司发行面额为100元、票面利率为10%、期限为10年的债券，每年年末付息一次。其发行价格可分下列三种情况来分析测算。

（1）如果市场利率为10%，与票面利率一致，则该债券属于平价发行。其发行价格为：

①公式法。

$$\frac{100}{(1+10\%)^{10}} + \sum_{t=1}^{10} \frac{10}{(1+10\%)^t} = 100(元)$$

②查表法。

$$100 \times PVIF_{10\%,\ 10} + 10 \times PVIFA_{10\%,\ 10} = 100 \times 0.3855 + 10 \times 6.1446 = 100(元)$$

（2）如果市场利率为8%，低于票面利率，则该债券属于溢价发行。其发行价格为：

①公式法。

$$\frac{100}{(1+8\%)^{10}} + \sum_{t=1}^{10} \frac{10}{(1+8\%)^t} = 113.4(元)$$

②查表法。

$$100 \times PVIF_{8\%,\ 10} + 10 \times PVIFA_{8\%,\ 10} = 100 \times 0.4632 + 10 \times 6.7101 = 113.4(元)$$

（3）如果市场利率为12%，高于票面利率，则该债券属于折价发行。其发行价格为：

①公式法。

$$\frac{100}{(1+12\%)^{10}} + \sum_{t=1}^{10} \frac{10}{(1+12\%)^t} = 88.7(元)$$

②查表法。

$$100 \times PVIF_{12\%,\ 10} + 10 \times PVIFA_{12\%,\ 10} = 100 \times 0.3220 + 10 \times 5.6502 = 88.7(元)$$

由此可见，在债券的票面金额、票面利率和期限一定的情况下，发行价格因市场利率不同而有所不同。

（四）债券的信用评级

根据《证券法》和《上市公司证券发行管理办法》的规定，公司发行债券，应当委托具有资格的资信评级机构进行信用评级和跟踪评级。

（1）债券信用评级的意义。公司公开发行债券通常由债券资信评级机构评定等级。债券的信用等级对发行公司和债券投资者都有重要意义。

对于发行债券的公司而言，债券的信用等级影响着债券发行的效果。信用等级较高的债券，能以较低的利率发行，借以降低债券筹资资本；信用等级较低的债券，表示风险较大，需以较高的利率发行。

对于债券投资者而言，债券的信用等级便于债券投资者进行债券投资的选择。信用等级较高的债券，较易得到债券投资者的信任；信用等级较低的债券，表示风险较大，投资者一般会谨慎选择投资。

（2）债券的信用等级。债券的信用等级表示债券质量的优劣，反映债券偿本付息能力的强弱和债券投资风险的高低。

公司债券信用等级，一般分为3等9级。这是由国际上著名的美国信用评定机构穆迪投资者服务公司和标准普尔公司分别采用的。现列示于表4-3。

表4-3 **债券信用等级表**

标准普尔公司		穆迪投资者服务公司	
AAA	最高级	Aaa	最高质量
AA	高级	Aa	高质量
A	上中级	A	上中质量
BBB	中级	Baa	下中质量
BB	中下级	Ba	具有投机因素
B	投机级	B	通常不值得正式投资
CCC	完全投机级	Caa	可能违约
CC	最大投机级	Ca	高投机性，经常违约
C	规定盈利付息但未能盈利付息	C	最低级

现以表4-3中标准普尔公司评定债券的信用等级为例，说明其表示的具体含义：

AAA，表示最高级债券，其还本付息能力最强，投资风险最小；

AA，表示高级债券，有很强的还本付息能力，但其保证程度略低于、投资风险略大于AAA级；

A，表示上中级债券，有较强的还本付息能力，但可能受环境和经济条件的不利影响；

BBB，表示中级债券，有足够的还本付息能力，经济条件或环境的不利变化可能导致偿付能力的削弱；

BB，表示中下级债券，债券本息的支付能力有限，具有一定的投资风险；

B，表示投机级债券，风险较大；

CCC，表示完全投机级债券，风险很大；

CC，表示最大投机级债券，风险最大；

C，表示最低级债券，一般表示未能付息的收益债券。

一般认为，只有前三个级别的债券是值得进行投资的债券。

根据美国标准普尔公司和穆迪投资者服务公司的经验，世界各国、各地区应结合自己的实际情况制定债券等级标准。这些标准在很大程度上完全相同。

标准普尔公司和穆迪投资者服务公司还使用修正符号进一步区别AAA（或Aaa）级别以下的各级债券，以便更为具体地识别债券的质量。标准普尔公司用“+”“-”号区别同级债券质量的高低。例如，A+代表质优的A级债券，A-代表质劣的A级债券。穆迪投资者服务公司在表示债券级别的英文字母后再加注1、2、3，分别代表同级债券质量的优、中、差。

（五）债券筹资的优缺点

1.债券筹资的优点

（1）资本成本较低。利用债券筹资的成本要比股票筹资的成本低。这主要是因为：一方面，债券的发行费用较低；另一方面，债券利息在税前支付，有一部分利息由政府负担了。

（2）保障股东控制权。债券持有人无权干涉公司的经营管理决策，因此，公司发行债券不会分散公司的控制权。

（3）发挥财务杠杆作用。无论公司获利多少，债券持有人只收取固定的利息，而更多的收益可用于分配给股东或留用于公司经营，从而增加股东和公司的财富。

2.债券筹资的缺点

（1）筹资风险高。债券有固定的到期日，并定期支付利息。利用债券筹资，要承担还本、付息的义务。在公司经营不景气时，向债券持有人还本、付息会给公司带来更大的困难甚至导致公司破产。

（2）限制条件多。发行债券的限制条件一般要比长期借款、租赁筹资的限制条件多且严格，从而限制了公司债券筹资方式的使用，甚至影响公司的正常发展和以后的筹资能力。

（3）筹资数额有限。公司利用债券筹资一般受一定额度的限制。当公司的负债比率超过一定程度后，债券筹资的成本会迅速上升，有时甚至会发行不出去。另外，我国《公司法》规定，发行公司流通在外的债券累计总额不得超过公司净资产的40%。

三、融资租赁筹资

（一）租赁的含义与种类

1.租赁的含义

融资租赁筹资

租赁（Leasing）是指出租人以收取租金为条件，在契约或合同规定的期限内，将资产租借给承租人使用的一种经济行为。租赁行为在实质上具有借贷属性，但其直接涉及的是物而不是钱。在租赁业务中，出租人主要是各种专业租赁公司，承租人主要是其他各类企业，租赁物大多为设备等固定资产。

2.租赁的种类

现代租赁的种类很多，通常按性质分为经营租赁和融资租赁两大类。

（1）经营租赁（Operating Lease）。经营租赁又称营运租赁，是指由出租人向承租企业提供租赁设备，并提供设备维修保养和人员培训等的服务性业务。

经营租赁通常为短期租赁。承租企业采用经营租赁的目的主要不是融通资金，而是获得设备的短期使用以及出租人提供的专门技术服务。从承租企业无须先筹资再购买设备即可享有设备使用权的角度来看，经营租赁也有短期筹资的功效。

经营租赁的特点主要有：①承租企业根据需要可随时向出租人提出租赁资产；②租赁期较短，不涉及长期而固定的义务；③在设备租赁期内，如有新设备出现或不需要再租入设备时，承租企业可按规定提前解除租赁合同，这对承租企业比较有利；④出租人提供专门服务；⑤租赁期满或合同终止时，租赁设备由出租人收回。

（2）融资租赁（Finance Lease）。融资租赁又称资本租赁、财务租赁，是指由租赁公司按照承租企业的要求融资购买设备，并在契约或合同规定的较长期限内提供给承租企业使用的信用性业务。它是现代租赁的主要类型。承租企业采用融资租赁的主要目的是融通资金。一般融资的对象是资金，而融资租赁集融资与融物于一身，具有借贷性质，是承租企业筹集长期借入资金的一种特殊方式。

融资租赁通常为长期租赁，可满足承租企业对设备的长期需求，故有时也称为资本租赁。其主要特点有：①一般由承租企业向租赁公司提出正式申请，由租赁公司融资购进设备租给承租企业使用；②租赁期限较长，大多为设备使用年限的一半以上；③租赁合同比较稳定，在规定的租期内非经双方同意，任何一方不得中途解约；④由承租企业负责设备的维修保养和投保事宜；⑤租赁期满时，按事先约定的办法处置设备，通常由承租企业留购。

（二）融资租赁的形式

融资租赁按业务的不同特点，可细分为如下三种具体形式：

（1）直接租赁。直接租赁是融资租赁的典型形式，通常所说的融资租赁都是指直接租赁形式。这种形式的效果类似于以分期付款方式购买资产。

（2）售后租回。在这种形式下，制造业企业按照协议先将其资产卖给租赁公司，再作为承租企业将所售资产租回使用，并按期向租赁公司支付租金。采用这种融资租赁形式，承租企业因出售资产而获得了一笔现金，同时又通过租赁保留了资产的使用权，其效果与抵押贷款有些相似。

（3）杠杆租赁。杠杆租赁是国际上比较流行的一种融资租赁形式。它一般要涉及承租人、出租人和贷款人三方当事人。从承租人的角度来看，它与其他融资租赁形式并无区别，同样是按合同的规定，在租期内获得资产的使用权，按期支付租金。但对出租人却不同，出租人只垫支购买资产所需现金的一部分，其余部分则以该资产为担保向贷款人借资支付。因此，在这种情况下，租赁公司既是出租人又是借资人，既要收取租金又要支付利息，租赁收益一般大于借款成本支出，由此可获得财务杠杆利益，故被称为杠杆租赁。

（三）融资租赁的程序

不同的租赁业务，具有不同的具体程序。融资租赁程序比较复杂，现介绍如下：

1. 选择租赁公司。企业决定采用租赁方式取得某项设备时，首先需了解各家租赁公司的经营范围、业务能力、资信情况，以及与其他金融机构（如银行）的关系，取得租赁公司的融资条件和租赁费率等资料，加以分析比较，从中择优选择。

2. 办理租赁委托。企业选定租赁公司后，便可向其提出申请，办理租赁委托。这时，承租企业需填写“租赁申请书”，说明所需设备的具体要求，同时还要向租赁公司提供财务状况文件，包括资产负债表、利润表和现金流量表等资料。

3. 签订购货协议。由承租企业与租赁公司的一方或双方合作组织选定设备供应厂商，并与其进行技术和商务谈判，签订购货协议。

4. 签订租赁合同。租赁合同系由承租企业与租赁公司签订的。它是租赁业务的重要文件，具有法律效力。融资租赁合同的内容可分为一般条款和特殊条款两部分。

5. 办理验货、付款与保险。承租企业按购货协议收到租赁设备时，要进行验收，验收合格后签发交货及验收证书，并提交租赁公司，租赁公司据以向供应厂商支付设备价款。同时，承租企业向保险公司办理投保事宜。

6. 支付租金。承租企业在租期内按合同规定的租金数额、支付方式等，向租赁公司支付租金。

7. 合同期满处置资产。融资租赁合同期满时，承租企业根据合同的约定，对资产退租、续租或留购，通常采用留购方式。

（四）融资租赁租金的计算

1. 租金的影响因素

（1）设备原价及预计残值，包括设备买价、运输费、安装调试费、保险费等，以及该设备租赁期满后，出售可得的市价。设备买价一般根据市场行情，经由承租人和出租人协商确定。为防止出租人在买价上任意加码，承租人也可直接与供货商谈判商定购价后，再与出租人谈判。

（2）利息，是指租赁公司为承租企业购置设备垫付资金所应支付的利息。一般的租赁业务在签订合同以后的几个月或更长时间才由出租人对外支付租赁财产的货款，而租赁双方，一般在签订合同的同时就将租赁的年利率固定下来。因此，出租者要承担几个月后市场利率上升的风险。签约日与付款日间隔时间越长，这种风险就越大。为了保障出租人的利益，应在其融资成本上加一定的风险利差。如果双方同意，也可以在付款日根据出租人的实际融资成本来确定租赁利率，这样做就由承租人承担利率风险。

（3）租赁手续费，是指租赁公司承办租赁设备所发生的业务费用和必要的利润。租赁手续费包括办公费、差旅费、邮电费、银行费用、工资和税金以及必要的利润。手续费与购进设备成本之比称为手续费率。手续费的收取，目前国内和国际都没有统一的标准，我国当前各租赁公司收取手续费的标准一般在购进设备成本的1%～3%。收取的方式有两种：一是在签订合同时，承租人一次性支付；二是把手续费计入租金总额中，随租金的收回而收回。如果是前者，则手续费不成为租金的构成要素。

（4）租金的支付方式。租金的支付方式也影响每期租金的多少。租金的支付有以下几种方式：其一，按支付间隔期长短，分为年付、半年付、季付和月付等方式。其二，按在期初和期末支付，分为先付和后付。其三，按每次支付额，分为等额支付和不等额支付。在实务中，承租企业与租赁公司商定的租金支付方式，大多为后付等额年金。

（5）租赁的期限。期限的长短既影响租金总额，也影响每期的租金数额。

2. 租金的计算

在我国融资租赁实务中，租金的计算大多采用等额年金法。等额年金法下，通常要根据利率和租赁手续费率确定租费率，作为折现率。

【例 4-3】某企业于2025年2月1日从租赁公司租入一套设备，价值600万元，租期5年，租赁期满时预计净残值为50万元，期满时设备归租赁公司所有，年利率10%，租金每年年末支付一次，则每年租金为：

$$\frac{600-50\times PVIF_{10\%,5}}{PVIFA_{10\%,5}}=\frac{600-50\times 0.6209}{3.7908}=150.09(\text{万元})$$

（五）融资租赁筹资的优缺点

1. 融资租赁筹资的优点

（1）迅速获得所需资产。融资租赁集融资与融物于一身，一般要比先筹措现金再购置设备来得更快，可使企业尽快形成生产经营能力。

（2）融资租赁的限制条件较少。企业运用股票、债券、长期借款等筹资方式，都受到相当多的资格条件的限制。相比之下，租赁筹资的限制条件很少。

（3）融资租赁可以免遭设备陈旧过时的风险。随着科学技术的不断进步，设备陈旧过时的风险很高，而多数租赁协议规定该风险由出租人承担，承租企业可免遭这种风险。

（4）融资租赁全部租金通常在整个租期内分期支付，可适当减少不能偿付的风险。

（5）融资租赁的租金费用可在所得税前扣除，承租企业能享受税收利益。

2. 融资租赁筹资的缺点

（1）融资租赁的筹资成本较高。与其他债权性资金相比，融资租赁的成本相当高，租金总额通常比资产价值高出很多。

（2）融资租赁的财务风险较高。融资租赁每期需要支付固定的利息，因而财务风险较高。

第四节 混合性资金的筹集与管理

本节介绍我国混合性资金筹集方式的相关问题。混合性资金是指既具有某些股权性资金特征又具有某些债权性资金特征的资金形式。企业常见的混合性资金包括优先股、可转换债券和认股权证。

一、发行优先股

我国现行的《公司法》没有涉及优先股。根据党的十八届三中全会关于全面推进金融改革、完善金融市场体系的精神，国务院于2013年11月30日发布《关于开展优先股试点的指导意见》，证监会于2014年3月21日发布《优先股试点管理办法》，2014年4月3日印发《关于商业银行发行优先股补充一级资本的指导意见》，对公司发行优先股作出规范。按照《优先股试点管理办法》，上市公司可以公开发行优先股。

（一）优先股的特征

优先股是相对于普通股而言的，是比普通股具有某些优先权利，同时也受到一定限制的股票。优先股的含义主要体现在“优先权利”上，包括优先分配股利和优先分配公司剩余财产。具体的优先条件须在公司章程中明确规定。

优先股与普通股具有某些共性，如优先股亦无到期日，公司运用优先股所筹资本，亦属股权资本。但是，它又具有公司债券的某些特征。因此，优先股被视为一种混合性证券。

优先股与普通股相比，一般具有以下特征：

(1) 优先分配固定的股利。优先股股东通常优先于普通股股东获得股利，且其股利一般是固定的，受公司经营状况和盈利水平的影响较少。所以，优先股类似于固定利息的债券。

(2) 优先分配公司剩余财产。当公司解散、破产等进行清算时，优先股股东优先于普通股股东分配公司的剩余财产。

(3) 优先股股东一般无表决权。在公司股东大会上，优先股股东一般没有表决权，通常也无权过问公司的经营管理，仅在涉及优先股股东权益问题时享有表决权。因此，优先股股东不太可能控制整个公司。

(4) 优先股可由公司赎回。发行优先股的公司，按照公司章程的有关规定，根据公司的需要，可以以一定的方式将所发行的优先股赎回，以调整公司的资本结构。

（二）优先股的种类

1.累积优先股和非累积优先股

累积优先股是指公司过去年度未支付的股利可累积计算由以后年度的利润补足付清的优先股。非累积优先股是指不能将当年未能支付的优先股股利累积到以后年度支付的优先股。

2.可转换优先股与不可转换优先股

可转换优先股是指股东可在一定时期内按一定比例把优先股股票转换为普通股股票的优先股。转换的比例是事先确定的，其数值的大小取决于优先股和普通股的市场价格。不可转换优先股是指不能转换为普通股的优先股股票。不可转换优先股只能获得固定的股利，而不能获得转换收益。

3.参加优先股和不参加优先股

参加优先股是指当公司盈余在按规定分配给优先股股东和普通股股东后，仍有盈余可供分配股利时，能够与普通股一道参加分配额外股利的优先股，即其持有人可按规定的条件和比例将其转换为公司的普通股或公司债券。这种优先股能增加筹资和投资双方的灵活性，近年来在国外日益流行。不参加优先股是指不能参加剩余利润分配，只能取得固定股利的优先股。

4.可赎回优先股与不可赎回优先股

可赎回优先股是指股份有限公司出于减轻股利负担的目的，可按规定以原价购回的优先股。不可赎回优先股是指公司不能购回的优先股。

（三）优先股的发行定价

优先股每股票面金额为100元。发行价格和票面股息率应当公允、合理，不得损害股东或其他利益相关方的合法利益，发行价格不得低于优先股票面金额，即不得折价发行。

公开发行优先股的价格或票面股息率以市场询价或证监会认可的其他公开方式确定。非公开发行优先股的票面股息率不得高于最近两个会计年度的年均加权平均净资产收益率。

（四）优先股筹资的优缺点

1.优先股筹资的优点

（1）没有固定的到期日，不用偿还本金。

（2）股利支付既固定，又有一定弹性。如果财务状况不佳，则可暂时不支付优先股股利。而且，优先股股东也不能像债权人那样可能迫使公司破产。

（3）优先股属于自有资金，能增强公司信誉及借款能力。

（4）保持普通股股东对公司的控制权。当公司既想向外界筹措股权，又想保持原有股东的控制权时，利用优先股筹资尤为恰当。

2.优先股筹资的缺点

（1）优先股成本虽低于普通股成本，但一般高于债券成本。

（2）对优先股筹资的制约因素较多。为了保证优先股的固定股利，当企业盈利不多时，普通股股东可能分不到股利。

（3）可能形成较重的财务负担。优先股要求支付固定股利，但又不能在税前扣除。当盈利下降时，优先股的股利可能会成为公司一项较重的财务负担，有时也不得不延期支付，会影响公司的形象。

二、发行可转换债券

（一）可转换债券的特性

可转换债券（Convertible Bond）有时简称为可转债，是指由公司发行并规定债券持有人在一定期限内按约定的条件可将其转换为发行公司普通股的债券。

从筹资公司的角度看，发行可转换债券具有债务与权益筹资的双重属性，属于一种混合性筹资。利用可转换债券筹资，发行公司赋予可转换债券的持有人可将其转换为该公司股票的权利。因而，对发行公司而言，在可转换债券转换之前需要定期向持有人支付利息。如果在规定的转换期限内，持有人未将可转换债券转换为股票，发行公司还需要到期偿付债券本金。在这种情形下，可转换债券筹资与普通债券筹资相类似，属于债务筹资的属性。如果在规定的转换期限内，持有人将可转换债券转换为股票，则发行公司将债券负债转换为股东权益，从而具有股权筹资的属性。

（二）可转换债券的转换

可转换债券的转换涉及转换期限、转换价格和转换比率三个要素。

1.可转换债券的转换期限

可转换债券的转换期限是指按发行公司的约定，持有人可将其转换为股票的期限。一般而言，可转换债券转换期限的长短与可转换债券的期限相关。在我国，可转换债券的转换期限按规定最短为3年，最长为5年。

按照规定，上市公司发行可转换债券，在发行结束后6个月内，持有人可以依据约定的条件随时将其转换为股票。重点国有企业发行的可转换债券，在该企业改建为股份有限公司且其股票上市后，持有人可以依据约定的条件随时将其转换为股票。

可转换债券转换为股票后，发行公司股票上市的证券交易所应当安排股票上市流通。

2.可转换债券的转换价格

可转换债券的转换价格是指可转换债券转换为股票的每股价格。这种转换价格通常由发行公司在发行可转换债券时约定。

按照我国的有关规定，上市公司发行可转换债券的，以发行可转换债券前1个月股票的平均价格为基准，上浮一定幅度作为转换价格。重点国有企业发行可转换债券的，以拟发行股票的价格为基准，下浮一定比例作为转换价格。

【例4-4】某上市公司拟发行可转换债券，发行前1个月该公司股票的平均价格经测算为每股20元。预计本股票的未来价格有明显的上升趋势，因此确定上浮的幅度为25%。则该公司可转换债券的转换价格为：

$$20\times(1+25\%)=25(\text{元/股})$$

可转换债券的转换价格并非固定不变。公司发行可转换债券并约定转换价格后，由于增发新股、配股及其他原因引起公司股价发生变动的，应当及时调整转换价格，并向社会公布。

3.可转换债券的转换比率

可转换债券的转换比率是指每份可转换债券所能转换的股票数。它等于可转换债券的面值除以转换价格。

【例4-5】某上市公司发行的可转换债券每份面值为1 000元，转换价格为每股25元，则转换比率为：

$$1\,000\div25=40(\text{股})$$

即每份可转换债券可以转换为40股股票。

可转换债券持有人请求转换时，其所持债券面额有时存在不足以转换为1股股票的余额，发行公司则应当以现金偿付。例如，前例每份可转换债券的面额为1 000元，转换价格在发行时为25元/股，发行后根据有关情况变化决定调整为每股27元。某持有人持有10份可转换债券，总面额10 000元，决定转换为股票，则其转换的股票数为370股（10 000÷27），同时可转换债券总面额尚有不足以转换为1股股票的余额为10元。在这种情况下，发行公司应对该持有人交付股票370股，另付现金10元。

（三）可转换债券筹资的优缺点

1.可转换债券筹资的优点

（1）有利于降低资本成本。可转换债券的利率通常低于普通债券，因此在转换前可转换债券的资本成本低于普通债券；转换为股票后，又可节省股票的发行成本，从而降低股票的资本成本。

（2）有利于筹集更多资本。可转换债券的转换价格通常高于发行时的股票价格，因此，可转换债券转换后，其筹资额大于当时发行股票的筹资额，同时也有利于稳定公司的股价。

（3）有利于调整资本结构。可转换债券是一种具有债权筹资和股权筹资双重性质的筹资方式。可转换债券在转换前属于发行公司的负债，转换后属于发行公司的所有者权益，因此，发行可转换债券可以通过引导持有人的转换行为来调整公司的资本结构。

2.可转换债券筹资的缺点

（1）转股后可转换债券筹资将失去利率较低的好处。

（2）若确需股票筹资，但股价并未上升，可转换债券持有人不愿转股时，发行公司将承受偿债压力。

（3）若可转换债券转股时股价高于转换价格，则发行公司遭受筹资损失。

（4）回售条款的规定可能使发行公司遭受损失。当公司的股票价格在一段时间内连续低于转换价格并达到一定幅度时，可转换债券持有人可按事先约定的价格将所持债券回售给公司，从而使发行公司受损。

三、发行认股权证

（一）认股权证的概念

认股权证是指由股份有限公司发行的可认购其股票的一种买入期权。它赋予持有者在一定期限内以事先约定的价格购买发行公司一定股份的权利。

对于筹资公司而言，发行认股权证是一种特殊的筹资手段。认股权证本身含有期权条款，其持有者在认购股份之前，对发行公司既不拥有债权也不拥有股权，而只是拥有股票认购权。尽管如此，发行公司可以通过发行认股权证筹得现金，还可用于公司成立时对承销商的一种补偿。

（二）认股权证的种类

1.长期与短期的认股权证

根据认股权证的有效期限不同分类，认股权证可分为长期认股权证和短期认股权证。长期认股权证的认股期限通常持续几年，有的是永久性的。短期认股权证的认股期限比较短，一般在90天以内。

2.单独发行与附带发行的认股权证

认股权证按发行方式不同可分为单独发行的认股权证和附带发行的认股权证。单独发行的认股权证是指不依附于其他证券而独立发行的认股权证。附带发行的认股权证是指依附于债券、优先股、普通股等证券发行的认股权证。

（三）认股权证筹资的优缺点

1.认股权证筹资的优点

（1）为公司筹集额外的资金。认股权证无论是单独发行还是附带发行，大都能为发行公司筹得一笔额外资金。

（2）促进其他筹资方式的运用。单独发行的认股权证有利于将来发售股票，附带发行的认股权证可以提高其所依附证券的发行效率。同时，由于认股权证具有价值，附带认股权证的债券票面利率通常较低。

2.认股权证筹资的缺点

（1）认股权证的执行时间不确定。投资者何时执行股票认购权是公司所不能控制的，往往会导致公司陷于既有潜在资金又无资金可用的被动局面。

（2）稀释普通股收益和控制权。当认股权证被执行时，提供给投资者的股票是新发行的股票，并非二级市场的股票。因此，普通股股份增多，每股收益下降，同时也稀释了原有股东的控制权。

第五节 筹资数量的预测

一、筹资数量预测的基本依据

企业的资本需要量是筹资的数量依据，必须科学合理地进行预测。企业筹资数量的预测是财务计划的基础。开展企业筹资数量预测的基本目的，是保证企业生产经营业务的顺利进行，使筹集来的资本既能保证满足生产经营的需要，又不会有太多的闲置，从而促进企业财务管理目标的实现。

影响企业筹资数量的因素和条件很多，如企业生产经营方面的、法律规范方面的等。企业筹资数量预测的基本依据主要有以下几方面：

（一）法律依据

1.注册资本限额的规定

例如，我国《公司法》根据行业的不同特点，规定了不同的法定资本最低限额。例如，股份有限公司注册资本的最低限额为人民币500万元。这就是说，公司在考虑筹资数量时必须先满足注册资本最低限额的要求。

2.企业负债限额的规定

例如，我国《公司法》规定，公司累计负债总额不超过公司净资产总额的40%，其目的是保证公司的偿债能力，进而保障债权人的利益。

（二）企业经营规模依据

一般而言，公司经营规模越大，所需资本越多；反之，所需资本越少。

（三）影响企业筹资数量预测的其他因素

利率的高低、对外投资数额的多寡、企业信用状况的好差等都会影响企业筹资数量预测。

二、筹资数量预测：营业收入比例法

筹资数量的预测方法有：因素分析法、回归直线法及营业收入比例法。本章主要介绍营业收入比例法。

营业收入比例法

（一）营业收入比例法的原理

营业收入比例法是根据营业业务与资产负债表和利润表项目之间的比例关系，预测各项目资金需要量的方法。例如，某企业每年为销售100元货物，需有20元存货，即存货与营业收入的百分比是20%（20÷100×100%）。若营业收入增至200元，那么，

该企业需有40元（200×20%）存货。由此可见，在某项目与营业收入的比例既定的前提下，便可预测未来一定销售额下该项目的资金需要量。

营业收入比例法的主要优点是能为财务管理提供短期预计的财务报表，以适应外部筹资的需要，且易于使用。但这种方法也有缺点：倘若有关项目与营业收入的比例与实际不符，据以进行预测就会形成错误的结果。因此，在有关因素发生变动的情况下，必须相应地调整原有的百分比。

（二）营业收入比例法的运用

运用营业收入比例法，一般借助于预计利润表和预计资产负债表。通过预计利润表预测企业留存收益这种内部资本来源的增加额；通过预计资产负债表预测企业资金需要总额和外部筹资的增加额。

（1）编制预计利润表，预测留存收益

预计利润表是运用营业收入比例法的原理预测留存收益的一种报表。预计利润表与实际利润表的内容、格式相同。通过提供预计利润表，可预测留存收益这种内部筹资数额，也可为预计资产负债表预测外部筹资数额提供依据。

编制预计利润表的主要步骤归纳如下：

第一步，收集基年实际利润表资料，计算确定利润表各项目与销售额的百分比。

第二步，取得预测年度销售收入预计数，用此预计销售额和基年实际利润表各项目与实际销售额的比率，计算预测年度预计利润表各项目的预计数，并编制预测年度预计利润表。

第三步，利用预测年度税后利润预计数和预定的留用比例，测算留存收益的数额。

【例4-6】某企业2024年实际利润表（简化）的主要项目与营业收入的比例见表4-4，企业所得税税率为25%，试编制该企业2025年预计利润表，并预测留存收益。

表4-4　**2024年实际利润表（简化）**　金额单位：万元

项　目	金　额	占营业收入的比例（%）
营业收入	15 000	100
减：营业成本	11 400	76.0
销售费用	900	6.0
管理费用	1 620	10.8
财务费用	600	4.0
营业利润	480	3.2
加：营业外收入	50	—
减：营业外支出	80	—
利润总额	450	—
减：所得税费用	112.5	—
净利润	337.5	—

若该企业2025年预计营业收入为18 000万元，则经测算，2025年预计利润表见表4-5。

若该企业税后利润的留用比例为50%，则2025年预测留存收益额为204.75万元（409.5×50%）。

表 4-5 2025年预计利润表（简化） 金额单位：万元

项 目	2024年实际数	占营业收入的比例（%）	2025年预计数
营业收入	15 000	100	18 000
减：营业成本	11 400	76.0	13 680
销售费用	900	6.0	1 080
管理费用	1 620	10.8	1 944
财务费用	600	4.0	720
营业利润	480	3.2	576
加：营业外收入	50	—	50
减：营业外支出	80	—	80
利润总额	450	—	546
减：所得税费用	112.5	—	136.5
净利润	337.5	—	409.5

（2）编制预计资产负债表，预测外部筹资额

预计资产负债表是运用营业收入比例法的原理预测外部筹资额的一种报表。预计资产负债表与实际资产负债表的内容、格式相同。通过提供预计资产负债表，可预测资产负债表及留存收益有关项目的数额，进而预测企业需要外部筹资的数额。

运用营业收入比例法要选定与营业收入保持基本不变比例关系的项目，这种项目称为敏感项目。敏感资产项目一般包括货币资金、应收账款、存货等；敏感负债项目一般包括应付账款、其他流动负债等。应收票据、短期投资、固定资产、长期投资、递延资产、短期借款、应付票据、非流动负债和实收资本通常不属于敏感项目。留存收益也不宜列为敏感项目，因为它受企业所得税税率和分配政策的影响。

【例 4-7】某企业2024年实际营业收入为15 000万元，资产负债表及某些敏感项目与营业收入的比例见表4-6。2025年预计营业收入为18 000万元。试编制该企业2024年预计资产负债表（简化），并预测外部筹资额。

表 4-6 2024年实际资产负债表（简化） 金额单位：万元

项 目	金 额	占营业收入的比例（%）
资产：		
货币资金	75	0.5
应收票据	100	—
应收账款	2 400	16.0
存货	2 610	17.4
其他流动资产	10	—
固定资产	185	—
资产总计	5 380	33.9
负债及股东权益：		
应付票据	200	—
应付账款	2 640	17.6
其他流动负债	105	0.7
非流动负债	355	—
负债合计	3 300	18.3
股本	1 250	
留存收益	830	
股东权益合计	2 080	
负债及股东权益总计	5 380	

根据上述资料，编制该企业2025年预计资产负债表（简化），见表4-7。

表4-7 **2025年预计资产负债表（简化）** 金额单位：万元

项　目	2024年实际数 (1)	占营业收入的比例（%） (2)	2025年预计数 (3)
资产：			
货币资金	75	0.5	90
应收票据	100	—	100
应收账款	2 400	16.0	2 880
存货	2 610	17.4	3 132
其他流动资产	10	—	10
固定资产	185	—	185
资产总计	5 380	33.9	6 397
负债及股东权益：			
应付票据	200	—	200
应付账款	2 640	17.6	3 168
其他流动负债	105	0.7	126
非流动负债	355	—	355
负债合计	3 300	18.3	3 849
股本	1 250		1 250
留存收益	830		1 034.75
股东权益合计	2 080		2 284.75
追加外部筹资额			263.25
负债及股东权益总计	5 380		6 397

该企业2025年预计资产负债表的编制过程如下：

第一步，取得基年资产负债表资料，并计算其敏感项目占营业收入的比例（见表4-6），列于表4-7的第（2）栏中。

第（2）栏的比例表明，该企业营业收入每增长100元，资产将增加33.9元；每实现100元销售所需的资本量，可由敏感负债解决18.3元。这里增加的敏感负债是自动增加的，如应付账款会因存货增加而自动增加。

每100元营业收入所需的资本与敏感负债的差额为15.6元（33.9-18.3），表示营业收入每增长100元而需追加的资本净额。它需从企业内部和外部来筹措。在本例中，营业收入增长3 000万元（18 000-15 000），需净增资本468万元（3 000×0.156）。

第二步，用2025年预计营业收入18 000万元乘以第（2）栏所列的百分比，求得表4-7第（3）栏所列示的敏感项目金额。第（3）栏的非敏感项目按第（1）栏数额填列。由此，确定了第（3）栏中除留存收益外的其他各个项目的数额。

第三步，确定2025年留存收益增加额及资产负债表中的留存收益累计额。留存收益增加额可根据利润额、所得税税率和留存收益比例来确定。2025年累计留存收益等于2024年累计留存收益加上2025年留存收益增加额。若2025年利润额为546万元，所得税税率为25%，税后利润留用比例为50%，则2025年留存收益增加额为：

$$546\times(1-25\%)\times50\%=204.75(\text{万元})$$

2025年累计留存收益为1 034.75万元（830 + 204.75）。

从需要追加筹资总额（第一步得到的468万元）中减去内部筹资增加额204.75万元，求得需要追加外部筹资额263.25万元。

第四步，加总预计资产负债表的两方：2025年预计资产总额为6 397万元，负债及股东权益总额为6 133.75万元，其差额为263.25万元。它既是使资产负债表两方相等的平衡数，也是企业需要的外部筹资额。

（3）按预测公式预测需要追加的外部筹资额

以上介绍了如何运用预计资产负债表预测外部筹资额的过程。为简便起见，亦可改用预测公式预测追加的外部筹资额。预测公式列示如下：

$$\begin{aligned}\text{需要追加的外部筹资额}&=\Delta S\sum\frac{RA}{S}-\Delta S\sum\frac{RL}{S}-\Delta RE\\&=\Delta S\left(\sum\frac{RA}{S}-\sum\frac{RL}{S}\right)-\Delta RE\end{aligned}$$

式中：ΔS表示预计年度营业收入增加额；$\sum\frac{RA}{S}$表示基年敏感资产总额除以基年营业收入；$\sum\frac{RL}{S}$表示基年敏感负债总额除以基年营业收入；ΔRE表示预计年度留存收益增加额。

【例4-8】根据【例4-7】的数据，运用上述公式，预测该企业2025年需要追加的外部筹资额为：

$$\text{需要追加的外部筹资额}=3\,000\times(33.9\%-18.3\%)-204.75=263.25(\text{万元})$$

这种方法是根据预计资产负债表的原理预测企业追加外部筹资额的简便方法。

上述营业收入比例法的介绍，是基于预测年度非敏感项目、敏感项目及其占营业收入的比例均与基年保持不变的假定。在实践中，非敏感项目、敏感项目及其占营业收入的比例有可能发生变动，具体情况有：①非敏感资产、非敏感负债的项目构成以及数量的增减变动；②敏感资产、敏感负债的项目构成以及占营业收入比例的增减变动。这些变动都会对预测资金需要总量和追加外部筹资额产生一定的影响，必须相应地予以调整。

章后实训与测试

※ Excel在筹资管理分析中的应用

（一）实训目的

运用营业收入比例法在Excel中对筹资数量进行预测。

（二）实训内容

运用营业收入比例法在Excel中，对【例4-6】【例4-7】【例4-8】中的留存收益和外部筹资额进行预测。

1.预测留存收益

Excel操作步骤如下：

第一步，根据【例4-6】中的数据，确定2024年利润表各项目占营业收入的百分比。在单元格C3中输入公式“=B3/$B$3”，得到营业收入占营业收入的百分比为“100.0%”，注意设置单元格C3至C13的属性为百分比。将单元格C3的公式复制到C4：C8，选中单元格C3，将光标移至单元格右下角，待出现“+”光标时，点击鼠标左键，将鼠标拖至单元格C8，即得到2024年利润表各项目占营业收入的百分比，如图3-1所示。

第二步，计算2025年预计利润表各项目的预计数。选中单元格D4，输入公式“=$D$3*C4”，得到2025年营业成本预计数为13 680万元。然后继续选中单元格D4，将光标移至单元格右下角，待出现“+”光标时，点击鼠标左键，将鼠标拖至单元格D8，即得到2025年利润表各敏感项目预计数。营业外收入、营业外支出为非敏感项目，其2025年预计数等于2024年实际数。在单元格D12中输入公式“=D11*0.25”，在单元格D13中输入公式“=D11-D12”，如图4-1所示。

D4　fx　=$D$3*C4

	A	B	C	D
1	2024年实际利润表与2025年预计利润表（简化）			金额单位：万元
2	项目	2024年实际数	占营业收入的比例（%）	2025年预计数
3	营业收入	15,000.00	100.0%	18,000.00
4	减：营业成本	11,400.00	76.0%	13,680.00
5	销售费用	900.00	6.0%	1,080.00
6	管理费用	1,620.00	10.8%	1,944.00
7	财务费用	600.00	4.0%	720.00
8	营业利润	480.00	3.2%	576.00
9	加：营业外收入	50.00	—	50.00
10	减：营业外支出	80.00	—	80.00
11	利润总额	450.00	—	546.00
12	减：所得税费用	112.50	—	136.50
13	净利润	337.50	—	409.50

图4-1　计算2025年利润表各项目预计数

第三步，该企业税后利润的留用比例为50%，则2025年预测留存收益增加额为204.75万元（409.5×50%）。

2.编制预计资产负债表，预测外部筹资额

第一步，根据【例4-7】中的数据，取得2024年资产负债表资料，并计算其敏感项目占营业收入的百分比。敏感项目包括货币资金、应收账款、存货、应付账款、其他流动负债。设置单元格C4、C6、C7、C10、C13、C14、C16的属性为百分比，选中单元格C4，输入公式“=B4/15000”，得到货币资金占营业收入的比例为0.5%。将单元格C4的公式复制到其他敏感项目，即单元格C6、C7、C13、C14，得到所有敏感项目占营业收入的百分比，如图4-2所示。

D4 =C4*18000

	A	B	C	D
1	2024年实际资产负债表与2025年预计资产负债表（简化）		金额单位：万元	
2	项目	2024年实际数	占营业收入的比例（%）	2025年预计数
3	资产：			
4	货币资金	75.00	0.5%	90.00
5	应收票据	100.00	-	100.00
6	应收账款	2,400.00	16.0%	2,880.00
7	存货	2,610.00	17.4%	3,132.00
8	其他流动资产	10.00	-	10.00
9	固定资产	185.00	-	185.00
10	资产总计	5,380.00	33.9%	6,397.00
11	负债及股东权益：			
12	应付票据	200.00	-	200.00
13	应付账款	2,640.00	17.6%	3,168.00
14	其他流动负债	105.00	0.7%	126.00
15	非流动负债	355.00	-	355.00
16	负债合计	3,300.00	18.3%	3,849.00
17	股本	1,250.00	-	1,250.00
18	留存收益	830.00	-	
19	股东权益合计	2,080.00	-	
20	追加外部筹资额		-	
21	负债及股东权益总计	5,380.00	-	6,397.00

图4-2 计算2025年预计资产负债表敏感项目与非敏感项目预计数

第二步，用2025年预计营业收入18 000万元乘以敏感项目占营业收入的百分比，求得2025年预计资产负债表中的敏感项目金额。而非敏感项目按2024年的实际数额填列。由此，确定了2025年预计资产负债表中除留存收益、追加外部筹资额以外的其他各个项目的数额，如图4-2所示。具体步骤如下：

在单元格D4中输入公式“=C4*18000”，得到2024年预计货币资金为90万元，将单元格D4的公式复制到其他敏感项目，即单元格D6、D7、D13、D14，得到所有敏感项目的预计数额。应收票据为非敏感项目，因此在单元格D5中输入公式“=B5”。单元格D8、D9、D12、D15、D17同理。

在单元格D10中输入公式“=SUM（D4：D9）”，得到2025预计资产总计为6 397万元。同理，在单元格D16中输入公式“=SUM（D12：D15）”，得到2025预计负债总计为3 849万元。

在单元格D21中输入公式“=D10”，使得“资产=负债+所有者权益”等式成立。

第三步，确定2025年留存收益增加额及资产负债表中的留存收益累计额，如图4-3所示。留存收益增加额可根据利润额、所得税税率和留存收益比例来确定。2025年累计留存收益等于2024年累计留存收益加上2025年留存收益增加额。2025年利润额为546万元，所得税税率为25%，税后利润留用比例为50%，则2025年留存收益增加额为204.75万元（546×（1-25%）×50%）。2025年累计留存收益为1 034.75万元（830+204.75）。具体操作如下：

在单元格B27中输入公式“=B24*（1-B25）”，得到2025年税后利润为409.50万元；在单元格B28中输入公式“=B27*B26”，得到2025年留存收益增加额为204.75万元，如图4-3所示。

B27　fx　=B24*(1-B25)

	A	B
23	项目	2025年预计数
24	利润额（万元）	546.00
25	企业所得税税率（%）	25%
26	留存收益率（%）	50%
27	税后利润（万元）	409.50
28	留存收益（万元）	204.75

图4-3　计算2025年预计留存收益增加额

第四步，计算2025年企业需要的外部筹资额。

在单元格D18中输入公式“=B18+B28”，得到2025年预计留存收益为1 034.75万元；在单元格D19中输入公式“=SUM（D17：D18）”，得到股东权益合计为2 284.75万元；最后在单元格D20中输入公式“=D21-D16-D19”，得到需要追加外部筹资额为263.25万元，如图4-4所示。

D18　fx　=B18+B28

	A	B	C	D
1	2024年实际资产负债表与2025年预计资产负债表（简化）　金额单位：万元			
2	项目	2024年实际数	占营业收入的比例（%）	2025年预计数
3	资产：			
4	货币资金	75.00	0.5%	90.00
5	应收票据	100.00	-	100.00
6	应收账款	2,400.00	16.0%	2,880.00
7	存货	2,610.00	17.4%	3,132.00
8	其他流动资产	10.00	-	10.00
9	固定资产	185.00	-	185.00
10	资产总计	5,380.00	33.9%	6,397.00
11	负债及股东权益：			
12	应付票据	200.00	-	200.00
13	应付账款	2,640.00	17.6%	3,168.00
14	其他流动负债	105.00	0.7%	126.00
15	非流动负债	355.00	-	355.00
16	负债合计	3,300.00	18.3%	3,849.00
17	股本	1,250.00	-	1,250.00
18	留存收益	830.00	-	1,034.75
19	股东权益合计	2,080.00	-	2,284.75
20	追加外部筹资额		-	263.25
21	负债及股东权益总计	5,380.00	-	6,397.00

图4-4　计算2025年企业需要的外部筹资额

※知识测试

一、单项选择题（每小题5分，共40分）

本章知识测试

1.在下列筹资方式中，资本成本最低的是（　　）。

A.长期借款　　B.发行债券

C.发行股票　　D.留存收益

2.相对于股票筹资而言，银行借款的缺点是（　　）。

A.筹资速度慢　　B.筹资成本高

C.筹资限制少　　D.财务风险大

3.某企业向银行借款20万元，年利率为10%，银行要求维持贷款限额15%的补偿性余额，那么企业实际承担的利率为（　　）。

A.10%　　B.12.76%

C.11.76%　　D.9%

4.债券成本一般要低于普通股成本，这主要是因为（　　）。

A.债券的发行量小

B.债券的利息固定

C.债券风险较低，且利息具有抵税效应

D.债券的筹资费用少

5.相对于普通股股东而言，优先股股东所拥有的优先权是（　　）。

A.优先表决权　　B.优先购股权

C.优先查账权　　D.优先分配股利权

6.出租人既出租某项资产，又以该项资产为担保借入资金的租赁方式是（　　）。

A.直接租赁　　B.售后回租

C.杠杆租赁　　D.经营租赁

7.在下列权利中，不属于普通股股东权利的是（　　）。

A.公司管理权　　B.分享盈余权

C.优先认股权　　D.优先分配剩余财产权

8.相对于负债融资方式而言，采用吸收直接投资方式筹措资金的优点是（　　）。

A.有利于降低资本成本　　B.有利于降低财务风险

C.有利于集中企业控制权　　D.有利于发挥财务杠杆作用

二、多项选择题（每小题5分，共20分）

1.企业需要长期资本的原因主要有（　　）。

A.购建固定资产　　B.取得无形资产

C.支付职工的月工资　　D.开展长期投资

2.筹集投入资本，（　　）应该采用一定的方法重新估值。

A.存货　　B.无形资产

C.固定资产　　D.应收账款

3.普通股的特点包括（　　）。

A.普通股股东享有公司的经营管理权

B.公司解散清算时，普通股股东对公司剩余财产的请求权位于优先股之后

C.普通股股利分配在优先股之后进行，并依公司盈利情况而定

D.普通股一般不允许转让

4.与股票相比，债券的特点包括（　　）。

A.债券代表一种债权关系

B.债券的求偿权优先于股票

C.债券持有人无权参与企业决策

D. 可转换债券按规定可转换为股票

三、判断题（每小题5分，共40分）

1. 企业优先股筹资不会分散公司的控制权，故不能增强公司的资金实力。（　）

2. 一般而言，优先股都采用固定股利，但是如果公司财务状况欠佳，则可暂时不支付优先股股利。（　）

3. 发行债券的限制条件一般要比长期借款、租赁筹资的限制条件多。（　）

4. 债券的票面利率越高，发行价格也越高。（　）

5. 吸收直接投资资本成本比较低。（　）

6. 当公司解散、清算时，普通股股东对剩余财产有要求权。（　）

7. 我国《公司法》规定，发行公司流通在外的债券累计总额不得超过公司净资产的40%。（　）

8. 应收票据属于敏感资产项目。（　）

第五章

资本结构决策

学习目标

1. 理解资本成本的概念、性质、种类和测算方法。
2. 理解杠杆作用的原理。
3. 掌握经营杠杆系数、财务杠杆系数和总杠杆系数的测算。
4. 掌握最佳资本结构的含义及决策方法。

导入案例

过度负债企业“去杠杆”[①]

知识图谱

2015年年末，中央提出在扩大需求的同时提高供给质量，进行“供给侧结构性改革”。自此，“供给侧结构性改革”被官方正式提出并成为引领我国经济新常态的一项重大创新和关键抓手。党的十九大报告则更为明确地指出：以供给侧结构性改革为主线，推动我国经济高质量发展。我国的供给侧结构性改革首先是从“三去、一降、一补”入手展开的，其中，“去杠杆”具有特殊意义。

从宏观层面看，2008年金融危机发生后，为刺激国内经济发展，我国政府主导加杠杆，2017年我国非金融企业债务达到132.38万亿元，占GDP的比例高达160.3%，这一比例比发达经济体平均高出68.7个百分点。

从微观杠杆率水平看，非金融A股上市公司资产负债率从2007年的44.07%上升到2017年的60.07%（Wind数据库整理）。

从行业差异看，高杠杆行业主要集中在房地产、电力、煤炭能源、重工业、钢铁等传统行业。

我国房地产行业资产负债率较高。2020年，“三道红线”政策横空出世，为房地产行业划定了清晰的融资“警戒线”：剔除预收款的资产负债率不得大于70%、净负债率不得大于100%、现金短债比不得小于1倍。这一政策犹如一记警钟，在2023年和2024年持续发挥效力，成为高悬在房企头上的“紧箍咒”，促使房地产行业加速去杠杆。

高杠杆意味着高风险，显而易见，非金融类企业资产负债率的提高已经成为影响我国经济稳定发展的一大隐患。

---

① 资料来源：王俊岭．去杠杆，稳而准［N］．人民日报，2018-08-13．

讨论与思考：

1. 案例中提到的“去杠杆”指的是哪种类型的杠杆？杠杆过高的危害是什么？

2. 如何确定企业的最佳资本结构？

第一节 资本成本

一、资本成本概述

资本成本（Cost of Capital）是在商品经济条件下，资金所有权与资金使用权分离的产物。资本成本是资金使用者对资金所有者转让资金使用权利的价值补偿。我们有时也以如下思维方式考虑问题：投资者的期望报酬就是受资者的资本成本。

本章课件

资本成本与资金时间价值既有联系，又有区别。联系在于两者考察的对象都是资金。区别在于资本成本既包括资金时间价值，又包括投资风险价值。

（一）资本成本的概念

资本成本是指企业为筹集和使用资金而付出的代价。资本成本包括筹集资金的费用和使用资金的费用两部分。

1. 筹资费用

筹资费用是指企业在筹集资金过程中为取得资金而发生的各项费用，如银行借款手续费，发行股票、债券等有价证券而支付的印刷费、评估费、公证费、宣传费及承销费等。筹资费用在企业筹集资金时一次性发生，在资金使用过程中不再发生，可作为筹资总额的一项扣除。

2. 用资费用

用资费用是指企业在使用所筹资金的过程中向出资者支付的报酬，如银行借款和债券的利息、股票的股利等。用资费用与筹资金额的大小、资金占用时间的长短有直接关系。

在实务中，为了便于计算和比较，资本成本通常用相对数表示。用相对数表示的资本成本就是资金占用费与实际筹得资金数额的比率。用公式表示如下：

$$\text{资本成本} = \frac{\text{用资费用}}{\text{筹资金额} - \text{筹资费用}} = \frac{\text{用资费用}}{\text{筹资金额} \times (1 - \text{筹资费用率})}$$

（二）资本成本的种类

1. 个别资本成本

个别资本成本是指企业各种长期资本的成本，如长期借款资本成本、债券资本成本、股票资本成本等。企业在比较各种筹资方式时，需要使用个别资本成本。

2. 综合资本成本（Weighted Average Cost of Capital，WACC）

综合资本成本是指企业全部长期资本的成本。企业在进行长期资本结构决策时，可以利用综合资本成本。

3. 边际资本成本

边际资本成本是指企业追加长期资本的成本。企业在追加筹资方案的选择中，需要运用边际资本成本。

（三）资本成本的作用

资本成本是衡量资本结构优化程度的标准，也是对投资获得经济利益的最低要求。资本成本的作用主要表现在以下几个方面：

（1）资本成本是选择筹资方式、进行资本结构决策和选择追加筹资方案的依据。

①个别资本成本是企业选择筹资方式的依据。企业长期资本的筹集往往有多种方式可供选择，包括长期借款、发行债券、发行股票等。这些长期筹资方式的个别资本成本不同，可作为比较选择各种筹资方式的依据。

②综合资本成本是企业进行资本结构决策的依据。企业长期资本的筹集有多个组合方案可供选择。不同筹资组合方案的综合资本成本高低，可以用来比较各个筹资组合方案，作为资本结构决策的依据。

③边际资本成本是企业选择追加筹资方案的依据。企业为了扩大生产经营规模，往往需要追加筹资。不同追加筹资方案的边际资本成本的高低，是企业选择追加筹资方案的依据。

（2）资本成本是评价投资项目、比较投资方案和进行投资决策的经济标准。

资本成本是投资人对投入资本所要求的必要报酬率，即最低报酬率。如果备选的多个投资项目相互独立，则只要预期投资报酬率大于资本成本，投资项目就具有财务可行性；相反，若备选的多个投资项目相互排斥，则应将各方案的投资报酬率与其相应的资本成本进行比较，选择预期投资报酬率大于资本成本最多的投资项目。因此，资本成本可以是评价投资项目、比较投资方案和进行投资决策的经济标准。

（3）资本成本可作为评价企业经营业绩的基准。

资本成本是用资企业支付给资金出让方的报酬，是使用资金应获得收益的最低界限。一定时期资本成本的高低不仅反映了财务经理的管理水平，还可用于衡量企业整体的经营业绩。企业的经营业绩可以用企业全部投资的利润率与全部资本的成本率相比较来衡量，如果利润率高于成本率，则对企业经营有利；反之，则可认为对企业经营不利，需要改善企业经营管理，提高企业的利润率，降低成本率。

二、个别资本成本的计算

个别资本成本是指单一筹资方式的资本成本，包括银行借款资本成本、公司债券资本成本、融资租赁资本成本、普通股资本成本和留存收益资本成本等。其中，前三类是债务资本成本，后两类是权益资本成本。个别资本成本可用于比较和评价各种筹资方式。

个别资本成本

（一）资本成本计算的基本模式

为了便于分析和比较，资本成本通常不考虑时间价值，用一般通用模型计算相对数即可。计算时，将初期的筹资费用作为筹资额的一项扣除。扣除筹资费用后的筹资额称为筹资净额，通用的计算公式是：

$$K = \frac{D}{P - F} = \frac{D}{P(1 - f)}$$

式中：K表示资本成本，以百分数表示；D表示用资费用额；P表示筹资总额；F表示筹资费用额；f表示筹资费用率，即筹资费用与筹资总额的比率。

（注：若资金来源为负债，还存在税前资本成本和税后资本成本的区别。计算税后资本成本需要从年资金占用费中减去资金占用费税前扣除导致的所得税节约额。）

（二）长期债务资本成本的测算

长期债务资本成本一般有长期借款资本成本和长期债券资本成本两种。根据企业所得税法的规定，企业债务的利息允许从税前利润中扣除，从而可以抵免企业所得税。因此，企业实际负担的债务资本成本应当考虑所得税的因素。

1.长期借款资本成本的计算

长期借款资本成本包括借款利息和借款手续费用，利息费用税前支付，可以起抵税作用，一般计算税后资本成本。税后资本成本与股权资本成本具有可比性。银行借款的资本成本按一般模式计算为：

$$K_l = \frac{I_l(1-T)}{L-F_l} = \frac{I_l(1-T)}{L(1-f_l)}$$

式中：K_l为长期借款资本成本；L为长期借款筹资额；I_l为长期借款年利息；F_l为长期借款筹资费用；f_l为长期借款筹资费用率；T为所得税税率。

长期借款的筹资费用主要是手续费，一般数额很小，有时可以忽略不计。长期借款年利息为长期借款筹资额乘以长期借款利率，即$I_l = L \times i_l$。这时，长期借款资本成本可以按下列公式计算：

$$K_l = i_l(1-T)$$

式中：i_l表示长期借款利率。

对于长期借款，若考虑时间价值问题，还可以用折现模式计算资本成本。

【例5-1】某企业取得5年期长期借款200万元，年利率10%，每年付息一次，到期一次还本，借款费用率0.2%，企业所得税税率25%，则该项借款的资本成本为：

$$K_l = \frac{10\% \times (1-25\%)}{1-0.2\%} \times 100\% = 7.52\%$$

2.长期债券资本成本的计算

长期债券资本成本包括债券利息和债券发行费用。债券可以溢价发行，也可以折价发行，其资本成本按一般模式计算为：

$$K_b = \frac{I_b(1-T)}{B(1-f_b)}$$

式中：K_b为债券资本成本；B为债券筹资额，按债券发行价格确定；I_b为长期债券年利息；f_b为债券筹资费用率；T为所得税税率。

【例5-2】某企业以1 100元的价格，溢价发行面值为1 000元、期限为5年、票面利率为7%的公司债券一批。每年付息一次，到期一次还本，发行费用率为3%，所得税税率为25%。该批债券的资本成本为：

$$K_b = \frac{1\,000 \times 7\% \times (1-25\%)}{1\,100 \times (1-3\%)} \times 100\% = 4.92\%$$

（三）股权资本成本的测算

按照公司股权资本的构成，股权资本成本主要分为普通股资本成本、优先股资本成本和留存收益资本成本等。根据企业所得税法的规定，公司须以税后利润向股东分派股利，因此股权资本成本没有抵税利益。

1.普通股资本成本的计算

按照资本成本实质上是投资的必要报酬率的思路可知，普通股的资本成本就是普通股投资的必要报酬率。其测算方法一般有三种：股利折现模型、资本资产定价模型和债券投资报酬率加股票投资风险报酬率。

（1）股利折现模型。股利折现模型的基本表达式是：

$$P_c = \sum_{t=1}^{\infty} \frac{D_t}{(1 + K_c)^t}$$

式中：P_c表示普通股筹资净额，即发行价格扣除发行费用后的余额；D_t表示普通股第t年的股利；K_c表示普通股投资的必要报酬率，即普通股资本成本。

运用上述模型测算普通股资本成本，因具体的股利政策而有所不同。

①如果公司采用固定股利政策，即每年分派现金股利D元，则：

$$K_c = \frac{D}{P_c}$$

【例5-3】某公司普通股市价30元/股，筹资费用率2%，本年发放现金股利每股0.6元，长期保持不变。

要求：计算普通股的个别资本成本。

解：

$$K_c = \frac{0.6}{30 \times (1 - 2\%)} \times 100\% = 2.04\%$$

②如果公司实行固定增长股利政策，假定上期支付的股利为D_0，未来各期股利按g速度增长。目前股票市场价格为P_c，则普通股资本成本为：

$$K_c = \frac{D_0(1 + g)}{P_c} + g = \frac{D_1}{P_c} + g$$

【例5-4】某公司普通股市价30元/股，筹资费用率2%，本年发放现金股利每股0.6元，预期股利年增长率为10%。

要求：计算该公司普通股资本成本为多少。

解：

$$K_c = \frac{0.6 \times (1 + 10\%)}{30 \times (1 - 2\%)} \times 100\% + 10\% = 12.24\%$$

（2）资本资产定价模型。资本资产定价模型（Capital Asset Pricing Model，CAPM）可以简要地描述为：普通股投资的必要报酬率等于无风险报酬率加上风险报酬率。用公式表示如下：

$$K_c = R_f + \beta_i (R_m - R_f)$$

式中：K_c表示普通股投资的必要报酬率；R_f表示无风险报酬率；R_m表示市场报酬率；β_i表示第i种股票的β系数。

在已确定无风险报酬率、市场报酬率和某种股票的β系数后，即可测算该股票的必要报酬率，即资本成本。

【例5-5】已知某股票的β系数为1.5，市场报酬率为10%，无风险报酬率为6%，则该股票的资本成本为多少？

解：

$$K_c = 6\% + 1.5 \times (10\% - 6\%) = 12\%$$

（3）债券投资报酬率加股票投资风险报酬率。一般而言，从投资者的角度看，股票投资的风险高于债券，因此，股票投资的必要报酬率可以在债券利率的基础上加上股票投资高于债券投资的风险报酬率。

【例5-6】XYZ公司已发行债券的投资报酬率为8%。现准备发行一批股票，经分析，该股票投资高于债券投资的风险报酬率为4%，则该股票的必要报酬率即资本成本为多少？

解：

$$K_c = 8\% + 4\% = 12\%$$

2.优先股资本成本的计算

优先股的股利通常是固定的，公司利用优先股筹资需花费发行费用，因此，优先股资本成本的测算类似于普通股。其测算公式是：

$$K_p = \frac{D_P}{P_P}$$

式中：K_p表示优先股资本成本；D_P表示优先股每股年股利；P_P表示优先股筹资净额，即发行价格扣除发行费用。

【例5-7】某公司准备发行一批优先股，每股发行价格5元，发行费用0.2元/股，预计年股利0.5元/股。

要求：计算该公司优先股的资本成本。

解：

$$K_p = \frac{0.5}{5 - 0.2} \times 100\% = 10.42\%$$

3.留存收益资本成本的计算

留存收益是企业税后净利润形成的，是一种所有者权益，属于股权资本，其实质是所有者向企业追加的投资。企业利用留存收益筹资不会发生筹资费用。如果企业将留存收益用于再投资，所获得的收益率低于股东自己进行一项风险相似的投资项目的收益率，企业就应该将其分配给股东。留存收益资本成本，表现为股东追加投资要求的报酬率，其计算与普通股资本成本基本相同，不同点在于留存收益资本成本不考虑筹资费用。

【例5-8】某公司留存收益50万元，其余条件与【例5-4】相同。

要求：计算该留存收益资本成本。

解：

$$K = \frac{0.6 \times (1 + 10\%)}{30} \times 100\% + 10\% = 12.2\%$$

三、综合资本成本的计算

在实际工作中，企业筹措资金往往同时采用几种不同的方式。综合资本成本是指多元化筹资方式下的加权平均资本成本，反映了企业资本成本整体水平的高低。综合资本成本就是指一家企业各种不同筹资方式总的平均资本

综合资本成本

成本，它是以各种资本所占的比重为权数，对各种资本成本进行加权平均而得到的总资本成本，所以又称加权平均资本成本。其计算公式为：

$$K_w = \sum_{j=1}^{n} K_j W_j$$

式中：K_w为综合资本成本；K_j为第j种个别资本成本；W_j为第j种个别资本在全部资本中的比重。

综合资本成本的计算，存在着权数价值的选择问题，即各项个别资本按什么权数来确定资本比重。通常，可供选择的价值形式有账面价值、市场价值、目标价值等。

1.账面价值权数

账面价值权数即以各项个别资本的会计报表账面价值为基础来计算资本权数，确定各类资本占总资本的比重。其优点是资料容易取得，可以直接从资产负债表中得到，而且计算结果比较稳定。其缺点是，当债券和股票的市价与账面价值差距较大时，按账面价值计算出来的资本成本不能反映目前从资本市场上筹资的现时机会成本，不适合评价现时的资本结构。

2.市场价值权数

市场价值权数即以各项个别资本的现行市价为基础来计算资本权数，确定各类资本占总资本的比重。其优点是能够反映现时的资本成本水平，有利于进行资本结构决策。但现行市价处于经常变动之中，不容易取得，而且现行市价反映的只是现时的资本结构，不适用未来的筹资决策。

3.目标价值权数

目标价值权数即以各项个别资本预计的未来价值为基础来确定资本权数，确定各类资本占总资本的比重。目标价值是目标资本结构要求下的产物，是公司筹措和使用资金对资本结构的一种要求。对于公司筹措新资金，需要反映期望的资本结构来说，目标价值是有益的，适用于未来的筹资决策，但目标价值的确定难免具有主观性。

以目标价值为基础计算资本权数，能体现决策的相关性。目标价值权数的确定，可以选择未来的市场价值，也可以选择未来的账面价值。选择未来的市场价值，与资本市场现状联系比较紧密，能够与现时的资本市场环境状况结合起来。目标价值权数的确定一般以现时市场价值为依据。但是，市场价值波动频繁，可行方案是选用市场价值的历史平均值，如30日、60日、120日均价等。总之，目标价值权数是主观愿望和预期的表现，依赖于财务经理的价值判断和职业经验。

【例5-9】泰达公司20×5年年末的长期资本账面总额为1 000万元，其中：银行长期贷款400万元，占40%；长期债券150万元，占15%；普通股450万元，占45%。长期贷款、长期债券和普通股的个别资本成本分别为5%、6%、9%。普通股市场价值为1 600万元，债务市场价值等于账面价值。则该公司的综合资本成本为：

按账面价值计算：

$$K_w = 5\% \times 40\% + 6\% \times 15\% + 9\% \times 45\% = 6.95\%$$

按市场价值计算：

$$K_w = \frac{5\% \times 400 + 6\% \times 150 + 9\% \times 1\,600}{400 + 150 + 1\,600} = 8.05\%$$

四、边际资本成本的计算

边际资本成本是指企业追加筹资的资本成本。企业的个别资本成本和综合资本成本，是企业过去筹集的单项资本的成本和目前使用全部资本的成本。然而，企业在追加筹资时，不能仅考虑目前所使用资本的成本，还要考虑新筹集资金的成本，即边际资本成本。边际资本成本，是企业进行追加筹资的决策依据。存在筹资方案组合时，边际资本成本的权数采用目标价值权数。

下面举例说明边际资本成本的计算和应用。

【例 5-10】华东公司现有资金1 000万元，其中长期借款100万元、长期债券200万元、普通股700万元。公司考虑扩大经营规模，拟筹集新的资金。经分析，认为目前的资本结构是最优的，希望筹集新资金后能保持目前的资本结构。经测算，随筹资额的增加，各种资本成本的变动情况见表5-1。

表5-1 **华东公司筹资资料**

资金种类	目标资本结构	新筹资的数量范围（元）	资本成本
长期借款	10%	0～50 000 大于50 000	6% 7%
长期债券	20%	0～140 000 大于140 000	8% 9%
普通股	70%	0～210 000 210 000～630 000 大于630 000	10% 11% 12%

（1）计算筹资总额的分界点（突破点）

根据目标资本结构和各种个别资本成本变化的分界点（突破点），计算筹资总额的分界点（突破点）。其计算公式为：

$$BP_j = \frac{TF_j}{W_j}$$

式中：BP_j为筹资总额的分界点；TF_j为第j种个别资本成本的分界点；W_j为目标资本结构中第j种资金的比重。

华东公司的筹资总额分界点见表5-2。

表5-2 **筹资总额分界点计算表**

资金种类	资本结构	资本成本	新筹资的数量范围（元）	新筹资总额分界点（元）
长期借款	10%	6% 7%	0～50 000 大于50 000	0～500 000 大于500 000
长期债券	20%	8% 9%	0～140 000 大于140 000	0～700 000 大于700 000
普通股	70%	10% 11% 12%	0～210 000 210 000～630 000 大于630 000	0～300 000 300 000～900 000 大于900 000

在表5-2中，新筹资总额分界点是指引起某资金种类资本成本变化的分界点。如长期借款，筹资总额不超过50万元，资本成本为6%；超过50万元，资本成本就要增加到7%。那么，筹资总额在50万元左右时，尽量不要超过50万元。然而，要维持原有资本结构，必然要多种资金按比例同时筹集，单独考虑某项个别资本成本是不成立的，必须考虑综合的边际资本成本。

（2）计算各筹资总额范围的边际资本成本

根据表5-2的计算结果，可知有4个分界点，应有5个筹资范围。计算5个筹资范围的边际资本成本，结果见表5-3。

表5-3 **边际资本成本计算表**

序号	筹资总额范围（元）	资金种类	资本结构	资本成本	边际资本成本
1	0~300 000	长期借款 长期债券 普通股	10% 20% 70%	6% 8% 10%	0.6% 1.6% 7%
第一个筹资范围的边际资本成本=9.2%					
2	300 000~500 000	长期借款 长期债券 普通股	10% 20% 70%	6% 8% 11%	0.6% 1.6% 7.7%
第二个筹资范围的边际资本成本=9.9%					
3	500 000~700 000	长期借款 长期债券 普通股	10% 20% 70%	7% 8% 11%	0.7% 1.6% 7.7%
第三个筹资范围的边际资本成本=10%					
4	700 000~900 000	长期借款 长期债券 普通股	10% 20% 70%	7% 9% 11%	0.7% 1.8% 7.7%
第四个筹资范围的边际资本成本=10.2%					
5	900 000以上	长期借款 长期债券 普通股	10% 20% 70%	7% 9% 12%	0.7% 1.8% 8.4%
第五个筹资范围的边际资本成本=10.9%					

华东公司可以按照表5-3的结果规划追加筹资，尽量不要由一个范围突破到另一个范围。

第二节 杠杆利益与风险

自然界中的杠杆效应，是指在合适的支点上，通过使用杠杆，可以用很小的力量移动较重物体的现象。财务管理中也存在类似的杠杆效应，表现为：特定固定费用（固定经营成本和固定融资成本）的存在，导致当某一财务变量以较小幅度变动时，另一相关变量会以较大幅度变动的现象。

财务管理中的杠杆效应，包括经营杠杆、财务杠杆和总杠杆三种杠杆效应形式。企业在取得杠杆利益的同时，也增加了收益波动的风险性，因此，在资本结构决策时，必须权衡杠杆利益及其相关的风险，合理运用杠杆原理，有效规避风险，提高资金营运效率。

要了解杠杆效应的原理，需要首先了解成本习性、边际贡献和息税前利润等相关知识。

一、成本习性、边际贡献和息税前利润

（一）成本习性

成本习性是指成本总额与特定的业务量之间在数量方面的依存关系。其目的是反映成本与生产量、销售量等业务量之间的内在联系，分析当业务量变动时，与之相应的成本是否相应变动，最终从数量上具体掌握产品成本与生产能力之间的规律性。

这里的业务量是指企业在一定的生产经营期内投入或完成的经营工作量的统称，有绝对量和相对量两大类。绝对量用实物量和价值量表示，相对量用百分比或比率表示。在财务管理中，业务量一般用绝对量表示。业务量可以是生产量、销售量，也可以是直接人工工时、机器工作小时，通常业务量指生产量、销售量。

成本总额是指为取得营业收入而发生的全部生产成本和销售费用、管理费用等非生产成本。

成本按习性可划分为固定成本、变动成本和混合成本三类。

1.固定成本

固定成本是指其总额在一定时期和一定业务量范围内，不直接受业务量变动的影响而保持不变的成本。固定成本一般包括固定性制造费用，如按直线法计提的固定资产折旧费、劳动保护费、办公费等；固定性销售费用，如销售人员工资、广告费等；固定性管理费用，如租赁费、管理人员的工资、财产保险费等。

固定成本的基本特征是：固定成本总额的不变性和单位固定成本的反比例变动性。固定成本总额不受业务量变动的影响而保持不变，单位固定成本随着业务量的变动而发生反方向变动。

固定成本按其支出的数额是否受管理层短期决策的影响，可进一步分为约束性固定成本和酌量性固定成本。

约束性固定成本是指管理层的决策行动不能改变其具体数额的固定成本。其特点是在短时间内不能轻易改变，具有较大程度的约束性，可在较长时间内存在和发挥作用，如固定资产折旧、保险费、管理人员工资、财产税等。约束性固定成本是企业经营活动必须负担的最低成本。要降低约束性固定成本，应合理利用现有生产经营能力，提高生产效率。

酌量性固定成本是指管理层的决策行动能够改变其数额的固定成本。其特点是支出数额可以改变（一般随某一会计期间生产经营的实际需要与财务负担能力的变化而变化），只在某一会计期间内存在和发挥作用，如企业的开发研究费、广告费、职工培训费等。要想降低酌量性固定成本，只有厉行节约，精打细算，利用编制预算进行严格控制，防止浪费。

2.变动成本

变动成本是指在一定时期和一定业务量范围内，其总额随着业务量的变动而发生正比例变动的成本。变动成本一般包括企业生产过程中发生的直接材料、直接人工，制造费用中的产品包装费、燃料费、动力费等，按销售量多少支付的推销佣金、装运费等。

变动成本的基本特征是：单位变动成本的不变性和总额的正比例变动性。单位变动成本不受业务量变动的影响而保持不变，总的变动成本随着业务量的变动而发生正比例变动。

变动成本按其支出的数额是否受管理层短期决策的影响，可进一步分为技术性变动成本和酌量性变动成本。

技术性变动成本是指与产量有明确的技术或实物关系的变动成本，如生产单位产品需配备的零部件等。

酌量性变动成本是指通过管理层的决策行动可以改变的变动成本，如按销售收入的一定比例支付的销售佣金等。

3.混合成本

混合成本是指成本总额随着业务量的变动而变动，但不与其成正比例变动的成本。

混合成本按其与业务量的关系可分为半变动成本和半固定成本两种，如图5-1和图5-2所示。

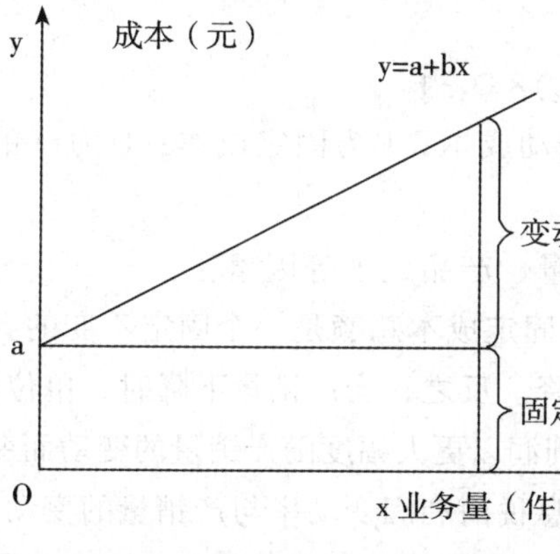

图5-1 半变动成本

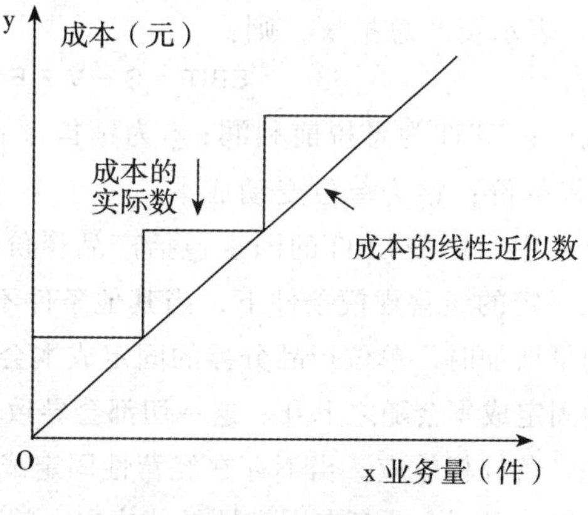

图5-2 半固定成本

半变动成本，通常有一个初始量，类似于固定成本，在这个初始量的基础上随业务量的增长而增长，又类似于变动成本。例如，企业的电话费、水电费、煤气费等属于这类成本。

半固定成本是成本总额随着业务量的变动呈阶梯式的变化，即在一定的业务量范围内成本总额不随业务量的变动而变动。当业务量超过这一范围，成本总额会跳跃上升，在新的业务量范围内又不变，直到业务量再次突破，成本再次跳跃，如此不断循环重复，如企业的检验员、化验员、货运员的工资。

在实际经济业务中，企业大量的费用项目属于混合成本。由于经营管理的需要，必须通过一定的方法将混合成本分解为固定成本和变动成本两部分。这也是计算边际贡献、分析杠杆效应的基本前提。

（二）边际贡献

边际贡献是指销售收入总额和变动成本总额之间的差额，也称贡献毛益、边际利润，记作Tcm。其计算公式为：

$$\begin{aligned} Tcm &= S - V \\ &= P \times Q - V_c \times Q \\ &= (P - V_c) \times Q \end{aligned}$$

式中：Tcm为边际贡献；S为销售收入；V为变动成本；P为单价；V_c为单位变动成本；Q为产销量。

（三）息税前利润

息税前利润是指企业支付利息和缴纳所得税之前的利润，记作EBIT。其计算公式为：

$$EBIT = S - V - F = (P - V_c) \times Q - F = Tcm - F$$

式中：F为固定成本。其他变量的含义同上式。

二、经营杠杆效应

（一）经营杠杆原理

经营杠杆（Operating Leverage）是指由于固定性经营成本的存在，而使得企业的资产报酬（息税前利润）变动率大于业务量变动率的现象。经营杠杆反映了资产报酬的波动性，可用以评价企业的经营风险。用息税前利润（EBIT）表示资产总报酬，则：

经营杠杆

$$EBIT = S - V - F = (P - V_c) \times Q - F$$

式中：EBIT为息税前利润；S为销售额；V为变动成本；F为固定成本；Q为产销量；P为销售单价；V_c为单位变动成本。

上式中，影响EBIT的因素包括产品售价、产销量、产品成本等因素。

在一定的经营规模条件下，当其他条件不变时，固定成本总额是一个固定不变的数值。当产销量增加时，单位产品分摊的固定成本会随之下降。反之，当产销量下降时，单位产品分摊的固定成本会随之上升。这一切都会导致息税前利润以更大幅度随产销量的变动而变动。这就是经营杠杆效应。当不存在经营性固定成本时，息税前利润变动率与产销量的变动率一致。所以，只要企业存在固定性经营成本，就存在经营杠杆效应。现通过表5-4加以说明。

表5-4 **产品销售与利润变动分析表** 金额单位：元

年份	销售收入				变动成本		固定成本总额	息税前利润	
	数量	单价	金额	比基年增长	单位变动成本	总额		金额	比基年增长
基年	100	20	2 000	—	10	1 000	500	500	—
1	120	20	2 400	20%	10	1 200	500	700	40%
2	80	20	1 600	-20%	10	800	500	300	-40%

由表5-4可知，与基年相比，当销售收入增长20%时，息税前利润增长40%，这是经营杠杆的有利作用使企业获得了更多的利益；当销售收入下降20%时，息税前利润下降40%，这是经营杠杆的不利作用给企业带来了更大的损失。

（二）经营杠杆的衡量

只要企业存在固定性经营成本，就存在经营杠杆效应。但不同的产销量，其相应杠杆效应的大小程度是不一样的。测算经营杠杆效应程度，常用指标为经营杠杆系数。经营杠杆系数（DOL），是息税前利润变动率相当于产销量变动率的倍数。它反映了经营杠杆的作用程度，即产销量变动引起息税前利润变动的程度。其计算公式为：

$$DOL = \frac{\text{息税前利润变动率}}{\text{营业收入变动率}} = \frac{\Delta EBIT/EBIT}{\Delta S/S} = \frac{\Delta EBIT/EBIT}{\Delta Q/Q}$$

式中：DOL为经营杠杆系数；ΔEBIT为息税前利润变动额；ΔS为销售额变动值；ΔQ为产销量变动值。

为了便于计算，可将上式整理变换如下：

因为

$$EBIT = (P - V_c) \times Q - F$$

$$\Delta EBIT = (P - V_c) \times \Delta Q$$

所以

$$DOL = \frac{(P - V_c) \times Q}{(P - V_c) \times Q - F} = \frac{EBIT + F}{EBIT}$$

【例5-11】泰华公司产销某种服装，固定成本500万元，变动成本率70%。当年产销额5 000万元时，变动成本为3 500万元，固定成本为500万元，息税前利润为1 000万元；当年产销额7 000万元时，变动成本为4 900万元，固定成本仍为500万元，息税前利润为1 600万元。可以看出，该公司产销售额增长了40%，息税前利润增长了60%，产生了1.5倍的经营杠杆效应。

$$DOL = \frac{\Delta EBIT/EBIT}{\Delta Q/Q} = \frac{600/1\,000}{2\,000/5\,000} = 1.5$$

（三）经营杠杆与经营风险

经营风险是指企业由于生产经营上的原因而导致资产报酬波动的风险。产品的市场需求、价格、生产成本等因素的不确定性是导致企业经营风险产生的主要原因，经营杠杆本身并不是资产报酬不确定的根源，只是资产报酬波动的表现。但是，经营杠杆放大了市场和生产等因素变化对利润波动的影响。经营杠杆系数越高，表明资产报酬等利润波动程度越大，经营风险也就越大。根据经营杠杆系数的计算公式，有：

$$DOL = \frac{(P - V_c) \times Q}{(P - V_c) \times Q - F} = \frac{EBIT + F}{EBIT} = 1 + \frac{F}{EBIT}$$

上式表明，在企业不发生经营性亏损、息税前利润为正的前提下，经营杠杆系数最低为1，不会为负数；只要有固定性经营成本存在，经营杠杆系数总是大于1。

从上式可知，影响经营杠杆的因素包括：产品销售量、销售价格、成本水平等，企业成本水平越高，产品销售数量和销售价格水平越低，经营杠杆效应越大，反之亦然。经营杠杆系数将随固定成本的变化呈同方向变化，固定成本越高，经营杠杆系数越大，企业经营风险也越大。

【例 5-12】某企业生产A产品，固定成本100万元，变动成本率60%，当销售额分别为1 000万元、500万元、250万元时，经营杠杆系数分别为：

$$DOL_{1000}=\frac{1\,000-1\,000\times 60\%}{1\,000-1\,000\times 60\%-100}=1.33$$

$$DOL_{500}=\frac{500-500\times 60\%}{500-500\times 60\%-100}=2$$

$$DOL_{250}=\frac{250-250\times 60\%}{250-250\times 60\%-100}\rightarrow\infty$$

上例的计算结果表明：在其他因素不变的情况下，销售额越小，经营杠杆系数越大，经营风险也就越大，反之亦然。例如，当销售额为1 000万元时，DOL为1.33；当销售额为500万元时，DOL为2。显然后者的不稳定性大于前者，经营风险也大于前者。在销售额处于盈亏临界点250万元时，经营杠杆系数趋于无穷大。此时，企业销售额稍有减少便会导致更大的亏损。

三、财务杠杆效应

（一）财务杠杆原理

财务杠杆（Financial Leverage）是指由于债务利息、优先股股息等固定性融资成本的存在，而使得企业的普通股每股收益变动率大于息税前利润变动率的现象。财务杠杆反映了股权资本报酬的波动性，用以评价企业的财务风险。假设没有优先股，用普通股收益或每股收益表示普通股权益资本报酬，则：

$$EAT=(EBIT-I)\times(1-T)$$

$$EPS=\frac{(EBIT-I)\times(1-T)}{N}$$

式中：EAT为税后利润；EPS为每股收益；I为债务资本利息；T为所得税税率；N为普通股股数。

上式中，影响普通股收益的因素包括资产报酬、资本成本、所得税税率等因素。

在其他条件不变的情况下，企业支付的债务利息、优先股股息等融资成本是相对固定的，因而当息税前利润增长时，每一元息税前利润所负担的固定成本就会减少；当息税前利润减少时，每一元息税前利润所负担的固定成本就会相应增加，这一切都会导致普通股每股收益将以更大幅度随息税前利润的变动而变动，这就是财务杠杆效应。当不存在债务利息、优先股股息等固定性融资成本时，息税前利润就是利润总额，此时利润总额变动率与息税前利润变动率完全一致。如果两期所得税税率和普通股股数保持不变，每股收益的变动率与利润总额变动率也完全一致，进而与息税前利润变动率一致。

【例 5-13】某企业自有资本总额为500万元，基期息税前利润为100万元。如果由于市场变化而引起息税前利润发生变化，则会引起企业的自有资本报酬率也发生变化。有关资料见表5-5。

表5-5 息税前利润变动对自有资本报酬率的影响 金额单位：万元

息税前利润	基期	增加10%	下降10%
	100	110	90
利息费用	40	40	40
利润总额	60	70	50
所得税（25%）	15	17.5	12.5
税后利润	45	52.5	37.5
自有资本总额	500	500	500
自有资本报酬率	9%	10.5%	7.5%
自有资本报酬率变动率	—	16.67%	-16.67%

从表5-5中可以看出，在企业的资本结构不变的情况下，当息税前利润变化（10%）时，由于固定利息费用的存在，企业自有资本报酬率以更大的比率（16.67%）变化。

（二）财务杠杆的衡量

只要企业融资方式中存在固定性融资成本，就存在财务杠杆效应。如固定利息、固定融资租赁费等的存在，都会产生财务杠杆效应。在同一固定性融资成本支付水平上，不同的息税前利润水平，对固定性融资成本的承担是不一样的，其财务杠杆效应的大小程度也是不一致的。测算财务杠杆效应程度，常用的指标为财务杠杆系数。财务杠杆系数（DFL）是每股收益变动率与息税前利润变动率的倍数，计算公式为：

$$DFL=\frac{\text{每股收益变动率}}{\text{息税前利润变动率}}=\frac{\Delta EPS/EPS}{\Delta EBIT/EBIT}$$

为了便于计算，可将上式变化如下：

因为，

$$EPS=\frac{(EBIT-I)\times(1-T)}{N}$$

$$\Delta EPS=\frac{\Delta EBIT\times(1-T)}{N}$$

所以，财务杠杆系数的计算也可以简化为：

$$DFL=\frac{\text{息税前利润}}{\text{息税前利润}-\text{利息}}=\frac{EBIT}{EBIT-I}$$

【例5-14】有A、B、C三家公司，资本总额均为1 000万元，所得税税率均为30%，每股面值均为1元。A公司资本全部由普通股组成；B公司债务资本300万元（利率10%），普通股700万元；C公司债务资本500万元（利率10.8%），普通股500万元。三家公司2024年EBIT均为200万元，2025年EBIT均为300万元，EBIT增长了50%。有关财务指标见表5-6。

表 5-6 **普通股收益及财务杠杆系数的计算** 金额单位：万元

<table>
<tr><th colspan="2">利润项目</th><th>A公司</th><th>B公司</th><th>C公司</th></tr>
<tr><td colspan="2">普通股股数</td><td>1 000万股</td><td>700万股</td><td>500万股</td></tr>
<tr><td rowspan="3">利润总额</td><td>2024年</td><td>200</td><td>170</td><td>146</td></tr>
<tr><td>2025年</td><td>300</td><td>270</td><td>246</td></tr>
<tr><td>增长率</td><td>50%</td><td>58.82%</td><td>68.49%</td></tr>
<tr><td rowspan="3">净利润</td><td>2024年</td><td>140</td><td>119</td><td>102.2</td></tr>
<tr><td>2025年</td><td>210</td><td>189</td><td>172.2</td></tr>
<tr><td>增长率</td><td>50%</td><td>58.82%</td><td>68.49%</td></tr>
<tr><td rowspan="3">普通股收益</td><td>2024年</td><td>140</td><td>119</td><td>102.2</td></tr>
<tr><td>2025年</td><td>210</td><td>189</td><td>172.2</td></tr>
<tr><td>增长率</td><td>50%</td><td>58.82%</td><td>68.49%</td></tr>
<tr><td rowspan="3">每股收益</td><td>2024年</td><td>0.14元</td><td>0.17元</td><td>0.2044元</td></tr>
<tr><td>2025年</td><td>0.21元</td><td>0.27元</td><td>0.3444元</td></tr>
<tr><td>增长率</td><td>50%</td><td>58.82%</td><td>68.49%</td></tr>
<tr><td colspan="2">财务杠杆系数</td><td>1.000</td><td>1.176</td><td>1.370</td></tr>
</table>

可见，固定性融资成本所占比重越高，财务杠杆系数就越大。A公司由于不存在固定性融资成本，没有财务杠杆效应；B公司存在债务资本，其普通股收益增长幅度是息税前利润增长幅度的1.176倍；C公司存在债务资本，并且债务资本的比重比B公司高，其普通股收益增长幅度是息税前利润增长幅度的1.370倍。

（三）财务杠杆与财务风险

财务风险是指企业由于筹资原因产生的资本成本负担而导致的普通股收益波动的风险。引起企业财务风险的因素有息税前利润、资本规模、资本结构、固定性融资成本等。财务杠杆系数随固定性融资成本的变化呈同方向变化，即在其他因素一定的情况下，固定性融资成本越高，财务杠杆系数越大，企业财务风险也越大。由于财务杠杆的作用，当企业的息税前利润下降时，企业仍然需要支付固定性融资成本，导致普通股剩余收益以更快的速度下降。财务杠杆加大了财务风险。企业债务比重越大，财务杠杆效应越强，财务风险也就越大。只要有固定性融资成本存在，财务杠杆系数总是大于1。

【例5-15】在【例5-14】中，三家公司2025年的DFL分别为：A公司1.000；B公司1.176；C公司1.370。这意味着，如果EBIT下降时，A公司的EPS与之同步下降，而B公司和C公司的EPS会以更大的幅度下降。导致各公司EPS不为负数的EBIT最大降幅见表5-7。

表5-7 **导致各公司EPS不为负数的EBIT最大降幅计算表**

公司	DFL	EPS降低	EBIT降低
A	1.000	100%	100%
B	1.176	100%	85.03%
C	1.370	100%	72.99%

上述结果意味着，2025年在2024年的基础上，EBIT降低72.99%，C公司普通股收益会出现亏损；EBIT降低85.03%，B公司普通股收益会出现亏损；EBIT降低100%，A公司普通股收益会出现亏损。显然，C公司不能支付利息、不能满足普通股股利要求的财务风险远高于其他公司。

四、总杠杆效应

（一）总杠杆原理

总杠杆又称联合杠杆或复合杠杆，是指由于固定性经营成本和固定性融资成本的存在，导致普通股每股收益变动率大于产销量变动率的现象。总杠杆反映经营杠杆和财务杠杆两者共同作用的结果，用于评价企业的整体风险水平。

固定性经营成本的存在，产生了经营杠杆效应，导致产销量变动对息税前利润变动有放大作用；同样，固定性融资成本的存在，产生了财务杠杆效应，导致息税前利润变动对普通股每股收益变动有放大作用。两种杠杆共同作用，将导致产销量的变动引起普通股每股收益更大的变动，即总杠杆效应。

（二）总杠杆的衡量

总杠杆系数是测算总杠杆效应程度常用的指标，总杠杆系数是经营杠杆系数和财务杠杆系数的乘积，是普通股每股收益变动率相当于产销量变动率的倍数。总杠杆系数（DTL）的计算公式为：

$$DTL = \frac{\text{普通股每股收益变动率}}{\text{产销量变动率}}$$

总杠杆系数与经营杠杆系数、财务杠杆系数之间的关系可用下式表示：

$$DTL = DOL \times DFL = \frac{EBIT + F}{EBIT - I}$$

【例5-16】某企业有关资料见表5-8，计算其2025年的经营杠杆系数、财务杠杆系数和总杠杆系数。

表5-8 杠杆效应计算表 金额单位：万元

项　目	2024年	2025年	变动率
销售收入（单价10元）	1 000	1 200	+20%
边际贡献（单位边际贡献4元）	400	480	+20%
固定成本	200	200	—
息税前利润（EBIT）	200	280	+40%
利息	50	50	—
利润总额	150	230	+53.33%
净利润（税率20%）	120	184	+53.33%
每股收益（200万股，元）	0.60	0.92	+53.33%
经营杠杆系数（DOL）	—	—	2.000
财务杠杆系数（DFL）	—	—	1.333
总杠杆系数（DTL）	—	—	2.667

（三）总杠杆与公司风险

公司风险包括企业的经营风险和财务风险。总杠杆反映了经营杠杆和财务杠杆之间的关系，用以评价企业的整体风险水平。在总杠杆系数一定的情况下，经营杠杆系数与财务杠杆系数此消彼长。

总杠杆效应的意义在于：第一，能够说明产销量变动对普通股每股收益的影响，据以预测未来的每股收益水平；第二，揭示了财务管理的风险管理策略，即要保持一定的风险状况水平，需要维持一定的总杠杆系数，经营杠杆和财务杠杆可以有不同的组合。

一般来说，固定资产比较重大的资本密集型企业，其经营杠杆系数高，经营风险大，企业筹资主要依靠权益资本，以保持较小的财务杠杆系数和财务风险；变动成本比重较大的劳动密集型企业，其经营杠杆系数低，经营风险小，企业筹资主要依靠债务资本，以保持较大的财务杠杆系数和财务风险。

一般来说，在企业初创阶段，产品市场占有率低，产销量小，经营杠杆系数大。此时，企业筹资主要依靠权益资本，在较低程度上利用财务杠杆。在企业扩张成熟期，产品市场占有率高，产销量大，经营杠杆系数小。此时，企业资本结构中可扩大债务资本，在较高程度上利用财务杠杆。

第三节 资本结构决策

一、资本结构的概念

资本结构（Capital Structure）是指企业各种来源资本的构成及其比例关系。资本结构是企业筹资决策的核心问题。

在企业筹资管理活动中，资本结构有广义和狭义之分。广义的资本结构是指企业全部资本的构成及其比例关系，即企业全部债务资本与股权资本之间的构成及其比例关系。狭义的资本结构是指企业各种长期资本的构成及其比例关系，即长期债务资本与股权资本的构成及其比例关系。在狭义的资本结构下，短期债务资本应作为营运资本来进行管理。本节讨论的资本结构是指狭义的资本结构。

二、资本结构的影响因素

（一）最佳资本结构

按资本的属性划分，企业的长期资本可分为长期债务资本和权益资本两大类。长期债务资本和权益资本各占多大比例，是企业筹资决策的核心问题。企业应综合考虑有关影响因素，运用适当的方法确定企业的最佳资本结构，并在今后的追加筹资活动中加以保持。所谓最佳资本结构，是指企业在一定期间内，使综合资本成本最低、企业价值最大时的资本结构。其判断标准有以下三个方面：

（1）有利于最大限度地增加所有者财富，能使企业价值最大化。

（2）企业综合资本成本最低。

（3）资产保持适宜的流动，并使资本结构具有弹性。

其中，综合资本成本最低是其主要标准。

（二）影响资本结构最优化的因素

在企业筹资决策中，要使资本结构最优化，需综合考虑以下一些重要因素对资本结构的影响。

1. 资本成本

由于债务利率通常低于股票股利率，再加上利息的抵税作用，债务资本成本明显低于权益资本成本。因此，在资本结构中适度提高债务资本的比重可降低企业的综合资本成本；降低债务资本的比例会使综合资本成本上升。

2. 企业风险

企业的总风险由经营风险和财务风险构成。提高负债比重会增加企业的财务风险，进而使企业总风险扩大。因此，经营风险较高的企业应降低负债比重，以保持财务稳定，降低企业总风险；而经营风险较低的企业可适当提高负债比重，充分利用财务杠杆作用获取更多的收益。

3. 企业所有者和管理人员的态度

企业所有者对企业控制权的态度，会影响企业筹资方式的选择。如果企业的控制权掌握在少数股东手中，他们为了确保对企业的控制权不被稀释或旁落他人，就会尽可能以负债筹资方式来增加资本，而不会采用发行新股方式增资，从而会形成较高的负债比率。企业管理者对风险的态度也是影响企业资本结构的重要因素。激进型的管理者可能会为了获得较多的财务杠杆收益而安排较高的负债比重；反之，稳健型的管理者在筹资决策中为减少财务风险，可能会尽量降低负债的比重。

4. 行业差异及企业特点

由于不同行业的经营方式不同，从而在资本结构上也存在很大的差别。一般而言，工业企业的负债率较低，而流通企业及房地产开发企业的负债率较高。同一行业的不同企业也有各自的经营特点，其资本结构也不可能完全处于同一水平。企业在筹资决策中应以其所处行业资本结构的一般水平为参照，根据本企业的特点，分析本企业与同行业中其他企业的差异，合理确定本企业的资本结构。

5. 企业发展状况

处于成长期的企业，由于经营规模的迅速扩张，需投入大量的资金，往往倾向于增加负债资本；经营稳定的企业，其发展速度放慢，不会再增加债务资本，对资本的补充一般通过利润留存来实现；陷于经营萎缩状态的企业，一般需采取各种方法，尽可能降低债务资本的比重，以减少财务杠杆不利作用造成的损失。

6. 企业获利能力

获利能力强的企业，可利用较多的利润留存来满足增资的需要，一般无须使用大量的债务资本；获利能力弱的企业，不能通过留存利润来满足增资需要，发行股票对投资者也没有吸引力，只能通过发行债券或银行贷款筹集资金。

7. 贷款人的态度和评信机构的影响

企业在进行较大规模的负债筹资时，一般需征求贷款人的意见和向信用评级机构咨询。如果企业的负债水平过高，则贷款人可能会提高新增贷款的利率，或拒绝向企业提供新增贷款的要求。同样，如果企业的负债水平过高，信用评级机构可能会降低企业的信用等级。这样会影响企业的筹资能力，增加企业的资本成本。

8. 所得税税率

负债利息有抵税作用，因此，较高的所得税税率会刺激筹资者更多地采用负债筹资方式；如果所得税税率很低，负债筹资的抵税利益不明显，那么筹资者将会更多地考虑权益筹资方式。

三、资本结构决策方法

由于负债筹资具有节税、降低资本成本、使净资产收益率不断提高等杠杆作用和功能，因此，负债筹资是企业常用的主要筹资方式。但是，随着负债筹资比例的不断扩大，负债利率趋于上升，企业破产风险加大。因此，找出最佳的负债点（最佳资本结构），使得负债筹资的优点得到充分发挥，同时又避免其不足，是筹资管理与决策的关键。财务管理中将最佳负债点的选择称为资本结构决策。

常见的资本结构决策的方法有资本成本比较法、每股收益分析法和公司价值比较法等。

（一）资本成本比较法

1. 资本成本比较法的基本原理

资本成本比较法是通过计算、比较各备选筹资方案不同资本结构的综合资本成本的高低来作出资本结构决策的方法。决策的基本原理：综合资本成本越低，方案越优。决策步骤如下：

第一步，计算各备选方案中具体筹资方式的个别资本成本；

第二步，计算各备选方案的综合资本成本；

第三步，比较各备选方案的综合资本成本，综合资本成本最低的资本结构为最佳资本结构。

2. 资本成本比较法的决策应用

【例 5-17】长达公司在初创时需要资本总额 5 000 万元，有以下三个筹资组合方案可供选择，有关资料经测算见表 5-9。

表 5-9　长达公司初始筹资组合方案资料测算表　金额单位：万元

筹资方式	方案 A		方案 B		方案 C	
	初始筹资额	资本成本	初始筹资额	资本成本	初始筹资额	资本成本
长期借款	400	6%	500	6.5%	800	7%
长期债券	1 000	7%	1 500	8%	1 200	7.5%
优先股	600	12%	1 000	12%	500	12%
普通股	3 000	15%	2 000	15%	2 500	15%
合计	5 000	—	5 000	—	5 000	—

假定长达公司的 A、B、C 三个筹资组合方案的财务风险相当，都是可以承受的。下面运用资本成本比较法进行决策，确定最佳资本结构。

首先，分别计算三个方案的综合资本成本。

A方案：$K_A=\frac{400}{5\ 000}\times 6\%+\frac{1\ 000}{5\ 000}\times 7\%+\frac{600}{5\ 000}\times 12\%+\frac{3\ 000}{5\ 000}\times 15\%=12.32\%$

B方案：$K_B=\frac{500}{5\ 000}\times 6.5\%+\frac{1\ 500}{5\ 000}\times 8\%+\frac{1\ 000}{5\ 000}\times 12\%+\frac{2\ 000}{5\ 000}\times 15\%=11.45\%$

C方案：$K_C=\frac{800}{5\ 000}\times 7\%+\frac{1\ 200}{5\ 000}\times 7.5\%+\frac{500}{5\ 000}\times 12\%+\frac{2\ 500}{5\ 000}\times 15\%=11.62\%$

其次，根据企业筹资评价的其他标准，考虑企业的其他因素，对各个方案进行修正之后，再选择其中成本最低的方案。本例中，我们假设其他因素对方案选择的影响甚小，则B方案的综合资本成本最低。这样，该公司的最佳资本结构为长期借款500万元、长期债券1 500万元、优先股1 000万元、普通股2 000万元。

【例5-18】承【例5-17】，长达公司拟追加筹资1 000万元，现有两个追加筹资方案可供选择，有关资料经测算整理后列入表5-10：

表5-10 **长达公司追加筹资方案计算表** 金额单位：万元

筹资方式	追加筹资方案1		追加筹资方案2	
	资本成本	追加筹资额	资本成本	追加筹资额
长期借款	500	7%	600	7.5%
优先股	200	13%	200	13%
普通股	300	16%	200	16%
合计	1 000	—	1 000	—

（1）追加筹资方案的边际资本成本比较法。

首先，测算追加筹资方案1的边际资本成本：

$$7\%\times\frac{500}{1\ 000}+13\%\times\frac{200}{1\ 000}+16\%\times\frac{300}{1\ 000}=10.9\%$$

然后，测算追加筹资方案2的边际资本成本：

$$7.5\%\times\frac{600}{1\ 000}+13\%\times\frac{200}{1\ 000}+16\%\times\frac{200}{1\ 000}=10.3\%$$

最后，比较两个追加筹资方案。方案2的边际资本成本为10.3%，低于方案1的边际资本成本。因此，在适度财务风险的情况下，方案2优于方案1，应选追加筹资方案2，由此形成长达公司新的资本结构。

（2）备选追加筹资方案与原有资本结构汇总后的综合资本成本比较法。

首先，汇总追加筹资方案和原有资本结构，形成备选追加筹资后的资本结构，见表5-11。

表5-11 **汇总追加筹资方案和原有资本结构后的资本结构表** 金额单位：万元

筹资方式	原有资本结构	资本成本	追加筹资方案1		追加筹资方案2	
			资本成本	追加筹资额	资本成本	追加筹资额
长期借款	500	6.5%	500	7%	600	7.5%
长期债券	1 500	8%				
优先股	1 000	12%	200	13%	200	13%
普通股	2 000	15%	300	16%	200	16%
合计	5 000	—	1 000	—	1 000	—

然后，测算汇总资本结构下的综合资本成本。

追加筹资方案1与原资本结构汇总后的综合资本成本为：

$$6.5\% \times \frac{500}{6\,000} + 7\% \times \frac{500}{6\,000} + 8\% \times \frac{1\,500}{6\,000} + 12\% \times \frac{1\,000}{6\,000} + 13\% \times \frac{200}{6\,000} + 16\% \times \frac{2\,000 + 300}{6\,000} = 11.69\%$$

追加筹资方案2与原资本结构汇总后的综合资本成本为：

$$6.5\% \times \frac{500}{6\,000} + 7.5\% \times \frac{600}{6\,000} + 8\% \times \frac{1\,500}{6\,000} + 12\% \times \frac{1\,000}{6\,000} + 13\% \times \frac{200}{6\,000} + 16\% \times \frac{2\,000 + 200}{6\,000} = 11.59\%$$

由以上计算结果可知，根据股票的同股同利原则，原有普通股应按新发行股票的资本成本计算，即全部股票按新发行股票的资本成本计算其综合资本成本。

最后，比较两个追加筹资方案与原资本结构汇总后的综合资本成本。追加筹资方案2与原资本结构汇总后的综合资本成本为11.59%，低于追加筹资方案1与原资本结构汇总后的综合资本成本（11.69%）。因此，在适度财务风险的前提下，追加筹资方案2优于方案1，由此形成长达公司新的资本结构。

由此可见，长达公司追加筹资后，虽然改变了资本结构，但经过分析测算，作出正确的筹资决策，公司仍可保持资本结构的最优化。

（二）每股收益分析法

1.每股收益分析法的决策原理

每股收益
分析法

用每股收益的变化来判断资本结构是否合理，即能够提高普通股每股收益的资本结构，就是合理的资本结构。在资本结构管理中，利用债务资本的目的之一就在于债务资本能够提供财务杠杆效应，利用负债筹资的财务杠杆效应来增加股东财富。

每股收益受经营利润水平、债务资本成本水平等因素的影响。分析每股收益与资本结构的关系，可以找到每股收益无差别点。所谓每股收益无差别点，是指在不同筹资方式下每股收益都相等时的息税前利润和产销量水平。根据每股收益无差别点，可以分析判断在什么样的息税前利润水平或产销量水平前提下，适合采用何种筹资组合方式，进而确定企业的资本结构安排。决策的基本原理如下：

（1）当实际或预计息税前利润大于每股收益无差别点的息税前利润时，运用债务资本筹资方式可获得较高的每股收益。

（2）当实际或预计息税前利润小于每股收益无差别点的息税前利润时，运用权益资本筹资方式可获得较高的每股收益。

（3）当实际或预计息税前利润等于每股收益无差别点的息税前利润时，运用债务资本或权益资本筹资方式获得的每股收益一致，此时两种方式均可选择。

2.每股收益分析法的决策步骤

第一步，列出不同筹资方案下每股收益的计算公式。

$$EPS = \frac{(EBIT - I) \times (1 - T) - D}{N}$$

式中：EPS表示每股收益；EBIT表示息税前利润；I表示债务利息；D表示优先股股利；T表示所得税税率；N表示普通股股数。

第二步，令两个筹资方案的每股收益相等，将式中息税前利润设为未知数。其计算公式为：

$$\frac{(\overline{EBIT}-I_1)\times(1-T)-D_1}{N_1}=\frac{(\overline{EBIT}-I_2)\times(1-T)-D_2}{N_2}$$

式中：$\overline{EBIT}$表示每股收益无差别点息税前利润；I_1和I_2表示两个筹资方案下的利息；D_1和D_2表示两个筹资方案下的优先股股利；N_1和N_2表示两个筹资方案下的普通股股数。

解出上式中的息税前利润，即每股收益无差别点息税前利润。

第三步，比较实际或预计EBIT与$\overline{EBIT}$的大小，作出筹资方案的选择。

3.每股收益分析法的决策应用

【例5-19】光华公司目前资本结构为：总资本1 000万元，其中债务资本400万元（年利息40万元），普通股资本600万元（600万股，面值1元）。企业有一个较好的新投资项目，需要追加筹资300万元，有两个筹资方案可供选择：

甲方案：向银行取得长期借款300万元，利息率16%。

乙方案：增发普通股100万股，每股发行价3元。

根据财务人员测算，追加筹资后销售额可望达到1 200万元，变动成本率为60%，固定成本为200万元，所得税税率为25%，不考虑筹资费用因素。根据上述数据，代入每股收益无差别点计算公式：

$$\frac{(\overline{EBIT}-40)\times(1-25\%)}{600+100}=\frac{(\overline{EBIT}-40-48)\times(1-25\%)}{600}$$

$$\overline{EBIT}=376(\text{万元})$$

这里，376万元是两个筹资方案的每股收益无差别点息税前利润。在此点上，两个方案的每股收益相等，均为0.36元。企业预期追加筹资后销售额达到1 200万元，预期获利280万元，低于每股收益无差别点376万元，应当采用财务风险较小的乙方案，即增发普通股方案。在1 200万元销售额水平上，甲方案的EPS为0.24元，乙方案的EPS为0.257元。

当企业需要的资本额较大时，可能会采用多种筹资方式组合融资。这时，需要详细比较分析各种组合筹资方式下的资本成本及其对每股收益的影响，选择每股收益最高的筹资方式。

【例5-20】光华公司目前资本结构为：总资本1 000万元，其中债务资本400万元（年利息40万元）；普通股资本600万元（600万股，面值1元/股，市价5元/股）。企业由于扩大经营规模，需要追加筹资800万元，所得税税率为25%，不考虑筹资费用因素。有三个筹资方案可供选择：

甲方案：增发普通股200万股，每股发行价3元；同时向银行借款200万元，利率保持原来的10%。

乙方案：增发普通股100万股，每股发行价3元；同时溢价发行500万元面值为300万元的公司债券，票面利率为15%。

丙方案：不增发普通股，溢价发行600万元面值为400万元的公司债券，票面利率为15%；由于受债券发行数额的限制，需要再向银行借款200万元，利率为10%。

三个方案各有优劣：增发普通股能够减轻资本成本的固定性支出，但股数增加会摊薄每股收益；采用债务筹资方式能够提高每股收益，但增加了固定性成本负担，受到的限制较多。基于上述原因，筹资方案需要两两比较。

甲、乙方案的比较：

$$\frac{(\overline{EBIT}-40-20)\times(1-25\%)}{600+200}=\frac{(\overline{EBIT}-40-45)\times(1-25\%)}{600+100}$$

$$\overline{EBIT}=260(万元)$$

乙、丙方案的比较：

$$\frac{(\overline{EBIT}-40-45)\times(1-25\%)}{600+100}=\frac{(\overline{EBIT}-40-80)\times(1-25\%)}{600}$$

$$\overline{EBIT}=330(万元)$$

甲、丙方案的比较：

$$\frac{(\overline{EBIT}-40-20)\times(1-25\%)}{600+200}=\frac{(\overline{EBIT}-40-80)\times(1-25\%)}{600}$$

$$\overline{EBIT}=300(万元)$$

筹资方案两两比较时，产生了三个筹资分界点，上述分析结果可用图5-3表示。从图5-3中可以看出：企业EBIT预期为260万元以下时，应当采用甲筹资方案；EBIT预期为260万～330万元时，应当采用乙筹资方案；EBIT预期为330万元以上时，应当采用丙筹资方案。

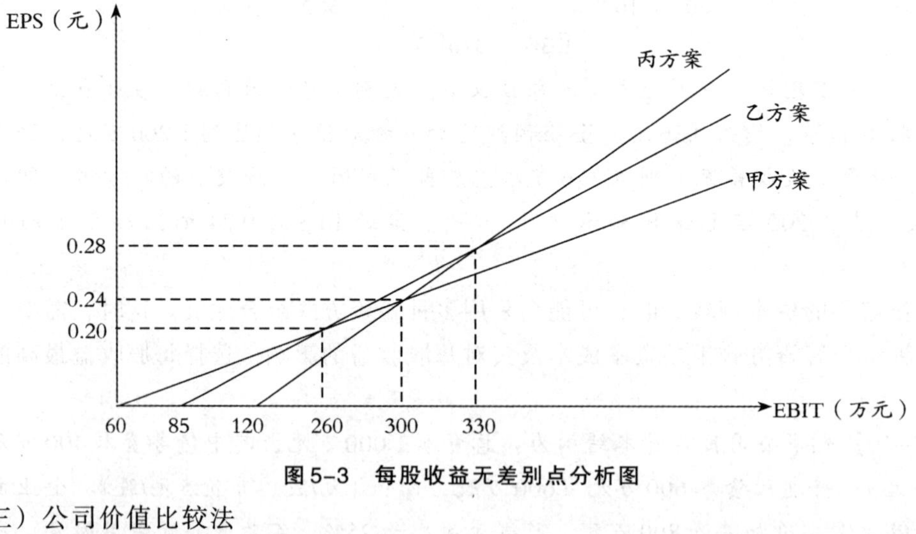

图5-3 每股收益无差别点分析图

（三）公司价值比较法

1.公司价值比较法的决策原理

以上两种方法都是从账面价值的角度进行资本结构优化分析的，没有考虑市场反应，也没有考虑风险因素。公司价值比较法，是在考虑市场风险的基础上，以公司市场价值为标准，进行资本结构优化的，即能够提升公司价值的资本结构就是合理的资本结构。这种方法主要用于对现有资本结构进行调整，适用于资本规模较大的上市公司资本结构的优化分析。同时，在公司价值最大的资本结构下，公司的综合资本成本也是最低的。

设：V表示公司价值，B表示债务资本价值，S表示权益资本价值。公司价值应该等于资本的市场价值，即：

$$V = B + S$$

为简化分析，假设公司各期的EBIT保持不变，债务资本的市场价值等于其面值，权益资本的市场价值可通过下式计算：

$$S = \frac{(EBIT - I)(1 - T)}{K_s}$$

$$K_s = R_f + \beta(R_m - R_f)$$

$$K_w = K_b \times \frac{B}{V} \times (1 - T) + K_s \times \frac{S}{V}$$

式中：V表示公司总价值，即公司总的折现价值；B表示长期债务的折现价值；S表示公司股票的折现价值；K_s表示公司股票的资本成本；K_b表示公司债务的资本成本；K_w表示公司的综合资本成本。

2.公司价值比较法的决策步骤

第一步，利用资本资产定价模型测算公司股票的资本成本K_s；

第二步，测算不同债务规模下的公司价值和公司综合资本成本K_w；

第三步，比较不同债务规模下的公司价值和公司综合资本成本的大小，作出筹资方案选择的决策。

3.公司价值比较法的决策应用

【例5-21】某公司息税前利润为500万元，资本账面价值为2 000万元。目前全部资本均为普通股资本，无长期债务资本和优先股资本。公司认为这种资本结构不合理，没有发挥财务杠杆的作用，准备举借长期债务、回购部分普通股予以调整。假设无风险报酬率为6%，证券市场平均报酬率为10%，所得税税率为25%。经测算，不同债务水平下的权益资本成本和债务资本成本见表5-12。

表5-12 不同债务水平下的债务资本成本和权益资本成本

债务市场价值B（万元）	债务资本成本K_b	股票β系数	权益资本成本K_s
0	—	1.20	10.8%
200	5%	1.22	10.88%
400	6%	1.25	11%
600	7%	1.30	11.2%
800	8%	1.80	13.2%
1 000	9%	2.10	14.4%

根据表5-12的资料，可计算出不同资本结构下的公司总价值和综合资本成本，见表5-13。

表5-13　　公司总价值和综合资本成本　　金额单位：万元

B	S	V	K_b	K_s	K_w
0	3 472.22	3 472.22	—	10.8%	10.8%
200	3 377.76	3 577.76	5%	10.88%	10.48%
400	3 245.45	3 645.45	6%	11%	10.29%
600	3 066.96	3 666.96	7%	11.2%	10.23%
800	2 477.27	3 277.27	8%	13.2%	11.44%
1 000	2 135.42	3 135.42	9%	14.4%	11.96%

可以看出，在没有债务资本的情况下，公司的总价值等于股票的账面价值。当公司增加一部分债务时，财务杠杆开始发挥作用，股票市场价值大于其账面价值，公司总价值上升，综合资本成本下降。在债务达到600万元时，公司总价值最高，综合资本成本最低。债务超过600万元后，随着利息率的不断上升，财务杠杆作用逐步减弱甚至呈现负作用，公司总价值下降，综合资本成本上升。因此，债务为600万元时的资本结构是该公司的最佳资本结构。

章后实训与测试

※ Excel在资本成本中的运用

（一）实训目的

运用Excel确定长期借款在不同的还款方式、不同的还款时点下每期偿还的金额。

（二）实训内容

【例5-22】长江公司向银行申请2 000 000元的借款，借款年利率为8%，借款期限为5年。

要求：运用Excel确定长期借款在不同的还款方式、不同的还款时点下每期偿还的金额。其中还款方式有三种，分别按年、按季度、按月进行还款；还款时点有两种，分别为期初还款、期末还款（如图5-4所示）。

	A	B
1	长期借款分期偿还模型	
2	借款类型	贷款
3	借款金额（元）	2,000,000.00
4	借款利率	8.00%
5	借款年限（年）	5
6	还款时点	
7	还款方式	
8	总还款次数（次）	
9	每期偿还额（元）	
10	总还款额（元）	
11		
12	长期借款的还款时点与还款方式	
13	还款时点	还款方式
14	期初	年
15	期末	季度
16	一	月

图5-4　Excel分析长江公司长期借款分期偿还

具体操作如下：

第一步，建立还款时点与还款方式的组合框控件。首先添加“开发工具”选项卡。单击“文件”选项卡，再单击“选项”按钮，然后单击“自定义功能区”类别，在“主选项卡”列表中，选中“开发工具”复选框，然后单击“确定”按钮，如图5-5所示。

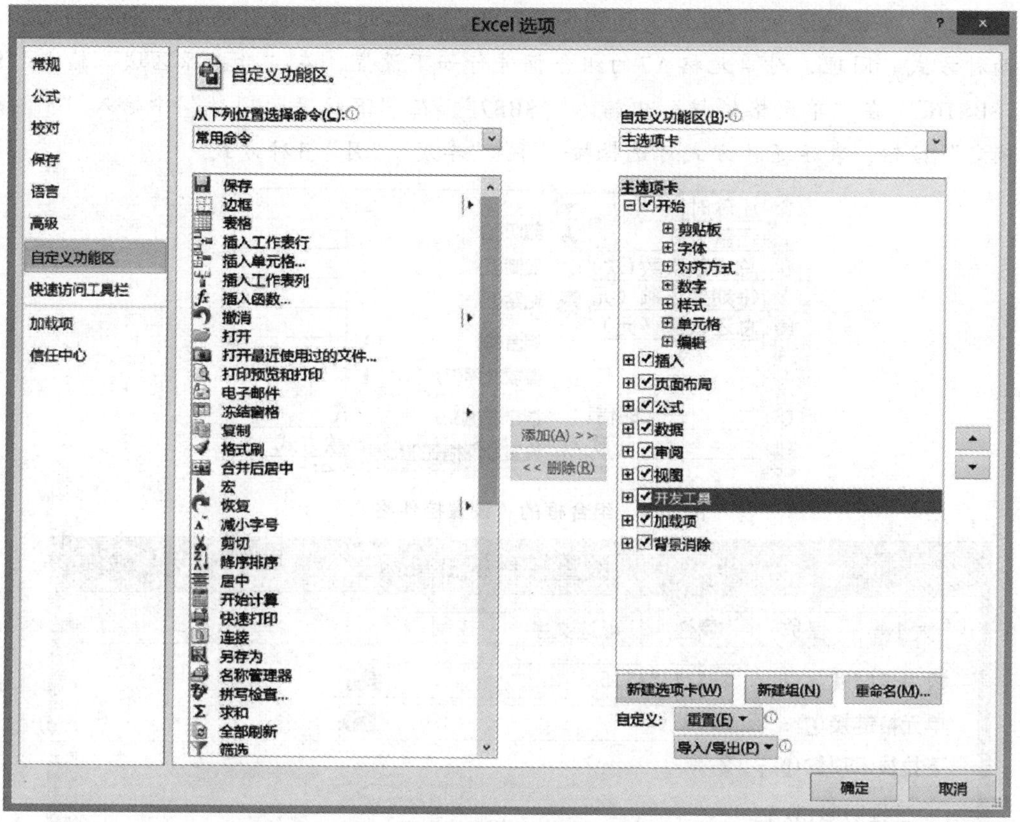

图5-5 添加“开发工具”选项卡

然后，用鼠标左键单击功能区中“开发工具”选项卡下的“控件”组中“插入”按钮下方的小箭头，在弹出的“表单控件”组中选择“组合框（窗体控件）”控件（表单控件组中的第2个），如图5-6所示。

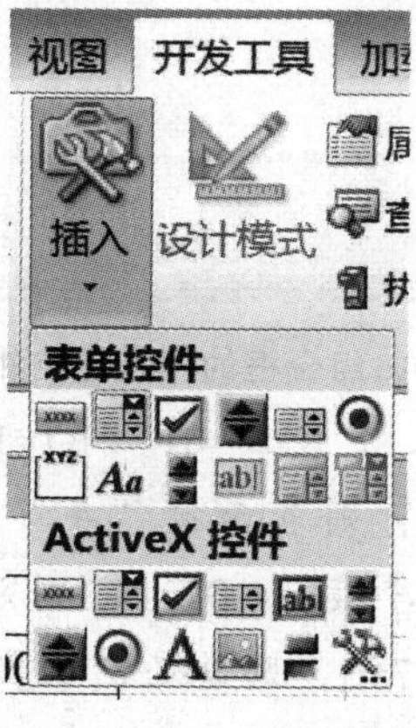

图5-6 表单控件工具栏

接着分别在单元格A6与单元格A7中按下鼠标左键并拖动至合适大小，松开鼠标左键，单元格A6与单元格A7中出现两个组合框控件。选中单元格A6的组合框，单击鼠标右键，选择“设置控件格式”，如图5-7所示，出现“设置控件格式”对话框，在“数据源区域”输入“$A$14：$A$15”，在“单元格链接”中输入“$B$6”，在“下拉显示项数”中输入“2”，单击“确定”按钮，如图5-8所示，表示还款时点可选择“期初”与“期末”两种方式。同理，对单元格A7的组合框进行如下设置，在“数据源区域”输入“$B$14：$B$16”，在“单元格链接”中输入“$B$7”，在“下拉显示项数”中输入“3”，单击“确定”按钮，表示还款方式可选择按“年”“季度”“月”3种方式。

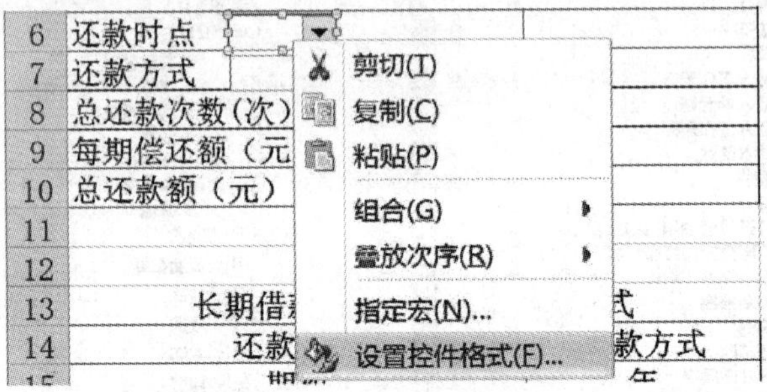

图5-7 组合框的“设置控件格式”

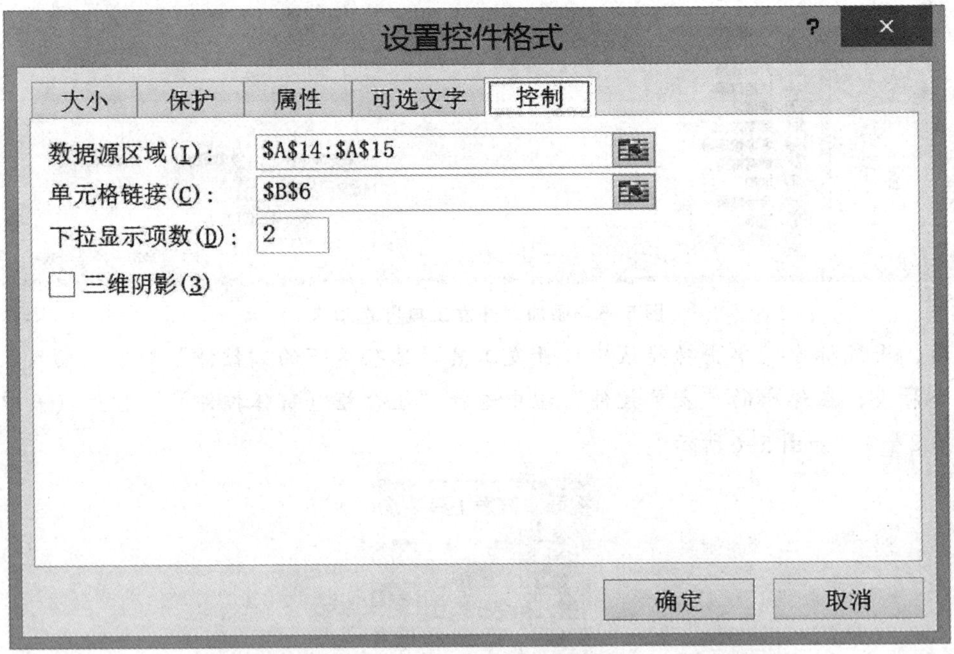

图5-8 单元格A6组合框的“设置控件格式”对话框

第二步，在单元格B8中输入公式“=IF（B7=1，B5*1，IF（B7=2，B5*4，B5*12））”，表示如果还款次数B7=1，则表示按“年”还款，总还款次数=“借款年限”5*1=5次；如果“还款方式”为“季度”，B7=2，则总还款次数=“借款年限”5*4=20次；如果“还款方式”为“月”，B7=3，则总还款次数=“借款年限”5*12=60次，如图5-9所示。

B8 =IF(B7=1, B5*1, IF(B7=2, B5*4, B5*12))

	A	B
1	长期借款分期偿还模型	
2	借款类型	贷款
3	借款金额（元）	2,000,000.00
4	借款利率	8.00%
5	借款年限（年）	5
6	还款时点 期末	2
7	还款方式 月	3
8	总还款次数(次)	60
9	每期偿还额（元）	
10	总还款额（元）	

图5-9 长江公司长期借款总还款次数的计算

第三步，计算长江公司长期借款每期还款额。在单元格B9中输入公式“=IF（INDEX（$A$14：$A$15，B6）="期末"，PMT（B4/（B8/B5），B8，-B3，0），PMT（B4/（B8/B5），B8，-B3，1））”，表示如果还款时点为“期末”，则PMT（借款年利率/（总还款次数/借款年限），总还款次数，-借款金额，0），否则PMT（借款年利率/（总还款次数/借款年限），总还款次数，-借款金额，1），得到还款时点为“期末”，还款方式为“月”时，每期偿还额为40 552.79元。

第四步，计算长江公司长期借款的总还款额。在单元格B10中输入公式“=B9*B8”，得到长江公司还款时点为“期末”，还款方式为“月”时，总还款额为2 433 167.31元，如图5-10所示。

B10 =B9*B8

	A	B
1	长期借款分期偿还模型	
2	借款类型	贷款
3	借款金额（元）	2,000,000.00
4	借款利率	8.00%
5	借款年限（年）	5
6	还款时点 期末	2
7	还款方式 月	3
8	总还款次数(次)	60
9	每期偿还额（元）	40,552.79
10	总还款额（元）	2,433,167.31

图5-10 长江公司长期借款总还款额的计算

※ 知识测试

一、单项选择题（每小题5分，共40分）

本章知识测试

1.在个别资本成本的计算中，不必考虑筹资费用影响因素的是（　　）。

A.长期债券成本　　B.普通股成本

C.留存收益成本　　D.长期借款成本

2.在个别资本成本的计算中，必须考虑所得税因素的是（　　）。

A.长期债券成本　　B.普通股成本

C.留存收益成本　　D.优先股成本

3.某公司发行普通股股票600万元，筹资费率5%，上年股利率14%，预计股利每年增长5%，所得税税率25%，则该普通股的资本成本为（　　）。

A.14.74%　　B.9.87%

C.20.47%　　D.14.87%

4.每股收益无差别点是指两个筹资方案的普通股每股收益相等时的（　　）。

A.成本总额　　B.筹资总额

C.资本结构　　D.息税前利润

5.一般而言，在其他因素不变的情况下，固定成本越高，则（　　）。

A.经营杠杆系数越小，经营风险越大　　B.经营杠杆系数越大，经营风险越小

C.经营杠杆系数越小，经营风险越小　　D.经营杠杆系数越大，经营风险越大

6.某企业等价发行为期10年、票面利率10%的债券1 000万元，发行费率为3%，适用的所得税税率为25%，则该债券的资本成本为（　　）。

A.6.9%　　B.9.6%

C.7.73%　　D.7.68%

7.某公司拟发行优先股100万元，股利率10%，预计筹资费用为2万元，则该优先股的资本成本为（　　）。

A.12.0%　　B.10.2%

C.23.0%　　D.20.5%

8.某公司全部资本为10万元，负债比率为10%，借款利率为10%，息税前利润为30万元，则财务杠杆系数接近（　　）。

A.0.8　　B.1.0

C.1.2　　D.3.1

二、判断题（每小题5分，共60分）

1.筹资费用是指企业在筹资过程中为取得资金而发生的各种费用，如借款手续费，发行股票、发行债券等证券的印刷费、评估费及承销费等。（　　）

2.用资费用是指企业使用所筹资金过程中向出资者支付的有关报酬，如借款和债券的利息、股票的股利等。（　　）

3.资本成本计算得正确与否，是影响筹资决策和投资决策的主要因素。（　　）

4.在个别资本成本一定的情况下，综合资本成本取决于资金总额。（　　）

5.资本成本用相对数表示，即用资费用加上筹资费用之和除以筹资额的商。（　　）

6.在长期资金的各种来源中，普通股的成本是最高的。（　　）

7.与等价发行相比，债券溢价发行能降低公司债券成本，而折价发行则会使债券成本升高。（　　）

8.发行股票筹资，既能为企业带来杠杆利益，又具有抵税效应，所以企业在筹资时应优先考虑发行股票。（　　）

9.财务杠杆是指由于企业存在固定利息和优先股股息而导致的每股收益变动率大于息税前利润变动率的杠杆效应。（　　）

10.当预计息税前利润大于每股收益无差别点利润时，采取负债融资对企业有利，这

样可降低资本成本。 ( )

11. 企业最佳资本结构是指在一定条件下使企业自有资本成本最低的资本结构。 ( )

12. 一般而言，一个投资项目，只有当其投资报酬率低于其资本成本时，在经济上才是合理的；否则，该项目将无利可图，甚至会发生亏损。 ( )

第六章

项目投资管理

学习目标

1. 了解项目投资的分类、投资管理的原则与投资过程分析。
2. 掌握投资项目的构成及计算。
3. 掌握投资决策指标的计算、决策及应用。
4. 掌握各种投资决策方法的比较。

导入案例

项目投资方案可行性评价

知识图谱

某电器制造厂是生产家用小电器的中型企业。该厂生产的小电器款式新颖、质量优良、价格合理，长期以来供不应求。为扩大生产能力，厂家准备新建一条生产线。负责这项投资决策工作的财务总监王某及财务人员经过调查研究后，得到如下资料：

该生产线的原始投资额为650万元，其中固定资产投资额为600万元，分两年投入。第1年年初投入500万元，第2年年初投入100万元，第2年年末项目完工，可正式投入使用。投产后每年可生产小电器20 000件，每件平均销售价格为400元，每年销售收入为800万元。投资项目可使用5年，5年后可获残值50万元。在投资项目经营期间要垫支流动资金50万元（于第2年年末投入）。这笔资金在项目结束时可全部收回。

该项目生产的产品总成本的构成如下：

材料费用：200万元；

人工费用：300万元；

制造费用：100万元（其中：折旧费用60万元）。

财务部门通过对资金来源进行分析，得出该厂综合资本成本为10%，企业所得税税率为25%。

讨论与思考：

对财务总监王某及财务人员提出的初始投资方案的可行性进行评价。

第一节 投资概述

一、投资的含义和类型

（一）投资的含义

本章课件

企业投资，是指企业将财力投放于一定的对象，以期在未来获取收益的经济行为。在企业的实际财务活动中，投资的概念有广义和狭义之分。广义的投资既包含企业对内的资金投放和使用，又包括企业对外的资金投放和使用。企业的对内投资主要包括流动资产投资、固定资产投资和无形资产投资；企业的对外投资则主要包括债券投资、股票投资、基金投资、联营投资和兼并投资等。狭义的投资仅指企业的对外投资。本章以广义的投资概念为基础，重点阐述对内长期投资——项目投资。

（二）投资的类型

为了加强投资管理，提高投资效益，必须分清投资的性质，对投资进行科学的分类。企业投资可作以下分类：

（1）按投资与企业生产经营的关系，投资可分为直接投资和间接投资两类。

直接投资是指把资金投放于生产经营性资产，以获取利润的投资。在非金融性企业中，直接投资所占比重很大。间接投资又称证券投资，是指把资金投放于证券等金融资产，以取得股利或利息收入的投资。随着我国金融市场的完善和多种筹资渠道的形成，企业间接投资将越来越广泛。

（2）按投资回收时间的长短，投资可分为短期投资和长期投资两类。

短期投资又称流动资产投资，是指能够并且也准备在1年以内收回的投资，主要是指对现金、应收账款、存货、短期有价证券等的投资，长期证券如能随时变现亦可进行短期投资。长期投资则是指1年以上才能收回的投资，主要是指对厂房、机器设备等固定资产的投资，也包括对无形资产和长期有价证券的投资。由于在长期投资中固定资产占的比重最大，所以，长期投资有时专指固定资产投资。

（3）根据投资的方向，投资可分为对内投资和对外投资两类。

对内投资又称内部投资，是指把资金投放在企业内部，购置各种生产经营性资产的投资。对外投资是指企业以现金、实物、无形资产等方式或者以购买股票、债券等有价证券方式向其他单位的投资。对内投资都是直接投资，对外投资主要是间接投资，也可能是直接投资。随着企业横向经济联合的开展，对外投资越来越重要。

此外，投资按风险程度不同，可以分为确定性投资和风险性投资；投资按对未来的影响程度不同，可以分为战术性投资和战略性投资等。

二、项目投资的含义与类型

（一）项目投资的含义

项目投资是一种实体性资产的长期投资，是一种以特定项目为对象，直接与新建项目或更新改造项目有关的长期投资行为。项目投资从性质上看，是企业直接的、生产性的对内投资，通常包括固定资产投资、无形资产投资和流动资产投资等内容。项目投资具有耗资大、时间长、风险大、收益高等特点，对企业长期获利能力具有决定性影响。

（二）项目投资的类型

1.单纯固定资产投资项目

单纯固定资产投资项目简称固定资产投资，其特点在于：在投资过程中只包括为取得固定资产而发生的垫支资本投入而不涉及周转资本的投入。

2.完整工业投资项目

完整工业投资项目的特点在于：不仅包括固定资产投资，还涉及流动资产投资，甚至包括无形资产等其他长期资产投资。

3.更新改造项目

更新改造项目是以恢复或改善生产能力为目的的内涵式扩大再生产。

因此，不能将项目投资简单地等同于固定资产投资。项目投资对企业的生存和发展具有重要意义，是企业开展正常生产经营活动的必要前提，是推动企业生产和发展的重要基础，是提高产品质量、降低产品成本不可缺少的条件，是增加企业市场竞争能力的重要手段。

三、投资管理的基本原则

企业投资的根本目的是谋求利润，增加企业价值。企业能否实现这一目标，关键在于企业能否在风云变幻的市场环境下，抓住有利的时机，作出合理的投资决策。为此，企业在投资时必须坚持以下原则：

（一）认真进行市场调查，及时捕捉投资机会

捕捉投资机会是企业投资活动的起点，也是企业投资决策的关键。在商品经济条件下，投资机会不是固定不变的，而是不断变化的。它受到诸多因素的影响，最主要的是受到市场需求变化的影响。企业在投资之前，必须认真进行市场调查和市场分析，寻找最有利的投资机会。市场是不断变化的、发展的，对于市场和投资机会的关系，也应从动态的角度加以把握。正是由于市场不断变化和发展，才有可能产生一个又一个新的投资机会。随着经济的不断发展，人民收入水平的不断增加，人们对消费的需求也发生了很大的变化，很多投资机会正是在这种变化中产生的。

（二）建立科学的投资决策程序，认真进行投资项目的可行性分析

在市场经济条件下，企业的投资决策都会面临一定的风险。为了保证投资决策的正确、有效，必须按科学的投资决策程序，认真进行投资项目的可行性分析。投资项目可行性分析的主要任务是对投资项目技术上的可行性和经济上的有效性进行论证，运用各种方法计算出有关指标，以便合理确定不同项目的优劣。财务部门是对企业的资金进行规划和控制的部门，财务人员必须参与投资项目的可行性分析。

（三）及时足额地筹集资金，保证投资项目的资金供应

企业的投资项目，特别是大型投资项目，建设工期长，所需资金多，一旦开工，就必须有足够的资金供应，否则就会使工程建设中途下马，出现“半截子工程”，造成很大的

损失。因此，在投资项目上马之前，必须科学预测投资所需资金的数量和时间，采用适当的方法，筹措资金，保证投资项目顺利完成，尽快产生投资效益。

（四）认真分析风险和收益的关系，适当控制企业的投资风险

收益和风险是共存的。一般而言，收益越大，风险也越大，收益的增加是以风险的增大为代价的，而风险的增大将会引起企业价值的下降，不利于财务目标的实现。企业在进行投资时，必须在考虑收益的同时认真考虑风险情况。只有在收益和风险达到均衡时，才有可能不断增加企业价值，实现财务管理的目标。

四、项目投资决策的程序

项目投资具有相当大的风险，一旦决策失误，就会严重影响企业的财务状况、经营成果和现金流量，甚至会使企业走向破产。因此，项目投资不能在缺乏调查研究的情况下轻率拍板，而必须按特定的程序，运用科学的方法进行可行性分析，以保证决策的正确、有效。项目投资决策的程序一般包括以下几个步骤：

（一）投资项目的提出

企业的各级领导者都可提出新的投资项目。一般而言，企业的高级领导（如总经理）提出的投资项目，多数是大规模的战略性投资项目，其方案一般由生产、市场、财务等各方面专家组成的专门小组写出。基层或中层人员提出的投资项目，主要是战术性投资项目，其方案一般由主管部门组织人员拟订。

（二）投资项目的评价

投资项目的评价主要涉及以下几项工作：一是把提出的投资项目进行分类，为分析评价做好准备；二是计算有关项目的预计收入和成本，预测投资项目的现金流量；三是运用各种投资评价指标，把各项投资按可行性的顺序进行排列；四是写出评价报告，请上级批准。

（三）投资项目的决策

投资项目评价后，企业领导者要作出最后决策。投资额较小的项目，有时中层经理就有决策权；投资额较大的投资项目一般由总经理决策；投资额特别大的投资项目，要由董事会甚至股东大会投票表决。无论最后由谁决策，一般都可分成以下三种情况：①接受这个项目，可以进行投资；②拒绝这个项目，不能进行投资；③返还给项目的提出部门，重新调查后，再做处理。

（四）投资项目的执行

决定对某项目进行投资后，要积极筹措资金，实施投资。在投资项目的执行过程中，要对工程进度、工程质量、施工成本进行控制，以使投资按预算规定保质如期完成。

（五）投资项目的再评价

在投资项目的执行过程中，应注意原来作出的决策是否合理、正确。一旦出现新的情况，就要随时根据变化的情况作出新的评价。如果情况发生重大变化，原来的投资决策已变得不合理，那么，就要对是否中途停止投资作出决策，以避免更大的损失。

【课堂拓展】

实体经济要实实在在、心无旁骛地做主业[①]

福建晋江，从落后贫困县发展到全国百强县前十，成为中国县域实体经济发展的典范。2019年全国两会期间，习近平总书记参加福建代表团审议。有一位代表讲述了福建民营企业传承“晋江经验”、推动创新发展的情况，表示“晋江经验”最鲜明的特色就是坚守实业。听了他的发言，习近平总书记指出，做企业、做事业，不是仅仅赚几个钱的问题。做实体经济，要实实在在、心无旁骛地做一个主业，这是本分。

2023年，晋江当地企业在坚守主业的基础上，不断加大创新投入。众多传统制造业企业积极引入新技术、新工艺，实现转型升级。晋江经济发展态势愈发强劲。2024年前三季度，晋江地区生产总值达2 494.6亿元，同比增长8.2%；出口总额达532.68亿元，同比增长13.21%；民营企业规模以上工业增加值同比增长12.3%，彰显晋江经济的蓬勃活力。

第二节 投资项目现金流量

一、现金流量的含义

现金流量（Cash Flow）在投资决策中是指一个项目引起的企业现金支出和现金收入的数量。这里的“现金”是广义的现金。它不仅包括各种货币资金，还包括项目需要投入的企业现有的非货币资源的变现价值。例如，一个项目需要使用原有的厂房、设备和材料等，则相关的现金流量是指它们的变现价值，而不是其账面成本。它是评价投资方案经济效益的重要资料。评价一个投资方案的经济效益，首先应该测定该方案的现金流入量和现金流出量。现金流入量和现金流出量的差额称为净现金流量。

二、投资现金流量的构成

现金流量

（一）初始现金流量

初始现金流量一般由以下几个部分构成：

（1）投资前费用。投资前费用是指在正式投资之前为做好各项准备工作而花费的费用，主要包括市场调查研究费、勘察设计费、技术资料费、土地购入费和其他费用。投资前费用的总额要在综合考虑以上费用的基础上，合理加以预测。

（2）设备购置费用。设备购置费用是指为购买投资项目所需各项设备而花费的费用。企业财务人员要根据所需设备的数量、规格、型号、性能、价格水平、运输费用等来预测设备购置费用。

（3）设备安装费用。设备安装费用是指为安装各种设备所需的费用。这部分费用主要根据安装设备的多少、安装的难易程度、安装的工作量、当地安装的收费标准等因素进行预测。

① 资料来源：张晓松，朱基钗，鞠鹏．习近平：做实体经济要实实在在、心无旁骛做主业［EB/OL］．［2019-03-10］．https：//www.gov.cn/xinwen/2019-03/10/content_5372653.htm.

（4）建筑工程费。建筑工程费是指进行土建工程所花费的费用。这部分费用要根据建筑类型、建筑面积的大小、建筑质量的要求、当地的建筑造价标准进行预测。

（5）营运资金的垫支。投资项目建成后，必须垫支一定的营运资金才能投入运营。这部分营运资金的垫支一般要到项目寿命终结时才能收回。因此，这种投资应看作长期投资，而不属于短期投资。

（6）原有固定资产的变价收入扣除相关税费后的净收益。变价收入主要是指固定资产更新时变卖原有固定资产所得的现金收入。

（7）不可预见费。不可预见费是指在投资项目正式建设之前不能完全估计到的，但又很可能发生的一系列费用，如设备价格上涨、出现自然灾害等。这些因素也要合理预测，以便留有余地。

（二）营业现金流量

营业现金流量是指投资项目投入使用后，在其寿命周期内由于生产经营所带来的现金流入和流出的数量。它包括年营业净利润和年折旧等。

营业现金流量一般按年度进行计算。这里的现金流入一般是指营业现金收入，现金流出是指营业现金支出和缴纳的税费。如果一个投资项目的年销售收入等于营业现金收入，付现成本（指不包括折旧的成本）等于营业现金支出，则年营业净现金流量（NCF）可用下列公式计算：

$$年营业净现金流量 = 年营业收入 - 年付现成本 - 所得税$$

$$年营业净现金流量 = 年税后净利 + 折旧及摊销$$

注：年税后净利 = (年营业收入 − 年付现成本 − 折旧及摊销) × (1 − 所得税税率)

（三）终结现金流量

终结现金流量主要包括：①固定资产的残值收入或变价收入（指扣除了所需要上缴的税费等支出后的净收入）；②原有垫支在各种流动资产上的资金的收回；③停止使用的资产的变价收入等。

【例 6-1】大华公司准备购入一台设备以扩充生产能力。现有甲、乙两个方案可供选择。甲方案需投资 10 000 元，使用寿命为 5 年，采用直线法计提折旧，5 年后设备无残值。5 年中，每年的销售收入为 6 000 元，每年的付现成本为 2 000 元。乙方案需投资 12 000 元，采用直线法计提折旧，使用寿命也为 5 年，5 年后有残值收入 2 000 元。5 年中，每年的销售收入为 8 000 元，付现成本第 1 年为 3 000 元，以后随着设备陈旧，逐年将增加修理费 400 元，另需垫支营运资金 3 000 元。假设所得税税率为 25%，试计算两个方案的现金流量。

解：为计算现金流量，必须先计算两个方案每年的折旧额：

$$甲方案每年折旧额 = 10\,000 \div 5 = 2\,000(元)$$

$$乙方案每年折旧额 = (12\,000 - 2\,000) \div 5 = 2\,000(元)$$

下面计算两个方案的营业净现金流量，见表 6-1，然后结合初始现金流量和终结现金流量编制两个方案的全部现金流量表，见表 6-2。

表6-1 投资项目的营业净现金流量 单位：元

项目 \ 年序	第1年	第2年	第3年	第4年	第5年
甲方案：					
销售收入（1）	6 000	6 000	6 000	6 000	6 000
付现成本（2）	2 000	2 000	2 000	2 000	2 000
折旧（3）	2 000	2 000	2 000	2 000	2 000
税前利润（4）=（1）-（2）-（3）	2 000	2 000	2 000	2 000	2 000
所得税费用（5）=（4）×25%	500	500	500	500	500
税后利润（6）=（4）-（5）	1 500	1 500	1 500	1 500	1 500
营业净现金流量（7）=（1）-（2）-（5）	3 500	3 500	3 500	3 500	3 500
乙方案：					
销售收入（1）	8 000	8 000	8 000	8 000	8 000
付现成本（2）	3 000	3 400	3 800	4 200	4 600
折旧（3）	2 000	2 000	2 000	2 000	2 000
税前利润（4）=（1）-（2）-（3）	3 000	2 600	2 200	1 800	1 400
所得税费用（5）=（4）×25%	750	650	550	450	350
税后利润（6）=（4）-（5）	2 250	1 950	1 650	1 350	1 050
营业净现金流量（7）=（1）-（2）-（5）	4 250	3 950	3 650	3 350	3 050

表6-2 投资项目的现金流量 单位：元

项目 \ 年序	第0年	第1年	第2年	第3年	第4年	第5年
甲方案：						
固定资产投资	-10 000					
营业净现金流量		3 500	3 500	3 500	3 500	3 500
现金流量合计	-10 000	3 500	3 500	3 500	3 500	3 500
乙方案：						
固定资产投资	-12 000					
营运资金垫支	-3 000					
营业净现金流量		4 250	3 950	3 650	3 350	3 050
固定资产残值						2 000
营运资金回收						3 000
现金流量合计	-15 000	4 250	3 950	3 650	3 350	8 050

在表6-1和表6-2中，t = 0代表第1年年初，t = 1代表第1年年末，t = 2代表第2年年末……在现金流量的计算中，为了简化计算，一般都假定各年投资在年初一次进行，各年营业净现金流量在各年年末一次发生，并假设终结现金流量是在最后一年年末发生的。

三、投资决策中使用现金流量的原因

财务会计按权责发生制计算企业的收入和成本，并以收入减去成本后的利润作为收益，用来评价企业的经济效益。在长期投资决策中则不能以按这种方法计算的收入和支出作为评价项目经济效益高低的基础，而应以现金流入作为项目的收入，以现金流出作为项目的支出，以净现金流量作为项目的净收益，并在此基础上评价投资项目的经济效益。投资决策之所以要以按收付实现制计算的现金流量作为评价项目经济效益的基础，主要有以下两方面原因：

（1）采用现金流量有利于科学地考虑时间价值因素。科学的投资决策必须认真考虑资金的时间价值。这就要求在决策时一定要弄清每笔预期收入款项和支出款项的具体时间，因为不同时点的资金具有不同的价值。在衡量方案优劣时，应根据各投资项目寿命周期内各年的现金流量，按照资本成本，结合资金的时间价值来确定。而利润的计算，并不考虑资金收付的时间，它是以权责发生制为基础的。利润与现金流量的差异主要表现在以下几个方面：①购置固定资产付出大量现金时不计入成本；②将固定资产的价值以折旧的形式逐期计入成本时，也不需要付出现金；③计算利润时不考虑垫支的流动资金的数量和回收的时间；④只要销售行为已经确定，就计算为当期的销售收入，尽管其中有一部分并未于当期收到现金。可见，要在投资决策中考虑时间价值的因素，就不能利用利润来衡量项目的优劣，而必须采用现金流量。

（2）采用现金流量才能使投资决策更符合客观情况。在长期投资决策中，应用现金流量能科学、客观地评价投资方案的优劣，而利润则明显地存在不科学、不客观的成分。这是因为：①利润的计算没有一个统一的标准，在一定程度上要受存货估价、费用摊配和折旧计提的不同方法的影响。因而，净利润的计算比现金流量的计算有更大的主观随意性，作为决策的主要依据不太可靠。②利润反映的是某一会计期间“应计”的现金流量，而不是实际的现金流量。若以未实际收到现金的收入作为收益，具有较大的风险，容易高估投资项目的经济效益，存在不科学、不合理的成分。

第三节 投资决策指标

投资决策方法包括非贴现现金流量方法和贴现现金流量方法。非贴现现金流量指标主要有投资回收期、平均报酬率等。贴现现金流量指标主要有净现值、内部报酬率、获利指数、折现的投资回收期等。

一、非贴现现金流量指标

非贴现现金流量指标是指不考虑资金时间价值的各种指标。

（一）投资回收期

投资回收期（Payback Period，PP）是指回收初始投资所需要的时间，一般以年为单位，是一种使用广泛的投资决策指标。投资回收期短，可以及早收回投资，承担风险小，经济效果好；反之，则投资回收期长，承担风险大。

通过测算各投资方案的投资回收期，来评价投资方案优劣的方法叫作投资回收期法。

投资回收期的计算，因每年的营业净现金流量是否相等而有所不同。

如果每年的营业净现金流量（NCF）相等，则投资回收期可按下式计算：

$$投资回收期 = \frac{初始投资额}{年营业净现金流量}$$

如果每年NCF不相等，投资回收期的计算要考虑各年年末的累计现金流量。

【例6-2】根据【例6-1】的资料来说明投资回收期的计算和应用。

甲方案每年NCF相等，因此：

$$甲方案投资回收期 = 10\,000 \div 3\,500 = 2.86(年)$$

乙方案每年NCF不等，所以应先计算其各年尚未收回的投资额（见表6-3）。

表6-3 大华公司乙方案投资回收期的计算 单位：元

年序	每年净现金流量	年末尚未收回的投资额
0	-15 000	
1	4 250	10 750
2	3 950	6 800
3	3 650	3 150
4	3 350	-200
5	8 050	-8 250

$$乙方案投资回收期 = 3 + 3\,150 \div 3\,350 = 3.94(年)$$

投资回收期法的优点是概念容易理解，计算也比较简便。其主要的缺点是没有考虑资金的时间价值，没有考虑回收期满后的现金流量状况，因而不能充分说明问题。

（二）平均报酬率

平均报酬率（Average Rate of Return，ARR）是指投资项目寿命周期内平均的年投资报酬率，也称平均投资报酬率。平均报酬率有多种计算方法，其最常见的计算公式为：

$$平均报酬率 = \frac{年平均现金流量}{初始投资额} \times 100\%$$

【例6-3】根据【例6-1】的资料（见表6-1和表6-2）。

要求：计算平均报酬率。

解：

$$ARR_{甲方案} = \frac{3\,500}{10\,000} \times 100\% = 35\%$$

$$ARR_{乙方案} = \frac{4\,250 + 3\,950 + 3\,650 + 3\,350 + 8\,050}{5} \div 15\,000 \times 100\% = 31\%$$

采用平均报酬率这一指标时，应事先确定一家企业要求达到的平均报酬率，或称必要平均报酬率。在进行决策时，只有高于必要平均报酬率的方案才能入选，而在多个互斥方案的选择中，则选用平均报酬率最高的方案。

平均报酬率法的优点是简明、易算、易懂。其主要缺点是没有考虑资金的时间价值，第一年的现金流量与最后一年的现金流量被看作具有相同的价值，所以有时会作出错误的决策。

二、贴现现金流量指标

净现值

贴现现金流量指标是指考虑了资金时间价值的指标。

（一）净现值

投资项目投入使用后的净现金流量，按资本成本或企业要求达到的报酬率折算为现值，减去初始投资额以后的余额，叫作净现值（Net Present Value，NPV）。其计算公式为：

$$NPV=\left[\frac{NCF_1}{(1+i)^1}+\frac{NCF_2}{(1+i)^2}+\cdots+\frac{NCF_n}{(1+i)^n}\right]-C$$

$$=\sum_{t=1}^{n}\frac{NCF_t}{(1+i)^t}-C$$

式中：NPV为净现值；NCF_t为第t年的净现金流量；i为贴现率（资本成本或企业要求的报酬率）；n为项目预计使用年限；C为初始投资额。

（1）净现值的计算过程

第一步：计算每年的营业净现金流量。

第二步：计算未来报酬的总现值。这又可分成三步：

① 将每年的营业净现金流量折算成现值。如果每年的NCF相等，则按年金法折算成现值；如果每年的NCF不相等，则先对每年的NCF进行贴现，然后加以合计。

② 将终结现金流量折算成现值。

③ 计算未来报酬的总现值。

第三步：计算净现值。

$$净现值=未来报酬的总现值-初始投资额$$

（2）净现值法的决策规则

在只有一个备选方案的采纳与否决策中，净现值为正者则采纳，净现值为负者不采纳。在有多个备选方案的互斥选择决策中，应选用净现值是正值中的最大者。

【例6-4】根据【例6-1】的资料（见表6-1和表6-2），假设资本成本为10%。

要求：分别计算甲、乙两个方案的净现值。

解：甲方案的NCF相等，可用公式计算：

$$\begin{aligned}NPV_{甲方案}&=未来现金流量的总现值-初始投资额\\&=NCF\times PVIFA_{i,n}-10\,000\\&=3\,500\times PVIFA_{10\%,5}-10\,000\\&=3\,500\times 3.7908-10\,000\\&=3\,267.80(元)\end{aligned}$$

乙方案的NCF不相等，列表进行计算，详见表6-4。

表6-4　　乙方案的NPV计算表　　金额单位：元

年度（t）	各年的NCF（1）	现值系数 $PVIF_{10\%,t}$（2）	现值（3）=（1）×（2）
1	4 250	0.9091	3 863.68
2	3 950	0.8264	3 264.28
3	3 650	0.7513	2 742.25
4	3 350	0.6830	2 288.05
5	8 050	0.6209	4 998.25

$$
\begin{aligned}
NPV_{乙方案} &= 未来现金流量的总现值 - 初始投资额 \\
&= 3\,863.68 + 3\,264.28 + 2\,742.25 + 2\,288.05 + 4\,998.25 - 15\,000 \\
&= 2\,156.51(元)
\end{aligned}
$$

从上面的计算中我们可以看出，两个方案的净现值均大于零，因此都是可取的。但是，甲方案的净现值大于乙方案，因此大华公司应选用甲方案。

净现值法的优点是考虑了资金的时间价值，能够反映各个投资方案的净收益，因而是一种较好的方法；缺点是不能揭示各个投资方案本身可能的实际报酬率。

（二）内部报酬率

内部报酬率又称内含报酬率（Internal Rate of Return，IRR），是使投资项目的净现值等于零的贴现率。

内部报酬率

内部报酬率实际上反映了投资项目的真实报酬率，目前越来越多的企业使用该项指标对投资项目进行评价。内部报酬率的计算公式为：

$$\frac{NCF_1}{(1+IRR)^1}+\frac{NCF_2}{(1+IRR)^2}+\cdots+\frac{NCF_n}{(1+IRR)^n}-C=0$$

$$\sum_{t=1}^{n}\frac{NCF_t}{(1+IRR)^t}-C=0$$

式中：NCF_t为第t年的净现金流量；IRR为内部报酬率；n为项目使用年限；C为初始投资额。

1.内部报酬率的计算过程

（1）如果每年的NCF相等，则按下列步骤计算：

第一步：计算年金现值系数。

$$年金现值系数 = 初始投资额 \div 每年NCF$$

第二步：查年金现值系数表，在相同的期数内，找出与上述年金现值系数相邻的较大和较小的两个贴现率。

第三步：根据上述两个相邻的贴现率和已求得的年金现值系数，采用插值法计算出该投资方案的内部报酬率。

（2）如果每年的NCF不相等，则需要按下列步骤计算：

第一步：先预估一个贴现率，并按此贴现率计算净现值。如果计算出的净现值为正数，则表示预估的贴现率小于该项目的实际内部报酬率，应提高贴现率，再进行测算；如果计算出的净现值为负数，则表明预估的贴现率大于该方案的实际内部报酬率，应降低贴现率，再进行测算。经过如此反复的测算，找到净现值由正到负并且比较接近零的两个贴现率。

第二步，根据上述两个相邻的贴现率再使用插值法，计算出方案的实际内部报酬率。

2.内部报酬率法的决策规则。在只有一个备选方案的采纳与否决策中，如果计算出的内部报酬率大于或等于企业的资本成本或必要报酬率，就采纳该方案；反之，则拒绝。在有多个备选方案的互斥选择决策中，应选用内部报酬率超过资本成本或必要报酬率最多的投资项目。

【例6-5】根据【例6-1】的资料（见表6-1和表6-2）。

要求：计算甲、乙方案的内部报酬率。

解：由于甲方案每年的NCF相等，因而，可采用如下方法计算内部报酬率。

$$\text{年金现值系数} = \text{初始投资额} \div \text{每年NCF} = 10\,000 \div 3\,500 = 2.857$$

查年金现值系数表，甲方案的内部报酬率应该在20%～25%，现用插值法计算如下：

折现率	年金现值系数
20%	2.991
IRR	2.857
25%	2.689

$$\frac{IRR - 20\%}{25\% - 20\%} = \frac{2.857 - 2.991}{2.689 - 2.991}$$

$$IRR = 22.22\%$$

甲方案的内部报酬率为22.22%。

乙方案每年的NCF不相等，因而必须逐次进行测算，测算过程见表6-5。

表6-5 乙方案内部报酬率的测算过程 金额单位：元

年度（t）	NCF_t	测试11%		测试16%	
		复利现值系数 $PVIF_{11\%,t}$	现值	复利现值系数 $PVIF_{16\%,t}$	现值
0	-15 000	1.000	-15 000	1.000	-15 000
1	4 250	0.901	3 829	0.862	3 664
2	3 950	0.812	3 207	0.743	2 935
3	3 650	0.731	2 668	0.641	2 340
4	3 350	0.659	2 208	0.552	1 849
5	8 050	0.594	4 782	0.476	3 832
NPV	—	—	1 694	—	-380

在表6-5中，先按11%的贴现率进行测算，净现值为1 694元，大于0，说明所选用

的折现率偏低，因此调高折现率，以16%进行第二次测算，净现值变为负数，说明内部报酬率一定在11%～16%之间。

折现率	净现值
11%	1 694
IRR	0
16%	-380

$$\frac{11\% - IRR}{16\% - 11\%} = \frac{1\,694 - 0}{-380 - 1\,694}$$

$$IRR = 15.08\%$$

乙方案的内部报酬率为15.08%。

从以上计算出的两个方案的内部报酬率可以看出，甲方案的内部报酬率较高，因此甲方案效益比乙方案好。

内部报酬率法考虑了资金的时间价值，反映了投资项目的真实报酬率，概念也易于理解。但是，这种方法的计算过程比较复杂，特别是每年NCF不相等的投资项目，一般要经过多次测算才能求得。

（三）获利指数

获利指数又称利润指数（Profitability Index，PI），是投资项目未来报酬的总现值与初始投资额的现值之比。其计算公式为：

获利指数

$$PI = \left[\frac{NCF_1}{(1+i)^1} + \frac{NCF_2}{(1+i)^2} + \cdots + \frac{NCF_n}{(1+i)^n}\right] \div C$$

即 $$PI = 未来现金流量的总现值 \div 初始投资额$$

如果投资为多期完成的，则计算公式为：

$$PI = 未来现金流量的总现值 \div 现金流出量的总现值$$

1.获利指数的计算过程

第一步：计算未来报酬的总现值，这与计算净现值所采用的方法相同。

第二步：计算获利指数，即根据未来报酬的总现值和初始投资额之比计算获利指数。

2.获利指数法的决策规则

在只有一个备选方案的采纳与否决策中，获利指数大于或等于1，则采纳，否则就拒绝。在有多个方案的互斥选择决策中，应采用获利指数超过1最多的投资项目。

【例6-6】根据【例6-1】的资料（见表6-1和表6-2）。

要求：计算甲、乙方案的获利指数。

解：

$$PI_{甲方案} = 未来现金流量的总现值 \div 初始投资额 = 13\,267.80 \div 10\,000 = 1.33$$

$$PI_{乙方案} = 未来现金流量的总现值 \div 初始投资额 = 17\,156.51 \div 15\,000 = 1.14$$

甲、乙两个方案的获利指数都大于1，故两个方案都可行，但因甲方案的获利指数更大，故应采用甲方案。

获利指数法的优点是，考虑了资金的时间价值，能够真实地反映投资项目的盈亏程度。由于获利指数是用相对数来表示，所以，有利于在初始投资额不同的投资方案之间进行对比。获利指数的缺点是获利指数这一概念不便于理解。

三、投资决策指标的比较

以上介绍了长期投资决策中的贴现现金流量和非贴现现金流量两大类指标，下面对上述指标作一些比较。

（一）贴现现金流量指标广泛应用的原因

贴现现金流量指标在投资决策中得到广泛应用，是有其原因的。

1. 非贴现现金流量指标把不同时点上的现金收入和支出当作毫无差别的资金进行对比，忽略了货币的时间价值因素，这是不科学的，而贴现现金流量指标则把不同时点收入或支出的现金按统一的贴现率折算到同一时点上，使不同时期的现金具有可比性，这样才能作出正确的投资决策。

2. 非贴现现金流量指标中的投资回收期只能反映投资的回收速度，不能反映投资的主要目标——净现值的多少。同时，由于回收期没有考虑时间价值因素，因而夸大了投资的回收速度。

3. 投资回收期、平均报酬率等非贴现现金流量指标对寿命不同、资金投入的时间和提供收益的时间不同的投资方案缺乏鉴别能力，而贴现现金流量法则可以通过净现值、内部报酬率和获利指数等指标，或通过净现值的年均化方法进行综合分析，从而作出正确、合理的决策。

4. 非贴现现金流量指标中的平均报酬率、会计利润率等指标，由于没有考虑资金的时间价值，因而，实际上夸大了项目的盈利水平，而贴现现金流量指标中的内部报酬率是以预计的现金流量为基础，考虑了资金的时间价值以后计算出的真实报酬率。

5. 在运用投资回收期这一指标时，标准回收期是方案取舍的依据。标准回收期一般是以经验或主观判断为基础来确定的，缺乏客观依据，而贴现现金流量指标中的净现值和内部报酬率等指标实际上都是以企业的资本成本为取舍依据的，任何企业的资本成本都可以通过计算得到，因此，这一取舍标准符合客观实际。

6. 管理人员水平的不断提高和电子计算机的广泛应用，加速了贴现现金流量指标的使用。在20世纪五六十年代，只有很少企业的财务人员能真正了解贴现现金流量指标的含义，而今天，几乎所有大企业的高级财务人员都懂得这一方法的科学性和正确性。电子计算机的广泛应用使贴现现金流量指标中的复杂计算变得非常容易，从而也加速了贴现现金流量指标的推广。

（二）贴现现金流量指标的比较

通过以上对比可知，贴现现金流量指标是科学的投资决策指标，那么，在贴现现金流量法中哪一种方法更为有效呢？下面作一些比较。

（1）净现值法和内部报酬率法的比较。在多数情况下，运用净现值和内部报酬率这两种方法得出的结论是相同的。但在如下两种情况下，有时会产生差异：①初始投资额不一致，如一个项目的初始投资额大于另一个项目的初始投资额；②现金流入的时间不一致，如一个项目在最初几年流入得较多，另一个在最后几年流入得较多。尽管在这两种情况下二者产生了差异，但引起差异的原因是共同的，即两种方法假定用中期产生的现金流入量再投资时，会产生不同的报酬率。净现值法假定产生的现金流入量重新投资会产生相当于企业资本成本的利润率，而内部报酬率法却假定现金流入量重新投资产生的利润率与此项目的特定的内部报酬率相同。

（2）净现值法和获利指数法的比较。由于净现值法和获利指数法使用的是相同的信息，在评价投资项目的优劣时，它们常常是一致的，但有时也会产生分歧。只有当初始投资额不同时，净现值法和获利指数法才会产生差异。由于净现值是用各期现金流量现值减去初始投资额，而获利指数是用现金流量现值除以初始投资额，因而，评价的结果可能会产生不一致。最高的净现值符合企业的最大利益，也就是说，净现值越高，企业的收益越大，而获利指数只反映投资回收的程度，不反映投资回收的多少。在没有资本限量的情况下的互斥方案选择决策中，应选用净现值较大的投资项目。也就是说，当采用获利指数法与净现值法得出不同结论时，应以净现值法为准。

总之，在无资本限量的情况下，利用净现值法在所有的投资评价中都能作出正确的决策，而利用内部报酬率法和获利指数法在只有一个方案采纳与否的决策中也能作出正确的决策，但在互斥方案的选择决策中有时会作出错误的决策。因而，在这三种评价方法中，净现值法是最好的评价方法。

第四节 项目投资决策

一、固定资产更新决策

（一）新旧设备使用寿命相同的情况

在新旧设备尚可使用年限相同的情况下，我们可以采用差量分析法来计算一个方案比另一个方案增减的现金流量。

固定资产更新决策——设备寿命相同

【例6-7】拓扑公司考虑用一台新的效率更高的设备代替旧设备，以减少成本，增加收益。旧设备采用直线法计提折旧，新设备采用年数总和法计提折旧，企业所得税税率为25%，资本成本为10%，其他情况见表6-6。试作出该公司是继续使用旧设备还是对其进行更新的决策。

表6-6 新旧设备的相关数据 金额单位：元

项　目	旧设备	新设备
原价	50 000	70 000
可用年限	10	4
已用年限	6	0
尚可使用年限	4	4
税法规定残值	0	7 000

续表

项　目	旧设备	新设备
目前变现价值	20 000	70 000
每年可获得的收入	40 000	60 000
每年付现成本	20 000	18 000
每年折旧额	直线法	年数总和法
第1年	5 000	25 200
第2年	5 000	18 900
第3年	5 000	12 600
第4年	5 000	6 300

现假设采用新设备为A方案，采用旧设备为B方案，计算如下：

（1）计算初始投资额的差量。

$$\Delta \text{初始投资额} = 70\,000 - 20\,000 = 50\,000(\text{元})$$

（2）计算各年营业净现金流量的差量（见表6-7）。

表6-7　　各年营业净现金流量的差量　　单位：元

项　目	第1年	第2年	第3年	第4年
Δ销售收入（1）	20 000	20 000	20 000	20 000
Δ付现成本（2）	-2 000	-2 000	-2 000	-2 000
Δ折旧额（3）	20 200	13 900	7 600	1 300
Δ税前利润（4）=（1）-（2）-（3）	1 800	8 100	14 400	20 700
Δ所得税（5）=（4）×25%	450	2 025	3 600	5 175
Δ税后利润（6）=（4）-（5）	1 350	6 075	10 800	15 525
Δ营业净现金流量（7）=（6）+（3）	21 550	19 975	18 400	16 825

（3）计算两个方案现金流量的差量（见表6-8）。

表6-8　　两个方案现金流量的差量　　单位：元

项　目	第0年	第1年	第2年	第3年	第4年
Δ初始投资	-50 000				
Δ营业净现金流量		21 550	19 975	18 400	16 825
Δ终结现金流量					7 000
Δ现金流量	-50 000	21 550	19 975	18 400	23 825

（4）计算净现值的差量。

$$\Delta NPV = 21\,550 \times PVIF_{10\%,1} + 19\,975 \times PVIF_{10\%,2} + 18\,400 \times PVIF_{10\%,3} + 23\,825 \times PVIF_{10\%,4} - 50\,000$$
$$= 21\,550 \times 0.909 + 19\,975 \times 0.826 + 18\,400 \times 0.751 + 23\,825 \times 0.683 - 50\,000$$
$$= 16\,179.18(\text{元})$$

固定资产更新后，将增加净现值16 179.18元，因此应进行更新。

当然，也可以分别计算两个项目的净现值来进行比较，其结果是一样的。

（二）新旧设备使用寿命不同的情况

对于寿命不同的项目，不能对它们的净现值、内部报酬率及获利指数进行直接比较。为了使投资项目的各项指标具有可比性，要设法使其在相同的寿命期内进行比较。此时可以采用的方法有最小公倍寿命法和年均净现值法。

沿用拓扑公司的例子，为了计算方便，假设新设备的使用寿命为8年，无残值，每年可获得销售收入45 000元，每年付现成本18 000元，没有其他费用支出，采用直线法折旧，期末无残值，其他条件不变。

1.直接使用净现值法。

（1）计算新旧设备的营业净现金流量，见表6-9。通过计算可知：

$$\text{旧设备的年折旧额} = 20\,000 \div 4 = 5\,000(\text{元})$$
$$\text{新设备的年折旧额} = 70\,000 \div 8 = 8\,750(\text{元})$$

表6-9 **新旧设备的营业净现金流量** 单位：元

项　目	旧设备（第1~4年）	新设备（第1~8年）
销售收入（1）	40 000	45 000
付现成本（2）	20 000	18 000
折旧额（3）	5 000	8 750
税前利润（4）=（1）-（2）-（3）	15 000	18 250
所得税（5）=（4）×25%	3 750	4 562.5
税后利润（6）=（4）-（5）	11 250	13 687.5
营业净现金流量（7）=（6）+（3）	16 250	22 437.5

（2）计算新旧设备的现金流量，见表6-10。

表6-10 **新旧设备的现金流量** 单位：元

项 目	旧设备		新设备	
	第0年	第1~4年	第0年	第1~8年
初始投资	-20 000		-70 000	
营业净现金流量		16 250		22 437.5
终结现金流量		0		0
现金流量	-20 000	16 250	-70 000	22 437.5

（3）计算新旧设备的净现值。

$$NPV_{旧} = -20\,000 + 16\,250 \times PVIFA_{10\%,\ 4} = -20\,000 + 16\,250 \times 3.170 = 31\,512.5(\text{元})$$

$$NPV_{新} = -70\,000 + 22\,437.5 \times PVIFA_{10\%,\ 8} = -70\,000 + 22\,437.5 \times 5.335 = 49\,704.1(\text{元})$$

2.使用最小公倍寿命法。

最小公倍寿命法又称项目复制法，是将两个方案使用寿命的最小公倍数作为比较期间，并假设两个方案在这个比较期间内进行多次重复投资，将各自多次投资的净现值进行比较的分析方法。

在上例中，8年内，继续使用旧设备的净现值为：

$$NPV_{旧} = 31\,512.5 + 31\,512.5 \times PVIF_{10\%,\ 4} = 31\,512.5 + 31\,512.5 \times 0.683 = 53\,035.5(\text{元})$$

若使用新设备，根据前面的计算结果，其净现值为：

$$NPV_{新} = 49\,704.1\text{元}$$

通过比较可知，继续使用旧设备的净现值比使用新设备的净现值高出3 331.4元（53 035.5−49 704.1），所以目前不应该更新。

最小公倍寿命法的优点是易于理解，缺点是有时计算比较麻烦。

3.使用年均净现值法。

年均净现值法是把投资项目在寿命期内总的净现值转化为每年的平均净现值，并进行比较分析的方法。

年均净现值的计算公式为：

$$ANPV = \frac{NPV}{PVIFA_{i,\ n}}$$

式中：ANPV表示年均净现值；NPV表示净现值；$PVIFA_{i,\ n}$表示建立在公司资本成本和项目寿命期基础上的年金现值系数。

根据上述公式，计算上例中两个方案的年均净现值为：

$$ANPV_{旧} = \frac{NPV_{旧}}{PVIFA_{10\%,\ 4}} = \frac{31\,512.5}{3.170} = 9\,941(\text{元})$$

$$ANPV_{新} = \frac{NPV_{新}}{PVIFA_{10\%,\ 8}} = \frac{49\,704.1}{5.335} = 9\,317(\text{元})$$

从计算结果可以看出，继续使用旧设备的年均净现值比使用新设备的年均净现值高，所以应该继续使用旧设备。

由年均净现值法的原理还可以推导出年均成本法。当使用新旧设备的未来收益相同，但准确数字不好估计时，可以比较年均成本，并选取年均成本最小的项目。年均成本（Average Cost，AC）法是把项目的总现金流出值转化为每年的平均现金流出值，并进行比较分析的方法。其计算公式为：

$$AC = \frac{C}{PVIFA_{i,\ n}}$$

式中：AC表示年均成本；C表示项目的总成本的现值；$PVIFA_{i,\ n}$表示建立在公司资本成本和项目寿命期基础上的年金现值系数。

二、资本限额投资决策

资本限额投资决策

资本限额是指公司可以用于投资的资金总量有限，不能投资于所有可接受的项目，这种情况在很多公司都存在，尤其在那些以内部筹资为经营策略或外部筹资受到限制的公司。

1.使用获利指数法的步骤。

第一步，计算所有项目的获利指数，并列出每个项目的初始投资额。

第二步，接受所有PI≥1的项目。如果资本限额能够满足所有可接受的项目，则决策过程完成。

第三步，如果资本限额不能满足所有PI≥1的项目，就要对第二步进行修正。修正过程是，对所有项目在资本限额内进行各种可能的组合，然后计算出各种可能组合的加权平均获利指数。

第四步，接受加权平均获利指数最大的投资组合。

2.使用净现值法的步骤。

第一步，计算所有项目的净现值，并列出每个项目的初始投资额。

第二步，接受所有NPV≥0的项目。如果资本限额能够满足所有可接受的项目，则决策过程完成。

第三步，如果资本限额不能满足所有NPV≥0的项目，就要对第二步进行修正。修正过程是，对所有项目在资本限额内进行各种可能的组合，然后计算出各种可能组合的净现值合计数。

第四步，接受净现值合计数最大的投资组合。

3.资本限额投资决策举例。

【例6-8】假设派克公司有五个可供选择的项目A、B、C、D、E，五个项目彼此独立，公司的初始投资限额为400 000元。详细情况见表6-11。

表6-11 **派克公司的五个投资项目资料** 金额单位：元

投资项目	初始投资额	获利指数PI	净现值NPV
A	120 000	1.56	67 000
B	150 000	1.53	79 500
C	300 000	1.37	111 000
D	125 000	1.17	21 000
E	100 000	1.18	18 000

以上五个项目的所有投资组合共有31种，其中满足初始投资限额为400 000元条件的有16种，现将这16种组合列于表6-12中，并分别计算它们的加权平均获利指数和净现值合计。

表6-12 派克公司的16种投资组合 金额单位：元

序 号	项目组合	初始投资额	加权平均获利指数	净现值合计	优先排序
1	A	120 000	1.168	67 000	13
2	AB	270 000	1.367	146 500	3
3	AD	245 000	1.221	88 000	10
4	AE	220 000	1.213	85 000	11
5	ABD	395 000	1.420	167 500	1
6	ABE	370 000	1.412	164 500	2
7	ADE	345 000	1.266	106 000	7
8	B	150 000	1.199	79 500	12
9	BD	275 000	1.252	100 500	8
10	BE	250 000	1.240	97 500	9
11	BDE	375 000	1.297	118 500	5
12	C	300 000	1.278	111 000	6
13	CE	400 000	1.323	129 000	4
14	D	125 000	1.053	21 000	15
15	DE	225 000	1.098	39 000	14
16	E	100 000	1.045	18 000	16

在表6-12中，投资组合ABE有30 000元资金没有用完，在计算加权平均获利指数时，可以假设这些剩余资金不再进行投资而作为现金持有，即这部分剩余资金的获利指数看作1（其余组合也是如此），则组合ABE的加权平均获利指数可按以下方法计算。

$$PI_{ABE}=\frac{120\,000}{400\,000}\times 1.56+\frac{150\,000}{400\,000}\times 1.53+\frac{100\,000}{400\,000}\times 1.18+\frac{30\,000}{400\,000}\times 1=1.412$$

从表6-12中可以看出，用获利指数法和净现值法得到的结论一致：项目ABD组合是最优的投资组合，其净现值为167 500元。

三、投资时机选择决策

投资时机选择决策可以使决策者确定开始投资的最佳时期，如某林地的所有者需要确定何时砍伐树木比较合适，某产品专利权的所有者需要决定何时推出该产品。这类决策既会产生一定的效益，又会伴随相应的成本。在等待时机的过程中，公司能够得到更为充分的市场信息或更高的产品价格，或者有时间继续提高产品的性能。但是这些决策也会带来因为等待而引起的时间价值的损失，以及竞争者提前进入市场的危险，另外，成本也可能会随着时间的延长而增加。如果等待时机的利益超过伴随而来的成本，那么公司应该采取等待时机的策略。

进行投资时机选择的标准仍然是净现值最大。但是，由于投资开始的时间不同，不能将计算出来的净现值进行简单对比，而应该折算成同一时点的现值再进行比较。

【例6-9】某林业公司有一片经济林准备采伐并加工成木材出售，该经济林的树木将随着时间的推移而更加茂密，也就是单位面积的经济价值逐渐提高。根据预测，每年树木的销售收入将提高20%，但是采伐的付现成本（主要是工人工资）每年也将增加10%。按照公司的计划安排，可以现在采伐或者3年后采伐。无论采纳哪个方案，树木都可供采伐4年，需要购置的采伐及加工设备的初始成本都是100万元，按直线法计提折旧，设备的使用年限为4年，无残值，项目开始时均需垫支营运资本20万元，采伐结束后收回。计划每年采伐200亩树木，第1年每亩树木可获得销售收入1万元，采伐每亩树木的付现成本为0.35万元。

因此，公司要作出现在采伐还是3年后采伐的决策。有关资料见表6-13。

表6-13 树木采伐方案的基本情况

投资与回收		收入与成本	
固定资产投资	100万元	年采伐量	200亩
营运资本垫支	20万元	当前采伐每亩收入	1万元
固定资产残值	0	当前采伐每亩付现成本	0.35万元
固定资产折旧年限	4年	所得税税率	25%
资本成本	10%		

（1）计算现在采伐的净现值。

①计算现在采伐的营业净现金流量，见表6-14。

表6-14 现在采伐的营业净现金流量 单位：万元

项　目	第1年	第2年	第3年	第4年
销售收入（1）	200	240	288	345.6
付现成本（2）	70	77	84.7	93.17
折旧（3）	25	25	25	25
税前利润（4）	105	138	178.3	227.43
所得税（5）	26.25	34.5	44.58	56.86
税后利润（6）	78.75	103.5	133.72	170.57
营业净现金流量（7）=（1）-（2）-（5）	103.75	128.5	158.72	195.57

②根据初始投资额、营业净现金流量和终结现金流量编制现金流量表，见表6-15。

表6-15　　现在采伐的现金流量表　　单位：万元

项　目	第0年	第1年	第2年	第3年	第4年
固定资产投资	-100				
营运资本垫支	-20				
营业净现金流量		103.75	128.5	158.72	195.57
营运净资本回收					20
现金流量	-120	103.75	128.5	158.72	215.57

③计算现在采伐的净现值。

$$\begin{aligned}NPV &= 103.75 \times PVIF_{10\%,1} + 128.5 \times PVIF_{10\%,2} + 158.72 \times PVIF_{10\%,3} + 215.57 \times PVIF_{10\%,4} - 120\\ &= 103.75 \times 0.909 + 128.5 \times 0.826 + 158.72 \times 0.751 + 215.57 \times 0.683 - 120\\ &= 347(\text{万元})\end{aligned}$$

（2）计算3年后采伐的净现值。

①计算3年后采伐的营业净现金流量（以第4年年初为起点），见表6-16。

表6-16　　3年后采伐的营业净现金流量　　单位：万元

项　目	第4年	第5年	第6年	第7年
销售收入（1）	345.6	414.72	497.66	597.2
付现成本（2）	93.17	102.49	112.74	124.01
折旧（3）	25	25	25	25
税前利润（4）	227.43	287.23	359.92	448.19
所得税（5）	56.86	71.81	89.98	112.05
税后利润（6）	170.57	215.42	269.94	336.14
营业净现金流量（7）=（1）－（2）－（5）	195.57	240.42	294.94	361.14

②根据初始投资额、营业净现金流量和终结现金流量编制现金流量表，见表6-17。

表6-17　　3年后采伐的现金流量表　　单位：万元

项　目	第4年年初	第4年	第5年	第6年	第7年
固定资产投资	-100				
营运资本垫支	-20				
营业净现金流量		195.57	240.42	294.94	361.14
营运资本回收					20
现金流量	-120	195.57	240.42	294.94	381.14

③计算3年后采伐的净现值。

$$NPV = 195.57 \times PVIF_{10\%,4} + 240.42 \times PVIF_{10\%,5} + 294.94 \times PVIF_{10\%,6} + 381.14 \times PVIF_{10\%,7} - 120 \times PVIF_{10\%,3}$$
$$= 195.57 \times 0.683 + 240.42 \times 0.621 + 294.94 \times 0.565 + 381.14 \times 0.513 - 120 \times 0.751$$
$$= 554.9(万元)$$

（3）结论。

由于3年后采伐的净现值大于现在采伐的净现值，因此应该3年后再采伐。

四、投资期选择决策

投资期是指项目从开始投入资金至项目建成投入生产所需要的时间。较短的投资期，需要在初期投入较多的人力、物力，但是后续的营业现金流量发生得比较早；较长的投资期，初期投资较少，但是由于后续的营业现金流量发生得比较晚，也会影响投资项目的净现值。因此，在可以选择的情况下，公司应该运用投资决策的分析方法，对延长或缩短投资期进行认真比较，权衡利弊。在投资期选择决策中，最常用的方法是差量分析法。采用差量分析法计算比较简单，但是不能反映不同投资期下项目的净现值。

【例6-10】甲公司进行一项投资，正常投资期为3年，每年投资200万元，3年共需投资600万元。第4年至第13年每年现金净流量为210万元。如果把投资期缩短为2年，每年需投资320万元，2年共投资640万元，竣工投产后的项目寿命和每年现金净流量不变。资本成本为20%，假设寿命终结时无残值，不用垫支营运资本。试分析判断是否应缩短投资期。

用差量分析法进行分析：

（1）计算不同投资期的现金流量差量，见表6-18。

表6-18 不同投资期的现金流量差量 单位：万元

项目	第0年	第1年	第2年	第3年	第4~12年	第13年
缩短投资期的现金流量	-320	-320	0	210	210	
正常投资期的现金流量	-200	-200	-200	0	210	210
Δ现金流量	-120	-120	200	210	0	-210

（2）计算净现值的差量。

$$\Delta NPV = -120 - 120 \times PVIF_{20\%,1} + 200 \times PVIF_{20\%,2} + 210 \times PVIF_{20\%,3} - 210 \times PVIF_{20\%,13}$$
$$= -120 - 120 \times 0.833 + 200 \times 0.694 + 210 \times 0.579 - 210 \times 0.093$$
$$= 20.9(万元)$$

（3）结论：缩短投资期会增加净现值20.9万元，所以应采纳缩短投资期的方案。

分别计算两个方案的净现值并进行比较，可以得出同样的结论。

章后实训与测试

※Excel在项目投资管理中的应用

（一）实训目的

运用Excel作出新旧设备使用寿命相同的情况下固定资产更新决策。

（二）实训内容

在新旧设备尚可使用年限相同的情况下，我们可以采用差量分析法来计算一个方案与另一个方案相比增减的现金流量。

【例6-11】沿用【例6-7】的资料，运用Excel作出新旧设备使用寿命相同的情况下固定资产更新决策。

本例题在Excel中操作如下：

第一步，计算各年营业净现金流量的差量。在单元格B17中输入公式“=$C$8-$B$8”，将光标移至单元格B17的右下角，出现“+”标识，点击鼠标左键将“+”标识拖至单元格E17；在单元格B18中输入公式“=$C$9-$B$9”，将光标移至单元格B18的右下角，出现“+”标识，点击鼠标左键将“+”标识拖至单元格E18；在单元格B19中输入公式“=C11-B11”，在单元格C19中输入公式“=C12-B12”，在单元格D19中输入公式“=C13-B13”，在单元格E19中输入公式“=C14-B14”；在单元格B20中输入公式“=B17-B18-B19”，将光标移至单元格B20的右下角，出现“+”标识，点击鼠标左键将“+”标识拖至单元格E20；在单元格B21中输入公式“=B20*25%”，将光标移至单元格B21的右下角，出现“+”标识，点击鼠标左键将“+”标识拖至单元格E21；在单元格B22中输入公式“=B20-B21”，将光标移至单元格B22的右下角，出现“+”标识，点击鼠标左键将“+”标识拖至单元格E22；在单元格B23中输入公式“=B22+B19”，将光标移至单元格B23的右下角，出现“+”标识，点击鼠标左键将“+”标识拖至单元格E23，如图6-1所示。

	A	B	C	D	E
1	项目	旧设备	新设备		
2	原价(元)	50,000.00	70,000.00		
3	可用年限（年）	10	4		
4	已用年限（年）	6	0		
5	尚可使用年限（年）	4	4		
6	税法规定残值（元）	0	7,000.00		
7	目前变现价值（元）	20,000.00	70,000.00		
8	每年可获得的收入（元）	40,000.00	60,000.00		
9	每年付现成本（元）	20,000.00	18,000.00		
10	每年折旧额	直线法	年数总和法		
11	第1年	5,000.00	25,200.00		
12	第2年	5,000.00	18,900.00		
13	第3年	5,000.00	12,600.00		
14	第4年	5,000.00	6,300.00		
15	营业净现金流量的差量				
16	项目	第1年	第2年	第3年	第4年
17	Δ销售收入（元）	20,000.00	20,000.00	20,000.00	20,000.00
18	Δ付现成本（元）	-2,000.00	-2,000.00	-2,000.00	-2,000.00
19	Δ折旧额（元）	20,200.00	13,900.00	7,600.00	1,300.00
20	Δ税前利润（元）	1,800.00	8,100.00	14,400.00	20,700.00
21	Δ所得税（元）	450.00	2,025.00	3,600.00	5,175.00
22	Δ税后利润（元）	1,350.00	6,075.00	10,800.00	15,525.00
23	Δ营业净现金流量（元）	21,550.00	19,975.00	18,400.00	16,825.00

图6-1 营业净现金流量的差量

第二步，计算两个方案现金流量的差量。在单元格B26中输入公式“=-（C7-B7）”，单元格区域C27：F27的数字即为单元格区域B23：E23的相关数字，在单元格F28中输入公式“=C6-B6”，在单元格B29中输入公式“=SUM（B26：B28）”，将光标移至单元格B29的右下角，出现“+”标识，点击鼠标左键将“+”标识拖至单元格F29，即可得到结果，如图6-2所示。

	A	B	C	D	E	F
1	项目	旧设备	新设备			
2	原价(元)	50,000.00	70,000.00			
3	可用年限（年）	10	4			
4	已用年限（年）	6	0			
5	尚可使用年限（年）	4	4			
6	税法规定残值（元）	0	7,000.00			
7	目前变现价值（元）	20,000.00	70,000.00			
8	每年可获得的收入（元）	40,000.00	60,000.00			
9	每年付现成本（元）	20,000.00	18,000.00			
10	每年折旧额	直线法	年数总和法			
11	第1年	5,000.00	25,200.00			
12	第2年	5,000.00	18,900.00			
13	第3年	5,000.00	12,600.00			
14	第4年	5,000.00	6,300.00			
15	营业净现金流量的差量					
16	项目	第1年	第2年	第3年	第4年	
17	Δ销售收入（元）	20,000.00	20,000.00	20,000.00	20,000.00	
18	Δ付现成本（元）	-2,000.00	-2,000.00	-2,000.00	-2,000.00	
19	Δ折旧额（元）	20,200.00	13,900.00	7,600.00	1,300.00	
20	Δ税前利润（元）	1,800.00	8,100.00	14,400.00	20,700.00	
21	Δ所得税（元）	450.00	2,025.00	3,600.00	5,175.00	
22	Δ税后利润（元）	1,350.00	6,075.00	10,800.00	15,525.00	
23	Δ营业净现金流量（元）	21,550.00	19,975.00	18,400.00	16,825.00	
24	现金流量的差量					
25	项目	第0年	第1年	第2年	第3年	第4年
26	Δ初始投资（元）	-50,000.00				
27	Δ营业净现金流量（元）		21,550.00	19,975.00	18,400.00	16,825.00
28	Δ终结现金流量（元）					7,000.00
29	Δ现金流量（元）	-50,000.00	21,550.00	19,975.00	18,400.00	23,825.00

图6-2　现金流量的差量

第三步，计算净现值的差量。在单元格B30中输入公式“=NPV（10%，C29：F29）+B29”；在单元格B31中输入公式“=IF（B30>=0，"更新"，"不更新"）”，如图6-3所示。

B31　fx　=IF(B30>=0,"更新","不更新")

	A	B	C	D	E	F
24	现金流量的差量					
25	项目	第0年	第1年	第2年	第3年	第4年
26	Δ初始投资（元）	-50,000.00				
27	Δ营业净现金流量（元）		21,550.00	19,975.00	18,400.00	16,825.00
28	Δ终结现金流量（元）					7,000.00
29	Δ现金流量（元）	-50,000.00	21,550.00	19,975.00	18,400.00	23,825.00
30	ΔNPV（元）	16,196.16				
31	结论	更新				

图6-3　固定资产更新决策结论

由图6-3可见，固定资产更新后，将增加净现值16 196.16元，因此该公司应该进行更新。

※知识测试

本章知识测试

一、单项选择题（每小题5分，共35分）

1.某企业欲购进一套新设备，需要支付400万元，该设备的使用寿命为4年，无残值，采用直线法计提折旧。预计每年可产生税前利润140万元，如果所得税税率为25%，则投资回收期为（　　）年。

A.4　　B.1.95

C.2.86　　D.3.81

2.当折现率与内部报酬率相等时，（　　）。

A.净现值小于零　　B.净现值等于零

C.净现值大于零　　D.净现值不一定

3.某企业准备新建一条生产线，预计各项支出如下：投资前费用2 000元，设备购置费用8 000元，设备安装费用1 000元，建筑工程费用6 000元，投产时需垫支营运资本3 000元，不可预见费按总支出的5%计算，则该生产线的投资总额为（　　）元。

A.20 000　　B.21 000

C.17 000　　D.17 850

4.当一项长期投资的净现值大于零时，下列说法中不正确的是（　　）。

A. 该方案不可投资

B. 该方案未来报酬的总现值大于初始投资额的现值

C. 该方案获利指数大于1

D. 该方案的内部报酬率大于其资本成本

5.下列各项中不属于终结现金流量范畴的是（　　）。

A.固定资产折旧　　B.固定资产残值收入

C.垫支的流动资金的收回　　D.停止使用的资产的变价收入

6.某投资方案折现率为18%时，净现值为-3.17万元，折现率为16%时，净现值为6.12万元，则该投资方案的内部报酬率为（　　）。

A.14.68%　　B.16.68%

C.17.32%　　D.18.32%

7.下列关于投资回收期的说法中，不正确的是（　　）。

A. 它忽略了资金时间价值

B. 它需要一个主观上确定的最长的可接受的回收期作为评价的依据

C. 它不能测度项目的盈利性

D. 它不能测度项目的流动性

二、多项选择题（每小题5分，共20分）

1.在项目投资决策中，考虑资金时间价值的财务评价指标有（　　）。

A.净现值　　B.获利指数

C.平均报酬率　　D.内部报酬率

2.与财务会计使用的现金流量表中的现金流量相比，项目投资决策所使用的现金流量的特点有（　　）。

A.只反映特定投资项目的现金流量　　B.只反映某一会计年度的现金流量

C.只反映经营活动的现金流量　　D.所依据的数据是预计信息

3.当一个长期投资方案的净现值大于零时，则可以说明（　　）。

A.该方案贴现后现金流入大于贴现后现金流出

B.该方案的内部报酬率大于预定的贴现率

C.该方案的获利指数一定大于1

D.该方案可以接受，应该投资

4.一个投资方案可行的必要条件是（　　）。

A.内部报酬率大于1　　B.净现值大于0

C.获利指数大于1　　D.回收期小于1年

三、判断题（每小题5分，共45分）

1.对内投资都是直接投资，对外投资都是间接投资。（　　）

2.原有固定资产的变价收入是指固定资产更新时变卖原有固定资产所得的现金收入，不用考虑净残值的影响。（　　）

3.在互斥方案的选择决策中，净现值法有时会作出错误的决策，内部报酬率法则始终能得出正确的答案。（　　）

4.进行长期投资决策时，如果某备选方案净现值比较小，那么该方案的内部报酬率也相对较低。（　　）

5.由于获利指数是用相对数来表示的，因此获利指数法优于净现值法。（　　）

6.某贴现率可以使某投资方案的净现值等于0，则该贴现率可以称为该方案的内部报酬率。（　　）

7.若A、B、C三个方案是独立的，那么用内部报酬率法可以作出优先次序的排列。（　　）

8.净现值大于0，则获利指数大于1。（　　）

9.净现值以绝对数表示，不便于在不同投资规模的方案之间进行对比。（　　）

第七章

营运资金管理

学习目标

1. 了解营运资金的概念及管理原则。
2. 掌握现金的持有动机、现金管理的意义，掌握最佳现金持有量决策的基本方法，熟悉现金管理日常控制。
3. 掌握应收账款的功能、成本及其管理目标，掌握信用政策和管理方法。
4. 掌握存货的功能与成本，掌握经济批量模型、再订货点和保险储备的计算。

导入案例

丰田的“零库存”计划①

丰田生产模式作为一种文化，已经深入到了广州丰田生产和运营的每一个环节。除了自动化、标准化的持续改善之外，它的精髓还在于准时化生产(Just in Time，JIT)，以“零库存”为目标，极力提倡减少库存。广州丰田认为企业运行时的“库存”是最大的浪费。

知识图谱

汽车工业的传统思考方式是“前一道工序向后一道工序供应工件”。这种传送带式的大批量的盲目生产，往往会造成生产的浪费、搬运的浪费、库存的浪费、加工本身的浪费及等待的浪费等。为了彻底消除浪费，早期的丰田在美国“自选超市方式”的启发下，把超市看作生产线上的前一道工序，顾客购买相当于后一道工序，他们在需要的时间买需要数量的商品，而超市将立即补充顾客买走的那一部分商品。丰田经过实际生产中的不断完善与调校后，拉动式生产（Pull Production）应运而生，即“由后一道工序在需要的时刻到前一道工序去领取所需数量的特定零部件，而前一道工序则只生产所需要领取的数量。”

因此，在广州丰田的总装车间，看不到分门别类堆积在物料架上的零部件，也见不到其他工厂“零部件搬运工往来穿梭”的繁忙景象。这都归功于丰田SPS（对装配线成套供给零部件）体系，即每一个物料架紧随一辆等待装配的车身，总装工人只需在物料架和车身同步流动的平台上，将触手可及的零部件对号入座装配到车身上即可，连工人转身取物料的时间都省了。“通过对零部件采取这种‘配餐式’的供应，在必要的时间内生产必要数量的产品，是丰田精益生产方式所倡导的。”广州丰田高层曾表示。因此，广州丰田无论整车还是零部件，都能实现“零库存”的管理目标，同时也掀起了“60秒生产一辆凯

① 资料来源：姚烨，苟颖．企业零库存管理模式的应用分析［J］．经营管理者，2024（5）：80-81.

美瑞”的新一轮效率革命，兑现了“顾客买多少，就送多少到顾客手上”的承诺。

讨论与思考：

1. 广州丰田为什么要实行“零库存”计划？

2. 公司实行“零库存”管理应注意哪些问题？

第一节 营运资金管理概述

一、营运资金的概念

营运资金（Working Capital）是指流动资产减去流动负债后的余额。营运资金管理既包括流动资产管理，也包括流动负债管理。

本章课件

（一）流动资产

流动资产（Current Assets）是指可以在1年以内或超过1年的一个营业周期内变现或运用的资产。流动资产具有占用时间短、周转快、易变现等特点。企业拥有较多的流动资产，可在一定程度上降低财务风险。流动资产按不同的标准可进行不同的分类，常见的分类方式如下：

营运资金管理含义

（1）按占用形态不同，分为现金、交易性金融资产、应收及预付款项和存货等。

（2）按用途不同，分为临时性流动资产和永久性流动资产。

临时性流动资产是指那些受季节性、周期性影响的流动资产，如季节性存货、销售和经营旺季的应收账款等；永久性流动资产是指满足企业正常生产需要的最低限度的流动资产的占用，如生产企业正常的原材料储备等。

（二）流动负债

流动负债（Current Liabilities）是指需要在1年以内或者超过1年的一个营业周期内偿还的债务。流动负债又称短期负债，具有成本低、偿还期短的特点。流动负债按不同标准可作不同分类，最常见的分类方式如下：

（1）以应付金额是否确定为标准，可以分为应付金额确定的流动负债和应付金额不确定的流动负债。应付金额确定的流动负债是指那些根据合同或法律的规定到期必须偿付，并有确定金额的流动负债。应付金额不确定的流动负债是指那些要根据企业生产经营状况，到一定时期或具备一定条件才能确定的流动负债，或应付金额需要估计的流动负债。

（2）以流动负债的形成情况为标准，可以分为自然性流动负债和人为性流动负债。自然性流动负债是指不需要正式安排，由于结算程序或有关法律法规的规定等原因而自然形成的流动负债；人为性流动负债是指根据企业对短期资金的需求情况，通过人为安排所形成的流动负债。

二、营运资金的特点

为了有效地管理企业的营运资金，必须研究营运资金的特点，以便有针对性地对其进行管理。营运资金一般具有如下特点：

（一）周转速度快、周转期短

企业占用在流动资产上的资金，通常会在1年以内或超过1年的1个营业周期内收回。根据这一特点，营运资金可以用商业信用、银行短期借款等短期筹资方式来加以解决。

（二）流动性强

营运资金具有较强的变现能力，如果企业出现资金周转困难，便可迅速变卖流动资产以获取现金，这对财务上满足临时性资金需求具有重要意义。

（三）来源具有灵活多样性

与筹集长期资金的方式相比，企业筹集营运资金的方式较为灵活多样，通常有银行短期借款、短期融资券、商业信用、应交税费、应付职工薪酬、应付费用、预收货款、票据贴现等多种内外部融资方式。

（四）数量具有波动性

流动资产的数量会随企业内外条件的变化而变化，时高时低，波动很大。季节性企业如此，非季节性企业也如此。随着流动资产数量的变动，流动负债的数量也会相应发生变动。

三、营运资金的管理原则

企业的营运资金在全部资金中占有相当大的比重，而且周转期短，形态易变，是企业财务管理工作的一项重要内容。实证研究也表明，财务经理的大量时间都用于营运资金的管理。企业进行营运资金管理，应遵循以下原则：

（一）保证合理的资金需求

企业应认真分析生产经营状况，合理确定营运资金的需求数量。企业营运资金的需求数量与企业生产经营活动有直接关系。一般情况下，当企业产销两旺时，流动资产会不断增加，流动负债也会相应增加；而当企业产销量不断减少时，流动资产和流动负债也会相应减少。营运资金的管理必须把满足正常合理的资金需求作为首要任务。

（二）提高资金使用效率

加速资金周转是提高资金使用效率的主要手段之一。提高营运资金使用效率的关键就是采取得力措施，缩短营业周期，加速变现过程，加快营运资金周转。因此，企业要千方百计地加快存货、应收账款等流动资产的周转，以便用有限的资金，服务于更大的产业规模，为企业取得更好的经济效益提供条件。

（三）节约资金使用成本

在营运资金管理中，必须正确处理保证生产经营需要和节约资金使用成本二者之间的关系。要在保证生产经营需要的前提下，遵守勤俭节约的原则，尽力降低资金使用成本：一方面，要挖掘资金潜力，盘活全部资金，精打细算地使用资金；另一方面，要积极拓展融资渠道，合理配置资源，筹措低成本资金，服务于生产经营。

（四）保持足够的短期偿债能力

偿债能力的高低是企业财务风险高低的标志之一。合理安排流动资产与流动负债的比例关系，保持流动资产结构与流动负债结构的适配性，保证企业有足够的短期偿债能力是营运资金管理的重要原则之一。流动资产、流动负债以及二者之间的关系能较好地反映企业的短期偿债能力。流动负债是在短期内需要偿还的债务，而流动资产则是在短期内可以转化为现金的资产。因此，如果一家企业的流动资产比较多，流动负债比较少，说明企业的短期偿债能力较强；反之，则说明其短期偿债能力较弱。但是，如果企业的流动资产太多，流动负债太少，也不是正常现象，这可能是流动资产闲置或流动负债利用不足所致。

四、营运资金管理策略

企业必须建立一个框架来评估营运资金管理中的风险与收益的平衡，包括营运资金的投资和融资策略。这些策略反映企业的需要以及对风险承担的态度。实际上，一个财务管理者必须做两个决策：一是需要持有多少营运资金；二是如何为营运资金融资。

（一）流动资产的投资策略

流动资产的投资策略有两种基本类型：

1.紧缩的流动资产投资策略

在紧缩的流动资产投资策略下，企业维持低水平的流动资产与销售收入比率。紧缩的流动资产投资策略可以节约流动资产的持有成本，如节约持有资金的机会成本。但与此同时可能伴随着更高风险，这些风险表现为更紧的应收账款信用政策和较低的存货占用水平，以及缺乏现金用于偿还应付账款等。但是，只要不可预见的事件没有损坏企业的流动性而导致严重的问题发生，紧缩的流动资产投资策略就会提高企业效益。

采用紧缩的流动资产投资策略，无疑对企业的管理水平有较高的要求。因为一旦失控，流动资产的短缺，会对企业的经营活动产生重大影响。根据最近几年的研究，美国、日本等一些发达国家的流动资产与销售收入比率呈现越来越小的趋势。但是，这并不意味着企业对流动性的要求越来越低，而主要是因为在流动资产管理方面，尤其是应收账款与存货管理方面，取得了一些重大进展。

2.宽松的流动资产投资策略

在宽松的流动资产投资策略下，企业通常会维持高水平的流动资产与销售收入比率。也就是说，企业将保持高水平的现金和有价证券、高水平的应收账款（通常给予客户宽松的付款条件）和高水平的存货。在这种策略下，由于较高的流动性，企业的财务与经营风险较小。但是，过多的流动资产投资，无疑会承担较大的流动资产持有成本，提高企业的资本成本，降低企业的收益水平。

制定流动资产投资策略时，首先，需要权衡的是资产的收益性与风险性。增加流动资产投资会增加流动资产的持有成本，降低资产的收益性，但会提高资产的流动性。反之，减少流动资产投资会降低流动资产的持有成本，增加资产的收益性，但资产的流动性会降低，短缺成本会增加。因此，从理论上来说，最优的流动资产投资策略应该是使流动资产的持有成本与短缺成本之和最低的策略。

其次，制定流动资产投资策略时还应充分考虑企业经营的内外部环境。通常，银行和其他借款人对企业流动性水平非常重视，因为流动性是这些债权人确定信用额度和借款利率的主要依据之一。他们还会考虑应收账款和存货的质量，尤其是当这些资产被用来当作一项贷款的抵押品时。有些企业因为融资困难，通常采用紧缩的流动资产投资策略。

流动资产投资策略的另一个影响因素是那些影响企业政策的决策者。保守的决策者更倾向于宽松的流动资产投资策略，而风险承受能力较强的决策者则倾向于紧缩的流动资产投资策略。生产经理通常喜欢高水平的原材料持有量，以便满足生产所需。销售经理喜欢高水平的产成品存货以便满足顾客的需要，而且喜欢宽松的信用政策以便刺激销售。相反，财务管理人员喜欢使存货和应收账款最小化，以便使流动资产融资的成本最低。

（二）流动资产的筹资策略

一家企业对流动资产的需求数量，一般会随着产品销售的变化而变化。例如，产品销售季节性很强的企业，当销售处于旺季时，流动资产的需求一般会更旺盛，可能是平时的几倍；当销售处于淡季时，流动资产的需求一般会减弱，可能是平时的几分之一；即使当销售处于最低水平时，也存在对流动资产的最基本的需求。在企业经营状况不发生大的变化的情况下，流动资产的最基本的需求具有一定的刚性和相对稳定性，我们可以将其界定为流动资产的永久性水平。当销售发生季节性变化时，流动资产将会在永久性水平的基础上增加或减少。因此，流动资产可以被分解为两部分：永久性部分和临时性部分。检验各项流动资产变动与销售之间的相关关系，将有助于企业较准确地估计流动资产的永久性部分和临时性部分，便于企业制定应对流动资产需求的融资政策。

从以上分析可以看出，流动资产的永久性水平具有相对稳定性，是一种长期的资金需求，需要通过长期负债融资或权益性资金解决；而临时性部分的融资则相对灵活，最经济的办法是通过低成本的短期融资解决其资金需求，如1年期以内的短期借款或发行短期融资券等融资方式。

1.配合型筹资策略

在配合型筹资策略中（如图7-1所示），永久性流动资产和固定资产以长期筹资方式（负债或权益）来筹集，临时性流动资产用短期筹资方式来筹集。这意味着，在给定的时间，企业的短期筹资数量反映了当时的临时性流动资产的数量。当临时性流动资产扩张时，信贷额度也会增加以便支持企业的扩张；当资产收缩时，它们的投资将会释放出资金，这些资金将会用于弥补信贷额度的下降。

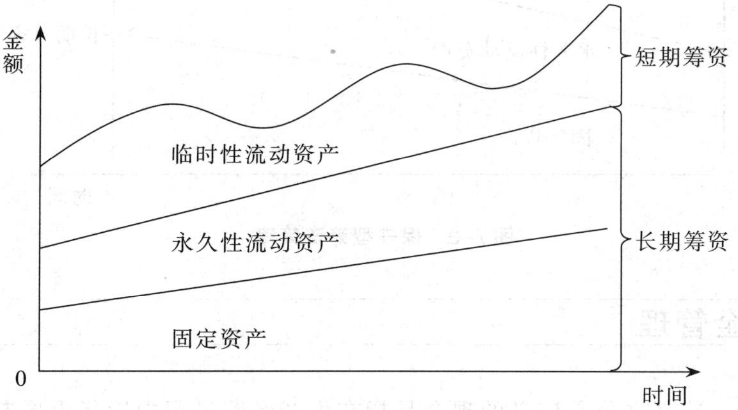

图7-1 配合型筹资策略

2.激进型筹资策略

在激进型筹资策略中（如图7-2所示），企业以长期负债和权益为所有的固定资产筹资，仅对一部分永久性流动资产使用长期筹资方式筹资。短期筹资方式支持剩下的永久性流动资产和所有的临时性流动资产。这种策略比其他策略使用更多的短期筹资。

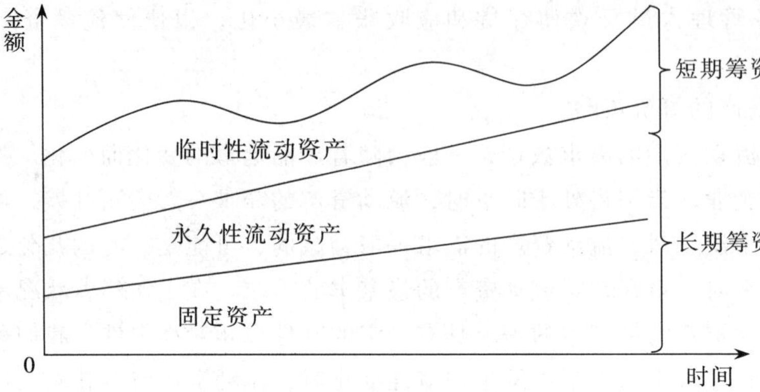

图7-2 激进型筹资策略

短期筹资方式通常比长期筹资方式具有更低的筹资成本。然而，过多地使用短期筹资方式会导致企业较低的流动比率和更高的流动性风险。

3.保守型筹资策略

在保守型筹资策略中（如图7-3所示），长期筹资支持固定资产、永久性流动资产和一部分临时性流动资产。公司通常以长期筹资为临时性流动资产的平均水平筹资，短期筹资仅用于融通剩余的临时性流动资产。这种战略通常最小限度地使用短期筹资。因为这种战略在需要时将会使用成本更高的长期负债和所有者权益筹资，所以与其他筹资策略相比，保守型筹资策略具有较高的筹资成本，但是降低了企业的流动性风险。

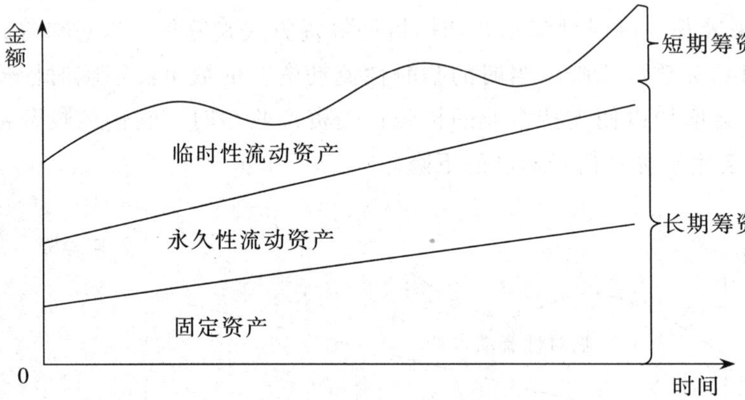

图7-3 保守型筹资策略

第二节 现金管理

现金有广义、狭义之分。广义的现金是指在生产经营过程中以货币形态存在的资金，包括库存现金、银行存款和其他货币资金等。狭义的现金仅指库存现金。这里所讲的现金是指广义的现金。

保持合理的现金水平是企业现金管理的重要内容。现金是变现能力最强的资产，可以用来满足生产经营开支的各种需要，也是还本付息和履行纳税义务的保证。拥有足够的现金对降低企业的风险、增强企业资产的流动性和债务的可清偿性具有重要的意义。但是，库存现金是唯一的不创造价值的资产，其持有量不是越多越好。即使是银行存款，其利率也非常低。因此，现金存量越多，它所提供的流动性边际效益便越会随之下降，从而使企业的收益水平下降。

除了应付日常的业务活动之外，企业还需要拥有足够的现金偿还贷款、把握商机以及应对不时之需。企业必须建立一套管理现金的方法，持有合理的现金数额，以便在保证企业经营活动所需现金的同时，尽量减少企业的现金存量，提高资金收益率。

一、持有现金的动机

持有现金出于三种动机：交易性动机、预防性动机和投机性动机。

（一）交易性动机

企业出于交易性动机持有的现金是指企业为了维持日常周转及正常商业活动所需持有的现金额，如购买原材料、支付工资、缴纳税款、派发现金股利等。企业每日都在发生许多支出和收入，这些支出和收入在数额上的不相等及时间上的不匹配使得企业需要持有一定现金来调节，以使生产经营活动能持续进行。一般来说，持有现金的余额与销售量同方向变动。企业的销售量增加，销售额增加，所需现金余额也随之增加；反之，公司销售量减少，销售额减少，所需现金余额也随之减少。

（二）预防性动机

预防性动机是指企业需要维持充足现金，以应对突发事件。这种突发事件可能是政治环境变化，也可能是企业的某个大客户违约导致企业突发性偿付等。尽管财务经理试图利用各种手段来较准确地估算企业需要的现金数额，但这些突发事件会使原本很好的财务计划失去效果。因此，企业为了应对突发事件，有必要维持比日常正常业务运转所需金额更多的现金。

为应付意料不到的现金需要，企业保持的预防性现金余额取决于三个方面：一是企业预测现金收支的可靠程度。可靠程度越大，预防性现金余额越小；相反，可靠程度越小，预防性现金余额则越大。例如，由于天气情况、燃油价格以及职员的持续罢工等因素，航空公司的现金预测极为困难，所以需要的现金余额往往较多。二是企业的临时借款能力。如果企业的借款能力强，则可减少预防性现金余额；反之，需要增加预防性现金余额。三是企业愿意承担的风险程度。预防性现金余额的大小与企业愿意承担的风险程度成反方向变动。

（三）投机性动机

企业出于投机性动机持有的现金是指企业为了抓住突然出现的获利机会而持有的现金。这种机会往往一闪即逝，如证券价格的突然下跌，企业若没有用于投机的现金，就会错过这一机会。

上述三个现金持有的动机，在理论上是可以区分的，但在现实中很难分别确定，而且也没有必要。上述各种动机的分类只是说明，公司必须持有一定量的现金以满足各种支付需要。至于现金用于何处，取决于现金支付时的具体情况。

二、现金的成本组成

企业为了持有一定数量的现金而发生的费用或者现金发生短缺时所付出的代价是持有现金的成本。它主要由四个部分组成。

（一）机会成本

现金的机会成本（Opportunity Cost），是指企业因持有一定现金余额而丧失的再投资收益。再投资收益是企业不能同时用该现金进行有价证券投资所产生的机会成本。这种成本在数额上等于资本成本。例如，某企业的资本成本为10%，年均持有现金50万元，则该企业每年的现金机会成本为5万元（50×10%）。放弃的再投资收益即机会成本，属于变动成本。它与现金持有量的多少密切相关，即现金持有量越大，机会成本越大，反之就越小。

（二）管理成本

现金的管理成本，是指企业因持有一定数量的现金而发生的管理费用，如管理者工资、安全措施费用等。一般认为这是一种固定成本。这种固定成本在一定范围内和现金持有量之间没有明显的比例关系。

（三）转换成本

现金的转换成本是指企业用现金购入有价证券以及转让有价证券换取现金时付出的费用，即现金同有价证券之间相互转换的成本，如委托买卖佣金、手续费、过户费等。转换成本与现金持有量的关系是：在一定期间内现金需求量既定的前提下，现金持有量越少，进行证券变现的次数越多，相应的转换成本就越大；反之，现金持有量越多，证券变现的次数越少，相应的转换成本也就越小。

（四）短缺成本

现金的短缺成本是指在现金持有量不足，又无法及时通过有价证券变现加以补充而给企业造成的损失，包括直接损失与间接损失。现金的短缺成本随现金持有量的增加而下降，随现金持有量的减少而上升，即与现金持有量负相关。

三、最佳现金持有量的确定

现金管理要控制好现金持有的规模，即确定最佳现金持有量。所谓最佳现金持有量，就是使持有现金的相关总成本最低的现金持有余额。确定最佳现金持有量的模型主要有成本分析模型、存货模型和随机模型等。

最佳现金持有量的确定

（一）成本分析模型

成本分析模型只考虑持有一定数量的现金而发生的机会成本和短缺成本，而不考虑转换成本。由于管理成本是固定成本，因此管理成本是进行现金持有量决策的无关成本。在成本分析模型下，先根据不同现金持有量计算出各相关成本的数值，再计算相关总成本。相关总成本最小的现金持有量即为最佳现金持有量。在成本分析模型下，最佳现金持有量、相关成本的构成以及与现金持有量的关系如图7-4所示。

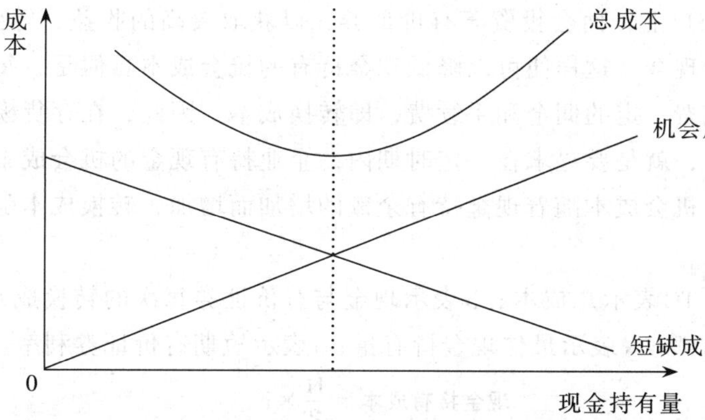

图7-4 现金持有成本与最佳现金持有量

在成本分析模型下，机会成本是正相关成本，短缺成本是负相关成本。因此，成本分析模型是要找到机会成本、短缺成本曲线的相交点，即总成本曲线中的最低点。该点所对应的现金持有量，即为最佳现金持有量。

【例7-1】凯胜公司现有A、B、C、D四个现金持有方案，有关成本资料见表7-1。请根据表7-1所列示的资料，为凯胜公司测算最佳现金持有量。

表7-1 **凯胜公司备选现金持有方案** 金额单位：万元

方　案	A	B	C	D
现金持有量	100	200	300	400
机会成本率	10%	10%	10%	10%
短缺成本	50	30	5	0

根据表7-1计算的最佳现金持有量见表7-2。

表7-2 **凯胜公司最佳现金持有量测算表** 单位：万元

方　案	现金持有量	机会成本	短缺成本	相关总成本
A	100	100×10%=10	50	60
B	200	200×10%=20	30	50
C	300	300×10%=30	5	35
D	400	400×10%=40	0	40

根据分析，由于C方案持有现金的相关总成本为35万元，是这四个方案中相关总成本最低的方案，所以应选择C方案。凯胜公司的现金最佳持有量是300万元。

（二）存货模型

存货模型是指企业在确定最佳现金持有量时，运用存货经济批量的原理来确定企业的现金持有量。此方法要求企业有较完整的财务预算，即在一定时期内在现金需求量可预知的基础上用存货模型来确定最合理的现金资产的平均存量。

现金持有量越大，其机会成本越高，反之亦然。所以企业每次获取大量现金时，可能不会长久地保留在账户上，而会投资于有价证券，以获取较高的收益，等到需要现金时，再将有价证券转换为现金。这样便可以降低现金持有的机会成本。但是，每次将有价证券转换成现金时都要花费一定的佣金和手续费，即转换成本。因此，在存货模型中，测算企业的最佳现金持有量，就是要寻求在一定时期内，企业持有现金的机会成本和转换成本最低时的现金持有量。机会成本随着现金持有余额的增加而增加，转换成本随着现金持有余额的增加而减少。

存货模型假设：TC表示总成本；b表示现金与有价证券每次的转换成本；T表示特定时期内的现金需求总额；N表示最佳现金持有量；i表示短期有价证券利率。那么：

$$\text{现金持有成本} = \frac{N}{2} \times i$$

$$\text{现金转换成本} = \frac{T}{N} \times b$$

$$\text{总成本TC} = \frac{N}{2} \times i + \frac{T}{N} \times b$$

在总成本函数关系式中求一阶导数，并令其结果等于零，即：

$$\frac{i}{2} - \frac{Tb}{N^2} = 0$$

$$\text{最佳现金持有量}N^* = \sqrt{\frac{2Tb}{i}}$$

【例7-2】某公司全年需要现金4 000元，现金与有价证券的转换成本为每次100元，有价证券的利率为20%，试计算最佳现金持有量为多少。

解：

$$N^* = \sqrt{\frac{2 \times 4\,000 \times 100}{20\%}} = 2\,000(\text{元})$$

由此可得：公司最佳现金持有量为2 000元。

$$\text{机会成本} = \frac{2\,000}{2} \times 20\% = 200(\text{元})$$

$$\text{转换成本} = \frac{4\,000}{2\,000} \times 100 = 200(\text{元})$$

现金持有量存货模型的运用能较为准确地测算出企业一定时期现金的最佳持有量和有价证券的转换次数，是财务管理中现金管理的重要手段。但此方法的运用有一定的限制条件，即只有在企业一定时期内现金收支稳定，其需求总量可以预测，短期有价证券可随时转换，并已知其报酬率和每次转换成本的情况下才能使用。

（三）随机模型（米勒-奥尔模型）

在实际工作中，企业现金流量往往具有很大的不确定性。米勒（M. Miller）和奥尔（D. Orr）设计了一个在现金流入、流出不稳定情况下确定现金最佳持有量的模型。他们假定每日净现金流量的分布接近正态分布，每日现金流量可能低于也可能高于期望值，其变化是随机的。由于现金流量波动是随机的，只能对现金持有量确定一个控制区域，定出上限和下限。当企业现金余额达到上限时，则将部分现金转换为有价证券；当现金余额下降到下限时，则卖出部分证券。图7-5显示了现金的随机模型。

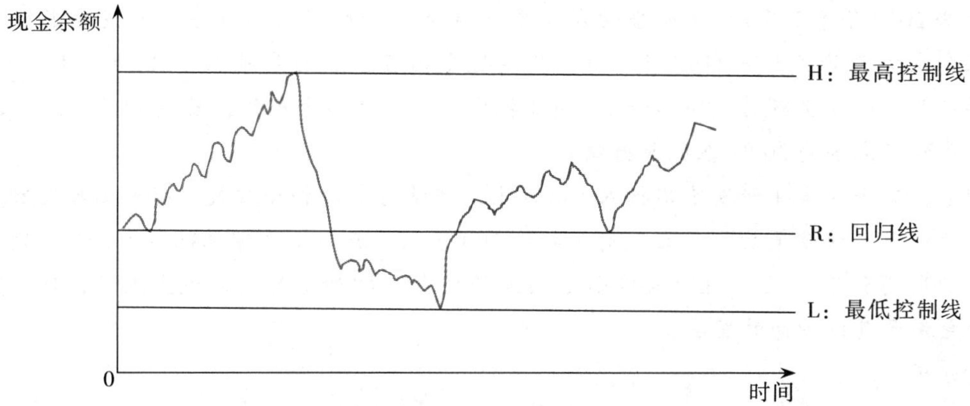

图7-5　现金的随机模型

该模型有两条控制线和一条回归线。最低控制线L取决于模型之外的因素，其数额是由现金管理部经理在综合考虑短缺现金的风险程度、公司借款能力、公司日常周转所需资金、银行要求的补偿性余额等因素的基础上确定的。回归线R可按下列公式计算：

$$R = (\frac{3b \times \delta^2}{4i})^{\frac{1}{3}} + L$$

式中：b为证券转换为现金或现金转换为证券的成本；δ为公司每日现金流量变动的标准差；i为以日为基础计算的现金机会成本。

最高控制线H的计算公式为：

$$H = 3R - 2L$$

【例7-3】设某公司现金部经理决定L值应为10 000元，估计公司每日现金流量标准差δ为1 000元，持有现金的年机会成本率为15%，换算为i值是0.00039，转换成本b为150元。

要求：根据随机模型，计算回归线R和最高控制线H。

解：

$$R = (\frac{3 \times 150 \times 1\,000^2}{4 \times 0.00039})^{\frac{1}{3}} + 10\,000 = 16\,607(\text{元})$$

$$H = 3 \times 16\,607 - 2 \times 10\,000 = 29\,821(\text{元})$$

该公司最佳现金余额为16 607元。若现金持有量达到29 821元，则买进13 214元的证券；若现金持有量降至10 000元，则卖出6 607元的证券。

运用随机模型求现金最佳持有量符合随机思想，即企业现金支出是随机的，收入是无法预知的，所以，适用于对所有企业现金最佳持有量的测算。但是，随机模型建立在企业的现金未来需求总量和收支不可预测的前提下，因此，计算出来的现金持有量比较保守。

【课堂拓展】

进一步完善研发费用税前加计扣除政策①

为进一步激励企业加大研发投入，更好地支持科技创新，中华人民共和国财政部和国家税务总局联合发布《关于进一步完善研发费用税前加计扣除政策的公告》（财政部 税务

① 资料来源：财政部，税务总局．关于进一步完善研发费用税前加计扣除政策的公告［EB/OL］．［2023-03-26］．https：//www.gov.cn/zhengce/zhengceku/2023-03/28/content_5748747.htm.

总局公告2023年第7号）。该公告的发布意味着企业开展研发活动中实际发生的研发费用，未形成无形资产计入当期损益的，在按规定据实扣除的基础上，自2023年1月1日起，再按照实际发生额的100%在税前加计扣除；形成无形资产的，自2023年1月1日起，按照无形资产成本的200%在税前摊销。

例如，某企业当年研发费用投入100万元，若没有加计扣除政策，企业需按全额利润计算纳税。有了该政策后，可在税前多扣除100万元。若企业所得税税率为25%，则可少缴纳企业所得税25万元。这直接降低了企业的税负，增加了企业的现金流量，使企业有更多资金用于其他方面的发展。

请分析：

国家出台研发费用税前加计扣除政策对宏观经济的影响有哪些？

四、现金收支的日常控制

（一）现金周转期

为了确定企业的现金周转期，我们需要了解营运资金的循环过程：首先，企业要购买原材料，但是并不是购买原材料的当天就马上付款，这一延迟的时间段就是应付账款周转期。企业对原材料进行加工最终转变为产成品并将之卖出，这一时间段被称为存货周转期。企业从产生应收账款到应收账款收回，这一段时间称为应收账款周转期。现金周转期，是指介于公司支付现金与收到现金之间的时间段，也就是存货周转期与应收账款周转期之和减去应付账款周转期。

用公式来表示就是：

现金周转期 = 存货周转期 + 应收账款周转期 − 应付账款周转期

式中：

存货周转期 = 平均存货 ÷ 每天的销货成本

应收账款周转期 = 平均应收账款 ÷ 每天的销售收入

应付账款周转期 = 平均应付账款 ÷ 每天的购货成本

因此，要缩短现金周转期，可以从以下方面着手：加快制造与销售产成品来减少存货周转期；加速应收账款的回收来减少应收账款周转期；减缓支付应付账款来延长应付账款周转期。

（二）现金收支管理

有效的现金管理方法包括现金流动同步化、合理估计“浮存”、实行内部牵制制度、及时进行现金清理等。

1.现金流动同步化

企业的现金流入与流出一般来说是很难准确预测的。为了应对这种不确定性可能带来的问题，企业往往需要保留比最佳现金持有量多的现金余额。为了尽量减少企业持有现金带来的成本增加和盈利减少，企业财务人员需要提高预测和管理能力，使现金流入和流出能够合理匹配，实现同步化的理想效果。现金流动同步化的实现可以使企业的现金余额减到最小，从而减少持有成本，提高企业的盈利水平。

2.合理估计“浮存”

“浮存”（Float）是指企业账簿中的现金余额与银行记录中的现金余额的差额。由于企业支付、收款与银行转账业务之间存在时滞，本应显示同一余额的企业账簿和银行记录之间就会出现差异。为了保证企业的安全运转，财务人员必须对这个差异有清楚的了解，以正确判断企业的现金持有情况，避免出现高估或低估企业现金余额的错误。

3.实行内部牵制制度

在现金管理中，要实行管钱的不管账，管账的不管钱，使出纳人员和会计人员互相牵制，互相监督。凡涉及库存现金收付的，都应坚持复核制度，以减少差错，堵塞漏洞。出纳人员调换时，必须办理交接手续，做到责任清楚。

4.及时进行现金清理

在现金管理中，要及时进行现金清理。库存现金的收支应做到日清月结，确保库存现金的账面余额与实际库存额相符；银行存款账户余额与银行对账单余额相符；库存现金、银行存款日记账数额分别与库存现金、银行存款总账数额相符。

第三节 应收账款管理

一、应收账款及其管理的意义

应收账款是指企业因赊销产品、材料和提供劳务等应向购货单位或接受劳务单位收取的款项。应收账款是企业流动资产的一个重要项目。随着市场经济的发展和商业信用的推行，企业应收账款数目明显增多，已成为流动资产管理的一个重要的问题。

应收账款管理，就是要制定科学合理的应收账款信用政策，并在这种信用政策所增加的盈利和采用这种政策预计要负担的成本之间进行权衡，以确定合理的应收账款水平。

二、应收账款的功能

企业通过提供商业信用，采取赊销、分期收款等方式可以扩大销售，增强竞争力，获得利润。应收账款作为企业为扩大销售和盈利的一项投资，也会发生一定的成本。因此，企业需要在应收账款所增加的盈利和所增加的成本之间作出权衡。应收账款管理就是分析赊销的条件，使赊销带来的盈利增加大于应收账款投资产生的成本增加，最终使企业现金收入增加，企业价值上升。

应收账款的功能是指其在生产经营中的作用，主要有以下两方面：

（一）增加销售

在激烈的市场竞争中，通过提供赊销可有效地促进销售。因为企业提供赊销不仅向顾客提供了商品，也在一定时间内向顾客提供了购买该商品的资金，顾客将从赊销中得到好处，所以赊销会带来企业销售收入和利润的增加。

（二）减少存货

企业持有一定产成品存货时，会相应地占用资金，产生仓储费用、管理费用，而赊销则可避免这些费用的产生。因此，当企业的产成品存货较多时，一般会采用优惠的信用条件进行赊销，将存货转化为应收账款，节约支出。

三、应收账款的成本

应收账款作为企业为增加销售和盈利而进行的投资，必然会发生一定的成本。应收账款的成本主要有：

（一）机会成本

应收账款会占用企业一定量的资金，而企业若不把这部分资金投放于应收账款，便可以用于其他投资并可能获得收益，例如投资债券获得利息收入。这种因投放于应收账款而放弃其他投资所带来的收益，即为应收账款的机会成本。机会成本通常与企业维持赊销业务所需要的资金数量及资本成本有关。其计算公式为：

$$应收账款的机会成本 = 维持赊销业务所需要的资金 \times 资本成本$$

公式中，资本成本一般可按有价证券收益率计算。

维持赊销业务所需要的资金可按下列步骤计算：

（1）计算应收账款周转率。

$$应收账款周转率 = 360 \div 应收账款周转期$$

（2）计算应收账款平均余额。

$$应收账款平均余额 = 赊销收入净额 \div 应收账款周转率$$

（3）计算维持赊销业务所需要的资金。

$$维持赊销业务所需的资金 = 应收账款平均余额 \times 变动成本率$$

【例 7-4】某企业预计全年赊销额为 240 万元，应收账款平均收现期为 90 天，变动成本率为 50%，资本成本为 10%，则应收账款的机会成本是多少？

解：

$$应收账款周转率 = 360 \div 90 = 4(次)$$

$$应收账款平均余额 = 240 \div 4 = 60(万元)$$

$$维持赊销业务所需的资金 = 60 \times 50\% = 30(万元)$$

$$应收账款的机会成本 = 30 \times 10\% = 3(万元)$$

（二）管理成本

应收账款的管理成本主要是指在进行应收账款管理时所增加的费用，主要包括：调查顾客信用状况的费用、收集各种信息的费用、账簿的记录费用、收账费用等。

（三）坏账成本

在赊销交易中，债务人由于种种原因无力偿还债务，债权人就有可能无法收回应收账款而发生损失，这种损失就是坏账成本。可以说，企业发生坏账成本是不可避免的，而此项成本一般与应收账款的数量成正比例变动。

四、信用政策

为了确保企业能一致性地运用信用和保证公平性，企业必须制定恰当的信用政策，必须明确地规定信用标准、信用条件和收账政策三部分内容。

信用标准与信用条件

（一）信用标准

信用标准代表企业愿意承担的最大的付款风险的金额。如果企业执行的信用标准过于严格，就可能会降低符合可接受信用风险标准客户的赊销额，进而限制企业的销售机会；如果企业执行的信用标准过于宽松，就可能会对不符合可接受信用风险标准的客户提供赊销，进而增加随后还款的风险并增加坏账费用。因此，信用标准对企业的财务安全有很重要的影响。

企业在设定某一顾客信用标准时，往往先要评估他拖欠账款的可能性。企业必须设法了解客户过去的付款记录，看其是否有按期如数付款的一贯做法，以及与其他供货企业的关系是否良好。这可以通过“5C”信用评价系统来进行评估。所谓“5C”系统，即：品质（Character）、能力（Capacity）、资本（Capital）、抵押（Collateral）和条件（Condition）五个方面。

（1）品质：是指个人申请人或企业申请人的诚实和正直表现。品质反映了个人或企业在过去的还款中所体现的还款意图和愿望。

（2）能力：反映的是企业或个人在其债务到期时可以用于偿债的当前和未来的财务资源，可以使用流动比率和现金流预测等方法评价申请人的还款能力。

（3）资本：是指如果企业或个人当前的现金流不足以还债，他们在短期和长期内可供使用的财务资源。

（4）抵押：是指当企业或个人不能满足还款条款时，可以用作债务担保的资产或其他担保物。

（5）条件：是指影响顾客还款能力和还款意愿的经济环境，对申请人的这些条件进行评价以决定是否给其提供信用。

【例7-5】东方公司在当前信用政策下的经营情况见表7-3。

表7-3 东方公司在当前信用政策下的经营情况

项 目	数 据
销售收入	100 000元
销售利润率	20%
平均收现期	45天
平均坏账损失率	6%
应收账款占用资金的机会成本率	15%

东方公司准备对信用标准进行修订，提出A、B两个方案。预计两个方案下销售收入和应收账款可能发生的变化见表7-4。

表7-4 东方公司备选的两种信用标准

项 目	方案A（较严格的信用标准）	方案B（较宽松的信用标准）
销售收入	减少10 000元	增加15 000元
收现期	剩余的90 000元销售收入的平均收现期降为40天	增加的15 000元销售收入的平均收现期为60天，原100 000元销售收入的平均收现期仍为45天
坏账损失率	剩余的90 000元销售收入的平均坏账损失率降为5.5%	增加的15 000元销售收入的坏账损失率为12%，原100 000元销售收入的坏账损失率仍为6%

为了评价备选的两种信用标准的优劣，必须计算两个方案各自将产生的收益和成本，并对两个方案所能产生的净收益进行比较。现分别对两个方案进行测算，详见表7-5。

表7-5 东方公司备选的两种信用标准测算结果 单位：元

项目	方案A（较严格的信用标准）	方案B（较宽松的信用标准）
销售利润	=销售收入×销售利润率 $= 90\,000 \times 20\%$ $= 18\,000$	$= (100\,000 + 15\,000) \times 20\%$ $= 23\,000$
应收账款机会成本	$=$销售收入×机会成本率×$\frac{收现期}{360}$ $= 90\,000 \times 15\% \times \frac{40}{360}$ $= 1\,500$	$= 100\,000 \times 15\% \times \frac{45}{360} + 15\,000 \times 15\% \times \frac{60}{360}$ $= 2\,250$
坏账成本	=销售收入×坏账损失率 $= 90\,000 \times 5.5\%$ $= 4\,950$	$= 100\,000 \times 6\% + 15\,000 \times 12\%$ $= 7\,800$
净收益	=销售利润－应收账款机会成本－坏账成本 $= 18\,000 - 1\,500 - 4950$ $= 11\,550$	$= 23\,000 - 2\,250 - 7\,800$ $= 12\,950$

以上计算表明，采用较宽松的信用标准，即方案B，能使东方公司获得较多的净收益，因此应当采用方案B。

（二）信用条件

信用标准是企业评价客户等级，决定给予或拒绝客户信用的依据。一旦企业决定给予客户信用优惠，就需要考虑具体的信用条件。信用条件是指企业接受客户信用订单时所提出的付款要求，主要包括信用期限、折扣期限和现金折扣等。信用条件的基本表现方式如“2/10，n/45”，即若客户能够在发票开出后的10日内付款，可以享受2%的现金折扣；如果放弃折扣优惠，则全部款项必须在45日内付清。此处，45天为信用期限，10天为折扣期限，2%为现金折扣。

1.信用期限

信用期限是指企业允许客户从购货到支付货款的时间间隔。企业产品销售量与信用期限之间存在着一定的依存关系。通常，延长信用期限，可以在一定程度上扩大销售量，从而增加毛利，但不适当地延长信用期限，会给企业带来不良后果：一是使平均收现期延长，占用在应收账款上的资金相应增加，引起机会成本增加；二是引起坏账损失和收账费用的增加。因此，企业是否延长客户的信用期限，应视延长信用期限增加的边际收入是否大于增加的边际成本而定。

2.折扣期限和现金折扣

许多企业为了加速资金周转、及时收回货款、减少坏账损失，往往在延长信用期限的同时，采用一定的优惠措施，即在规定的时间内提前偿付货款的客户可按照销售收入的一定比率享受折扣。如上例“2/10，n/45”表示赊销期限为45天，若客户在10天内付款，则可享受2%的折扣。现金折扣实际上是对现金收入的扣减，企业在决定是否提供以及提供多大程度的现金折扣时，着重考虑的是提供折扣后所得的收益是否大于现金折扣的成本。如果加速收款带来的收益能够很好地补偿现金折扣成本，企业就可以采用现金折扣或进一步改变当前的折扣大小；如果加速收款所得的收益不能补偿现金折扣成本，现金优惠条件便被认为是不恰当的。

3.信用条件备选方案的评价

虽然企业在信用管理政策中，已对可接受的信用风险水平做了规定，但当企业的生产经营环境发生变化时，就需要对信用管理政策中的某些规定进行修改和调整，并对改变条件的各备选方案进行认真的评价。

【例 7-6】某企业预测 20×8 年度赊销额为 3 600 万元，其信用条件是“n/30”，变动成本率为 60%，资本成本为 10%。假设企业收账政策不变，固定成本总额不变。该企业准备了三个信用条件的备选方案：方案 A，维持“n/30”的条件；方案 B，变成“n/60”的条件；方案 C，变成“n/90”的条件。

各个备选方案的有关数据见表 7-6。

表 7-6 **信用条件备选方案表** 金额单位：万元

项 目	方案 A	方案 B	方案 C
信用条件	n/30	n/60	n/90
年赊销额	3 600	3 960	4 200
应收账款平均收现天数（天）	30	60	90
应收账款平均余额	$\frac{3\,600}{360}\times 30=300$	$\frac{3\,960}{360}\times 60=660$	$\frac{4\,200}{360}\times 90=1\,050$
维持赊销业务所需资金	300 × 60% = 180	660 × 60% = 396	1 050 × 60% = 630
坏账损失率	2%	3%	6%
坏账损失	3 600 × 2% = 72	3 960 × 3% = 118.8	4 200 × 6% = 252
收账费用	36	60	144

根据以上资料可以计算如下指标，见表 7-7。

表 7-7 **信用条件分析评价表** 单位：万元

项 目	方案 A	方案 B	方案 C
信用条件	n/30	n/60	n/90
年赊销额	3 600	3 960	4 200
变动成本	2 160	2 376	2 520
信用成本前收益	1 440	1 584	1 680
信用成本：			
应收账款机会成本	180 × 10% = 18	396 × 10% = 39.6	630 × 10% = 63
坏账损失	72	118.8	252
收账费用	36	60	144
小计	126	218.4	459
信用成本后收益	1 314	1 365.6	1 221

根据表7-7中的资料可知，在这三个方案中方案B（n/60）的获利最多，方案B比方案A（n/30）增加收益51.6万元，比方案C（n/90）的收益要多144.6万元。因此，在其他条件不变的情况下，应选方案B。

（三）收账政策

收账政策是企业向客户催收逾期未付账款所采取的策略。为了保障应收账款的安全回收，协调与客户的关系，企业要谨慎制定收账政策。如果收账政策过严，催收过急，可能会令那些无恶意拖欠货款的客户不悦，而失去后续订单，影响产品销售和利润水平；但收账政策过于宽松，可能会放任部分恶意拖欠货款的客户，而且收款期的延长也会增加企业的信用成本。

收账政策与应收账款日常管理

一般而言，企业收账政策越积极，发生在收账程序上的费用越高，坏账损失就越少。但这二者之间并非线性关系，初始的收账费用可能只会减少部分的坏账损失，进一步增加收账费用将对抑制坏账损失产生明显效果，但到一定程度后，继续追加收账费用便不能带来坏账损失的直接减少，此时，应停止增加收账费用。

企业在确定收账政策时，要具体情况具体分析，采取灵活务实的策略。

1.企业对逾期应收账款应确定合理的收账程序。

催收账款的程序通常是邮寄信函、电话催问、上门收款和法律诉讼等。一般来说，企业应为客户设置一个允许拖欠的期限，当客户超过此期限时，应首先向对方发出信函，礼貌地提醒对方交款日已过，有时可以在付款期前几日致函对方，提醒客户交款期将至；如果交款期已过，而客户未回函表示意见，那么企业有必要电话催收或积极地派人上门索款，如遇客户确实因资金周转紧张而不能立即付款时，双方可共同商讨具体的付款方法；如果以上各收款程序均无效果，才可考虑法律诉讼的程序，因为法律诉讼对双方都会造成损失，企业应尽量避免采用法律诉讼程序。

2.对于不同性质的欠款企业应采用灵活多样的收款方式。

企业在对特定客户拖欠货款进行处理时，要对客户拖欠货款的原因进行分析，采取灵活多变的收款方法，通常客户拖欠货款可概括为两类：无力偿付和故意拖欠。

无力偿付是指客户财务出现困难，没有资金偿还到期债务。对此，企业应进行具体分析：如果客户确实遇到暂时困难，企业可在一定程度上对账款予以延期来帮助客户渡过难关；如客户发生严重的财务危机，则应及时向法院起诉，以期在破产清算时得到债权的部分清偿。

故意拖欠是指客户有能力付款，但是为了无偿使用该款项或其他目的，想方设法不付款。这时企业需要采取积极的讨债方法，以达到回笼货款的目的，如派专人现场收款或采取法律行动。

总之，影响企业信用标准、信用条件及收账政策的因素很多，企业在制定信用政策时应综合考虑。一般而言，理想的信用政策就是能为企业带来最大收益的政策。

【例7-7】某企业应收账款现行的收账政策和拟采用的新收账政策见表7-8。

表 7-8　不同收账政策下的有关资料

项目	现行收账政策	拟采用的新收账政策
年收账费用（万元）	6	10
平均收现天数（天）	60	30
坏账损失率（%）	3	2
赊销额（万元）	480	480
变动成本率（%）	60	60

假设资金利润率为10%，根据表7-8中的资料，计算两种政策的收账总成本见表7-9。

表 7-9　不同收账政策分析评价

项目	现行收账政策	拟采用的新收账政策
赊销额（万元）	480	480
应收账款平均收现天数（天）	60	30
应收账款平均余额（万元）	$\frac{480}{360}\times 60=80$	$\frac{480}{360}\times 30=40$
应收账款占用的资金（万元）	80×60%=48	40×60%=24
应收账款机会成本（万元）	48×10%=4.8	24×10%=2.4
坏账损失（万元）	480×3%=14.4	480×2%=9.6
年收账费用（万元）	6	10
收账总成本（万元）	25.2	22

表7-9的计算结果表明，拟采用的新收账政策的收账总成本低于现行收账政策的收账总成本。因此，拟采用的新收账政策是可以接受的。

五、应收账款日常管理

应收账款的管理难度比较大，在确定合理的信用政策之后，还要做好应收账款的日常管理工作，包括对客户的信用调查和分析评估、应收账款保理等。

（一）调查客户信用

信用调查是指收集和整理反映客户信用状况的有关资料的工作。信用调查是企业应收账款日常管理的基础，是正确评价客户信用的前提条件。企业对顾客进行信用调查主要通过两种方法：

1.直接调查

直接调查是指调查人员通过与被调查单位进行直接接触，通过当面采访、询问、观看等方式获取信用资料的一种方法。直接调查可以保证收集资料的准确性和及时性，但也有一定的局限性，往往获得的是感性资料，若不能得到被调查单位的合作，则会使调查工作难以开展。

2.间接调查

间接调查是指以被调查单位以及其他单位保存的有关原始记录和核算资料为基础，通过加工整理获得被调查单位信用资料的一种方法。这些资料主要来自以下几个方面：

（1）财务报表。通过财务报表分析，可以基本掌握一家企业的财务状况和信用状况。

（2）信用评估机构。因为专门的信用评估机构的评估方法先进、评估调查细致、评估程序合理，所以可信度较高。

（3）银行。银行是取得信用资料的一个重要渠道，许多银行都设有信用部，为其顾客服务，并负责对其顾客信用状况进行记录、评估。但银行的资料一般仅愿意在内部及同行之间进行流转，而不愿向其他单位提供。

（4）其他途径。例如，财税部门、市场监管部门、消费者协会等机构都可能提供相关的信用状况资料。

（二）评估客户信用

收集好信用资料以后，就需要对这些资料进行分析、评估。企业一般采用“5C”系统来评价，并对客户信用进行等级划分。在信用等级方面，目前主要有两种：一种是三类九等，即将企业的信用状况分为AAA、AA、A、BBB、BB、B、CCC、CC、C九等，其中AAA为信用最优等级，C为信用最低等级。另一种是三级制，即分为AAA、AA、A三个信用等级。

（三）应收账款保理

保理是保付代理的简称，是指保理商与债权人签订协议，转让其对应收账款的部分或全部权利与义务，并收取一定费用的过程。

保理又称托收保付，是指卖方（供应商或出口商）与保理商之间存在的一种契约关系。根据契约，卖方将其现在或将来的基于其与买方（债务人）订立的货物销售（服务）合同所产生的应收账款转让给保理商，由保理商提供下列服务中的至少两项：贸易融资、销售分户账管理、应收账款的催收、信用风险控制与坏账担保。可见，保理是一项综合性的金融服务方式，与单纯的融资或收账管理有本质区别。

应收账款保理是指企业将赊销形成的未到期应收账款在满足一定条件的情况下，转让给保理商，以获得保理商流动资金支持，加快资金的周转。保理可以分为有追索权保理（非买断型）和无追索权保理（买断型）、明保理和暗保理、折扣保理和到期保理。

有追索权保理是指供应商将债权转让给保理商，供应商向保理商融通资金后，如果购货商拒绝付款或无力付款，保理商有权向供应商要求偿还预付的现金，如购货商破产或无力支付，只要有关款项到期未能收回，保理商就有权向供应商进行追索，因而保理商具有全部“追索权”。这种保理方式在我国采用较多。无追索权保理是指保理商将销售合同完全买断，并承担全部的收款风险。

明保理是指保理商和供应商需要将销售合同被转让的情况通知购货商，并签订保理商、供应商、购货商之间的三方合同。暗保理是指供应商为了避免让客户知道自己因流动资金不足而转让应收账款，并不将债权转让情况通知客户，货款到期时仍由销售商出面催款，再向保理商偿还借款。

折扣保理又称融资保理，即在销售合同到期前，保理商将剩余未收款部分先预付给销售商，一般不超过全部合同额的70%～90%。到期保理是指保理商并不提供预付账款融资，而是在赊销到期时才支付，届时不管货款是否收到，保理商都必须向销售商支付货款。

应收账款保理对于企业而言，其理财作用主要体现在：

（1）融资功能。应收账款保理，其实质也是利用未到期应收账款这种流动资产作为抵押从而获得保理商短期借款的一种融资方式。对于那些规模小、销售业务少的公司来说，向银行贷款会受到很大的限制，而自身的原始积累又不能支撑企业的高速发展，通过保理业务进行融资可能是企业较为明智的选择。

（2）减轻企业应收账款的管理负担。推行保理业务是市场分工思想的运用，面对市场的激烈竞争，企业可以把应收账款让予专门的保理商进行管理，使企业从应收账款的管理之中解脱出来，由专业的保理公司对销售企业的应收账款进行管理，他们拥有专业技术人员和业务运行机制，会详细地对销售客户的信用状况进行调查，建立一套有效的收款政策，及时收回账款，使企业减轻财务管理负担，提高财务管理效率。

（3）减少坏账损失、降低经营风险。企业只要有应收账款就有发生坏账的可能性，以往应收账款的风险都是由企业单独承担的，而采用应收账款保理后，一方面可以提供信用风险控制与坏账担保，帮助企业降低其客户违约的风险；另一方面可以借助专业的保理商去催收账款，能够在很大程度上降低坏账发生的可能性，有效地控制坏账风险。

（4）改善企业的财务结构。应收账款保理业务是将企业的应收账款与货币资金进行置换。企业通过出售应收账款，将流动性稍弱的应收账款置换为具有高度流动性的货币资金，增强了企业资产的流动性，提高了企业的债务清偿能力和盈利能力。

改革开放以后，我国开始试行保理服务业务，然而从整体上看，应收账款保理业务的发展在我国仍处于起步阶段，目前只有少数银行（如中国银行、交通银行、光大银行及中信银行等商业银行）公开对外宣称提供保理业务。随着市场的需要及竞争的加剧，保理业务在国内将会得到更好的发展。

第四节 存货管理

一、存货的概念与功能

存货是指企业在生产经营过程中为销售或者耗用而储备的物资，包括材料、燃料、低值易耗品、在产品、半成品、产成品、商品等。存货管理水平的高低直接影响着企业的生产经营能否顺利进行，并最终影响企业的收益、风险等状况。因此，存货管理是财务管理的一项重要内容。

存货的概念与经济订货批量

存货管理的目标，就是要尽力在各种存货成本与存货收益之间作出权衡，在充分发挥存货功能的基础上，降低存货成本，实现两者的最佳组合。存货的功能是指存货在企业生产经营过程中起到的作用，具体包括以下几个方面：

（一）保证生产正常进行

生产过程中需要的原材料和在产品，是生产的物质保证。为保障生产的正常进行，必须储备一定量的原材料；否则可能会造成生产中断、停工待料。

（二）有利于销售

一定数量的存货储备能够增加企业在生产和销售方面的机动性和适应市场变化的能力。当企业产品的市场需求量增加时，若产品储备不足就有可能失去销售良机，所以保持一定量的存货是有利于市场销售的。

（三）便于维持均衡生产，降低产品成本

有些企业产品属于季节性产品或者需求波动较大的产品。此时，若根据需求状况组织生产，则可能导致生产能力有时得不到充分利用，而有时又超负荷生产，这会造成产品成本的上升。

（四）降低存货采购成本

一般情况下，当企业进行采购时，进货总成本与采购物资的单价和采购数量有密切关系。许多供应商为鼓励客户多购买其产品，往往在客户采购量达到一定数量时，给予价格折扣，所以企业通过大批量集中进货，既可以享受价格折扣，降低采购成本，又因减少订货次数，降低了订货成本，使总的进货成本降低。

（五）防止意外事件的发生

企业在采购、运输、生产和销售过程中，都可能发生意料之外的事故，保持必要的存货保险储备，可以避免和减少意外事件造成的损失。

二、存货的持有成本

与存货的持有有关的成本，包括以下四种：

（一）采购成本

采购成本是指为取得某种存货而支出的成本，由买价、运杂费等构成。采购成本一般与采购数量成正比例变化。为降低采购成本，企业应研究材料物资的供应情况，货比三家，价比三家，争取采购质量好、价格低的材料物资。

（二）订货成本

订货成本是指订购材料、商品而发生的成本。订货成本一般与订货的数量无关，而与订货的次数有关。企业要降低订货成本，需要大批量采购，以减少订货次数。

（三）储存成本

储存成本是指在物资储存过程中发生的仓储费、搬运费、保险费、占用资金支付的利息费等。一定时期内的储存成本总额，等于该时期内平均存货量与单位储存成本之积。企业要想降低储存成本，需要小批量采购，以减少储存数量。

（四）缺货成本

缺货成本是指由于存货储备不足而给企业造成的经济损失，如由于原材料储备不足造成的停工损失，由于商品储备不足造成销售中断的损失，由于成品供应中断导致延误发货的信誉损失及丧失销售机会的损失等。缺货成本与存货的储备数量负相关。存货的储备数量越大，发生缺货的可能性越小，缺货成本就越小。

此外，企业还应考虑由于物资储存过多、时间过长而发生的变质与毁损的损失。

企业存货的最优化，就是使企业存货总成本最小。

三、最佳经济订货批量的确定

(一) 经济订货批量模型

经济订货批量又称经济订货量，是指一定时期储存成本和订货成本总和最低的采购批量。存货成本中的储存成本与订货批量之间具有正向关系，而订货成本与订货批量之间具有反向关系。订购批量大，企业储存的存货就多，存货储存成本上升；与此同时，订货批量大，一定时期内订货次数就减少，总订货成本就会降低。反之，降低订货批量能够降低储存成本，但由于订货次数增加，订货成本将会上升（如图7-6所示）。

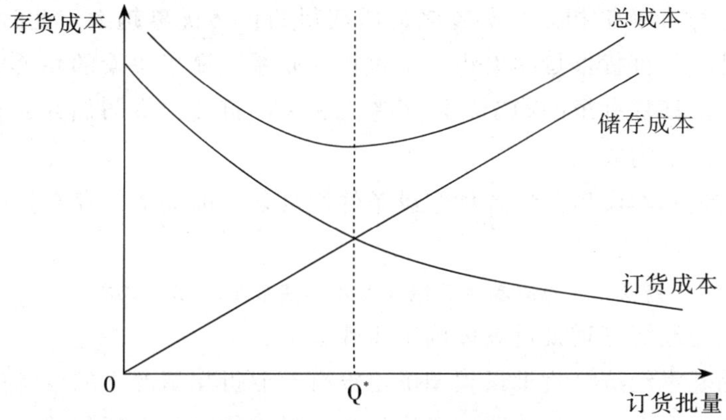

图7-6 经济订货批量模型

经济订货批量模型假设：①能够及时补充存货，即企业在有订货需求时能够立即购得足够存货；②所订购的全部存货能够一次到位，不需要陆续入库；③没有缺货成本；④没有固定订货成本和固定储存成本；⑤存货需求量稳定且能准确预测；⑥存货供应稳定且单价不变；⑦企业现金充足，不会因为现金短缺而影响进货。

在上述假设的基础上，令TC表示总成本，A表示存货全年需求量，Q表示每批订货量，F表示每批订货成本，C表示每单位存货的年储存成本。则有：

$$总成本TC = \frac{Q}{2} \times C + \frac{A}{Q} \times F$$

对上式中Q求一阶导数，并令其为零，即得：

$$经济订货批量Q^* = \sqrt{\frac{2AF}{C}}$$

$$年最佳订货次数 = \frac{A}{Q}$$

【例7-8】某企业全年耗用甲材料360 000千克，该材料的单位采购成本为100元，单位储存成本4元，平均每次进货费用200元，每批订货量为6 000千克，则该企业的经济订货批量是多少？年最佳订货次数是多少？在经济订货批量下，存货总成本是多少？

解：

$$经济订货批量Q^* = \sqrt{\frac{2AF}{C}} = \sqrt{\frac{2 \times 360\,000 \times 200}{4}} = 6\,000(千克)$$

$$年最佳订货次数 = \frac{A}{Q} = \frac{360\,000}{6\,000} = 60(次)$$

$$总成本TC = \frac{Q}{2} \times C + \frac{A}{Q} \times F = \frac{6\,000}{2} \times 4 + \frac{360\,000}{6\,000} \times 200 = 24\,000(元)$$

需要指出的是，在实际工作中通常还存在着数量优惠（商业折扣，或称价格折扣）以及允许一定程度的缺货等情形，企业必须同时结合价格折扣及缺货成本等不同情况具体分析，灵活运用经济订货批量模型。

（二）实行数量折扣的经济订货批量模型

在基本存货经济订货批量模型中有购进单价不变且不存在数量折扣的假设。事实上，为了鼓励客户购买更多的产品，销售企业通常会给予不同程度的价格优惠，即实行商业折扣。购买越多，所获得的价格优惠越大。此时，存货的采购成本已经与订货批量的大小有了直接的联系，属于决策的相关成本。采购企业对经济订货批量的确定，除了考虑相关的订货成本与储存成本外，还应考虑存货的采购成本。

有数量折扣时的经济订货批量

在经济订货批量基本模型其他各种假设条件均具备的前提下，存在商业折扣时的存货相关总成本可按下式计算：

$$存货相关总成本 = 采购成本 + 订货成本 + 储存成本$$

实行商业折扣的经济订货批量具体确定步骤如下：

第一步，按照基本经济订货批量模型确定没有商业折扣情况下的经济订货批量。

第二步，计算没有商业折扣情况的经济订货批量进货时的存货相关总成本。

第三步，计算给予商业折扣的订货批量下进货时的存货相关总成本。需要说明的是，给予商业折扣的订货批量通常是一个范围，如进货数量在2 000～3 000千克之间可享受2%的价格优惠，此时按给予商业折扣的最低订货批量计算，即按2 000千克计算存货相关总成本。

第四步，选择没有商业折扣下的经济订货批量总成本和给予商业折扣的订货批量总成本二者中较小者，即确定实行商业折扣的经济订货批量。

【例7-9】某企业甲材料的年需要量为16 000千克，每千克标准价为20元。销售企业规定：客户每批采购量不足1 000千克的，按照标准价格计算；每批采购量为1 000千克以上、2 000千克以下的，价格优惠2%；每批采购量为2 000千克以上的，价格优惠3%。已知每批订货费用600元，单位材料的年储存成本30元。

要求：按经济订货批量基本模型，在考虑商业折扣时，计算经济订货批量是多少。

解：首先，计算不考虑商业折扣时的经济订货批量。

$$Q^* = \sqrt{\frac{2AF}{C}} = \sqrt{\frac{2 \times 16\,000 \times 600}{30}} = 800(千克)$$

其次，计算各个节点的存货相关总成本。

（1）每次采购800千克时的存货相关总成本为：

$$\begin{aligned} TC &= 采购成本 + 订货成本 + 储存成本 \\ &= 16\,000 \times 20 + \frac{16\,000}{800} \times 600 + \frac{800}{2} \times 30 = 344\,000(元) \end{aligned}$$

（2）每次采购1 000千克时的存货相关总成本为：

$$TC = 采购成本 + 订货成本 + 储存成本$$
$$= 16\,000 \times 20 \times (1 - 2\%) + \frac{16\,000}{1\,000} \times 600 + \frac{1\,000}{2} \times 30 = 338\,200(元)$$

（3）每次采购2 000千克时的存货相关总成本为：

$$TC = 采购成本 + 订货成本 + 储存成本$$
$$= 16\,000 \times 20 \times (1 - 3\%) + \frac{16\,000}{2\,000} \times 600 + \frac{2\,000}{2} \times 30 = 345\,200(元)$$

最后，通过比较发现，每次采购量为1 000千克时的存货相关总成本最低，所以该公司最佳订货批量为1 000千克。

（三）再订货点

前面讨论的经济订货批量是以供需稳定为前提的。但实际情况并非完全如此，企业对存货的需求量可能发生变化，交货时间也可能会延误，可能会发生缺货，为防止由此造成的损失，企业需要有一定的保险储备。图7-7显示了在具有保险储备时的存货水平。在图7-7中的再订货点，企业按EOQ订货。在交货期内，如果对存货的需求量很大，或交货时间由于某种原因被延误，企业可能发生缺货。为防止存货中断，再订货点应等于交货期内的预计需求量与保险储备之和，即：

再订货点 = 交货期内的预计需求量 + 保险储备

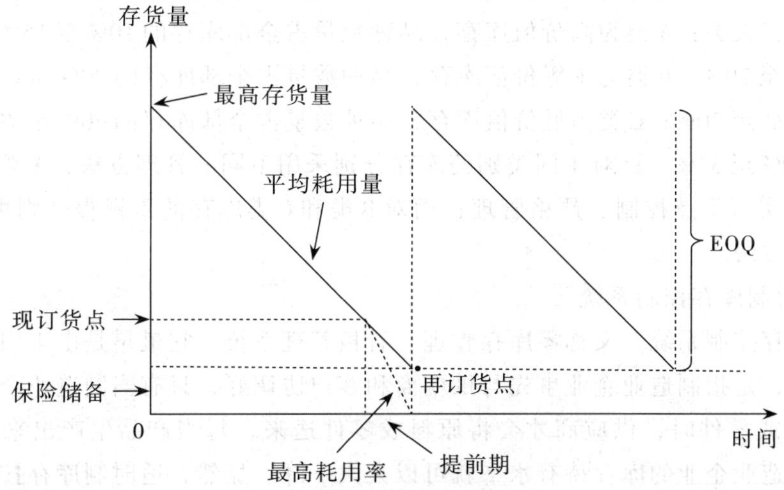

图7-7 具有保险储备时的存货水平

企业应保持多少保险储备才合适？这取决于存货中断的概率和存货中断的损失。较高的保险储备可降低缺货损失，但也增加了存货的持有成本。因此，最佳的保险储备应该使缺货损失和保险储备的持有成本之和达到最低。

保险储备又称安全储备，是指为防止存货需求量突然增加或交货期延误等不确定情况所持有的存货储备。

$$S = \frac{1}{2}(mr - nt)$$

$$R = nt + S = \frac{1}{2}(mr + nt)$$

式中：S表示存货的保险储备；R表示再订货点；n表示货物平均每天的正常耗用量；t表示从发出订单到货物验收完毕正常所用的时间；m表示预计货物的最大日耗用量；r表示从发出订单到货物验收完毕预计最长的收货时间。

【例7-10】东方公司每天正常耗用甲货物10件，订货的正常时间为20天，公司最大日耗用量为12件，预计最长收货时间为25天，计算东方公司的保险储备和再订货点。

$$S = \frac{1}{2}(mr - nt) = \frac{1}{2}(12 \times 25 - 10 \times 20) = 50(\text{件})$$

$$R = \frac{1}{2}(mr + nt) = \frac{1}{2}(12 \times 25 + 10 \times 20) = 250(\text{件})$$

四、存货的控制系统

伴随着业务流程重组的兴起以及计算机行业的发展，库存管理系统也得到了很大的发展。从MRP（物料资源规划）发展到MRP-Ⅱ（制造资源规划），再到ERP（企业资源规划），以及后来的柔性制造和供应链管理，甚至是外包（Outsourcing）等管理方法的快速发展，都大大促进了企业库存管理方法的发展。这些新的生产方式把信息技术革命进一步融为一体，提高了企业的整体运作效率。以下将对两个典型的库存控制系统进行介绍。

（一）ABC控制系统

ABC控制系统就是把企业种类繁多的存货，依据其重要程度、价值大小或者资金占用等标准分为三大类：A类为高价值库存，品种数量占全部库存的10%至15%，价值占全部库存的50%至70%；B类为中等价值库存，品种数量占全部库存的20%至25%，价值占全部库存的15%至20%；C类为低价值库存，品种数量占全部库存的60%至70%，价值占全部库存的10%至35%。针对不同类别的库存分别采用不同的管理方法，A类库存应作为管理的重点，实行重点控制、严格管理；而对B类和C类库存的重视程度则可依次降低，采取一般管理方法。

（二）适时制库存控制系统

适时制库存控制系统，又称零库存管理、看板管理系统。它最早是由丰田公司提出并应用于实践的，是指制造业企业事先与供应商和客户协调好，只有当制造业企业在生产过程中需要原料或零件时，供应商才会将原料或零件送来；每当产品生产出来就被客户拉走。这样，制造业企业的库存持有水平就可以大大下降。显然，适时制库存控制系统需要的是稳定而标准的生产程序以及供应商的诚信，否则，任何一环出现差错都将导致整个生产线的停止。目前，已有越来越多的公司利用适时制库存控制系统减少甚至消除对库存的需求，实行零库存管理，比如，沃尔玛、丰田、海尔等。目前，适时制库存控制系统进一步被应用于企业整个生产管理过程中——集开发、生产、库存和分销于一体，大大提高了企业的运营管理效率。

第五节 短期负债管理

短期负债所筹资金的使用时间较短，一般不超过1年。

一、短期借款

短期借款是指企业向银行和其他非银行金融机构借入的期限在1年以内的借款。

（一）短期借款的种类

我国目前的短期借款按照目的和用途分为若干种，主要有生产周转借款、临时借款、结算借款等。按照国际通行做法，短期借款还可依偿还方式的不同，分为一次性偿还借款和分期偿还借款；按照利息支付方法的不同，分为收款法借款、贴现法借款和加息法借款；按照有无担保，分为抵押借款和信用借款等。

企业在申请借款时，应根据各种借款的条件和需要加以选择。

（二）短期借款的取得

企业举借短期借款，首先必须提出申请，经审查同意后借贷双方签订借款合同，注明借款的用途、金额、利率、期限、还款方式、违约责任等，然后企业根据借款合同办理借款手续。手续办完后，企业便可取得借款。

（三）短期借款的信用条件

按照国际通行做法，银行发放短期借款往往带有一些信用条件，主要包括：

1.信贷限额

信贷限额是银行对借款人规定的无担保贷款的最高额。信贷限额的有效期限通常为1年，但根据情况也可延期1年。一般来讲，企业在批准的信贷限额内，可随时使用银行借款。但是，银行并不承担必须提供全部信贷限额的义务。如果企业信誉恶化，即使银行曾同意按信贷限额提供贷款，企业也可能得不到借款。这时，银行不会承担法律责任。

2.周转信贷协定

周转信贷协定是银行具有法律义务地承诺提供不超过某一最高限额的贷款协定。在协定的有效期内，只要企业的借款总额未超过最高限额，银行必须满足企业任何时候提出的借款要求。企业为享用周转信贷协定的便利，通常要根据贷款限额的未使用部分付给银行一笔承诺费。

周转信贷协定的有效期通常超过1年，但实际上贷款每几个月发放一次，所以这种信贷具有短期和长期借款的双重特点。

3.补偿性余额

补偿性余额是银行要求借款企业在银行中保持按贷款限额或实际借用额一定百分比（一般为10%~20%）的最低存款余额。从银行角度看，补偿性余额可降低贷款风险，补偿其遭受的贷款损失。对借款企业来讲，补偿性余额提高了借款的实际利率。

【例7-11】某企业按年利率8%向银行借款10万元，银行要求维持贷款限额15%的补偿性余额。要求：计算企业实际可用的借款额和实际利率。

解：

$$\text{实际可用的借款额} = 10 \times (1 - 15\%) = 8.5(\text{万元})$$

$$\text{该项借款的实际利率} = \frac{10 \times 8\%}{8.5} \times 100\% = 9.4\%$$

4.借款抵押

银行向财务风险较大的企业或对其信誉不甚有把握的企业发放贷款，有时需要有抵押品担保，以降低自己蒙受损失的风险。短期借款的抵押品经常是借款企业的应收账款、存货、股票、债券等。银行接受抵押品后，将根据抵押品的面值决定贷款金额，一般为抵押品面值的30%～90%。这一比例的高低，取决于抵押品的变现能力和银行的风险偏好。抵押贷款的成本通常高于非抵押贷款，这是因为银行主要向信誉好的客户提供非抵押贷款，而将抵押贷款看成一种风险投资，故而收取较高的利息；同时，银行管理抵押贷款要比管理非抵押贷款困难，为此往往另外收取手续费。企业向贷款人提供抵押品，会限制其财产的使用范围和将来的借款能力。

5.偿还条件

贷款的偿还有到期一次偿还和在贷款期内定期（每月、季）等额偿还两种方式。一般来讲，企业不希望采用后一种偿还方式，因为这会提高借款的实际利率；而银行不希望采用前一种偿还方式，因为这会加重财务负担，增加拒付风险，同时会降低实际贷款利率。

6.其他承诺

银行有时还要求企业为取得贷款而作出其他承诺，如及时提供财务报表、保持适当的财务水平（如特定的流动比率）等。如企业违背所作出的承诺，银行可要求企业立即偿还全部贷款。

（四）短期借款利率及利息支付方法

短期借款利率有多种，利息支付方法亦不尽相同，银行根据借款企业的情况决定采用何种利率和利息支付方法。

1.借款利率

（1）优惠利率。优惠利率是指银行向财力雄厚、经营状况好的企业贷款时收取的名义利率，为贷款利率的最低限。

（2）浮动优惠利率。浮动优惠利率是一种随其他短期利率的变动而浮动的优惠利率，即随市场条件的变化而随时调整变化的优惠利率。

（3）非优惠利率。非优惠利率是指银行向一般企业收取的高于优惠利率的贷款利率，即在优惠利率的基础上加一定的百分比。例如，银行按高于优惠利率1%的利率向某企业贷款，若当时的最优惠利率为8%，则向该企业贷款收取的利率即为9%，若当时的最优惠利率为7.5%，则向该企业贷款收取的利率即为8.5%。

非优惠利率与优惠利率之间差距的大小，由借款企业的信誉、与银行的往来关系及当时的信贷状况决定。

2.借款利息的支付方式

一般来讲，借款企业可以用三种方法支付银行贷款利息。

（1）收款法。收款法是指在借款到期时向银行支付利息的方法。银行向工商企业发放的贷款大都用这种方法收息。

（2）贴现法。贴现法是指银行向企业发放贷款时，先从本金中扣除利息部分，而到期时借款企业则要偿还贷款全部本金的一种计息方法。采用这种方法，企业可利用的贷款额只有本金减去利息部分后的差额，因此贷款的实际利率高于名义利率。

【例7-12】某企业从银行取得借款10 000元，期限1年，年利率（名义利率）8%，利息额800元（10 000×8%）。按照贴现法付息。

要求：计算该借款的实际利率。

解：

$$\text{实际可利用的贷款额} = 10\,000 - 800 = 9\,200(\text{元})$$

$$\text{贷款的实际利率} = \frac{800}{9\,200} \times 100\% = 8.7\%$$

（3）加息法。加息法是指银行发放分期等额偿还贷款时采用的利息收取方法。在发放分期等额偿还贷款的情况下，银行要将根据名义利率计算的利息加到贷款本金上，计算出贷款的本息和，要求企业在贷款期内分期偿还本息之和的金额。由于贷款分期均衡偿还，借款企业实际上平均只使用了贷款本金的半数，却支付全额利息。这样，企业所负担的实际利率便高于名义利率大约1倍。

【例7-13】某企业借入（名义）年利率为12%的贷款20 000元，分12个月等额还本付息。要求：计算该借款的实际利率。

解：

$$\text{该项借款的实际利率} = \frac{20\,000 \times 12\%}{20\,000 \div 2} \times 100\% = 24\%$$

（五）企业对银行的选择

随着金融信贷业的发展，可向企业提供贷款的银行和非银行金融机构增多，企业有更多机会在各贷款机构之间作出选择，以期对已最为有利。重要的是，要获取适宜的借款种类、借款成本和借款条件。此外，还应考虑下列有关因素：

（1）银行对贷款风险的政策。通常，银行对其贷款风险具有不同的政策。有的倾向于保守，只愿承担较小的贷款风险；有的富于开拓，敢于承担较大的贷款风险。

（2）银行对企业的态度。不同银行对企业的态度各不一样。有的银行肯于积极地为企业提供建议，帮助企业分析潜在的财务问题，有良好的服务态度，乐于为具有发展潜力的企业发放大量贷款，在企业遇到困难时帮助其渡过难关，而有的银行很少提供咨询服务，在企业遇到困难时一味地为使其偿还贷款而施加压力。

（3）贷款的专业化程度。一些大银行设有不同的专业部门，分别处理不同类型、不同行业的贷款。企业与这些拥有丰富专业化贷款经验的银行合作，会更多地受益。

（4）银行的稳定性。稳定的银行可以保证企业的借款不致中途发生变故。银行的稳定性取决于它的资本规模、存款水平波动程度和存款结构。一般来讲，资本雄厚、存款水平波动小、定期存款比重大的银行稳定性好；反之，则稳定性差。

（六）短期借款筹资的特点

在短期借款筹资中，短期借款的重要性仅次于商业信用。短期借款可以随企业的需要安排，便于灵活使用，且取得亦较简便。但是，其突出的缺点是短期内要归还，特别是在带有诸多附加条件的情况下，更会加剧风险。

二、商业信用

（一）商业信用的概念和种类

商业信用的条件是指销货人对付款时间和现金折扣所作的具体规定，主要有：预收货款；延期付款，但不涉及现金折扣；延期付款，但早付款可享受现金折扣。

1.预收货款

预收货款，是指企业在销售商品时要求买方在卖方发出货物之前支付货款的情形，一般用于以下两种情况：

（1）企业已知买方的信用欠佳。

（2）销售生产周期长、售价高的产品。

在这种信用条件下，销货单位可以得到暂时的资金来源，购货单位则要预先垫支一笔资金。

2.延期付款，但不涉及现金折扣

这是指企业在购买商品时，卖方允许企业在交易后一定时期内按发票余额交付货款的情形。如“net 45”，是指在45天内按发票金额付款。这种条件下的信用期间一般为30～60天，但有些季节性的生产企业可能为其顾客提供更长的信用期间。在这种情况下，买卖双方存在商业信用，买方可因延期付款而取得资金来源。

3.延期付款，但早付款可享受现金折扣

在这种条件下，买方若提前付款，卖方可给予一定的现金折扣，如买方不享受现金折扣，则必须在一定时期内付清账款。如“2/10，n/30”便属于此种信用条件。应用现金折扣的目的主要是加速账款的收现。现金折扣一般为发票金额的1%～5%。

在这种条件下，双方存在商业信用。买方若在折扣期内付款，则可获得短期的资金来源，并能得到现金折扣；若放弃现金折扣，则可在稍长时间内占用卖方的资金。

（二）现金折扣成本的计算

在采用商业信用形式销售产品时，为鼓励购货单位尽早付款，销货单位往往都规定一些信用条件，这主要包括现金折扣和付款期间两部分内容。如果销货单位提供现金折扣，购货单位应尽量争取获得此项折扣，因为丧失现金折扣的机会成本很高。

【例7-14】某企业按（2/10，n/30）的条件购入货物10万元。如果该企业在10天内付款，便享受了10天的免费信用期，并获得折扣0.2万元（10×2%），免费信用额为9.8万元（10-0.2）。

倘若买方企业放弃折扣，在10天后（不超过30天）付款，该企业便要承受因放弃折扣而造成的隐含利息成本。一般而言，放弃现金折扣的成本可由下式求得：

$$\text{放弃现金折扣的成本} = \frac{\text{折扣百分比}}{1 - \text{折扣百分比}} \times \frac{360}{\text{信用期} - \text{折扣期}}$$

运用上式，该企业放弃折扣所负担的成本为：

$$\text{放弃现金折扣的成本} = \frac{2\%}{1 - 2\%} \times \frac{360}{30 - 10} = 36.73\%$$

放弃现金折扣的成本与折扣百分比的大小、折扣期的长短同方向变化，与信用期的长短反方向变化。可见，如果买方企业放弃折扣而获得信用，其代价是较高的。然而，企业在放弃折扣的情况下，推迟付款的时间越长，其成本便会越小。如果企业延至第50天付款，成本可计算为：

$$放弃现金折扣的成本 = \frac{2\%}{1-2\%} \times \frac{360}{50-10} = 18.37\%$$

（三）商业信用筹资的优缺点

商业信用筹资应用方便，筹资成本相对较低，限制条件较少，但期限一般较短。

章后实训与测试

※ Excel在应收账款信用政策中的应用

（一）实训目的

1. 运用Excel按照债务人姓名汇总应收账款总额。

2. 运用Excel判断应收账款是否到期并计算超过信用期天数。

3. 运用Excel对应收账款账龄进行分析。

（二）实训内容

【例7-15】东方公司共有甲、乙、丙、丁、戊5个客户，东方公司向这些客户赊销产品的信用期限为30天，东方公司统计日期为2025年12月31日。客户的应收账款金额、赊销日期如图7-8所示。

	A	B	C	D
1	赊销日期	债务人名称	应收账款（元）	到期日期
2	2025年02月10日	客户甲	3,000.00	
3	2025年03月12日	客户丁	11,000.00	
4	2025年04月01日	客户丙	12,500.00	
5	2025年05月04日	客户乙	42,500.00	
6	2025年05月12日	客户甲	10,000.00	
7	2025年06月13日	客户戊	970.00	
8	2025年06月25日	客户乙	1,150.00	
9	2025年07月05日	客户甲	4,800.00	
10	2025年07月12日	客户乙	1,150.00	
11	2025年08月15日	客户丁	1,500.00	
12	2025年09月06日	客户戊	1,000.00	
13	2025年10月08日	客户丁	2,400.00	
14	2025年11月20日	客户乙	3,600.00	
15	2025年11月30日	客户甲	13,500.00	
16	2025年12月03日	客户戊	32,000.00	
17	2025年12月30日	客户丙	5,000.00	

图7-8　东方公司应收账款详细信息

要求：

（1）为东方公司按照债务人姓名汇总应收账款总额。

（2）建立东方公司应收账款是否到期并计算超过信用期天数模型。

（3）运用Excel对东方公司应收账款账龄进行分析。

1.为东方公司按照债务人姓名汇总应收账款总额。

Excel具体操作步骤如下：

第一步，计算到期日期。因为信用期限为30天，所以在单元格D2中输入公式“=A2+30”，即得到客户甲在2025年2月10日这笔业务的到期日期为2025年3月12日。将单元格D2的公式复制到单元格D3至D17。

第二步，选中单元格区域A1：D17，选择“数据”“排序”命令，在弹出的对话框中，“主要关键字”选择“债务人名称”，并点击“添加条件”按钮，在“次要关键字”中选择“赊销日期”，“排列依据”默认为“数值”，“排列次序”默认为“升序”，然后单击“确定”按钮。

执行命令后，原来按照应收账款发生的先后顺序登记的数据，重新排序为按照债务人名称进行排序，每个客户的应收账款信息按照赊销日期排序。

第三步，选中单元格区域A1：D17，选择“数据”“分类汇总”命令，弹出“分类汇总”对话框。其中，“分类字段”选择“债务人名称”，“汇总方式”选择“求和”，“选定汇总项”选择“应收账款（元）”，并保持系统默认勾选“替换当前分类汇总”和“汇总结果显示在数据下方”。

执行命令后，即可显示按照债务人名称针对应收账款进行汇总的数据，如图7-9所示。

	A	B	C	D
1	**赊销日期**	**债务人名称**	**应收账款（元）**	**到期日期**
2	2025年04月01日	客户丙	12,500.00	2025年05月01日
3	2025年12月30日	客户丙	5,000.00	2026年01月29日
4		**客户丙 汇总**	17,500.00	
5	2025年03月12日	客户丁	11,000.00	2025年04月11日
6	2025年08月15日	客户丁	1,500.00	2025年09月14日
7	2025年10月08日	客户丁	2,400.00	2025年11月07日
8		**客户丁 汇总**	14,900.00	
9	2025年02月10日	客户甲	3,000.00	2025年03月12日
10	2025年05月12日	客户甲	10,000.00	2025年06月11日
11	2025年07月05日	客户甲	4,800.00	2025年08月04日
12	2025年11月30日	客户甲	13,500.00	2025年12月30日
13		**客户甲 汇总**	31,300.00	
14	2025年06月13日	客户戊	970.00	2025年07月13日
15	2025年09月06日	客户戊	1,000.00	2025年10月06日
16	2025年12月03日	客户戊	32,000.00	2026年01月02日
17		**客户戊 汇总**	33,970.00	
18	2025年05月04日	客户乙	42,500.00	2025年06月03日
19	2025年06月25日	客户乙	1,150.00	2025年07月25日
20	2025年07月12日	客户乙	1,150.00	2025年08月11日
21	2025年11月20日	客户乙	3,600.00	2025年12月20日
22		**客户乙 汇总**	48,400.00	
23		**总计**	146,070.00	

图7-9 按照债务人名称汇总应收账款总额

2.建立东方公司应收账款是否到期并计算超过信用期天数模型。

Excel具体操作步骤如下：

第一步，增加已知条件，在单元格D22至D37中输入“已收金额”。在单元格E22中输入公式“=C22-D22”，计算“未收金额”，并将单元格E22的公式复制到E23至E37中。

第二步，在单元格G22中输入公式“=IF（F22<=$B$38，"是"，"否"）”，并将单元格G22的公式复制到G23至G37中。

第三步，在单元格H22中输入公式“=IF（G22="否"，0，$B$38-F22）”，并将单元格H22的公式复制到H23至H37中，如图7-10所示。

H22 =IF(G22="否",0,$B$38-F22)

	A	B	C	D	E	F	G	H
21	赊销日期	债务人名称	应收账款（元）	已收金额	未收金额	到期日期	是否到期	超过信用期天数
22	2025年02月10日	客户甲	3,000.00	2,800.00	200.00	2025年03月12日	是	294
23	2025年03月12日	客户丁	11,000.00	9,000.00	2,000.00	2025年04月11日	是	264
24	2025年04月01日	客户丙	12,500.00	2,500.00	10,000.00	2025年05月01日	是	244
25	2025年05月04日	客户乙	42,500.00	30,000.00	12,500.00	2025年06月03日	是	211
26	2025年05月12日	客户甲	10,000.00	2,000.00	8,000.00	2025年06月11日	是	203
27	2025年06月13日	客户戊	970.00	970.00	0.00	2025年07月13日	是	171
28	2025年06月25日	客户乙	1,150.00	1,000.00	150.00	2025年07月25日	是	159
29	2025年07月05日	客户甲	4,800.00	800.00	4,000.00	2025年08月04日	是	149
30	2025年07月12日	客户乙	1,150.00	0.00	1,150.00	2025年08月11日	是	142
31	2025年08月15日	客户丁	1,500.00	0.00	1,500.00	2025年09月14日	是	108
32	2025年09月06日	客户戊	1,000.00	400.00	600.00	2025年10月06日	是	86
33	2025年10月08日	客户丁	2,400.00	0.00	2,400.00	2025年11月07日	是	54
34	2025年11月20日	客户乙	3,600.00	3,000.00	600.00	2025年12月20日	是	11
35	2025年11月30日	客户甲	13,500.00	500.00	13,000.00	2025年12月30日	是	1
36	2025年12月03日	客户戊	32,000.00	15,000.00	17,000.00	2026年01月02日	否	0
37	2025年12月30日	客户丙	5,000.00	0.00	5,000.00	2026年01月29日	否	0
38	注：统计日期为	2025年12月31日						

图7-10 计算应收账款超过信用期天数

3.运用Excel对东方公司应收账款账龄进行分析。

Excel具体操作步骤如下：

第一步，在单元格B42中输入公式“=IF（H22=0，E22，0）”，表示当“超过信用期天数不为0”时，则该笔应收账款不属于“未到期金额”，则显示0；否则，即显示“未收金额”。然后将单元格B42的公式复制到B43至B57。

第二步，计算应收账款逾期0~30天的金额。在单元格C42中输入公式“=IF（AND（H22>0，H22<=30），E22，0）”，表示当满足0<“超过信用期天数”≤30时，则该笔应收账款显示“未收金额”，否则，显示0。然后将单元格C42的公式复制到C43至C57。

同理，在单元格D42中输入公式“=IF（AND（H22>30，H22<=60），E22，0）”，然后将单元格D42的公式复制到D43至D57。

在单元格E42中输入公式“=IF（AND（H22>60，H22<=90），E22，0）”，然后将单元格E42的公式复制到E43至E57。

在单元格F42中输入公式“=IF（H22>=90，E22，0）”，然后将单元格F42的公式复制到F43至F57。

第三步，合计各类应收账款。在单元格B58中输入公式“=SUM（B42：B57）”，然后将单元格B58的公式复制到C58至F58，得出各类应收账款的合计数，如图7-11所示。

B58 fx =SUM(B42:B57)

	A	B	C	D	E	F
40	应收账款逾期天数分析					
41		未到期金额	0-30	30-60	60-90	90天以上
42		0.00	0.00	0.00	0.00	200.00
43		0.00	0.00	0.00	0.00	2,000.00
44		0.00	0.00	0.00	0.00	10,000.00
45		0.00	0.00	0.00	0.00	12,500.00
46		0.00	0.00	0.00	0.00	8,000.00
47		0.00	0.00	0.00	0.00	0.00
48		0.00	0.00	0.00	0.00	150.00
49		0.00	0.00	0.00	0.00	4,000.00
50		0.00	0.00	0.00	0.00	1,150.00
51		0.00	0.00	0.00	0.00	1,500.00
52		0.00	0.00	0.00	600.00	0.00
53		0.00	0.00	2,400.00	0.00	0.00
54		0.00	600.00	0.00	0.00	0.00
55		0.00	13,000.00	0.00	0.00	0.00
56		17,000.00	0.00	0.00	0.00	0.00
57		5,000.00	0.00	0.00	0.00	0.00
58	合计	22,000.00	13,600.00	2,400.00	600.00	39,500.00

图7-11 逾期0~30天、30~60天、60~90天、90天以上应收账款的计算

第四步，在单元格B68输入公式“=SUM（B63：B67）”计算应收账款总额；在单元格C63中输入公式“=B63/$B$68”，计算“未到期金额”占“应收账款总额”的百分比，注意公式中的单元格B68需要绝对引用，然后将单元格C63的公式复制到C64至C68，如图7-12所示。

C63 fx =B63/$B$68

	A	B	C
60	东方公司应收账款账龄分析表		
61	当前日期	2025年12月31日	
62	账龄	应收账款金额	占应收账款总额的百分比
63	未到账金额	22,000.00	28.17%
64	0-30天	13,600.00	17.41%
65	30-60天	2,400.00	3.07%
66	60-90天	600.00	0.77%
67	90天以上	39,500.00	50.58%
68	合计	78,100.00	100.00%

图7-12 应收账款账龄分析表

※知识测试

本章知识测试

一、单项选择题（每小题5分，共40分）

1.下列关于营运资金管理的说法中不正确的是（　　）。

A.营运资金管理既包括流动资产管理，又包括流动负债管理

B.流动资产是指可以在1年以内或超过1年的一个营业周期内变现或运

用的资产

C. 流动资产的数量会随着企业内外条件的变化而变化，时高时低，波动很大

D. 企业占用在流动资产上的资金，会在1年内收回

2.甲企业使用5C信用评价系统，其中对客户的流动比率和现金流预测特别关注。这说明其特别关注客户的（　　）。

A.品质　　B.资本

C.抵押　　D.能力

3.持有过量现金可能导致的不利后果是（　　）。

A.财务风险加大　　B.收益水平下降

C.偿债能力下降　　D.资产流动性下降

4.企业在进行现金管理时，可利用的现金浮游量是指（　　）。

A. 企业账户所记存款余额

B. 银行账户所记企业存款余额

C. 企业账户与银行账户所记存款余额之差

D. 企业实际现金余额超过最佳现金持有量之差

5.存货经济订货批量的基本模型所依据的假设不包括（　　）。

A.存货集中到货　　B.一定时期的存货需求量能够确定

C.存货进价稳定　　D.允许缺货

6.某企业销售商品，年赊销额为500万元，信用条件为“2/10，1/20，n/40”，预计将会有60%的客户享受2%的现金折扣，30%的客户享受1%的现金折扣，其余的客户均在信用期内付款，则企业应收账款平均收现天数为（　　）。

A.14天　　B.15天

C.16天　　D.无法计算

7.在应收账款管理中，下列说法中不正确的是（　　）。

A. 应收账款的主要功能是增加销售和减少存货

B. 应收账款的成本主要包括机会成本、管理成本和坏账成本

C. 监管逾期账款和催收坏账的成本会影响公司的利润

D. 信用期的确定，主要是分析改变现行信用期对成本的影响

8.下列各项中，不属于信用条件构成要素的是（　　）。

A.信用期限　　B.现金折扣

C.现金折扣期　　D.商业折扣

二、多项选择题（每小题5分，共20分）

1.在现金管理中，下列说法正确的有（　　）。

A. 拥有足够的现金对于降低企业风险、增强企业资产的流动性和债务的可清偿性有着重要的意义

B. 企业持有现金的目的只是应付日常的业务活动

C. 一家希望尽可能减少风险的企业倾向于保留大量的现金余额，以应对其交易性需

求和大部分预防性需求

D.除了交易性需求、预防性需求和投机性需求外，许多公司持有现金是作为补偿性余额

2.对于企业而言，应收账款保理的理财作用主要表现在（　　）。

A.融资功能

B.使企业应收账款的管理负担加重

C.减少坏账损失，降低经营风险

D.改善企业的财务结构

3.下列关于信用政策的说法中，正确的有（　　）。

A.如果企业执行的信用标准过于严格，可能会限制公司的销售机会

B.如果企业执行的信用标准过于宽松，可能会增加随后还款的风险并增加坏账费用

C.公司的信用条件决定了其应收账款的水平

D.企业现金折扣的确定，要与信用期间结合起来考虑

4.下列各项中，属于商业信用筹资形式的有（　　）。

A.赊销商品　　B.委托代销商品

C.预收货款　　D.预付货款

三、判断题（每小题5分，共40分）

1.企业流动资产越多，短期债务越少，其偿债能力越强。（　　）

2.信用额度是指商业银行和企业之间商定的在未来一段时间内银行必须向企业提供的无担保贷款。（　　）

3.应付费用所筹集的资金不用支付任何代价，是一项免费的短期资金来源，因此可以无限制地加以利用。（　　）

4.由于放弃现金折扣的机会成本很高，因此购货单位应该尽量争取获得此项折扣。（　　）

5.企业持有的现金总额就是各种动机所需的现金余额之和。（　　）

6.企业现金管理的目的首先是使现金获得收益，其次是保证日常生产经营业务的现金需求。（　　）

7.ABC分类管理对A类存货进行一般管理，对B类存货进行次重点管理，对C类存货重点规划和控制。（　　）

8.在JIT下，库存是没有替代品的，其所生产的每一个零部件都必须是合格品。（　　）

第八章

利润分配

学习目标

1. 了解利润分配的基本原则。
2. 理解股利理论。
3. 掌握股利分配政策的基本形式和分配程序。
4. 能够在对股利政策的影响因素进行综合分析的基础上，根据具体情况制定相应的股利政策。
5. 了解股票分割和股票回购的含义。

导入案例

“佛系分红”与“高派现”①

通威股份（600438.SH）作为光伏产业龙头，2024年展现“佛系分红”。2024年业绩受行业影响，营收虽有增长但利润承压。公司公告显示，2024年度不进行现金分红，将利润留存，用于技术研发和产能扩张，以应对行业激烈竞争，强化市场地位。

知识图谱

洋河股份（002304.SZ）是中国白酒行业的龙头企业之一，以生产“蓝色经典”系列白酒闻名。2024年，洋河股份宣布向全体股东每10股派发现金红利人民币23.30元（含税）。洋河股份发布公告表示，2024—2026年度，公司每年度的现金分红总额不低于当年实现归属于上市公司股东净利润的70%，且不低于人民币70亿元（含税）。

以上两个小案例，蕴藏着企业利润分配的奥妙。

讨论与思考：

1. 企业实现的利润应如何分配？

2. 企业应该如何回报股东？如何评价上市公司的“高派现”行为？

第一节 利润分配概述

利润分配是财务管理的一项重要内容，是一种利用财务手段确保生产经营成果的合理归属和正确分配的管理过程。利润分配概念有广义和狭义之分。广义的利润分配是指对企

① 资料来源：通威股份有限公司董事会．通威股份有限公司2023年年度权益分派实施公告［EB/OL］．［2023-06-07］．https：//pdf.dfcfw.com/pdf/H2_AN202406061635709195_1.pdf．

江苏洋河酒厂股份有限公司董事会．江苏洋河酒厂股份有限公司2023年年度权益分派实施公告［EB/OL］．［2024-06-18］．https：//pdf.dfcfw.com/pdf/H2_AN202406171636506965_1.pdf．

业收入和利润进行分配的过程；狭义的利润分配则是指对企业净利润的分配。利润分配的结果，形成了国家的所得税收入、投资者的投资报酬和企业的留存收益等不同项目。财务管理中的利润分配，主要是企业的净利润分配。利润分配的实质就是确定给投资者的分红与企业留存收益的比例。本书所讨论的利润分配是指对净利润的分配，即狭义的利润分配概念。

本章课件

一、利润分配的基本原则

利润分配是一项十分重要的工作，它不仅影响企业的筹资和投资决策，而且直接涉及各利益集团切身的利益关系。利润的分配是否合理，直接影响企业的生存与发展的好坏。因此，为保证企业健康有序地发展，要合理组织企业财务活动和正确处理各方面的经济关系。企业在进行利润分配时，要正确处理国家、企业、个人之间的经济利益关系，正确处理权、责、利之间的关系。企业应遵循以下几条基本原则：

（一）坚持依法分配原则

企业利润分配必须依法进行，这是正确处理各方面利益关系的关键。企业实现利润后，首先应依照所得税税法的规定缴纳企业所得税，以保证国家的利益，尽自己的法定义务；其次，税后利润在向投资者分配之前，还要依照国家的有关法律制度的规定，按一定的比例提取盈余公积，作为用于企业扩大再生产和抵御经营风险的财力保证；最后，企业考虑未来发展需要留足资金后，再对投资者进行利润分配。

（二）力求兼顾各方面利益原则

税后利润分配合理与否直接关系到企业的投资者、经营者以及内部职工的切身利益。因此，在进行利润分配时必须坚持全局观念，兼顾各方的经济利益。除依法纳税以外，还应维护投资者、经营者和企业职工的利益。投资者是企业资产的所有者，依法享有税后利润的分配权；经营者是经营好企业的关键要素，为发挥激励和约束作用，应以奖金或股票期权的形式分给经营者一部分利润；企业职工是企业利润的直接创造者，除了获得劳动报酬外，还可以适当的方式参与税后利润的分配。

（三）坚持分配和积累并重原则

企业进行利润分配应正确处理长远利益和短期利益的辩证关系，将二者有机地结合起来，坚持分配和积累并重。从企业未来发展的角度考虑，企业除按规定提取法定盈余公积以外，还应留存一部分利润作为积累。这部分利润的积累，不但可为企业扩大再生产筹措资金，增强企业抵抗风险的能力，而且有利于增加投资者的回报，在企业利润波动时，达到以丰补歉的目的，从而起到稳定投资报酬率的作用。

（四）遵循投资与收益对等原则

企业税后利润在提取盈余公积以后，要向投资者分配利润。企业在向投资者分配利润时，必须做到谁投资谁受益，受益大小和投资比例相适应。即不管投资者的身份如何，一律按照各投资者的出资比例进行分配，决不允许发生任何一方随意多分多占的情况，从根本上保证投资者利益。这一原则在股份有限公司具体体现为同股同权、同股同利，即持有同一股票的股东每股股利相同，并按股权比例获取股利。

（五）遵循资本保全原则

利润分配是对企业投资者（所有者）投入资本增值的分配，而不是对投入本金的返还，所以，企业不能因向投资者分配利润而减少企业的资本总额，应确保资本的完整性，维护投资者的权益。为此，企业在年度发生亏损的情况下，不得动用资本向投资者分配利润，但国家有特殊规定的除外。

二、确定利润分配政策时应考虑的因素

企业利润分配政策的确定受到各方面因素的影响。一般来说，应对各方面因素进行综合考虑，并结合自身实际情况，权衡得失。企业利润分配政策的影响因素有许多，主要表现在以下几个方面：

（一）法律因素

为了保护企业债权人和股东的利益，防止企业管理层滥用手中的权力，我国《合伙企业法》《证券法》等有关法律对企业利润的分配作了一定的限制。影响企业利润分配政策的法律因素主要有：

1.资本保全约束

资本保全是企业财务管理应遵循的一项重要原则。它要求企业发放的股利或投资分红不得来源于原始投资（或股本），而只能来源于企业当期利润或留存收益。也就是说，企业发放的股利或投资分红，不能超过当期与过去的留存收益之和。其目的是保护债权人的权益，防止企业任意减少资本结构中所有者权益（股东权益）的比例。如果没有这项约束，一家处于财务危机的企业有可能将其资产分给股东，从而侵蚀资本，损害债权人的利益。

2.资本积累约束

资本积累约束要求企业在分配利润时，必须按税后利润的10%提取法定盈余公积，同时还鼓励企业提取任意盈余公积。只有当企业提取盈余公积累计数额达到注册资本的50%时才可以不再计提。

3.净利润约束

净利润约束要求企业账面累计税后利润必须是正数才可以发放股利，以前年度的亏损必须足额弥补。也就是说，在具体的分配政策上，贯彻“无利不分”原则，即当企业出现年度亏损时，一般不得分配利润。

4.偿债能力约束

偿债能力是指企业按时足额偿付各种到期债务的能力。相关法律规定企业如果要发放股利或投资分红，就必须保证有充分的偿债能力。也就是说，如果企业无力偿付到期债务或因支付股利或投资分红会影响企业偿还债务和正常经营，那么为了保障债权人的利益，企业就不能发放股利或投资分红。

5.超额累积利润约束

超额累积利润，是指企业的留存收益超过法律认可的水平。投资者所获得的收益包括股利和资本利得。由于投资者接受股利缴纳的所得税要高于进行股票交易取得资本利得所缴纳的税金，因此许多企业通过少发股利，累积利润使股价上涨来帮助股东避税。西方许多国家都注意到了这一点，并在法律上明确规定企业不得超额累积利润。一旦企业留存收益超过法律认可的水平，将被加征额外税款。例如，美国的《国内收入法典》(Internal Revenue Code) 规定，如果税务局能够查实企业是故意压低股利支付率以帮助股东逃避所得税的，就可对企业的累积盈余处以惩罚性的税款。我国法律目前对此尚未作出规定。相信在不远的将来，法律会对企业超额累积利润制定相关条款予以约束。

（二）股东因素

股东出于自身利益的考虑，在股权稀释、税负、稳定收入、规避风险等方面有不同的要求。这些要求也会对企业的利润分配产生重要的影响，主要有以下几个方面：

1.控制权考虑

企业的股利支付率高，必然导致保留盈余减少。这就意味着将来有可能会通过发行新股为新的投资项目筹资。这时，企业控制权就会被稀释。因此，这些企业的股东往往限制股利的支付，而愿意较多地保留盈余，以使企业用留存收益投资，进而防止控制权旁落他人。

2.避税考虑

企业股东获得的股利收入和资本利得都需要缴纳一定的所得税，而前者的所得税税率（累进税率）高于后者。即使对这两种收入课以相同的税率，由于对股利收入课税发生在股利分发时，而对资本利得课税则可以递延到实际出售股票时，考虑到资金的时间价值，其资本利得的实际税负也小于股利收入的税负。因此，为了减轻税负，高收入阶层的股东出于避税考虑，通常愿意企业少支付股利，而将较多的盈余保留下来以作为再投资。

3.稳定收入考虑

前面已经提到，企业股东的收益包括两部分，即股利收入和资本利得。永久性持有股票且收入较低的股东对股利的依赖性较强，往往要求较为稳定的股利收入。他们所适用的所得税税率比较低，而且企业留存收益带来的新收益或股票交易价格产生的资本利得具有很大的不确定性，因此，他们与高收入阶层的股东恰好相反，税负并不是他们关心的内容。与其获得不确定的未来收益，不如得到现实的确定的股利。

4.规避风险考虑

在某些股东看来，通过增加留存收益引起股价上涨而获得的资本利得是有风险的，而目前所得股利是确定的，即便是现在较少的股利，也强于未来较多的资本利得，因此他们往往要求较多地支付股利。

（三）企业因素

企业出于长期发展与短期经营考虑，需要综合分析以下因素，并最终制定出切实可行的利润分配政策。这些因素主要有：

1.企业举债能力

不同的企业在资本市场上举借债务的能力有一定的差别。若企业举债能力强，能够及时地从资本市场上筹措到所需的资金，则有可能采取较为宽松的利润分配政策，即多付股利少留存；而举债能力较弱的企业则宜保留较多的盈余，因而往往采取较紧的利润分配政策。这种举债能力包括向银行借款、发行债券和发行股票等能力。

2.未来投资机会

利润分配政策要受到企业未来投资机会的影响。若企业预期未来将有良好的投资机会，且投资收益率大于投资者期望收益率，必然需要大量的资金支持，因而往往会将大部分盈余用于投资，减少发放股利的数额；若企业暂时缺乏良好的投资机会，则保留大量盈余会造成资金的闲置，因此应增加发放股利的数额，以防止保留大量现金造成资金浪费。正因如此，许多成长中的企业，往往采取低股利支付政策，而许多处于经营收缩期的企业，却往往采取高股利支付政策。

3.盈余稳定状况

企业的利润分配政策在很大程度上会受其盈利能力的限制。企业盈余是否稳定，也将直接影响其利润分配的多少。盈利能力较强、相对稳定的企业能够较好地把握自己，因此有可能支付较高的股利；而盈余状况不稳定的企业，由于对未来盈余的把握小，不敢贸然采取多分配股利的政策，而较多采取较低股利支付率的政策。

4.资产流动状况

保证有一定数量的现金和其他适当的流动资产，是维持企业正常经营的基础和必备条件。较多地支付现金股利，会减少企业现金持有量，使资产的流动性降低。因此，如果企业的资产流动性差，即使收益可观，也不宜分配过多的现金股利。

5.筹资成本

与发行新股和举债筹资相比，采用留存收益作为内部筹资的方式，不需要支付筹资费用，筹资成本较低。因此，很多企业在考虑投资分红时，首先将企业的净利润作为筹资的第一选择渠道，特别是在负债资金较多、资本结构欠佳的时期。

6.偿还债务的需要

企业的债务既可通过举借新债或发行新股等方式筹集资金来偿还，又可用经营积累的利润偿还。如果由于资本成本过高或其他限制性因素而难以进入资本市场，那么企业就应减少股利的支付数额，用留存收益去偿还债务。因此，此时企业应减少股利的支付。

（四）其他因素

1.契约性约束

当企业以长期借款协议、债券契约、优先股协议，以及租赁合约等形式向企业外部筹资时，常常应对方的要求，接受一些关于股利支付的限制性条款。这种限制常常包括：

（1）未来股利只能用协议签订以后的新的收益支付（限制动用以前的留存收益）。

（2）流动资金低于一定标准时不得支付股利。

（3）利息保障倍数低于一定标准时不得支付股利。

其目的在于促使企业把利润的一部分按有关条款的要求，以某种形式（如偿债基金）进行再投资，以保障债务如期归还，维护债权人的利益。

2.通货膨胀

通货膨胀会带来货币购买力水平的下降，会导致没有足够的资金来源重置固定资产。此时，企业往往不得不考虑留用一定的利润，以便弥补由于货币购买力水平下降而造成的固定资产重置成本缺口。因此，在通货膨胀时期，企业一般采取偏紧的利润分配政策。

第二节 股利分配

一、利润分配程序

利润分配程序是指公司制企业根据适用法律、法规或规定，对企业一定期间实现的净利润进行分配所必须经过的先后步骤。根据我国《公司法》《企业财务通则》及税法等法规的规定，股份有限公司当年实现的利润总额，应按照国家税法的规定作相应调整后，依法缴纳所得税，然后按下列顺序进行分配：

股利分配

（一）弥补以前年度亏损

按我国财务和税务制度的规定，企业的年度亏损，可以由下一年度的税前利润弥补，下一年度的税前利润尚不足以弥补的，可以由以后年度的利润继续弥补，但用税前利润弥补以前年度亏损的连续期限不超过5年。5年内弥补不足的，用本年税后利润弥补。本年净利润加上年初未分配利润为企业可供分配的利润，只有可供分配的利润大于零时，企业才能进行后续的分配。

（二）提取法定盈余公积

法定盈余公积是按照有关法规制度的要求强制性提取的，其主要目的是保全资本，防止企业滥分税后利润。根据我国《公司法》的规定，法定盈余公积的提取比例为当年税后利润（弥补亏损后）的10%。法定盈余公积累计额为企业注册资本的50%以上的，可以不再提取。法定盈余公积可用于弥补亏损、扩大公司生产经营或转增资本，但公司用盈余公积转增资本后，法定盈余公积的余额不得低于转增前公司注册资本的25%。

（三）提取任意盈余公积

按照企业章程或者投资者决议提取任意盈余公积，其目的是满足经营管理的需要，控制向投资者分配利润的水平以及调整各年利润分配的波动，通过这种方法对向投资者分配的利润加以限制和调节。

（四）向投资者分配利润

企业的税后利润在按照上述顺序分配后，剩余部分为企业可供投资者分配的利润。其中，有限责任公司股东按照实缴的出资比例分取红利，全体股东约定不按照出资比例分取红利的除外；股份有限公司按照股东持有的股份比例分配股利，但股份有限公司章程规定不按照持股比例分配股利的除外。企业以前年度未分配的利润，可以并入本年度向投资者分配。另外，如果企业当年无利润，一般不得向投资者分配利润。

【课堂拓展】

薇娅逃税案①

2021年12月，浙江省杭州市税务局稽查局经税收大数据分析查明，网络主播黄薇（网名：薇娅）在2019年至2020年期间，通过隐匿个人收入、虚构业务转换收入性质虚假

① 资料来源：国家税务总局浙江省税务局．浙江省杭州市税务部门依法对黄薇偷逃税案件进行处理［EB/OL］．［2021-12-20］．https：//zhejiang.chinatax.gov.cn/art/2021/12/20/art_13226_529541.html.

申报等方式偷逃税款6.43亿元，其他少缴税款0.6亿元，依法对黄薇作出税务行政处理处罚决定，追缴税款、加收滞纳金并处罚款共计13.41亿元。

请分析：

1.直播可以逃税吗？

2.调查评价薇娅逃税的手段。

二、股利的种类

股份有限公司支付股利的形式有现金股利、股票股利、财产股利和负债股利，其中最基本的是现金股利和股票股利。

（一）现金股利

现金股利（Cash Dividend），是指股份制企业以现金的形式发放给股东的股利，这是最常见的股利支付形式。发放现金股利的多少主要取决于企业的股利政策和经营业绩。现金股利的发放会对股票价格产生直接影响，在股票除息日之后，一般来说股票价格会下跌。上市企业发放现金股利主要出于三个原因：投资者偏好、减少代理成本和传递企业的未来信息。

企业采用现金股利形式时，必须具备两个基本条件：企业有足够的未指明用途的留存收益（未分配利润）；企业有足够的现金。

不过，现金股利也有缺点，主要包括以下两点：①导致现金流出量增加，增大了企业的财务风险。②股东需要缴纳个人所得税，减少了股东的既得利益。那些拥有企业控制权的股东更倾向于现金支付股利方式，而属于高税率的投资者可能更支持非现金性质的股利支付方式。在这种情况下，那些低税率及中小股东往往会由于大股东的操纵而蒙受损失。

（二）股票股利

股票股利（Stock Dividend），是指企业以股票形式发放的股利，即以股票作为股利的一种形式，按股东股份的比例发放。它不会引起企业资产的流出或负债的增加，而只涉及股东权益内部结构的调整。

发放股票股利的优点主要有：

（1）可将现金留存于企业用于追加投资，同时减少筹资费用。

（2）股票变现能力强，易流通，股东乐于接受。

（3）可传递企业未来经营绩效良好的信号，增强投资者对企业未来的信心。

（4）便于今后配股融通更多资金和刺激股价。

（三）财产股利

财产股利（Property Dividend），是指企业用现金以外的其他资产分配股利的一种形式。常用的形式是用企业持有的其他企业的股票、债券等有价证券来发放股利。由于有价证券的流动性和安全性仅次于现金，而获利性却高于现金，因而投资者比较乐于接受。从企业角度来讲，以有价证券形式发放股利的好处在于可以使企业保持发放股利的良好记录，同时又不会造成其现金的短缺。

（四）负债股利

负债股利（Debt Dividend），是指企业通过负债的形式向股东发放股利。负债股利的具体形式有两种：本企业发行的企业债券和本企业开出带息的应付票据。对股东来说，负债股利尽管不是货币收入，但是可通过债券或带息票据的利息得到补偿。对企业来说，如果近期现金不足，那么支付负债股利往往较为理想，因为可以推迟现金支出的时间。

财产股利和负债股利实际上是现金股利的替代方式，这两种股利支付方式在实务中很少使用，但并非法律所禁止。

三、股利的发放程序

股份有限公司分配股利必须遵循法定的程序，先由董事会提出分配预案，然后提交股东大会决议，股东大会决议通过分配预案之后，向股东宣布发放股利的方案，并确定股权登记日、除息日和股利支付日等。一般来说，股份有限公司应当每年向股东支付一次股利，有的企业每半年甚至每个季度支付一次股利。由于股票可以自由买卖，企业股东经常变换，为了确定股利的享有人，股份有限公司向股东支付股利，需规定几个特定的日期。这些特定日期按惯例包括：

（一）股利宣告日

股利宣告日，是指企业董事会将股利支付情况予以公告的日期。公告中将宣布每股支付的股利、股权登记期限、除去股息的日期和股利支付日期。

（二）股权登记日

股权登记日，是指有权领取股利的股东资格登记截止日期。只有在股权登记日这一天在企业股东名册上有名的股东，才有权分享股利。股权登记日通常在宣告股利发放后的2~3周内。之所以留有一定的时间，是为了让对股利发放不满意的投资者有时间考虑并出售其拥有的股票，使希望得到公司股利的投资者有时间考虑并购买股票。股权登记由证券交易所的中央登记结算系统进行，现代计算机技术提供了便利，一般在股权登记截止日当天收市后即可打印出股东名册。

（三）除权日、除息日

如前面所述，企业向股东支付股利的主要形式有股票股利和现金股利。当企业发放股票股利时，流通在外的股数增多，但发放股票前后，企业整体价值不变，所以每股价值就会下降；当企业发放现金股利后，为使发放前后的价格一致，就必须将股票的价格按照现金股利予以同等金额的下调。这种因发放股票股利而向下调整股价的过程就是除权，因发放现金股利而向下调整股价的过程就是除息。

除权日（或除息日），就是指领取股利的权利与股票相互分离的日期。在除权日（或除息日）之前的股票交易都是含有股利的，从除权日（或除息日）起，股票交易将不再含有股利，卖者仍可享有股利。也就是说，在除权日（或除息日）之前买入股票的投资者将获得当期股利，而在除权日（或除息日）当日或之后买入股票的投资者将不能获得当期股利。通常除权日（或除息日）在股权登记日的第二天。

（四）股利支付日

股利支付日，是指企业向股东支付股利的日期。对于流通股的股东，一般由中央登记结算系统将股利直接打入股东资金账户中，由投资者到其证券代理商处或证券交易时确定的代理银行领取。非流通股股东或没有开设股东资金账户的投资者，由公司向其直接支付股利。

【例 8-1】假定甲企业2024年12月15日发布公告称：“本企业董事会在2024年12月15日的会议上通过决议，定于2025年1月10日向在2024年12月30日在册的所有股东发放每股3元的股利。”请确定甲企业的股利宣告日、股权登记日、除息日和股利支付日。

2024年12月15日为甲企业的股利宣告日；2024年12月30日为股权登记日；2024年12月31日为除息日；2025年1月10日为股利支付日。

第三节 股利理论和股利政策

一、股利理论

股利理论所面对的一个基本问题，就是股利与企业价值之间的相关性。在股利理论研究中，由于考虑的因素不同，分析的方法不同，因而出现了一些不同的股利学说，从而形成了内容极其丰富的现代股利理论体系。概括起来，有关股利分配对企业价值影响的理论观点大致可以分为两种：股利无关论观点和股利相关论观点。

股利理论

（一）股利无关论（又称“MM理论”）

股利无关论观点认为，企业股票价格由企业投资方案和获利能力所决定，股利政策不会对企业的股票价格产生影响。股东只关心企业收益的增长，至于支付多大比例的股利，股东并不关心。若企业有理想的投资机会，则即便企业支付了较高的股利，投资者也会用分得的股利去购买该企业的股票。反过来，即使企业不支付股利，其股票价格也不会因此而受到影响，因为企业可以将较多的留存盈余用于再投资，导致企业股票价格上涨，需用现金的投资者可以通过出售股票换取现金。

股利无关论这一观点是由美国经济学家莫迪格莱尼（Modigliani）教授和财务学家米勒（Miller）教授（简称“MM”）在学术论文《股利政策、增长与股票估价》中提出的。该文被学术界认为是对股利政策的性质和影响进行的第一次系统的分析和研究。该观点是建立在下列假定基础之上的：

（1）不存在个人所得税或企业所得税，即在利润分配与不分配时，资本利得与股利之间均不存在税负差异。换句话说，就是股东不会因为所得税税率的大小而对股利或资本利得有所偏好。

（2）不存在股票的筹资费用，即证券的发行和买卖等交易活动不存在经纪人费用、交易税和其他交易成本。

（3）企业制定的投资决策为投资者所了解，并与股利政策彼此独立。也就是说，投资决策不受股利分配的影响。

（4）企业投资者可以和管理层一样获取未来影响股票价格的任何信息，即投资者和管理层的信息来源是对称的。

股利无关论的关键是存在一种套利机制。通过这一机制，支付股利与外部筹资这两项经济业务所产生的效益与成本正好相互抵消。根据这一理论，企业的价值高低取决于其投资的获利能力而非股利政策。所以，若企业目前没有合适的投资机会，就应当将多余的资金以股利的形式发放给股东，以便使投资者选择更好的投资机会。至于股利政策如何，由于不影响企业价值，不存在讨论的必要。

由于股利无关论的前提条件过于脱离现实，致使该理论的结论与事实相差甚远。该理论发表不久，许多观点不同的理论相继问世。

（二）股利相关论

股利无关论基于一种简单而又完全的市场假设。如果现实环境符合这些假设，那么上述无关论的观点无疑是令人信服的。然而，在现实环境中，这些假设几乎均不成立，使得现实中的股利分配与企业价值具有相关性。股利相关论的理论观点很多，这里我们介绍几种常见的观点：

1.“一鸟在手”理论

“一鸟在手”理论源于谚语“双鸟在林不如一鸟在手”。该理论是流行最广泛和最持久的股利理论，主要代表人物是迈伦·戈登（M. Gordon）和约翰·林特纳（J. Lintner）。该理论认为，就股利和资本利得的收益形式而言，一些股东可能更偏好股利，从而对股票价格产生一定影响。投资者对风险有天生的反感，他们认为风险将会随时间的推移而进一步增大，他们认为股利是定期、确定的报酬，而未来的资本利得则是在预期的未来发生的，是股东靠出售手中股票得到的买卖价差收入。由于股票价格的涨跌具有不确定性，因此资本利得也具有不确定性，而股利的发放可以降低投资者报酬的不确定性。因此，投资者更喜欢获得现金股利，而不大喜欢将利润留在企业。“一鸟在手”理论建议企业应维持高股利支付率政策。

“一鸟在手”理论虽然流行时间最久、最广泛，但它很难解释投资者在收到现金后又购买企业新发行的普通股现象，它实际上混淆了投资者决策和股利政策对股票价格的影响。

2.信号传递理论

信号传递理论认为，股利政策之所以会影响企业股票的价值，是因为在信息不对称的情况下，股利能将企业的盈余状况、资金状况和财务信息等提供给投资者，从而股利分配对股票价格有一定影响。一般而言，若一家企业的股利支付比率一直很稳定，那么，投资者就可能对企业未来的盈利能力与现金流量抱有较为乐观的预期；当其突然大幅度地降低股利支付率时，投资者则认为企业的财务状况或盈余情况有变坏的信号，因而股票价格会下跌。因此，信号传递理论认为股利政策和股票价格是相关的。

3.代理理论

股东作为企业的所有者，希望股东财富最大化，要求管理者尽最大的努力去实现权益资本满意值这一目标，但企业的管理者通常考虑自己的利益，追求物质报酬和非物质待遇，追求较少的劳动时间和较低的劳动强度，避免工作中的风险，不愿为企业取得更高收益而付出较多的代价。从某种意义上说，管理者所得到的利益，正是股东所放弃的利益。企业的管理者与股东之间存在着代理冲突。股东为了保护自身利益，必须承担一定的代理成本，以减少这种冲突。但是，对于大型企业而言，要有效做到这一点存在许多困难，股东很难对管理者进行直接监控，这就需要第三者的介入。有学者发现，通过外部融资可以对代理冲突起到很好的监控作用。当企业向外发行股票或债券的时候，企业必须接受证券市场的审查和分析，包括银行对企业信用的分析、证券评级机构的意见以及众多分析专家的评价，不正当、不科学的管理行为必将暴露在证券市场上。新投资者接受那些力争实现企业价值最大化的企业的证券，这种企业能很好地解决代理冲突问题。在投资规模既定的前提下，股利支付率越高，企业需要发行的新股票就越多，接受的市场监管也就越多，同时，通过发放相当于闲置现金流量的股利，可以减少管理层浪费企业资金的机会。

因此，代理理论认为，股利政策就相当于协调股东与管理者之间代理关系的一种约束机制。高水平股利支付政策将有助于降低企业的代理成本，但同时也增加了企业的外部融资成本。最优的股利政策应使两种成本之和最小化。

4.税收效应理论

税收效应理论认为，在考虑税负因素的情况下，资本利得的收入比股利收入更有利于实现企业价值最大化的目标，企业应采用低股利政策。因为一般而言，对资本利得收入征税的税率低于对股利收入征税的税率，征税的差异使得公司的股利支付政策不仅会对公司的市场价值产生不同的影响，而且也会使公司和个人的税收负担出现差异，因而投资者更喜欢资本利得，而不愿多得股利。

二、股利政策

股利政策（Dividend Policy）是指在法律允许的范围内，企业是否发放股利、发放多少股利以及何时发放股利的方针及政策。股利政策是股份有限公司财务管理的一项重要内容，它不仅是对企业收益的分配，还关系到企业的投资、融资以及股票价格等各个方面。因此，制定一个正确、稳定的股利政策是非常重要的。在现行股利分配实务中，常用的股利政策模式主要有剩余股利政策、固定股利政策、固定股利支付率政策、稳定增长股利政策，以及低正常股利加额外股利政策五种。

股利政策

（一）剩余股利政策

投资机会和资本成本是影响股利政策的两个重要因素。当企业有良好的投资机会时，管理者应首先满足资本预算对资金的需求，将必要的税后利润留在企业再投资，降低资本成本，创造更多的现金流量。剩余股利政策就是建立在上述理论基础上的一种股利政策。它是在企业拥有良好投资机会时，根据一定的目标资本结构（最佳资本结构），测算出投资所需权益资本，并将其先从盈余中留用，然后将剩余的盈余作为股利予以分配的股利政策。它是为维护企业最佳资本结构而采用的政策模式。采用剩余股利政策，应按照以下四个步骤进行：

（1）确定目标资本结构（最佳资本结构），在此资本结构下，综合资本成本将达到最低水平。

（2）确立目标资本结构下投资所需的权益资本数额。

新投资所需的权益资本数额＝新投资所需的资金总额×目标权益比率

（3）将投资所需的权益资本数额从盈余中扣除。

（4）将扣除投资所需盈余后的剩余盈余作为股利向股东分配。

发放股利总额＝可用于分配普通股股利的税后净利润－新投资所需的权益资本数额

【例8-2】假设甲企业的资本中债务资本与权益资本的比率为4∶6，流通在外的普通股为200万股。企业2024年度可用于分配普通股股利的税后净利润是800万元。

（1）若2025年度投资所需资金为1 000万元，则：

2025年投资所需的权益资本数额＝1 000×60%＝600(万元)

2025年发放股利总额＝800－600＝200(万元)

每股股利＝200÷200＝1(元)

股利支付率＝200÷800×100%＝25%

（2）若2025年度投资所需资金为1 330万元，则：

2025年投资所需的权益资本数额＝1 330×60%＝798(万元)

2025年发放股利总额＝800－798＝2(万元)

每股股利＝2÷200＝0.01(元)

股利支付率＝2÷800×100%＝0.25%

（3）若2025年度没有投资机会，则：

2025年投资所需的权益资本数额＝0

2025年发放股利总额＝800万元

每股股利＝800÷200＝4(元)

股利支付率＝800÷800×100%＝100%

以上三种情况可以通过表8-1进行比较。

表8-1 甲企业在不同投资机会下的股利支付率

项　目	投资机会		
	好	一般	差
总股数（万股）	200	200	200
投资所需资金（万元）	1 330	1 000	0
可用于分配普通股股利的税后净利润（万元）	800	800	800
所需权益资本（万元）	798	600	0
分配股利（万元）	2	200	800
每股股利（元）	0.01	1	4
股利支付率（%）	0.25	25	100

从表8-1可以看出，股利支付率取决于企业投资机会和当年的获利情况。投资机会越多，用于支付现金股利的净利润越少；投资机会越少，满足投资需求后可用于支付现金股利的资金越多。

剩余股利政策的理论依据是股利无关论。其优点在于：

（1）有利于企业合理安排资本结构，使资本结构达到最佳状态。

（2）充分利用最低成本的资金来源，以提高股票价格或使企业的价值达到最大。

（3）由于优先考虑未来投资所需的权益资金数额，因此可为企业未来盈利的稳定增长奠定良好基础。

该股利政策的缺点在于：

（1）由于投资机会和收益每年都有变化，而采用剩余股利政策使每年的股利支付额受到企业未来投资机会和盈利水平的双重制约，因此，可能造成年股利支付额不稳定的现象，不利于树立企业的良好形象。

（2）不利于投资者安排收入和支出，从而不利于吸引追求稳定收入的投资者。

剩余股利政策比较适合于新成立的、处于初创期的企业。

（二）固定股利政策

固定股利政策是将每年发放的股利固定在某一水平上并在较长的时期内保持不变，只有当企业认为未来盈余会显著地、不可逆转地增长时，才提高年度的股利发放额的一种股利政策。不过近年来，许多国家受到通货膨胀的影响，逐步将固定股利政策转为稳定增长股利政策，即企业在支付一定金额股利的基础上，确定一个目标增长率，依据企业盈利水平按目标增长率逐步提高股利支付水平，以抵消通货膨胀的不利影响。

【例 8-3】某企业2024年提取了法定盈余公积和任意盈余公积后的税后净利润为500万元，分配现金股利230万元。2025年提取了法定盈余公积和任意盈余公积后的税后净利润为300万元，则在固定股利政策下，2025年分配的现金股利仍然为230万元。

固定股利政策的理论基础是“一鸟在手”理论和“信号传递理论”。其主要优点是：

（1）通过固定或稳定增长的股利政策向投资者传递企业的盈利情况以及财务状况稳定且逐步提高的信息，有利于树立企业的良好形象，增强投资者对企业的信心，从而稳定企业股票价格，吸引更多的投资者。

（2）有利于投资者安排股利收入和支出，特别是那些对股利具有很高依赖性的股东更是如此。那些股利忽高忽低的股票，不会受这些股东的欢迎，股票价格会因此而下降。

（3）可以避免股利支付的大幅度、无序性波动，有助于预测企业现金流出量，便于企业进行资金调度和财务安排。

该股利政策的缺点在于：

（1）股利的支付与盈余相脱节，使股利分配水平不能反映企业的绩效水平。当盈余较低时仍要支付固定的股利，这可能导致资金短缺、财务状况恶化。

（2）它不能像剩余股利政策那样使企业保持较低的资本成本，可能会给企业造成较大的财务压力，甚至可能侵蚀企业留存利润和企业资本。

固定股利政策比较适合经营比较稳定或正处于成长期、信誉一般的企业。

（三）固定股利支付率政策

固定股利支付率政策是指企业确定一个固定的股利占盈余的比例，并且每年按这一固定比例支付股利给股东的一种股利政策。这种股利政策与剩余股利政策顺序相反，它是先考虑派发股利，后考虑留存收益。固定股利支付率越高，企业留存收益就越少。其计算公式如下：

发放股利总额 = 当年可用于分配普通股股利的税后净利润 × 固定股利支付率

当年留存收益额 = 当年可用于分配普通股股利的税后净利润 − 发放股利总额

【例 8-4】某企业2025年提取了法定盈余公积和任意盈余公积后的税后净利润为500万元，该企业采取固定股利支付率政策分配股利，股利支付率为40%，则：

当年发放股利总额 = 500 × 40% = 200(万元)

税后净利润中可用于投资的金额 = 500 − 200 = 300(万元)

若2025年投资所需资金为400万元，则：

企业对外筹资额 = 400 − 300 = 100(万元)

【例 8-5】承【例 8-4】，假设2025年企业提取了法定盈余公积和任意盈余公积后的税后净利润为800万元，则：

当年发放股利总额 = 800 × 40% = 320(万元)

税后净利润中可用于投资的金额 = 800 − 320 = 480(万元)

可见，在固定股利支付率政策下，一方面，各年股利额会随企业经营状况的好坏而上下波动，获利较多的年份，支付的股利额较多，获利较少的年份，股利支付额较少；另一方面，由于该股利政策是后考虑留存收益的，因此当次年投资所需的资金大于当年的留存收益时还需向外筹资。

固定股利支付率政策的理论依据是“一鸟在手”理论，股票投资者倾向于获得股利收入，其风险较小。这样，两种股利政策不同的股票，支付股利的股票比不支付股利的股票价格要高，股利与股价具有相关性。

固定股利支付率政策的主要优点是：

（1）根据投资者厌恶风险的心理，确定股利支付率，有利于满足投资者获取现金股利的愿望，使股价维持在一个较高的位置，实现企业价值最大化。

（2）它能使股利与盈余紧密结合，体现多盈多分、少盈少分、不盈不分的原则，有利于公平地对待每一位股东。

（3）保持股利与利润间的一定比例关系，体现了投资风险与投资收益的对称性。

该股利政策的缺点在于：

（1）当企业盈余在各个期间波动不定时，其支付的股利也将随之波动，这就不利于树立企业的良好形象，不利于稳定股票价格。

（2）企业财务压力较大，缺乏财务弹性。

（3）确定合理的固定股利支付率难度很大。

固定股利支付率政策适合稳定发展的企业和财务状况处于较稳定阶段的企业。

（四）稳定增长股利政策

稳定增长股利政策是指在一定的时期内保持公司的每股股利额稳定增长的股利政策。采用这种股利政策的公司一般会随着公司盈利的增加，保持每股股利平稳地增长。公司确定一个稳定的股利增长率，实际上是向投资者传递该公司经营业绩稳定增长的信息，可以减少投资者对该公司经营风险的担心，从而有利于股票价格上涨。公司在采取稳定增长股利政策时，要使股利增长率等于或略低于利润增长率，这样才能保证股利增长具有可持续性。稳定增长股利政策适合处于成长阶段或成熟阶段的公司，在公司的初创阶段或衰退阶段则不适合采用这种股利政策。行业特点和公司经营风险也是影响公司是否应当采用稳定增长股利政策的重要因素。

通常，公共事业行业的公司经营活动比较稳定，受经济周期影响较小，比较适合采用稳定增长股利政策，而一些竞争非常激烈的行业，由于公司经营风险较大，经营业绩变化较快，因此一般不适合采用这种股利政策。

（五）低正常股利加额外股利政策

低正常股利加额外股利政策，是介于固定股利政策和固定股利支付率政策之间的一种折中的股利政策。这种股利政策主张企业每年只支付固定数额的较低股利，在企业经营业绩非常好的年份，根据企业的经营状况，除了按期支付给股东低正常股利外，再加付额外股利给股东。但是，这种额外股利并不常有，也不是原有股利率的提高，它只在特殊的情况下支付。

【例8-6】甲企业流通在外的普通股为10万股，企业采用低正常股利加额外股利政策，每股正常股利0.2元，若税后净利润超过20万元，那么额外股利为超过部分的20%。假设企业当年实现净利润25万元，则：

$$\text{正常股利总额} = 0.2 \times 10 = 2(\text{万元})$$

$$\text{额外股利总额} = (25 - 20) \times 20\% = 1(\text{万元})$$

$$\text{每股股利} = (2 + 1) \div 10 = 0.3(\text{元})$$

低正常股利加额外股利政策的优点是：

（1）既能使那些高度依赖股利生活的股东获得较低但很稳定的股利收入，又可以在企业盈余较多时适当增加股利，使股东分享到经济繁荣带来的利益，对投资者具有较强的吸引力。

（2）能使企业具有较大的财务灵活性，即当企业盈余较少或因有较好的投资机会而需大量投资时，可维持较低的正常股利，股东不会因此而失望，而当企业盈余较多，或无投资需求时，可适度增发股利，以增强投资者的持股或投资信心，提升股票价格。

该股利政策的缺点在于：

（1）股利派发缺乏稳定性，额外股利随着盈利的变化而变化，时有时无，给人不稳定的印象。

（2）如果企业较长时期一直发放额外股利，股东就会误认为这是正常股利，一旦取消，极易造成企业“财务状况”逆转的负面影响，导致股价下跌。

低正常股利加额外股利政策适合盈利经常波动的企业。

三、股利分配方案的确定

企业应该根据自身盈利状况以及投融资的需要，通过分析，权衡利弊，选择合理的股利分配政策，制订适合企业具体特点的股利分配方案。一个完善的股利分配方案的确定要考虑很多方面的因素，主要有股利政策、股利的

股利政策选择与制定程序

支付水平等。

（一）选择股利政策

企业选择股利政策通常需要考虑以下几个因素：

（1）企业所处的成长与发展阶段。

（2）企业支付能力的稳定情况。

（3）企业获利能力的稳定情况。

（4）目前的投资机会。

（5）投资者的态度。

（6）企业的信誉状况。

不同的股利政策有其不同的适用范围，也就是说，企业处于不同的历史发展阶段，所适用的股利政策是不一样的。综合以上六个方面的因素，企业股利政策的选择见表8-2。

表8-2 企业股利政策的选择

企业发展阶段	特 点	适用的股利政策
初创阶段	企业经营风险高，融资能力差	剩余股利政策
高速发展阶段	产品销量急剧上升，需要进行大规模的投资	低正常股利加额外股利政策
稳定增长阶段	销售收入稳步增长，企业的市场竞争力增强，行业地位已经巩固，企业扩张的投资需求减少，广告开支比例下降，净现金流量稳步增长，每股净利呈上升态势	固定股利政策或固定股利支付率政策
成熟阶段	产品市场趋于饱和，销售收入难以增长，但盈利水平稳定，企业通常已积累了相当多的盈余和资金	固定股利支付率政策或固定股利政策
衰退阶段	产品销售收入锐减，利润严重下降，股利支付能力下降	剩余股利政策

（二）确定股利支付水平

股利支付水平通常用股利支付率来衡量。股利支付率是当年发放股利与当年净利润之比，或每股股利除以每股收益。股利支付率是股利政策的核心。确定股利支付率，首先要确定企业在满足未来发展所需的资本支出和营运资金后，还有多少现金可用于发放股利。其次，考察企业投资项目所能获得的收益水平。若现金充足且投资项目的收益好，应采取低股利支付率政策；反之，则应采取高股利支付率政策。股利支付率越高，对股东和潜在投资者的吸引力越大，也就越有利于提升企业的信誉。是否向股东派发股利以及股利支付率高低，主要取决于企业对下列因素的权衡：

（1）企业所处的成长阶段及目前的投资机会。

（2）企业的再筹资能力及筹资成本。

（3）企业的控制权结构。

（4）顾客效应。

（5）股利信号传递功能。

（6）贷款协议以及法律限制。

（7）通货膨胀因素等。

四、股利政策制定的程序

股份有限公司在制定股利政策时，应遵循一定的程序，不同股利政策的制定程序有所不同。下面以固定股利支付率政策为例来说明股利政策制定的基本程序。

（一）测算公司未来剩余的现金流量

公司在制定股利政策时，首先应当预测公司未来年度的盈利和现金流量，预测的期限一般为5年左右，这样才能保证经营活动的长期规划得以实现。预测未来的盈利和现金流量是一项比较复杂的工作，宏观经济形势、市场变化和公司自身经营状况都会影响对盈利和现金流量预测的准确性。因此，在进行公司的经营预算和资本预算时，必须保持一定的弹性空间，公司要从股东的利益出发，在确保重要的经营活动和投资项目能够顺利完成的情况下，充分利用现金，提高资本利用效率。

（二）确定目标股利支付率

确定目标股利支付率是公司股利政策的一项重要内容。公司在确定股利支付率时，应考虑自身的发展阶段、经营规模、财务状况和股东构成等因素，并参照同行业可比公司的股利支付率。在国外，同行业的公司通常具有“习惯性的股利支付率范围”，大多数公司在确定股利支付率时都会参照同类公司的股利政策。目标股利支付率一旦确定，通常在较长的时期内不宜变动太大。

（三）确定年度股利额

理论上，公司支付的现金股利额应等于投资于所有净现值为正的投资项目之后的剩余现金数量，但在实践中，考虑到投资预算的不确定性、股东的偏好、筹资的约束等因素，现金股利额应在此基础上进行适当的调整。出于谨慎性考虑，公司一般会适当地增加留用利润，以预防盈利和现金流量的不确定性。如果公司该年盈利大幅增加，根据信号传递理论，也应当参考以往年度的股利额来确定该年度股利支付数额，尽量保持股利政策的稳定性，以使投资者有稳定的预期。

（四）确定股利分派日期

在西方国家，许多公司按季度支付股利，我国公司大多每半年或一年支付一次股利。现金股利分派会发生大量的现金流出，何时分派股利对公司的财务状况会产生较大影响。公司确定了年度股利额之后，应当根据其经营预算、投资项目进展情况和现金流量状况合理地安排股利分派的日期。

五、股利政策的评价指标

投资者在购买股票进行投资时，通常会对公司的股利政策作出评价。用来评价公司股利政策的指标主要有两个：股利支付率和股利报酬率。

（一）股利支付率

股利支付率（Dividend Payout Ratio）是公司年度现金股利总额与利润总额的比率，或者是公司年度每股股利与每股利润的比率。其计算公式为：

$$P_d = \frac{DPS}{EPS}$$

式中：P_d表示股利支付率；DPS表示年度每股股利；EPS表示年度每股利润。

股利支付率用来评价公司实现的净利润中有多少用于给股东分派红利。股利支付率反映了公司所采取的股利政策是高股利支付率政策还是低股利支付率政策。由前面的股利理论可知，股利支付率的高低并不是区分股利政策优劣的标准。公司处于不同的发展阶段会选择不同的股利政策。一般来说，处于快速成长阶段的公司，由于资本性支出较大，需要大量的现金，因此通常不支付现金股利或者采用较低的股利支付率政策；处于成熟阶段的公司，有充足的现金流量，通常采用较高的股利支付率政策。

与股利支付率相关的另一指标是留存比率，用来评价公司净利润用于再投资的比例。留存比率是公司留用利润与净利润的比率，等于1减去股利支付率。

（二）股利报酬率

股利报酬率，也称股息收益率，在中国香港股票市场，也称周息率，是指公司年度每股股利与每股价格的比率。其计算公式为：

$$K_d = \frac{DPS}{P_0}$$

式中：K_d表示股利报酬率；DPS表示年度每股股利；P_0表示每股价格。

股利报酬率是投资者评价公司股利政策的一个重要标准，它反映了投资者进行股票投资所取得的红利收益，是投资者判断投资风险、衡量投资收益的重要标准之一。

我国股市的发展历史较短，许多上市公司还没有形成比较稳定的股利政策。通过对上市公司股利分派情况的统计分析，我国上市公司分派现金股利的水平较低，大多数公司的股利支付率都低于30%。因此，股利报酬率也较低。

第四节 股票分割与股票回购

一、股票分割

（一）股票分割的概念

股票分割（Stock Split），又称拆股，是指将高面额股票拆换为低面额股票的行为，如将1股面值为2元的股票拆换为2股面值为1元的股票。股票分割与股票股利的经济意义基本相同。通过分派股票股利，企业的所有者权益总额不变，但权益内部各项目的结构发生了变化，而股票分割则无须通过账务系统，只需在报告系统中增加股份数量，既不改变所有者权益总额，也不改变所有者权益的结构。

股票分割

【例8-7】某企业原发行面额10元的普通股800万股，本年净利润为1 600万元。若按1股换成2股的比例进行股票分割，则分割前后的股东权益各项目列示见表8-3。

表8-3 股票分割前后股东权益对照表 金额单位：万元

项目	股票分割前	股票分割后
净利润	1 600	1 600
股本：		
股份数（万股）	800	1 600
每股面值（元）	10	5
股本	8 000	8 000
资本公积	1 500	1 500
盈余公积	2 500	2 500
未分配利润	3 000	3 000
股东权益合计	15 000	15 000
每股收益（元）	2	1
每股市价（元）	15	7.5
企业的市值	12 000	12 000

从表8-3可知，假设股票分割后企业净利润也为1 600万元，则股票分割前的每股收益为2元，分割后的每股收益为1元；分割前每股市价为15元，分割后每股市价为7.5元。而股东权益和企业的市值均没有发生变化，分别均为15 000万元和12 000万元。

（二）股票分割对公司的意义

（1）股票分割降低了每股市价，使企业股票处于更低的价位，从而可以吸引更多的投资者购买公司的股票。

（2）在投资者看来，股票分割往往是成长中企业的行为，所以宣布股票分割后容易给人一种“企业正处于发展之中”的印象。这种信息对企业来说是有利的，能提高投资者对公司的信心，在一定程度上可以稳定股价，甚至会提高公司股票的价格。

（三）股票分割对股东的意义

（1）相对于股票分割前，股东更容易出售其手中的股票从而获得收益，特别是在一部分投资者眼中，股票分割获得的额外股票是意外所得，认为出售这部分股票不会对其产生不利影响。

（2）股票分割后，如果公司每股现金股利的下降幅度小于股票分割的幅度，则股东会从中获利。

（3）由于信号传递作用，股票分割向社会传播了有利信息，以及降低了股价，因此能吸引更多的投资者购买股票，反而导致股价的上升，或者在一定程度上抵消股价的下降，使得股价下降的幅度小于股票分割的幅度，从而使股东财富增加。

【例8-8】假定某企业股票分割前每股现金股利2元，A股东持有100股，则可分得现金股利200元（2×100），若企业按1股换2股的比例进行股票分割，则：

$$A股东股数 = 100 \times 2 = 200(股)$$

若现金股利降为每股1.10元，则：

$$A股东可得现金股利 = 1.1 \times 200 = 220(元)$$

可见，此时A股东获得的现金股利仍大于其股票分割前所得的现金股利。只有当每股现金股利低于1元时，才会使其股利所得低于分割前的水平。

需要注意的是，上市公司对于股票分割的决策应谨慎，只有当公司股价大幅度上涨并预期难以下降时，运用股票分割方式才是恰当的。

（四）股票分割与股票股利的比较

对于公司来说，进行股票分割与发放股票股利都属于股本扩张政策，二者都会使公司股票数量增加，股票价格降低，并且都不会增加公司价值和股东财富。从这些方面来看，股票分割与股票股利是十分相似的，但二者也存在以下差异。

1.股票分割降低了股票面值，而发放股票股利不会改变股票面值

这主要是因为股票分割是股本重新分拆，将原来的股份细分为更多的股份，因而每股面值会相应成比例降低，而股票股利是公司以股票的形式用实现的净利润向股东无偿分派股利，股票面值不会降低。

2.会计处理不同

股票分割不会影响资产负债表中股东权益各项目，只是股票面值降低，股数增加，而股本的金额不会变化，资本公积和留用利润的金额也不会变化。发放股票股利，公司应将股东权益中的留用利润的金额按照发放股票股利面值总数转为股本，因而股本的金额相应增加，而留用利润相应减少。

具体来说，股票分割与股票股利的不同点见表8-4。

表8-4 **股票分割与股票股利的不同点**

股票分割	股票股利
面值变小	面值不变
股东权益内部结构不变	股东权益内部结构变化
不属于股利支付方式	属于股利支付方式
在公司股价上涨且预期难以下降时，采用股票分割的办法降低股价	在公司股价上涨幅度不大时，通过发放股票股利将股价维持在理想的范围内

我国股份制公司发行的普通股一般面值为1元，所以通常不进行股票分割。在实践中，我国公司常采用资本公积转增股本和发放股票股利的方式进行股本扩张，基本能够与股票分割达到同样的目的。

下面举例说明股份制公司是如何通过资本公积转增股本和发放股票股利实现股本扩张的。

【例8-9】东方公司是一家商业连锁企业，近年来公司营业收入和利润都快速增长，2025年年末资产负债表见表8-5。由于该公司目前股票价格已经达到60元/股，影响了股票在市场上的流动性，因此，为了提高股票对中小投资者的吸引力，改善股票流动性，公司决定增加股本总额，以使股票价格降低。现有两个备选方案。

表8-5 东方公司资产负债表（简表） 单位：万元

资　产		负债及股东权益	
流动资产	80 000	负债	
		流动负债	15 000
		非流动负债	45 000
		负债合计	60 000
非流动资产	120 000	股东权益	
		股本（每股面值10元，2 000万股）	20 000
		资本公积	50 000
		盈余公积	30 000
		未分配利润	40 000
		股东权益合计	140 000
资产总计	200 000	负债及股东权益总计	200 000

方案一：按照1：2的比例实施股票分割。

方案二：实施每10股用资本公积转增6股，并派发4股股票股利的股利分配方案。

以上两个方案实施后，东方公司的资产负债表见表8-6。

表8-6 方案实施后东方公司资产负债表（简表） 单位：万元

方案一

资　产		负债及股东权益	
流动资产	80 000	负债	
		流动负债	15 000
		非流动负债	45 000
		负债合计	60 000
非流动资产	120 000	股东权益	
		股本（每股面值5元，4 000万股）	20 000
		资本公积	50 000
		盈余公积	30 000
		未分配利润	40 000
		股东权益合计	140 000
资产总计	200 000	负债及股东权益总计	200 000

方案二

资　产		负债及股东权益	
流动资产	80 000	负债	
		流动负债	15 000
		非流动负债	45 000
		负债合计	60 000
非流动资产	120 000	股东权益	
		股本（每股面值10元，4 000万股）	40 000
		资本公积	38 000
		盈余公积	30 000
		未分配利润	32 000
		股东权益合计	140 000
资产总计	200 000	负债及股东权益总计	200 000

实施方案一，经过股票分割之后，A公司的股票数增加到4 000万股，每股股票面值降为5元，但资产负债表中的股本仍然为20 000万元，其他各项金额也不变，股票分割后股票价格降到30元/股；实施方案二，经过资本公积转增股本，资本公积减至38 000万元，派发股票股利后未分配利润减至32 000万元，股本总额则增加到40 000万元，股票数增加到4 000万股，每股股票面值仍然是10元，实施方案二后股票价格也会降到30元/股。由此可见，两个方案最终达到的效果基本相同，但方案一资产负债表中股东权益各项目的金额未发生变化，而方案二股东权益各项目的金额发生了变化。

二、股票回购

（一）股票回购的含义

股票回购

股票回购（Stock Repurchase），是指股份有限公司出资重新购回已发行在外股票的行为。企业在股票回购完成后可以将所回购的股票注销，也可以将回购的股票不注销而作为库藏股保留，但不参与每股收益的计算和股利分配。

当公司投资机会较少，现金持有较多时，公司可以用多余的现金购回股东所持有的股份，使流通在外的股份减少，当盈利总额和市盈率保持不变时，每股收益增加，每股股价上涨。通过股票回购，股东往往可以从股票价格的上涨中获得资本利得。在不考虑税收和交易成本的情况下，股票回购为股东带来的资本利得等于发放的现金股利。正因为如此，股票回购常常被看成现金股利的一种替代方式。

【例8-10】某企业流通在外的普通股股数为600万股，税后净利润为2 400万元，股票市价为每股16元，则：

$$每股收益 = 税后利润 \div 股数 = 2\,400 \div 600 = 4(元)$$

$$市盈率 = 市价 \div 每股收益 = 16 \div 4 = 4$$

若回购20%股票，则回购后企业每股收益为：

$$\frac{2\,400}{600 \times (1 - 20\%)} = 5(元)$$

假设企业市盈率保持不变，则回购后预期股票市场价格为：

$$5 \times 4 = 20(元)$$

可见，当企业回购股票时，假定市盈率不变，则会带来每股收益及市价的提高。但是，如果企业通过举债回购股票，杠杆水平的提高会增加股票的风险，也会降低企业市盈率，这样回购不一定对股价产生有利的影响。

（二）股票回购的动机

1.作为股利政策的一部分

股票回购被认为是现金股利的一种替代方式，这时称股票回购为资本收益型的现金股利。在存在个人所得税的情况下，公司通过股票回购向投资者支付现金，投资者无须纳税，由股票回购引起的股价上涨带来的资本利得所缴纳的个人所得税可以递延到股票出售之后缴纳，而现金股利所缴纳的个人所得税的纳税义务在发放当期就发生了。

2.传递公司信息

在信息不对称的情况下，股票回购可能起到一种有利的信号传递作用。因为当经理认为本公司普通股市价被低估时，往往采用股票回购向市场表达股价被低估的信息。股票回购不是经常发生的事件，人们通常把它看作管理层认为普通股市价被大大低估的时候宣布的额外消息。

3.反收购措施

股票回购将提高股票价格，减少流通在外的普通股，增加收购方的成本；另外流通在外的普通股股数少了，可以防止浮动股票落入竞争企业手中。

4.提高每股收益，降低筹资成本

通过股票回购，减少公司发行在外的股数，在盈利一定的前提下，增加了每股收益，有利于支撑股价，改善公司形象，增强投资者信心，从而促进股价的稳定。

5.满足认股权的行使

在企业发行可转换债券、认股权证或实行高层经理人员股票期权计划以及员工持股计划的情况下，采用股票回购的方式既不会稀释每股收益，又能保证认股权的行使。

6.巩固内部人的控制地位

基于企业潜在的被兼并、收购与控制威胁或隐患，企业管理层想避免外部企业收购，巩固内部人的控制地位。

7.建立企业职工持股制度

回购的股票可以作为暂时的股票储备，在实行企业职工持股制度的公司，可以在将来以优惠的价格转让给企业职工，以完成职工持股计划。

（三）影响股票回购的因素

1.税收因素

与现金股利相比，股票回购后股东得到的是资本利得，缴纳资本利得税，而股东收到现金股利则缴纳股利所得税。由于资本利得税率往往低于股利所得税率，因此与现金股利相比，股东可通过股票回购产生节税效应，同时股票回购也增强了企业支配现金的灵活性。

2.投资者对股票回购的反应

由于企业回购股票，投资者会认为企业没有达到理想的增长率或者没有可行的投资项目，从而导致投资者对企业失去信心，使股价下跌。

3.股票回购对股票市场价值的影响

股票回购可减少流通在外的股票数量，相应提高每股收益，降低市盈率，从而推动股价上升或将股价维持在一个合理的水平上。

（四）股票回购的方式

股票回购包括公开市场回购、要约回购及协议回购三种方式。

1.公开市场回购

公开市场回购是指公司在股票的公开交易市场上以普通潜在投资者的身份，按照公司股票当前市场价格回购股票。这种方式的缺点是在公开市场回购时很容易推高股价，从而增加回购成本，另外交易税和交易佣金也是不可忽视的成本。

2.要约回购

要约回购是指公司在特定期间向市场发出的，约定以高出股票当前市场价格的某一价格回购既定数量股票。这种方式赋予所有股东向公司出售其所持股票的均等机会。与公开市场回购相比，要约回购通常被市场认为是更积极的信号，原因在于要约价格高出股票当前的市场价格，但是这种方式使得回购的执行成本较高。

3.协议回购

协议回购是指公司以协议价格直接向一个或几个主要股东回购股票。协议价格一般低于当前的股票市场价格，尤其是在卖方首先提出的情况下。但是，公司有时也会以超常高价向其认为有威胁的非控股股东回购股票。显然，这种过高的回购价格将损害继续持有股票的股东的利益，公司有可能因此涉及法律诉讼。

（五）股票回购对公司的影响

1.提高每股收益，稳定股价

通过回购流通股，一方面，减少了流通在外的股票股数，提高了每股收益，公司股票价格也随之上涨；另一方面，向市场传递股价被低估的信息，从而增强投资者信心，活跃市场交易，也会促使股价上涨。

2.提高资金的使用效率

股票回购作为公司股利政策的一部分，是一种变相向股东支付股利的方式。股票回购是公司进行的一种主动的投资理财行为。当公司可支配的现金流大大高于公司的投资需要时，公司可以通过股票回购将资金返还给股东。股票回购多见于处于成熟期的公司。

3.增强反收购能力，强化股权控制

股票回购通常作为反收购的有效工具。上市公司回购股票，使市场上流通股的比重降低，加大了收购人在二级市场上的收购难度，使其难以收购到足够股份以取得目标公司的控制权；同时，通过股票回购适当地提高资产负债率，更充分有效地发挥财务杠杆效应，从而提升公司股价，增大收购人的收购成本。

（六）股票回购对股东的影响

（1）公司流通在外的股份减少，负债不变，股东权益资本减少，在公司经营状况不变的情况下，股东的内在价值增加，因而股价预期会上涨，使股东从中得到好处。

（2）根据信号传递理论，股票回购往往预示着上市公司管理层认为公司股价被严重低估，因而其市场反应必然带动股价的拉升，使股东获益。

章后实训与测试

※ Excel在股利政策中的应用

（一）实训目的

运用Excel计算固定股利支付率政策下发放的股利总额、企业投资需要的权益资本数额以及企业需要从外部筹集资金的数额。

（二）实训内容

【例8-11】华夏公司采用固定股利支付率政策分配股利，股利支付率为40%，2024年提取了法定盈余公积和任意盈余公积后的税后净利润为500万元，2025年提取了法定盈余公积和任意盈余公积后的税后净利润为800万元。2024年与2025年华夏公司投资所需资金均为400万元，基础数据如图8-1所示。

	A	B
1	固定股利支付率政策	
2	股利支付率(%)	40%
3	2024年提取盈余公积后的税后净利润（万元）	500.00
4	2025年提取盈余公积后的税后净利润（万元）	800.00
5	两年投资需要的数额相同（万元）	400.00

图8-1 固定股利支付率政策下的股利分配

要求：

（1）计算2024年、2025年发放的股利总额。

（2）计算2024年、2025年企业投资需要的权益资本数额。

（3）计算2024年、2025年企业需要从外部筹集资金的数额。

本例题在Excel中的操作如下：

第一步，计算在固定股利支付率政策下两年发放的股利总额。在单元格B10中输入公式“=B9*$B$2”，即“提取盈余公积后的税后净利润×股利支付率”，然后将单元格B10的公式复制到C10，如图8-2所示。

B10 fx =B9*$B$2

	A	B	C
7	华夏公司固定股利支付率政策的股利分配		
8	项目	2024年	2025年
9	提取盈余公积后的税后净利润（万元）	500.00	800.00
10	发放股利总额（万元）	200.00	320.00
11	投资所需资金（万元）	400.00	400.00
12	发放股利后的权益资本（万元）		
13	需要的权益资本数额（万元）		
14	需要从外部筹集资金（万元）		

图8-2 计算发放股利总额

第二步，计算发放股利后的权益资本。在单元格B12中输入公式“=B9-B10”，即“提取盈余公积后的税后净利润-发放股利总额”，然后将单元格B12的公式复制到C12，如图8-3所示。

B12 fx =B9-B10

	A	B	C
7	华夏公司固定股利支付率政策的股利分配		
8	项目	2024年	2025年
9	提取盈余公积后的税后净利润（万元）	500.00	800.00
10	发放股利总额（万元）	200.00	320.00
11	投资所需资金（万元）	400.00	400.00
12	发放股利后的权益资本（万元）	300.00	480.00
13	需要的权益资本数额（万元）		
14	需要从外部筹集资金（万元）		

图8-3 计算发放股利后的权益资本

第三步，计算需要的权益资本数额。在单元格B13中输入公式“=IF（B12>B11，B11，B12）”，表示如果“发放股利后的权益资本＞投资所需资金”，则“投资需要的权益资本数额=投资所需资金”，否则“=发放股利后的权益资本”。然后，将单元格B13的公式复制到C13，如图8-4所示。

B13　=IF(B12>B11,B11,B12)

	A	B	C
7	华夏公司固定股利支付率政策的股利分配		
8	项目	2024年	2025年
9	提取盈余公积后的税后净利润（万元）	500.00	800.00
10	发放股利总额（万元）	200.00	320.00
11	投资所需资金（万元）	400.00	400.00
12	发放股利后的权益资本（万元）	300.00	480.00
13	需要的权益资本数额（万元）	300.00	400.00
14	需要从外部筹集资金（万元）		

图8-4　需要的权益资本数额

第四步，计算需要从外部筹集资金的数额。在单元格B14中输入公式“=IF（B11>B12，B11-B13，0）”，表示“如果投资所需资金＞发放股利后的权益资本”，则“需要从外部筹集的资金=投资所需资金-投资需要的权益资本数额”，否则“需要从外部筹集的资金=0”。然后，将单元格B14的公式复制到C14，如图8-5所示。

B14　=IF(B11>B13,B11-B13,0)

	A	B	C
7	华夏公司固定股利支付率政策的股利分配		
8	项目	2024年	2025年
9	提取盈余公积后的税后净利润（万元）	500.00	800.00
10	发放股利总额（万元）	200.00	320.00
11	投资所需资金（万元）	400.00	400.00
12	发放股利后的权益资本（万元）	300.00	480.00
13	需要的权益资本数额（万元）	300.00	400.00
14	需要从外部筹集资金（万元）	100.00	0.00

图8-5　计算需要从外部筹集资金的数额

可见，在固定股利支付率政策下，一方面，各年股利额会随企业经营状况的好坏而上下波动，获利较多的年份，支付的股利额较多，获利较少的年份，股利支付额较少；另一方面，由于该股利政策是后考虑留存收益的，当投资所需的资金大于当年的留存收益时还需向外筹资。

※知识测试

一、单项选择题（每小题5分，共40分）

本章知识测试

1.能够保持理想的资本结构，使综合资本成本最低的收益分配政策是（　　）。

A.固定股利政策　　B.固定股利支付率政策

C.低正常股利加额外股利政策　　D.剩余股利政策

2.下列各项股利分配政策中，能保持股利与利润间的一定比例关系，体现风险投资与风险收益的对等关系的是（ ）。

A.剩余股利政策　　B.固定股利政策

C.固定股利支付率政策　　D.低正常股利加额外股利政策

3.股份制公司采用剩余股利政策，假定其目标资本结构为4∶3（权益资本∶负债资本），计划其第2年投资700万元，则应从税后净利中保留（ ）万元用于投资，再将剩余利润用于股利发放。

A.300　　B.400

C.100　　D.700

4.下列项目中，不属于股票回购动机的是（ ）。

A.降低负债比率　　B.分配超额现金

C.巩固内部人控制地位　　D.满足并购的需要

5.企业在分配收益时，必须按一定比例和基数提取各种盈余公积，这一要求体现的是（ ）。

A.资本保全约束　　B.资本积累约束

C.偿债能力约束　　D.超额积累利润约束

6.（ ）之后的股票交易，其价格可能有所下降。

A.股利宣告日　　B.除息日

C.股权登记日　　D.股利支付日

7.下列（ ）是基于股利无关论确立的。

A.剩余股利政策　　B.固定股利政策

C.固定股利支付率政策　　D.低正常股利加额外股利政策

8.下列（ ）原则要求税后利润分配时必须坚持全局观念，考虑投资者、经营者以及内部职工的切身利益。

A.依法分配　　B.兼顾各方面利益

C.分配与积累并重　　D.投资与收益对等

二、多项选择题（每小题5分，共20分）

1.收益分配的基本原则是（ ）。

A.依法分配原则　　B.兼顾各方面利益原则

C.分配与积累并重原则　　D.投资与收益对等原则

2.采用固定股利政策的理由包括（ ）。

A.有利于投资者安排收入与支出　　B.有利于公司树立良好的形象

C.有利于稳定股票价格　　D.有利于保持理想的资本结构

3.剩余股利政策应遵循的步骤包括（ ）。

A.最大限度地使用净利润来满足投资方案所需的权益资本

B.设定目标资本结构

C.投资方案所需权益资本已经满足后如有盈余，则作为股利发放给股东

D. 确定目标资本结构下投资所需的股东权益数额

4.公司的经营需要会对股利分配常常产生影响，下列叙述正确的是（　）。

A. 为保持一定的资产流动性，公司不愿支付过多的现金股利

B. 保留盈余因无须筹资费用，故从资本成本考虑，公司也愿采取低股利政策

C. 成长型公司多采用高股利政策，而处于收缩期的公司多采用低股利政策

D. 举债能力强的公司有能力及时筹措到所需现金，可能采取较宽松的股利政策

三、判断题（每小题5分，共40分）

1. 公司的法定盈余公积是按利润总额的10%计提的。（　）

2. “一鸟在手”理论认为，相对于资本利得而言，投资者更偏好现金股利。（　）

3. 采取剩余股利政策，首先要确定企业的最佳资本结构。（　）

4. 股票分割可以增加股东财富。（　）

5. 公司进行股票回购可以预防或抵制敌意并购。（　）

6. 投资者只有在除息日之前购买股票，才能领取最近一次股利。（　）

7. 通过回购流通股，减少了流通在外的股数，但每股收益没有变化，股票价格也不发生变化。（　）

8. 企业在高速发展阶段，销售量急剧上升，投资规模扩大，适合采用固定股利政策。（　）

第九章

财务分析

学习目标

1. 了解财务分析的含义与内容。
2. 掌握财务分析指标的计算方法。
3. 掌握杜邦分析法、沃尔评分法等财务综合分析方法。

导入案例

巴菲特的成功之道①

巴菲特成功的股票投资经历作为传奇被人们津津乐道，在造就这种成功的诸多原因中，巴菲特对上市公司股票理智、专业的财务分析功不可没。

知识图谱

大学期间，在所有课程中，巴菲特最重视的是财务会计。巴菲特认为：必须懂会计，而且必须懂会计的微妙之处。会计是商业的语言，尽管是一种并不完美的语言。除非你愿意投入时间、精力学习掌握财务会计，学会如何阅读和分析财务报告，否则，你就无法真正独立地选择股票。而且，巴菲特读大学时最喜欢看的也是公司年度财务报告。他对伙伴说："我阅读我所关注的公司的年度财务报告，同时我也阅读它们竞争对手的年度财务报告，这些年报是我最主要的阅读材料。"正是依靠这些财务分析专业知识，巴菲特从19岁开始，走上了他的股票投资之路。

讨论与思考：

企业老板和财务经理是否都需要进行财务分析？

第一节 财务分析的含义与内容

一、财务报表及其作用

财务报表（Financial Statement）是综合反映企业一定时期财务状况和经营成果的文件，是财务会计报告的重要组成部分，是企业向外传递会计信息的主要途径。财务报表主要包括资产负债表、利润表、现金流量表、所有者权益变动表及附注。

本章课件

资产负债表是反映企业在某一特定日期财务状况的财务报表。该报表能提供企业拥有或者控制的资源及其分布、财务结构、资产的变现能力、偿债能力等方面的

① 资料来源：张雪同. 财务管理［M］. 上海：立信会计出版社，2015：195.

信息。

利润表（Income Statement）是反映企业在一定会计期间经营成果的财务报表。该报表能提供企业利润的形成渠道、企业的获利能力、成本费用的高低以及控制情况等方面的信息。

现金流量表是反映企业在一定会计期间现金和现金等价物流入和流出状况的财务报表。该报表能提供企业经营活动、投资活动和筹资活动等所产生的现金流量等方面的信息。

所有者权益变动表（Statement of Owner’s Equity）是反映构成企业所有者权益的各组成部分当期的增减变动情况的报表。该报表能提供所有者权益的取得渠道、结构变动及其原因等方面的信息。

财务报表附注是对财务报表中列示项目所作的进一步说明，以及对未能在报表中列示的项目的补充说明等。这些信息有助于报表使用者进一步理解和分析企业的财务状况、经营成果、现金流量以及所有者权益变动情况等信息。

编制财务报表的目的在于提供有助于使用者进行经营决策的财务信息。企业财务报表的使用者包括现有和潜在的投资人、债权人、企业经营者、政府部门和社会公众等。财务报表的具体作用表现在以下三个方面：

（1）有助于投资人和债权人等了解企业的财务状况与经营成果，并进行合理决策。企业现有和潜在的投资人要依据财务报表提供的信息，作出是否投资以及如何投资等决策；债权人要作出是否贷款以及贷款规模等决策；政府部门（包括财政、税务、市场监管及证券管理部门等）可以根据财务报表提供的信息，了解企业执行国家法律法规的情况以及是否及时足额缴纳税费等情况。

（2）有助于加强和改善企业内部经营管理。企业管理者可以通过财务报表了解企业的财务状况和经营成果，检查企业预算和计划的执行情况，加强和改善企业经营管理，合理利用资源，作出科学的经营决策。

（3）有利于政府机构制定宏观产业政策，进行宏观调控。国家政府机构通过层层汇总的财务报表，可以掌握某一行业、地区、部门乃至全国企业的经济活动情况，进行国民经济的宏观调控，促进社会资源的合理有效配置。

二、财务分析的意义与作用

财务分析就是以财务报表和其他资料为依据，采用专门方法，系统分析和评价企业的财务状况、经营成果和现金流量状况的过程，其目的是评价企业过去的经营业绩、衡量企业现在的财务状况、预测企业未来的发展趋势，帮助利益相关者改善经营管理或者进行科学决策。在实务中，财务分析可以发挥以下重要作用：

1.正确评价企业过去的经营业绩

通过对企业财务报表等资料的分析，能够较为准确地反映企业过去的业绩状况，肯定经营管理和财务运作的成绩，指出存在的问题并分析其原因。这不仅有助于正确评价企业过去的经营业绩，而且还可为企业投资者和债权人的决策提供有用的信息。

2.分析企业当前的财务状况和经营成果，揭示财务活动存在的问题

财务报表是企业各项经营活动的综合反映，但财务报表的格式及提供的数据是根据会计的特点和管理的一般要求而设计的，不可能全面提供不同目的的财务报表使用者所需要的数据资料。财务分析正是根据不同分析主体的分析目的，采用不同的分析手段和方法，从多个方面全面反映和评价企业的偿债能力、营运能力、盈利能力和发展能力。通过指标的计算、分析和比较，可以揭示企业经营管理各个方面存在的问题，找出差距，得出分析结论。

3.预测企业未来发展趋势

财务分析不仅可用于评价过去和反映现状，更重要的是它可通过对过去与现状的分析和评价，科学预测企业未来的发展状况和趋势。它既可以为企业财务预测、财务决策和财务预算指明方向，为企业进行财务危机预测提供必要的信息，又可以比较客观地评估企业的价值及价值创造。

【课堂拓展】

不做假账[①]

我国有3所国家会计学院（北京国家会计学院、上海国家会计学院、厦门国家会计学院）。2001年4月，朱镕基在视察上海国家会计学院时亲笔题写校训："不做假账"。在第十六届世界会计师大会开幕式上，朱镕基说，中国政府特别重视会计职业道德建设，要求所有会计审计人员必须做到"诚信为本，操守为重，坚持准则，不做假账"，恪守独立、客观、公正的原则，不屈从和迎合任何压力与不合理要求，不以职务之便谋取一己私利，不提供虚假会计信息。

三、财务分析的内容和一般步骤

财务分析的内容主要包括以下四个方面：

1.偿债能力分析

偿债能力是指企业如期偿付债务的能力。通过对企业的财务报表等会计资料进行分析，可以了解企业资产的流动性、负债水平以及偿还债务的能力，从而评价企业的财务状况和财务风险，为管理者、投资者和债权人提供企业偿债能力的财务信息。

2.营运能力分析

营运能力反映了企业对资产的利用和管理能力。企业的生产经营过程就是利用资产取得收益的过程。资产是企业生产经营活动的经济资源，资产的利用和管理能力直接影响企业的收益，它体现了企业的营运能力。对营运能力进行分析，可以了解企业资产的保值和增值情况，分析企业资产的利用效率、管理水平、资金周转状况、现金流量情况等，为评价企业的经营管理水平提供依据。

3.盈利能力分析

获取利润是企业的主要经营目标之一，它也反映了企业的综合素质。企业要生存和发展，必须争取获得较高的利润，这样才能在竞争中立于不败之地。投资者和债权人都十分

---

① 资料来源：中国会计年鉴编辑部.国务院总理朱镕基视察上海国家会计学院并题写校训［J］.中国会计年鉴，2002（4）：31.

关心企业的盈利能力，盈利能力强可以提高企业偿还债务的能力，提升企业的信誉。通过将资产、负债、所有者权益与经营成果相结合来分析企业的各项报酬率指标，可以从不同角度判断企业的盈利能力。

4.发展能力分析

无论是企业的管理者，还是投资者、债权人，都十分关注企业的发展能力，这关系到他们的切身利益。通过对企业发展能力进行分析，可以判断企业的发展潜力，预测企业的经营前景，从而为企业管理者和投资者进行经营决策和投资决策提供重要的依据，避免决策失误给其带来重大的经济损失。

财务分析的程序因不同的人、不同的目的、不同的数据范围、不同的方法而不同，它没有固定的程序和步骤，而是一个研究探索的过程。但一般情况下，通常采用如下步骤：

（1）明确分析目的。

（2）收集有关信息。

（3）根据分析目的，把整体的各个部分予以划分，使之适合需要。

（4）通过计算、分析，深入研究各个部分的特殊本质以及各个部分间的联系。

（5）解释结果，提供对决策有帮助的信息。

四、财务分析的方法

财务分析的方法主要包括比率分析法和比较分析法。

1.比率分析法

比率分析法是指将企业同一时期的财务报表中的相关项目进行对比，得出一系列财务比率，以此来揭示企业财务状况、经营成果和现金流量的分析方法。财务比率主要包括构成比率、效率比率和相关比率三大类。

（1）构成比率

构成比率又称结构比率，是反映企业某项经济指标的各个组成部分与总体之间关系的财务比率，如流动资产与资产总额的比率、流动负债与负债总额的比率。利用构成比率可以考查总体中某部分形成与安排的合理性，以协调各项财务活动。

（2）效率比率

效率比率是反映某项经济活动中投入与产出之间关系的财务比率，如成本利润率、销售利润率及资本利润率等指标。利用效率比率可以考查经济活动的经营成果，评价经济效益。

（3）相关比率

相关比率是反映经济活动中某两个或两个以上相关项目比值的财务比率，如流动比率、速动比率等，利用相关比率可以考查各项经济活动之间的相互关系，从而揭示企业的财务状况、经营成果和现金流量。

2.比较分析法

比较分析法是指将同一企业不同时期的财务状况、经营成果和现金流量或不同企业之间的财务状况、经营成果和现金流量进行比较，从而揭示企业财务状况、经营成果和现金流量中所存在差异的分析方法。比较分析法可分为纵向比较分析法和横向比较分析法两种。

（1）纵向比较分析法

纵向比较分析法又称趋势分析法，是指将同一企业连续若干期的财务状况、经营成果和现金流量进行比较，确定其增减变动的方向、数额和幅度，以此来揭示企业财务状况、经营成果和现金流量的发展变化趋势的分析方法，如比较财务报表法、比较财务比率法等。

（2）横向比较分析法

横向比较分析法，是指将本企业的财务状况、经营成果和现金流量与其他企业的同期财务状况、经营成果和现金流量进行比较，确定其存在的差异及其程度，以此来揭示企业财务状况、经营成果和现金流量中所存在问题的分析方法。

第二节 财务指标分析

一、偿债能力分析

偿债能力是指企业偿还到期债务（包括本息）的能力。企业偿债能力低不仅说明企业资金紧张，难以支付日常经营支出，而且说明企业资金周转不灵，难以偿还到期债务，甚至面临破产危险。由于债务按到期时间分为短期债务和长期债务，因此偿债能力分析包括短期偿债能力分析和长期偿债能力分析。

偿债能力分析

（一）短期偿债能力分析

企业短期债务一般要用流动资产来偿付，短期偿债能力是指企业流动资产对流动负债及时、足额偿还的保证程度，是衡量企业当前的财务能力，特别是流动资产变现能力的重要标志。

企业短期偿债能力的衡量指标主要有流动比率、速动比率和现金比率等。

1.流动比率

流动比率（Current Ratio）是企业流动资产与流动负债的比率，它表明企业每1元流动负债由多少流动资产作为偿还保证，反映企业用可在短期内转变为现金的流动资产偿还到期流动负债的能力。其计算公式为：

$$流动比率=\frac{流动资产}{流动负债}$$

一般情况下，流动比率越高，反映企业短期偿债能力越强，债权人的权益就越有保证。一般认为，工业企业合理的最低流动比率是2。这是因为流动资产中变现能力最差的存货金额约占流动资产总额的一半，剩下的流动性较大的流动资产至少要等于流动负债，企业短期偿债能力才会有保证。人们长期以来的这种认识因其未能从理论上得以证明，还不能成为一个统一标准。

运用流动比率进行分析时，要注意以下几个问题：

（1）流动比率高，一般认为偿债保证程度较强，但并不一定有足够的现金或银行存款偿债，因为流动资产除了货币资金以外，还有存货、应收账款等项目，有可能出现流动比率虽高，但真正用来偿债的现金和存款却严重短缺的现象，所以分析流动比率时，还需进一步分析流动资产的构成项目及企业的现金流量。

（2）计算出来的流动比率，只有和同行业平均流动比率、本企业历史流动比率进行比较，才能知道这个比率是高还是低。这种比较通常并不能说明流动比率为什么这么高或低。要找出过高或过低的原因，还必须分析流动资产和流动负债所包括的内容以及影响因素。一般情况下，营业周期、流动资产中的应收账款和存货的周转速度都是影响流动比率的主要因素。

【例9-1】为便于说明，本章各项财务比率的计算，将主要采用XYZ公司作为例子，该公司的资产负债表、利润表见表9-1、表9-2。

表9-1　资产负债表（简表）

编制单位：XYZ公司　　2025年12月31日　　单位：万元

资产	上年年末余额	期末余额	负债和所有者权益（或股东权益）	上年年末余额	期末余额
流动资产：			流动负债：		
货币资金	125	250	短期借款	225	300
交易性金融资产	60	30	应付票据	20	25
应收票据	55	40	应付账款	545	500
应收账款	995	1 990	预收款项	20	50
预付款项	20	60	应付职工薪酬	85	70
其他应收款	110	110	应交税费	145	520
存货	1 630	595	其他应付款	60	35
持有待售资产			持有待售负债		
一年内到期的非流动资产	55	425	一年内到期的非流动负债		
流动资产合计	3 050	3 500	其他流动负债		
非流动资产：			流动负债合计	1 100	1 500
长期股权投资	225	150	非流动负债：		
固定资产	4 835	6 190	长期借款	1 225	2 250
在建工程	175	90	应付债券	1 300	1 200
无形资产	40	30	其中：优先股		
递延所得税资产	75	25	永续债		
其他非流动资产	0	15	其他非流动负债	375	350
非流动资产合计	5 350	6 500	非流动负债合计	2 900	3 800
			负债合计	4 000	5 300
			所有者权益（或股东权益）：		
			实收资本（或股本）	3 000	3 000
			资本公积	50	80
			盈余公积	200	370
			未分配利润	1 150	1 250
			所有者权益（或股东权益）合计	4 400	4 700
资产总计	8 400	10 000	负债和所有者权益（或股东权益）总计	8 400	10 000

表9-2 利润表（简表）

编制单位：XYZ公司 2025年度 单位：万元

项目	上年金额	本年金额
一、营业收入	14 250	15 000
减：营业成本	12 515	13 220
税金及附加	40	40
销售费用	100	110
管理费用	120	230
财务费用	480	550
加：投资收益	120	200
二、营业利润	1 115	1 050
加：营业外收入	85	50
减：营业外支出	25	100
三、利润总额	1 175	1 000
减：所得税费用	375	320
四、净利润	800	680

根据表9-1的资料，XYZ公司2025年年初与年末的流动资产分别为3 050万元、3 500万元，流动负债分别为1 100万元、1 500万元，则该公司流动比率为：

$$年初流动比率 = \frac{3\,050}{1\,100} = 2.773$$

$$年末流动比率 = \frac{3\,500}{1\,500} = 2.333$$

XYZ公司年初年末流动比率均大于2，说明该企业具有较强的短期偿债能力。

流动比率虽然可以用来评价流动资产总体的变现能力，但流动资产中包含像存货这类变现能力较差的资产，如能将其剔除，其所反映的短期偿债能力会更加令人信服，这个指标就是速动比率。

2.速动比率

速动比率（Quick Ratio）是企业速动资产与流动负债的比率。它假设速动资产是可以用于偿债的资产，表明每1元流动负债由多少速动资产作为偿还保障。所谓速动资产，是指流动资产减去变现能力较差且不稳定的存货等后的余额。由于剔除了存货等变现能力较差的资产，速动比率比流动比率能更准确、更可靠地评价企业资产的流动性及偿还短期债务的能力。其计算公式为：

$$速动比率 = \frac{速动资产}{流动负债}$$

一般情况下，速动比率越高，表明企业偿还流动负债的能力越强。一般认为速动比率为1较合适。速动比率过低，则表明企业面临较高的偿债风险，而速动比率过高，会因现金及应收账款占用资金过多而增加企业的机会成本。

【例9-2】根据表9-1的资料，XYZ公司2025年年初速动资产为1 365万元（125+60+55+995+20+110），年末速动资产为2 480万元（250+30+40+1 990+60+110）。XYZ公司的

速动比率为：

$$年初速动比率 = \frac{1\,365}{1\,100} = 1.241$$

$$年末速动比率 = \frac{2\,480}{1\,500} = 1.653$$

XYZ公司2025年年初年末的速动比率都比一般公认标准高，一般认为其短期偿债能力较强，但进一步分析可以发现，在XYZ公司的速动资产中应收账款比重很高（分别占73%和80%），而应收账款不一定能按时收回，所以我们还必须计算分析第三个重要比率——现金比率。

3.现金比率

现金比率（Cash Ratio）是企业现金资产与流动负债的比率，它表明每1元流动负债由多少现金资产作为偿还保障。现金比率的计算公式为：

$$现金比率 = \frac{货币资金 + 交易性金融资产}{流动负债}$$

速动资产中，流动性最强、可直接用于偿债的资产，称为现金资产，包括货币资金、交易性金融资产等。与其他速动资产不同，现金资产可以直接用于偿还债务，而其他速动资产需要等待不确定的时间，才能转换为不确定数额的现金。一般情况下，现金资产就是速动资产扣除应收账款后的余额。速动资产扣除应收账款后计算出来的金额，最能反映企业直接偿付流动负债的能力。现金比率一般认为20%以上为好，但这一比率过高，就意味着企业流动负债未能得到合理运用，而现金资产获利能力低，这类资产金额太高会导致企业机会成本增加。

【例9-3】根据表9-1的资料，XYZ公司的现金比率为：

$$年初现金比率 = \frac{125 + 60}{1\,100} = 0.168$$

$$年末现金比率 = \frac{250 + 30}{1\,500} = 0.187$$

XYZ公司虽然流动比率和速动比率都较高，但现金比率偏低，说明该公司短期偿债能力还是有一定风险的，应缩短收账期，加大应收账款催账力度，以加速应收账款资金的周转。

（二）长期偿债能力分析

长期偿债能力是指企业偿还非流动负债的能力，企业的非流动负债主要有长期借款、应付债券、长期应付款等。企业的长期债权人和所有者不仅关心企业短期偿债能力，更关心企业长期偿债能力。

评价企业长期偿债能力的指标主要有：资产负债率、股东权益比率、权益乘数、产权比率和利息保障倍数。

1.资产负债率

资产负债率（Total Debt Ratio）是企业负债总额与资产总额的比率，也称负债比率，它反映企业的资产总额中有多少是通过举债得到的。其计算公式为：

$$资产负债率 = \frac{负债总额}{资产总额} \times 100\%$$

资产负债率反映企业偿还债务的综合能力。这个比率越高，表明企业偿还债务的能力越差；反之，表明企业偿还债务的能力越强。保守的观点认为资产负债率不应高于50%，而国际上通常认为资产负债率等于60%时较为适当。

事实上，对这一比率的分析，还要看站在谁的立场上。从债权人的立场看，负债比率越低越好，企业偿债有保证，贷款不会有太大风险；从股东的立场看，在全部资本利润率高于借款利率时，负债比率越高越好，因为股东所得到的利润就会加大；从财务管理的角度看，在进行借入资本决策时，企业应当审时度势，全面考虑，充分估计预期的利润和增加的风险，权衡利害得失，作出正确的分析和决策。

【例9-4】根据表9-1的资料，XYZ公司的资产负债率为：

$$\text{年初资产负债率} = \frac{4\,000}{8\,400} \times 100\% = 47.62\%$$

$$\text{年末资产负债率} = \frac{5\,300}{10\,000} \times 100\% = 53.00\%$$

XYZ公司年初资产负债率为47.62%，低于50%，而年末资产负债率为53.00%，虽然偏高，但在合理的范围内，说明XYZ公司有一定的偿债能力和负债经营能力。

2.股东权益比率

股东权益比率是股东权益总额与资产总额的比率，该比率反映企业资产中有多少是所有者投入的。其计算公式为：

$$\text{股东权益比率} = \frac{\text{股东权益总额}}{\text{资产总额}} \times 100\%$$

股东权益比率与资产负债率之和等于1。这两个比率从不同的侧面反映企业长期财务状况，股东权益比率越大，资产负债率越小，企业财务风险就越小，偿还长期债务的能力就越强。

【例9-5】根据表9-1的资料，XYZ公司的股东权益比率计算如下：

$$\text{年初股东权益比率} = \frac{4\,400}{8\,400} \times 100\% = 52.38\%$$

$$\text{年末股东权益比率} = \frac{4\,700}{10\,000} \times 100\% = 47.00\%$$

计算结果表明，该企业年初的股东权益比率比年末高，说明企业长期偿债能力呈下降趋势。

3.权益乘数

股东权益比率的倒数，称为权益乘数，即资产总额是股东权益的多少倍。其计算公式为：

$$\text{权益乘数} = \frac{\text{资产总额}}{\text{股东权益总额}}$$

权益乘数越大，表明股东投入企业的资本在资产中所占比重越小，企业负债程度越高；反之，该比率越小，表明股东投入企业的资本占全部资产的比重越大，企业的负债程度越低，债权人权益受保护程度也越高。

【例9-6】根据表9-1的资料，XYZ公司的权益乘数计算如下：

$$年初权益乘数 = \frac{8\,400}{4\,400} = 1.91$$

$$年末权益乘数 = \frac{10\,000}{4\,700} = 2.13$$

计算结果表明，该企业年初和年末权益乘数都比较高，说明企业的负债程度较高，长期偿债能力较弱，同股东权益比率的计算结果相印证。

4.产权比率

产权比率又称资本负债率，是负债总额与所有者权益（或股东权益）总额的比率，它是企业财务结构稳健与否的重要标志。它反映了企业所有者权益（或股东权益）对债权人权益的保障程度。其计算公式为：

$$产权比率 = \frac{负债总额}{所有者权益总额} \times 100\%$$

一般来说，产权比率越低，表明企业长期偿债能力越强，债权人权益保障程度越高，债权人越有安全感；反之，比率越高，表示企业长期偿债能力越弱，债权人安全感越低。一般认为这一比率为1∶1，即100%以下时，应该是有偿债能力的，但还应该结合企业的具体情况加以分析。当企业的资产收益率大于负债成本率时，负债经营有利于提高资产收益率，获得额外的利润，这时的产权比率可适当高些。产权比率高，是高风险、高报酬的财务结构；产权比率低，是低风险、低报酬的财务结构。

【例9-7】根据表9-1的资料，XYZ公司的产权比率为：

$$年初产权比率 = \frac{4\,000}{4\,400} \times 100\% = 90.91\%$$

$$年末产权比率 = \frac{5\,300}{4\,700} \times 100\% = 112.77\%$$

由计算结果可知，XYZ公司年初的产权比率不是很高，而年末的产权比率偏高，表明年末该公司举债经营程度偏高，财务结构不是很稳健。

产权比率与资产负债率对评价偿债能力的作用基本一致，只是资产负债率侧重于分析债务偿付安全性的物质保障程度，产权比率侧重于揭示财务结构的稳健程度以及自有资金对偿债风险的承受能力。

5.利息保障倍数

利息保障倍数是指企业息税前利润与利息费用之比，又称已获利息倍数，用以衡量偿付借款利息的能力。其计算公式为：

$$利息保障倍数 = \frac{息税前利润}{利息费用} = \frac{净利润 + 利息费用 + 所得税费用}{利息费用}$$

公式中的分子“息税前利润”是指利润表中未扣除利息费用和所得税费用的利润。公式中的分母“利息费用”是指本期发生的全部应付利息，不仅包括财务费用中的利息费用，还应包括计入固定资产成本的资本化利息。资本化利息虽然不在利润表中扣除，但仍然是要偿还的。利息保障倍数的重点是衡量企业支付利息的能力，没有足够大的息税前利润，利息的支付就会发生困难。

利息保障倍数不仅反映了企业获利能力的大小，还反映了获利能力对偿还到期债务的保证程度。它既是企业举债经营的前提依据，也是衡量企业长期偿债能力大小的重要标志。要维持正常偿债能力，利息保障倍数至少应大于1，且比值越高，企业长期偿债能力越强。如果利息保障倍数过低，企业将面临亏损、偿债的安全性与稳定性下降的风险。利息保障倍数的国际标准值为3，下限为1。

【例9-8】根据表9-2的资料，假定表中财务费用全部为利息费用，资本化利息为0，则XYZ公司利息保障倍数为：

$$2024\text{年利息保障倍数}=\frac{1\ 175+480}{480}=3.45$$

$$2025\text{年利息保障倍数}=\frac{1\ 000+550}{550}=2.82$$

从计算结果看，XYZ公司这两年的利息保障倍数虽不太高，但都大于1，说明其有一定的偿债能力，但还需要与其他企业，特别是本行业平均水平进行比较、分析和评价。从稳健角度看，还要比较本企业连续几年的该项指标进行分析评价。

二、营运能力分析

营运能力是指企业对资产利用的能力，即资产运用效率，通常用各种资产的周转速度表示。一般而言，资产周转速度越快，说明企业的资产管理水平越高，资产利用效率越高。资产利用效率标志着资产的运行状态及管理效果的好坏，这将对企业的偿债能力和获利能力产生重要影响。因此，股东、债权人和经营者都十分注重对企业营运能力的分析。

营运能力分析

企业营运能力分析主要是对流动资产周转情况、固定资产周转率和总资产周转率三个方面的分析。

（一）流动资产周转情况

反映流动资产周转情况的指标主要有应收账款周转率、存货周转率和流动资产周转率。

1.应收账款周转率

应收账款在流动资产中占有举足轻重的地位，及时收回应收账款，不仅可以增强企业的短期偿债能力，还可以反映企业管理应收账款的效率。

应收账款周转率（周转次数）是指一定时期内应收账款平均收回的次数，是一定时期内商品或产品销售收入净额与平均应收账款余额的比值。其计算公式为：

$$\text{应收账款周转率(周转次数)}=\frac{\text{营业收入}}{\text{平均应收账款余额}}$$

$$\text{应收账款周转期(周转天数)}=\frac{\text{平均应收账款余额}\times 360}{\text{营业收入}}=\frac{360}{\text{应收账款周转率}}$$

$$\text{平均应收账款余额}=\frac{\text{应收账款余额年初数}+\text{应收账款余额年末数}}{2}$$

公式中的应收账款包括会计报表中的“应收账款”和“应收票据”等全部赊销账款，且其金额应为扣除坏账准备后的金额。

应收账款周转率反映了企业应收账款周转速度的快慢及企业对应收账款管理效率的高低。在一定时期内周转次数多，周转天数少表明：

（1）企业收账迅速，信用销售管理严格。

（2）应收账款流动性强，企业短期偿债能力强。

（3）可以减少收账费用和坏账损失，相对增加企业流动资产的投资收益。

（4）通过比较应收账款周转天数及企业信用期限，可评价客户的信用程度，调整企业信用政策。

【例 9-9】根据表 9-1、表 9-2 的资料，则 2025 年该公司应收账款周转率指标计算如下：

$$2025\text{年应收账款周转率(周转次数)}=\frac{15\,000}{(2\,030+1\,050)\div 2}=9.74(\text{次})$$

$$2025\text{年应收账款周转期(周转天数)}=\frac{360}{9.74}=37(\text{天})$$

在评价应收账款周转率指标时，应将计算出的指标与该企业前期、行业平均水平或其他类似企业相比较来判断该指标的高低。

2.存货周转率（Inventory Turnover）

在流动资产中，存货所占比重较大，存货的流动性将直接影响企业的流动比率。因此，必须特别重视对存货的分析。对存货流动性的分析一般通过计算存货周转率来进行。

存货周转率（周转次数）是指一定时期内企业销售成本与存货平均资金占用额的比率，是衡量和评价企业购入存货、投入生产、销售收回等各环节管理效率的综合性指标。其计算公式为：

$$\text{存货周转率(周转次数)}=\frac{\text{营业成本}}{\text{平均存货余额}}$$

$$\text{存货周转期(周转天数)}=\frac{\text{平均存货余额}\times 360}{\text{营业成本}}=\frac{360}{\text{存货周转率}}$$

$$\text{平均存货余额}=\frac{\text{存货余额年初数}+\text{存货余额年末数}}{2}$$

【例 9-10】根据表 9-1、表 9-2 的资料，则 2025 年该公司存货周转率指标计算如下：

$$2025\text{年存货周转率(周转次数)}=\frac{13\,220}{(1\,630+595)\div 2}=11.88(\text{次})$$

$$2025\text{年存货周转期(周转天数)}=\frac{360}{11.88}=30(\text{天})$$

一般来讲，存货周转速度越快，存货占用资金的水平越低，流动性越强，存货转化为现金或应收账款的速度就越快，这样会增强企业的短期偿债能力及获利能力。通过对存货周转速度的分析，有利于找出存货管理中存在的问题，尽可能降低资金占用水平。

3.流动资产周转率

流动资产周转率是反映企业流动资产周转速度的指标。流动资产周转率（周转次数）是指一定时期销售收入净额与企业流动资产平均占用额之间的比率。其计算公式为：

$$\text{流动资产周转率(周转次数)}=\frac{\text{营业收入}}{\text{平均流动资产总额}}$$

$$流动资产周转期(周转天数)=\frac{平均流动资产总额\times 360}{营业收入}=\frac{360}{流动资产周转率}$$

$$平均流动资产总额=\frac{流动资产总额年初数+流动资产总额年末数}{2}$$

在一定时期内，流动资产周转次数越多，表明以相同的流动资产完成的周转额越多，流动资产利用效果越好。流动资产周转天数越少，表明流动资产在经历生产销售各阶段所占用的时间越短，可相对节约流动资产，增强企业的盈利能力。

【例9-11】根据表9-1、表9-2的资料，则2025年该公司流动资产周转指标计算如下：

$$2025年流动资产周转率(周转次数)=\frac{15\,000}{(3\,050+3\,500)\div 2}=4.58(次)$$

$$2025年流动资产周转期(周转天数)=\frac{360}{4.58}=79(天)$$

（二）固定资产周转率

固定资产周转率是指企业年销售收入净额与固定资产平均净额的比率。它是反映企业固定资产周转情况，从而衡量固定资产利用效率的一项指标。其计算公式为：

$$固定资产周转率(周转次数)=\frac{营业收入}{平均固定资产净值}$$

$$固定资产周转期(周转天数)=\frac{平均固定资产净值\times 360}{营业收入}=\frac{360}{固定资产周转率}$$

$$平均固定资产净值=\frac{固定资产净值年初数+固定资产净值年末数}{2}$$

固定资产周转率高，说明企业固定资产投资得当，结构合理，利用效率高；反之，如果固定资产周转率不高，则表明固定资产利用效率不高，提供的生产成果不多，企业的营运能力不强。

【例9-12】根据表9-1、表9-2的资料，XYZ公司2024年、2025年的销售收入净额分别为14 250万元、15 000万元，2025年年初固定资产净值为4 835万元，2025年年末为6 190万元。假设2024年年初固定资产净值为4 000万元，则固定资产周转率计算如下：

$$2024年固定资产周转率(周转次数)=\frac{14\,250}{(4\,000+4\,835)\div 2}=3.23(次)$$

$$2024年固定资产周转期(周转天数)=\frac{360}{3.23}=111(天)$$

$$2025年固定资产周转率(周转次数)=\frac{15\,000}{(4\,835+6\,190)\div 2}=2.72(次)$$

$$2025年固定资产周转期(周转天数)=\frac{360}{2.72}=132(天)$$

计算结果表明，2025年固定资产周转率为2.72次，2024年固定资产周转率为3.23次，说明2025年固定资产的周转速度比上年慢，其主要原因在于固定资产净值增长幅度大于销售收入净额增长幅度，说明企业营运能力有所减弱。这种减弱幅度是否合理，还要视公司目标及同行业水平而定。

（三）总资产周转率

总资产周转率是企业销售收入净额与企业资产平均总额的比率。其计算公式为：

$$总资产周转率(周转次数) = \frac{营业收入}{平均资产总额}$$

$$总资产周转期(周转天数) = \frac{平均资产总额 \times 360}{营业收入} = \frac{360}{总资产周转率}$$

$$平均资产总额 = \frac{资产总额年初数 + 资产总额年末数}{2}$$

计算总资产周转率时分子分母在时间上应保持一致。

总资产周转率越高，表明企业全部资产的使用效率越高；反之，如果该比率较低，则说明企业全部资产营运效率较差，最终会影响企业的盈利能力。企业应采取各种措施，如可采用薄利多销或处理多余资产等方法，提高企业的资产利用程度，加速资产周转，提高运营效率。

【例9-13】根据表9-1、表9-2的资料，2024年XYZ公司销售收入净额为14 250万元，2025年为15 000万元，2024年年初资产总额为8 400万元，2025年年末为10 000万元。假设2024年年初资产总额为7 500万元，则该公司2024年、2025年总资产周转率计算如下：

$$2024年总资产周转率(周转次数) = \frac{14\,250}{\frac{7\,500 + 8\,400}{2}} = 1.79(次)$$

$$2024年总资产周转期(周转天数) = \frac{360}{1.79} = 201(天)$$

$$2025年总资产周转率(周转次数) = \frac{15\,000}{\frac{8\,400 + 10\,000}{2}} = 1.63(次)$$

$$2025年总资产周转期(周转天数) = \frac{360}{1.63} = 221(天)$$

计算结果表明，XYZ公司2025年总资产周转率比上年减慢，这与前面计算分析固定资产周转速度减慢结论一致。该公司应扩大销售额，处理闲置资产，以提高资产使用效率。

三、盈利能力分析

盈利能力是指企业一定时期内运用各种资源赚取利润的能力。获取利润是企业经营的最终目标，也是企业能否生存和发展的前提。盈利能力的高低直接关系到企业财务管理目标的实现与否，直接关系到投资者的利益，也关系到债权人以及企业经营者的切身利益。

盈利能力分析

评价企业盈利能力的指标主要有营业利润率、成本费用利润率、总资产报酬率、股东权益报酬率、每股收益、每股股利、每股净资产、市盈率和市净率等。

（一）营业利润率

营业利润率是企业一定时期营业利润与营业收入的比率。其计算公式为：

$$营业利润率 = \frac{营业利润}{营业收入} \times 100\%$$

营业利润率越高，表明企业的市场竞争力越强，发展潜力越大，从而获利能力越强。

需要说明的是，从利润表来看，利润可以分为三个层次，即营业利润、利润总额和净利润。因此，在实务中，也经常使用营业净利率（Net Profit Margin）、营业毛利率等指标来分析企业的盈利能力。

【例9-14】根据表9-2的资料，该公司2024年度和2025年度的营业利润率、营业净利率、营业毛利率计算如下。

（1）2024年度的营业利润率、营业净利率、营业毛利率分别为：

$$营业利润率=\frac{1\,115}{14\,250}\times100\%=7.82\%$$

$$营业净利率=\frac{800}{14\,250}\times100\%=5.61\%$$

$$营业毛利率=\frac{14\,250-12\,515}{14\,250}\times100\%=12.18\%$$

（2）2025年度的营业利润率、营业净利率、营业毛利率分别为：

$$营业利润率=\frac{1\,050}{15\,000}\times100\%=7\%$$

$$营业净利率=\frac{680}{15\,000}\times100\%=4.53\%$$

$$营业毛利率=\frac{15\,000-13\,220}{15\,000}\times100\%=11.87\%$$

计算结果可以看出，2025年各项利润率指标均比上年有所下降，说明企业盈利能力有所下降。企业应查明原因，采取相应措施，提高盈利水平。

应当指出的是，营业净利率指标被广泛应用。它表明每1元营业收入与其成本费用之间可以“挤”出来的净利润。该比率越大，说明企业盈利能力越强。

（二）成本费用利润率

成本费用利润率是指企业一定时期营业利润与成本费用总额的比率，反映了企业所得与所耗的关系。其计算公式如下：

$$成本费用利润率=\frac{营业利润}{成本费用总额}\times100\%$$

式中：

成本费用总额=营业成本+税金及附加+销售费用+管理费用+财务费用

成本费用利润率越高，表明企业为取得利润而付出的代价越小，成本费用控制得越好，盈利能力越强。

【例9-15】根据表9-2的资料，可计算成本费用利润率如下：

$$2024年成本费用利润率=\frac{1\,115}{12\,515+40+100+120+480}\times100\%=8.41\%$$

$$2025年成本费用利润率=\frac{1\,050}{13\,220+40+110+230+550}\times100\%=7.42\%$$

计算结果表明，XYZ公司2025年成本费用利润率指标比2024年也有所下降，这进一步验证了前面营业净利率指标所得出的结论，说明其盈利能力下降。公司应进一步分析利润下降、成本上升的因素，采取有效措施，降低成本，提高盈利能力。

（三）总资产报酬率

总资产报酬率（Return on Asset，ROA）是企业息税前利润与企业平均资产总额的比率。由于资产总额等于债权人权益和所有者权益的总额，因此该比率既可以衡量企业资产综合利用的效果，又可以反映企业利用债权人及所有者提供资本的盈利能力和增值能力。其计算公式为：

$$总资产报酬率 = \frac{息税前利润}{平均资产总额} = \frac{净利润 + 所得税费用 + 利息费用}{(期初资产 + 期末资产) \div 2}$$

该指标越高，表明资产利用效率越高，说明企业在增加收入、节约资金使用等方面取得了良好的效果；该指标越低，说明企业资产利用效率越低，应分析差异原因，提高营业利润率，加速资金周转，提高企业经营管理水平。

【例 9-16】根据表 9-1、表 9-2 的资料，XYZ 公司 2024 年净利润为 800 万元，所得税费用为 375 万元，财务费用为 480 万元，年末资产总额为 8 400 万元；2025 年净利润为 680 万元，所得税费用为 320 万元，财务费用为 550 万元，年末资产总额为 10 000 万元。假设 2024 年年初资产总额为 7 500 万元，则 XYZ 公司总资产报酬率计算如下：

$$2024年总资产报酬率 = \frac{800 + 375 + 480}{(7\,500 + 8\,400) \div 2} \times 100\% = 20.82\%$$

$$2025年总资产报酬率 = \frac{680 + 320 + 550}{(8\,400 + 10\,000) \div 2} \times 100\% = 16.85\%$$

由计算结果可知，XYZ 公司 2025 年总资产报酬率要大大低于上年，需要对公司资产的使用情况，增产节约情况，结合成本效益指标一起分析，以改进管理，提高资产利用效率和企业经营管理水平，增强盈利能力。

（四）股东权益报酬率

股东权益报酬率，又称净资产收益率（Return on Equity，ROE），是一定时期企业的净利润与平均股东权益总额的比率。它反映投入资本的收益水平。其计算公式为：

$$股东权益报酬率 = \frac{净利润}{平均股东权益} \times 100\%$$

该指标是企业盈利能力的核心指标，也是杜邦财务指标体系的核心指标，更是投资者关注的重点。

【例 9-17】根据表 9-1、表 9-2 的资料，XYZ 公司 2024 年净利润为 800 万元，年末所有者权益为 4 400 万元；2025 年净利润为 680 万元，年末所有者权益为 4 700 万元。假设 2024 年年初所有者权益为 4 000 万元，则 XYZ 公司股东权益报酬率为：

$$2024年股东权益报酬率 = \frac{800}{(4\,000 + 4\,400) \div 2} \times 100\% = 19.05\%$$

$$2025年股东权益报酬率 = \frac{680}{(4\,400 + 4\,700) \div 2} \times 100\% = 14.95\%$$

由于该公司股东权益的增长快于净利润的增长，因此 2025 年股东权益报酬率要比上年低了 4 个多百分点，盈利能力明显降低。

（五）每股收益

每股收益，也称每股利润或每股盈余，是公司普通股每股所获得的净利润。它是反映公司普通股股东持有每一股股份所能享有的公司利润或承担公司亏损的业绩评价指标。其计算公式为：

$$每股收益=\frac{归属于普通股股东的当期净利润}{发行在外的普通股加权平均数}$$

每股收益越高，说明每股获利能力越强，投资者的回报越多；每股收益越低，说明每股获利能力越弱。该指标是衡量上市公司盈利能力时最常用的财务指标。

【例9-18】根据表9-1、表9-2的资料，假设XYZ公司2024—2025年发行在外的普通股加权平均数为3 000万股，利润表中的净利润全部归属于普通股股东，则XYZ公司2024年和2025年每股收益为：

$$2024年每股收益=\frac{800}{3\,000}=0.27(元)$$

$$2025年每股收益=\frac{680}{3\,000}=0.23(元)$$

计算结果表明，该公司2025年普通股每股收益比2024年有所降低，说明该公司的盈利能力在减弱。

（六）每股股利

每股股利是上市公司本年发放的普通股股利总额与年末普通股股份总数的比值，它反映了普通股每股分得的现金股利的多少。其计算公式为：

$$每股股利=\frac{普通股股利总额}{年末普通股股数}$$

每股股利越大，则企业股本获利能力就越强；每股股利越小，则企业股本获利能力就越弱。需要注意的是，上市公司每股股利发放多少，除了受上市公司获利能力大小的影响以外，还取决于企业的股利发放政策。如果企业为了增强发展后劲增加盈余公积，则当前的每股股利必然会减少；反之，则当前的每股股利会增加。

【例9-19】根据表9-1、表9-2的资料，假设XYZ公司2024年和2025年分别发放普通股股利360万元和300万元，2024—2025年发行在外的普通股加权平均数为3 000万股，利润表中的净利润全部归属于普通股股东，则XYZ公司2024年和2025年每股股利为：

$$2024年每股股利=\frac{360}{3\,000}=0.12(元)$$

$$2025年每股股利=\frac{300}{3\,000}=0.10(元)$$

反映每股股利和每股收益之间关系的一个重要指标是股利发放率，即每股股利分配额与当期的每股收益之比。借助该指标，投资者可以了解一家上市公司的股利发放政策。

（七）每股净资产

每股净资产，又称每股账面价值，是指企业净资产与发行在外的普通股股数之间的比率。用公式表示为：

$$每股净资产=\frac{股东权益总额}{发行在外的普通股股数}$$

每股净资产显示了发行在外的每一普通股股份所能分配的企业账面净资产的价值。这里所说的账面净资产是指企业账面上的总资产减去负债后的余额，即股东权益总额。每股净资产指标反映了在会计期末每一股份在企业账面上到底值多少钱，它与股票面值、发行价值、市场价值、清算价值等往往有较大差距。

【例9-20】根据表9-1、表9-2的资料，假设XYZ公司2024—2025年发行在外的普通股加权平均数为3 000万股，则XYZ公司2024年和2025年每股净资产为：

$$2024年每股净资产 = \frac{4\,400}{3\,000} = 1.47(元)$$

$$2025年每股净资产 = \frac{4\,700}{3\,000} = 1.57(元)$$

利用该指标进行横向和纵向对比，可以衡量上市公司股票的投资价值。如在企业性质相同、股票市价相近的条件下，某一企业股票的每股净资产越高，则企业发展潜力与其股票的投资价值越大，投资者所承担的投资风险越小。

（八）市盈率

市盈率（Price to Earnings，P/E Ratio）是股票每股市价与每股收益的比率。其计算公式如下：

$$市盈率 = \frac{每股市价}{每股收益}$$

市盈率是反映上市公司盈利能力的一个重要财务比率，投资者对这个比率十分重视。一般来说，市盈率越高，意味着企业未来成长的潜力越大，即投资者对该股票的评价越高；反之，投资者对该股票的评价越低。但是，也应注意，市盈率越高，说明投资于该股票的风险越大；市盈率越低，说明投资于该股票的风险越小。

【例9-21】根据表9-1、表9-2的资料，假设XYZ公司2024—2025年发行在外的普通股加权平均数为3 000万股，利润表中的净利润全部归属于普通股股东，该公司2024年和2025年普通股每股市价分别为6元和4元，该公司2024年和2025年普通股每股收益分别为0.27元和0.23元，则XYZ公司2024年和2025年市盈率为：

$$2024年市盈率 = \frac{6}{0.27} = 22.22(倍)$$

$$2025年市盈率 = \frac{4}{0.23} = 17.39(倍)$$

（九）市净率

市净率是每股市价与每股净资产的比率，是投资者用以衡量、分析个股是否具有投资价值的工具之一。其计算公式如下：

$$市净率 = \frac{每股市价}{每股净资产}$$

净资产代表的是全体股东共同享有的权益，是股东拥有公司财产和公司投资价值最基本的体现，它可以用来反映企业的内在价值。一般来说，市净率较低的股票，投资价值较高；反之，则投资价值较低。但是，有时较低的市净率反映的可能是投资者对公司前景的不良预期，而较高的市净率则相反。因此，在判断某只股票的投资价值时，还要综合考虑当时的市场环境以及公司经营情况、资产质量和盈利能力等因素。

【例9-22】根据表9-1、表9-2的资料，假设XYZ公司2024年和2025年普通股每股市价分别为6元和4元，该公司2024年和2025年普通股每股净资产分别为1.47元和1.57元，利润表中的净利润全部归属于普通股股东，则XYZ公司2024年和2025年市净率为：

$$2024年市净率 = \frac{6}{1.47} = 4.08(倍)$$

$$2025年市净率 = \frac{4}{1.57} = 2.55(倍)$$

四、发展能力分析

发展能力是指企业未来生产经营活动的发展趋势和发展潜能。企业发展能力主要通过自身的生产经营活动，不断地增长销售收入、不断地增加资金投入和不断地创造利润形成。

发展能力分析

评价发展能力的指标主要有营业增长率、利润增长率、总资产增长率、资本积累率等。

（一）营业增长率

营业增长率是企业本年营业收入增长额与上年营业收入总额的比率。它反映企业营业收入的增减变动情况，是评价企业成长状况和发展能力的重要指标。其计算公式为：

$$营业增长率 = \frac{本年营业收入增长额}{上年营业收入总额} \times 100\%$$

式中：

本年营业收入增长额=本年营业收入总额-上年营业收入总额

实务中，也可以使用销售增长率来分析企业营业收入的增减情况。其计算公式为：

$$销售增长率 = \frac{本年销售收入增长额}{上年销售收入总额} \times 100\%$$

【例 9-23】根据表 9-2 的资料，计算该公司 2025 年度的营业增长率：

$$营业增长率 = \frac{15\,000 - 14\,250}{14\,250} \times 100\% = 5.26\%$$

营业增长率是衡量企业经营成果和市场占有能力、预测企业经营业务拓展趋势的重要标志。利用该指标分析企业发展能力时应注意：

（1）该指标反映的是相对化的营业收入增长情况，与绝对量的营业收入增长额相比，消除了企业规模的影响，更能反映企业的发展情况。

（2）该指标大于0，表示企业本年的营业收入有所增长，指标值越高，表明增长速度越快。

（3）在实际分析时应结合企业历年的销售水平、企业市场占有情况、行业未来发展及其他影响企业发展的潜在因素进行潜在性预测；或结合企业三年销售收入平均增长率作出趋势性分析判断。

（4）分析中可以其他类似企业、企业历史水平及行业平均水平作为比较标准。

（5）指标值受增长基数影响，因此分析中还要结合增长额和三年销售收入平均增长率等指标进行综合判断。

（二）利润增长率

利润增长率是指企业本年营业利润总额增长额与上年营业利润总额的比率。它反映企业本期营业利润的增长情况。其计算公式为：

$$利润增长率 = \frac{本年营业利润总额增长额}{上年营业利润总额} \times 100\%$$

式中：

$$\text{本年营业利润总额增长额}=\text{本年营业利润总额}-\text{上年营业利润总额}$$

利润增长率反映了企业盈利能力的变化，该比率越高，说明企业的成长性越好，发展能力越强。

【例 9-24】根据表 9-2 的资料，计算该公司 2025 年度的利润增长率：

$$\text{利润增长率}=\frac{1\,050-1\,115}{1\,115}\times 100\%=-5.83\%$$

分析者也可以根据分析的目的，计算净利润增长率。其计算方法与利润增长率相同，只需将上式中的营业利润总额换为净利润即可。

（三）总资产增长率

总资产增长率是指企业本年总资产增长额与年初资产总额的比率。它反映企业本期资产规模的增长情况。其计算公式为：

$$\text{总资产增长率}=\frac{\text{本年总资产增长额}}{\text{年初资产总额}}\times 100\%$$

式中：

$$\text{本年总资产增长额}=\text{年末资产总额}-\text{年初资产总额}$$

总资产增长率是从企业资产规模扩张方面来衡量企业的发展能力，表明企业规模增长水平对企业发展后劲的影响。该指标越高，表明企业一定时期内资产经营规模扩张的速度越快。但在实际分析时，应注意考虑资产规模扩张的质和量的关系，以及企业的后续发展能力，避免资产盲目扩张。

【例 9-25】根据表 9-1 的资料，计算该公司 2025 年总资产增长率：

$$\text{总资产增长率}=\frac{10\,000-8\,400}{8\,400}\times 100\%=19.05\%$$

（四）资本积累率

资本积累率是企业本年所有者权益增长额与年初所有者权益的比率。它反映企业当年资本的积累能力，是评价企业发展潜力的一项重要指标。其计算公式为：

$$\text{资本积累率}=\frac{\text{本年所有者权益增长额}}{\text{年初所有者权益}}\times 100\%$$

式中：

$$\text{本年所有者权益增长额}=\text{年末所有者权益}-\text{年初所有者权益}$$

资本积累率是企业当年所有者权益总额的增长率，反映了企业所有者权益在当年的变动水平，体现了企业资本的积累情况，是企业发展是否强劲的标志，也是企业扩大再生产的源泉，展示了企业的发展潜力，同时，资本积累率反映投资者投入企业资本的保全性和增长性。该指标如为负值，表明企业资本受到侵蚀，所有者权益受到侵害，应予以充分重视。

【例 9-26】根据表 9-1 的资料，计算该公司 2025 年资本积累率：

$$\text{资本积累率}=\frac{4\,700-4\,400}{4\,400}\times 100\%=6.82\%$$

上述四项财务比率分别从不同的角度反映了企业的发展能力。需要说明的是，在分析企业的发展能力时，仅用一年的财务比率是不能正确评价企业发展能力的，应当计算连续若干年的财务比率，这样才能正确地评价企业发展能力的持续性。

第三节 财务综合分析

在第二节中，我们已经介绍企业偿债能力、营运能力、盈利能力以及发展能力等各种财务分析指标，但单独分析任何一项财务指标，就跟盲人摸象一样，都难以全面评价企业的经营成果与财务状况。要作全面的分析，必须采取适当的方法，对企业财务状况和经营成果进行综合分析与评价。所谓财务综合分析就是将企业营运能力、偿债能力和盈利能力等方面的分析纳入到一个有机的分析系统之中，全面地对企业财务状况、经营成果进行解剖和分析，从而对企业经济效益作出较为准确的评价与判断。

财务综合分析的方法有很多，其中应用比较广泛的有杜邦分析法和沃尔评分法。

一、杜邦分析法

（一）杜邦分析法的含义和特点

杜邦分析法，又称杜邦财务分析体系，简称“杜邦体系”，是利用各主要财务比率指标间的内在联系，对企业财务状况及经济效益进行综合系统分析和评价的方法。该体系以股东权益报酬率为龙头，以总资产报酬率和权益乘数为核心，重点揭示企业的盈利能力及其前因后果。因其最初由美国杜邦公司成功应用而得名。

杜邦分析法

杜邦分析法可使财务比率分析的层次更清晰、条理更突出，为报表分析者能全面地、仔细地了解企业的经营和盈利状况提供方便。杜邦分析法与其他财务分析方法一样，关键不在于指标的计算而在于对其原理的理解和运用。杜邦分析法的特点在于：它通过几种主要的财务比率之间的相互关系，全面、系统、直观地反映出企业的财务状况，从而大大节省了财务报表使用者的时间。

（二）杜邦分析法的原理

杜邦分析法是美国杜邦公司经理人员通过深入研究企业各种财务比率之间的内在关系而建立起来的一个模型。应用杜邦分析法进行分析就是利用这种内在的联系，建立起企业的综合评价体系，对企业的财务状况、经营成果和盈利能力进行综合的分析和评价。

在杜邦分析法的模型中，股东权益报酬率是核心，它具有综合性，能够表明企业财务管理的目标。然后，模型进一步将股东权益报酬率分解为总资产报酬率和权益乘数的乘积。杜邦分析模型所使用的权益乘数也叫杠杆率，是平均总资产与平均股东权益的比率。杜邦分析法的原理并不复杂，该原理的思维方式体现了基本的综合财务分析的原理和指标之间的相互关系的构成。

杜邦分析法各主要指标之间的关系如下：

$$\text{股东权益报酬率} = \frac{\text{净利润}}{\text{股东权益}} = \frac{\text{净利润}}{\text{销售收入}} \times \frac{\text{销售收入}}{\text{总资产}} \times \frac{\text{总资产}}{\text{股东权益}}$$

$$= \text{销售净利率} \times \text{总资产周转率} \times \text{权益乘数}$$

无论提高其中哪个比率，股东权益报酬率都会提高。其中，销售净利率是利润表的概括，销售收入和净利润两者可以概括全部经营成果；权益乘数是资产负债表的概括，表明资产、负债和股东权益的比例关系，可以反映最基本的财务状况；总资产周转率把利润表和资产负债表联系起来，使股东权益报酬率可以综合整个企业经营活动和财务活动业绩。

（三）杜邦分析模型

杜邦分析模型的结构是由“上”“中”“下”三个层次和“左”“右”两个部分组成的。股东权益报酬率居于最上层，表明企业的综合财务状况和经营情况。“中”层是中间比率指标层，由综合指标分解而成，即销售净利率、总资产周转率和权益乘数。而“下”层指标均为以报表数据为基础的绝对数指标层。当然，“下”层指标也可以作进一步分解。这些数据都可以从报表中直接得到。杜邦分析模型由上至下划分为三个层次，指标由综合分解到具体，使分析者对企业各指标一目了然，提高了分析的科学性。从另一个角度来看，该模型分为“左”“右”两个部分。“左”侧部分的数据和指标同企业的经营成果相关，可以从利润表中直接得到或计算得到，而“右”侧部分的数据和指标则与企业的财务状况相关，可以从资产负债表中直接得到或计算得到。杜邦分析模型的结构如图9-1所示。

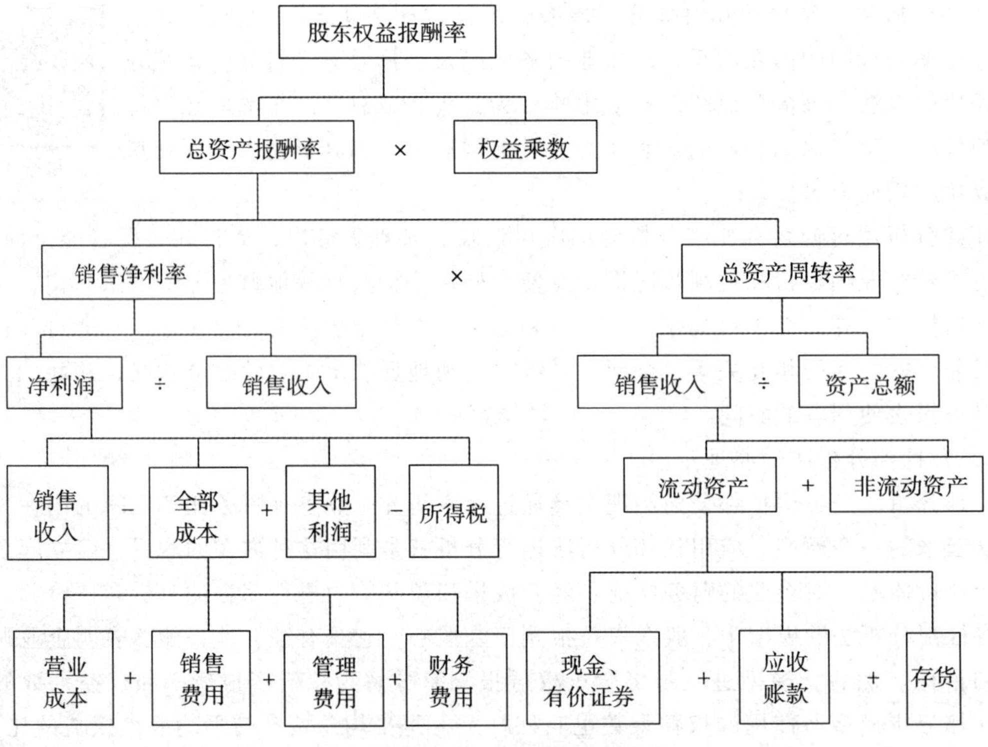

图9-1 杜邦分析模型结构图

从图9-1可以看出，杜邦分析法将有关财务比率和财务指标以系统分析图的形式连在一起，通过这一指标体系图，可以了解以下问题：

(1) 股东权益报酬率是一个综合性最强的财务指标，是杜邦分析体系的起点。该指标反映了股东投入资本的盈利能力，说明了企业筹资、投资、资产营运等各项财务及其管理活动的效率，而不断提高股东权益报酬率是股东财富最大化的基本保证。股东权益报酬率的高低取决于销售净利润、总资产周转率和权益乘数。

（2）销售净利率反映了企业净利润与销售收入的关系。销售净利率是提高企业盈利能力的关键，主要有两个途径：一是扩大销售收入，二是降低成本费用。扩大销售收入有利于提高销售净利率，又有利于提高总资产周转率。降低成本费用是提高销售净利率的另一个重要途径。从杜邦分析模型结构图中可以看出成本费用结构的合理程度，从而找出降低成本费用的途径和加强成本控制的办法。

（3）总资产周转率揭示企业资产总额实现销售收入的综合能力。影响总资产周转率的重要因素是资产总额。资产由流动资产和非流动资产构成，它们的结构是否合理将直接影响资产的周转速度的快慢。一般来说，流动资产直接体现企业的偿债能力和变现能力，而非流动资产则体现了企业的经营规模和发展潜力。两者之间应该有一个合理的比例关系。如果发现某项资产比重过大，影响资产周转，就应深入分析原因。例如，企业持有的货币资金超过业务需要，就会影响企业的盈利能力；如果企业拥有过多的存货和应收账款，则既会影响盈利能力，又会影响偿债能力。因此，还应进一步分析各项资产的占有数额和周转速度。

（4）权益乘数是受资产负债率影响的指标，反映了股东权益与总资产的关系。权益乘数越大，说明企业负债程度越高，能给企业带来较大的财务杠杆利益，但同时也带来了较大的偿债风险。因此，企业既要合理使用全部资产，又要妥善安排资本结构。

通过杜邦分析体系自上而下层层分解，不仅揭示了企业各项财务指标间的相互关系，而且为企业决策者查明各项主要指标变动的影响因素、优化经营管理状况、提高经营效率提供了思路。提升股东权益报酬率的途径主要包括增加销售收入、控制成本费用、合理配置投资、加速资金周转、优化资本结构和树立风险意识等。

二、沃尔评分法

（一）沃尔评分法的含义

亚历山大·沃尔在1928年出版的《信用晴雨表研究》和《财务报表比率分析》中提出了信用能力指数的概念，他选择了7个财务比率，即流动比率、产权比率、固定资产比率、存货周转率、应收账款周转率、固定资产周转率和自有资金周转率，分别给定各指标的比重，然后确定标准比率（以行业平均数为基础），将实际比率与标准比率相比，得出相对比率，将此相对比率与各指标比重相乘，得出总评分。

沃尔评分法的基本原理是将选定的具有代表性的财务指标与行业平均值（或标准值）进行比较，以确定公司各项指标占标准值的比重，并结合标准分值来确定公司实际得分值。其评价标准是：若公司某项财务指标的实际得分值高于标准分值，表明该指标较好；若某项财务指标的实际得分值低于标准分值，表明该指标较差；公司的总分值表示公司财务状况在同行业中所处的位置。

原始意义的沃尔评分法有两个缺陷：一是选择这7个比率及给定的比重缺乏说服力；二是从技术上讲，由于评分是相对比率与比重相乘计算出来的，因此如果某一个指标严重异常时（过高或过低，甚至是负数），会对总评分产生不合逻辑的重大影响。

因而，在采用沃尔评分法进行财务综合分析时，应注意以下几个方面的问题：

第一，同行业的标准值必须准确无误；

第二，标准分值的规定应根据指标的重要程度合理确定；

第三，分析指标应尽可能全面，采用指标越多，分析的结果越接近现实。

尽管沃尔评分法在理论上有待证明，但在实践中仍被广泛应用。

（二）沃尔评分法应用的程序

（1）正确选择评价指标中的财务比率。这些指标包括偿债能力、营运能力和盈利能力3类。

（2）根据各财务比率的重要程度，确定财务指标的标准评分值，各项财务比率的标准评分值之和应等于100分。

（3）确定评价指标中各财务比率评分值的上限和下限，减少个别评价指标异常对总分造成的不合理影响。

（4）确定各项财务比率的标准值，通常可以用行业的平均水平并经过调整后确定。

（5）计算企业各项财务比率的实际值。

（6）计算出各项财务比率实际值与标准值的比率，即相对比率。相对比率等于财务比率的实际值与标准值的比值。

（7）计算出各项财务比率的实际得分，即相对比率与标准评分值的乘积，每项财务比率得分都不得超过上限或低于下限。然后，将各财务比率得分加总得到企业财务状况的综合得分。

如果综合得分接近100分，说明企业财务状况良好，符合或高于行业平均水平。如果综合得分远低于100分，说明企业财务状况存在问题，财务能力较差。如果综合得分远远高于100分，说明企业财务状况很理想。

【例9-27】下面采用沃尔评分法，对东华公司20×9年的财务状况进行综合评价，见表9-3。

表9-3 东华公司20×9年沃尔评分表

财务比率	评分值（1）	上/下限	标准值（2）	实际值（4）	关系比率（5）=（4）÷（3）	实际得分（6）=（1）×（5）
流动比率	10	20/5	2.00	1.98	0.99	9.90
速动比率	10	20/5	1.20	1.29	1.08	10.80
资产/负债	12	20/5	2.10	2.17	1.03	12.36
存货周转率	10	20/5	6.50	6.60	1.02	10.20
应收账款周转率	8	20/4	13.00	14.13	1.09	8.72
总资产周转率	10	20/5	2.10	2.26	1.08	10.80
资产净利率	15	30/7	31.50%	30.36%	0.96	14.40
股东权益报酬率	15	30/7	58.33%	57.19%	0.98	14.70
销售净利率	10	20/5	15.00%	13.45%	0.90	9.00
合　计	100	—	—	—	—	100.88

根据表9-3的综合评分，东华公司财务状况的综合得分是100.88分，非常接近100分。这说明该公司的财务状况是良好的，与选定的标准基本是一致的。

章后实训与测试

※ Excel在财务分析中的应用

（一）实训目的

依据财务报表数据，运用Excel，计算营运能力指标。

（二）实训内容

【例9-28】根据XYZ公司的资产负债表与利润表的数据（如图9-2和图9-3所示），请计算该公司营运能力指标。

本例题在Excel中的操作如下：

第一步，在Excel表格中，将XYZ公司的资产负债表和利润表分别输入到工作表sheet1、sheet2中，如图9-2和图9-3所示。

	A	B	C	D	E	F
1	资产负债表（简表）					
2	编制单位：XYZ公司		2025年12月31日			单位：万元
3	资产	年初余额	期末余额	负债和所有者权益	年初余额	期末余额
4	流动资产：			流动负债：		
5	货币资金	125.00	250.00	短期借款	225.00	300.00
6	交易性金融资产	60.00	30.00	应付票据	20.00	25.00
7	应收票据	55.00	40.00	应付账款	545.00	500.00
8	应收账款	995.00	1,990.00	预收款项	20.00	50.00
9	预付款项	20.00	60.00	应付职工薪酬	85.00	70.00
10	其他应收款	110.00	110.00	应交税费	145.00	520.00
11	存货	1,630.00	595.00	其他应付款	60.00	35.00
12	一年内到期的非流动资产	55.00	425.00	流动负债合计	1,100.00	1,500.00
13	流动资产合计	3,050.00	3,500.00	非流动负债：		
14	非流动资产：			长期借款	1,225.00	2,250.00
15	长期股权投资	225.00	150.00	应付债券	1,300.00	1,200.00
16	固定资产	4,835.00	6,190.00	其中：优先股	0.00	0.00
17	在建工程	175.00	90.00	永续债	0.00	0.00
18	无形资产	40.00	30.00	其他非流动负债	375.00	350.00
19	递延所得税资产	75.00	25.00	非流动负债合计	2,900.00	3,800.00
20	其他非流动资产	0.00	15.00	负债合计	4,000.00	5,300.00
21	非流动资产合计	5,350.00	6,500.00	所有者权益：		
22				实收资本	3,000.00	3,000.00
23				资本公积	50.00	80.00
24				盈余公积	200.00	370.00
25				未分配利润	1,150.00	1,250.00
26				所有者权益合计	4,400.00	4,700.00
27	资产总计	8,400.00	10,000.00	负债和所有者权益总计	8,400.00	10,000.00

图9-2 资产负债表简表

	A	B	C
1	利润表（简表）		
2	编制单位：XYZ公司	2025年度	单位：万元
3	项　目	上年金额	本年金额
4	一、营业收入	14,250.00	15,000.00
5	减：营业成本	12,515.00	13,220.00
6	税金及附加	40.00	40.00
7	销售费用	100.00	110.00
8	管理费用	120.00	230.00
9	财务费用	480.00	550.00
10	加：投资收益	120.00	200.00
11	二、营业利润	1,115.00	1,050.00
12	加：营业外收入	85.00	50.00
13	减：营业外支出	25.00	100.00
14	三、利润总额	1,175.00	1,000.00
15	减：所得税费用	375.00	320.00
16	四、净利润	800.00	680.00

图9-3 利润表简表

第二步，将Sheet3重命名为“营运能力分析”，设置好营运能力分析的格式，如图9-4所示。

	A	B
1	财务比率分析——营运能力分析	
2	指标名称	2025年指标值
3	应收账款周转率（次）	
4	存货周转率（次）	
5	流动资产周转率（次）	
6	固定资产周转率（次）	
7	总资产周转率（次）	

图9-4 营运能力分析

第三步，计算应收账款周转率。在营运能力分析表的B3单元格中输入公式“=利润表！C4/（（资产负债表！B7+资产负债表！C7+资产负债表！B8+资产负债表！C8）/2）”，得到应收账款周转率为9.74。

第四步，计算存货周转率。在营运能力分析表的B4单元格中输入公式“=利润表！C5/（（资产负债表！B11+资产负债表！C11）/2）”，得到存货周转率为11.88。

第五步，计算流动资产周转率。在营运能力分析表的B5单元格中输入公式“=利润表！C4/（（资产负债表！B13+资产负债表！C13）/2）”，得到流动资产周转率为4.58。

第六步，计算固定资产周转率。在营运能力分析表的B6单元格中输入公式“=利润表！C4/（（资产负债表！B16+资产负债表！C16）/2）”，得到固定资产周转率为2.72。

第七步，计算总资产周转率。在营运能力分析表的B7单元格中输入公式“=利润表！C4/（（资产负债表！B27+资产负债表！C27）/2）”，得到总资产周转率为1.63。

第三步至第七步计算的营运能力分析各指标值如图9-5所示。

B3 fx =利润表!C4/((资产负债表!B7+资产负债表!C7+资产负债表!B8+资产负债表!C8)/2)

	A	B
1	财务比率分析——营运能力分析	
2	指标名称	2025年指标值
3	应收账款周转率（次）	9.74
4	存货周转率（次）	11.88
5	流动资产周转率（次）	4.58
6	固定资产周转率（次）	2.72
7	总资产周转率（次）	1.63

图9-5 计算营运能力分析各项指标值

※ 知识测试

一、单项选择题（每小题5分，共50分）

本章知识测试

1.（　　）不是获取现金能力的分析指标。

A.销售现金比率　　B.每股营业净现金流量

C.全部资产现金回收率　　D.现金负债率

2.权益乘数是（　　）。

A.1÷（1-产权比率）　　B.1÷（1-资产负债率）

C.1-资产负债率　　D.1-净资产收益率

3.某企业20×6年年初与年末所有者权益分别为250万元和400万元，则资本保值增值率为（　　）。

A.62.5%　　B.160%

C.60%　　D.40%

4.如果营运资金大于0，则以下结论正确的有（　　）。

A.速动比率大于1　　B.现金比率大于1

C.流动比率大于1　　D.短期偿债能力绝对有保障

5.（　　）指标不是评价企业短期偿债能力的指标。

A.流动比率　　B.速动比率

C.现金比率　　D.产权比率

6.（　　）是企业财务结构稳健与否的重要标志。

A.资产负债率　　B.产权比率

C.现金比率　　D.流动比率

7.当企业流动比率大于1时，增加流动资金借款会使当期流动比率（　　）。

A.降低　　B.不变

C.提高　　D.不确定

8.有形净值债务率中的“有形净值”是指（　　）。

A.所有者权益　　B.有形资产总额减负债总额

C.有形资产总额　　D.固定资产净值

9.下列分析法中，属于财务综合分析方法的是（　　）。

A.因素分析法　　B.比率分析法

C.趋势分析法　　D.沃尔评分法

10.（　　）指标是一个综合性最强的财务比率，也是杜邦财务分析体系的核心。

A.销售利润率　　B.资产周转率

C.权益乘数　　D.净资产收益率

二、判断题（每小题5分，共50分）

1.财务分析的初始形态是财务报表分析。（　　）

2.短期偿债能力的分析与评价主要根据财务报表，尤其是利润表。（　　）

3.投资者盈利能力分析，主要是以报酬为基础的盈利能力分析。（　　）

4.总资产周转率是反映企业总资产的周转速度和利用效率的一个重要的财务比率。（　　）

5.企业发展能力是指企业实现盈利、保持盈利的持续程度及价值增长的可能性。（　　）

6.盈利能力分析主要分析企业各项资产的使用效果。（　　）

7.存货周转率是销售收入与存货平均余额之比。（　　）

8.在杜邦分析体系中计算权益乘数时，资产负债率是用期末负债总额与期末资产总额来计算的。（　　）

9.在总资产净利率不变的情况下，资产负债率越低，净资产收益率越高。（　　）

10.产权比率高是低风险、低报酬的财务结构，表明债权人的利益因股东提供的资本所占比重较大而具有充分保障。（　　）

第十章

财务战略

学习目标

1. 了解企业外部环境分析的具体内容。
2. 掌握PEST分析法的内容。
3. 掌握波特五力模型。
4. 了解企业内部环境分析的具体内容。
5. 掌握SWOT分析方法。

导入案例

肯德基的中国本土化战略①

2025年1月，国新办举行新闻发布会介绍2024年国民经济运行情况。中国餐饮市场规模达到5.57万亿元。源自美国的全球快餐巨头——麦当劳与肯德基，在中国市场展开了激烈的竞争。作为全球快餐第一品牌的麦当劳，在中国市场的整体发展却一反常态、不容乐观，远远落后于全球快餐第二品牌的肯德基，两者之间的业绩相去甚远。相比麦当劳，肯德基更受中国人民的喜爱，平均每年开店500家，在全国31个省份和地区都设有分店，销售额增长强劲。肯德基在中国市场的胜利是全球化和本土化结合的必然结果。肯德基通过将全球化与本土化结合，打出"为中国而改变，全力打造新快餐"的口号。

知识图谱

讨论与思考：

肯德基是如何进行战略分析的？

第一节 财务战略概述

战略最早源于军事领域，是对战争或重大战役的全局性谋划。企业战略是企业为实现整体价值，筹划企业所拥有的资源，对一系列长远或重大行动的动态统筹。

本章课件

企业财务战略，是指一定时期内，根据宏观经济发展状况和公司发展战略，对财务活动的发展目标、方向和道路，从总体上作出的一种客观而科学的概括和描述。企业财务战略的目标是确保企业资金均衡有效流动而最终实现企业总体

① 资料来源：贺泓源，谭伊亭．肯德基涨价：资本市场更看重利润［N］．21世纪经济报道，2024-12-26（008）．

战略。

一、财务战略的特征

企业财务战略具有从属性、系统性、指导性及复杂性等特征。

（一）从属性

财务战略要体现企业整体战略的要求，为其筹集到适量的资金并有效合理投放。只有这样，企业整体战略方可实现。若不接受企业战略的指导或简单地迎合战略要求都将导致战略失败，而最终使企业受损。

（二）系统性

运用系统的观点进行企业管理，需要考虑企业作为一个系统必然与外界进行长期的、广泛的资源及信息交换，从而使系统与外界保持一致。财务战略作为企业战略的一个子系统必然与企业其他战略之间也存在着长期的、全面的资源与信息交换。为此，要始终保持财务战略与企业其他战略之间的动态联系，并试图使财务战略也能支持其他子战略。

（三）指导性

财务战略是对企业资金运筹的总体谋划，它规定着资金运筹的总方向、总方针、总目标等重大财务问题。正因如此，财务战略一经制定便具有相对稳定性，成为财务活动的行动指南。

（四）复杂性

财务战略的制定与实施较企业整体战略下的其他子战略而言，复杂程度更大。最主要的原因在于“资金固定化”特性，即资金一经投入使用后，其使用方向与规模在较短时期内很难予以调整。因此，财务战略对资金配置稍有不慎，就将直接导致企业资金周转不灵或陷入财务危机而很快导致企业破产。此外，企业筹资与投资都直接借助于金融市场，而金融市场复杂至极，变幻无常，这也增加了财务战略制定与实施的复杂性。

二、财务战略的选择

企业财务战略的选择，决定着企业财务资源配置的取向和模式，影响着企业理财活动的行为与效率。负债、收益、分配不同，战略也有着不同的选择。

（一）企业财务战略类型

企业的财务战略具体包含扩张型财务战略、稳健型财务战略及防御收缩型财务战略三种类型。

（1）扩张型财务战略。它是以实现企业资产规模的快速扩张为目的的一种财务战略，一般表现为长期内迅速扩大投资规模，全部或大部分保留利润，大量筹措外部资本。

（2）稳健型财务战略。它是以实现企业财务绩效的稳定增长和资产规模的平稳扩张为目的的一种财务战略，主要表现为长期内投资规模稳定增长，保留部分利润，内部留利与外部筹资相结合。

（3）防御收缩型财务战略。它是以预防出现财务危机和求得生存及新的发展为目的的一种财务战略。一般来说，根据企业的实际情况，防御收缩型财务战略又可分为防御型财务战略和收缩型财务战略。防御型财务战略一般表现为保持现有投资规模和投资收益水平，保持或适当调整现有资产负债率和资本结构水平，维持现行的股利政策。收缩型财务战略一般表现为维持或缩小现有投资规模，分发大量股利，减少对外筹资，甚至通过偿债和股份回购归还投资。

总之，财务战略要适应内外环境的变化，企业总体财务战略思想必须着眼于企业未来长期稳定的发展，具有防范未来风险的意识。企业财务战略选择必须考虑经济周期波动情况、企业发展阶段和企业经济增长方式，并及时进行调整，以保持其旺盛的生命力。

（二）财务战略选择要求

1.财务战略的选择必须与经济周期相适应

经济的周期性波动是以现代工商业为主体的经济总体发展过程中不可避免的现象，是经济系统存在和发展的表现形式。

我国经济周期直观特征表现在：周期长度不规则，发生频率高；波动幅度大；经济周期的波动呈收敛趋势，周期长度在拉长，波动幅度在减小；经济周期内各阶段呈现出不同的特征，在高涨阶段总需求迅速膨胀，在繁荣阶段过度繁荣，在衰退阶段进行紧缩性经济调整，严格控制总需求。

从财务的观点看，经济的周期性波动要求企业顺应经济周期的过程和阶段，通过制定和选择富有弹性的财务战略，来抵御大起大落的经济震荡，以减少它对财务活动的影响，特别是减少经济周期中上升和下降抑制财务活动的负效应。财务战略的选择和实施要与经济运行周期相配合。

在经济复苏阶段，企业应采取扩张型财务战略，增加厂房设备，采用融资租赁，增加存货，开发新产品，增加劳动力。

在经济繁荣阶段，企业应采取快速扩张型财务战略和稳健型财务战略结合。繁荣初期继续扩充厂房设备，采用融资租赁，继续增加存货，提高产品价格，开展营销筹划，增加劳动力。繁荣后期采取稳健型财务战略。

在经济衰退阶段，企业应采取防御收缩型财务战略。停止扩张，出售多余的厂房设备，停产不利产品，停止长期采购，削减存货，减少雇员。在经济萧条阶段，特别是在经济处于低谷时期，企业应建立投资标准，保持市场份额，压缩管理费用，放弃次要的财务利益，削减存货，减少临时性雇员。

总之，企业财务管理人员要跟踪时局的变化，对经济的发展阶段作出恰当的反应；要关注经济形势和经济政策，深刻领会国家的经济政策，特别是产业政策、投资政策等对企业财务活动可能造成的影响。

2.财务战略选择必须与企业发展阶段相适应

每家企业的发展都要经过一定的发展阶段。最典型的企业一般要经过初创期、扩张期、稳定期和衰退期四个阶段。不同的发展阶段应该有不同的财务战略与之相适应。企业应当分析所处的发展阶段，采取相应的财务战略。

在初创期现金需求量大，需要大规模举债经营，因而存在很大的财务风险，股利政策一般采用非现金股利政策。

在扩张期，虽然现金需求量也大，但它是以较低幅度增长的，财务风险仍然很高，股利政策一般可以考虑适当的现金股利政策。因此，在初创期和扩张期企业应采取扩张型财务战略。

在稳定期现金需求量有所减少，一些企业可能有现金结余，财务风险降低，股利政策一般是现金股利政策，一般采取稳健型财务战略。

在衰退期现金需求量持续减少，最后经受亏损，财务风险降低，股利政策一般采用高现金股利政策。处于衰退期的企业应采取防御收缩型财务战略。

3.财务战略选择必须与企业经济增长方式相适应

企业经济增长的方式客观上要求实现从粗放增长向集约增长的根本转变。为适应这种转变，财务战略需要从两个方面进行调整：一方面，调整企业财务投资战略，加大基础项目的投资力度；另一方面，加大财务制度创新力度。

三、财务战略的制定与实施

（一）财务战略的制定程序

作为企业战略管理的一个子系统——财务战略的制定与实施，除考虑企业内外环境外，还要着重考虑企业整体战略要求。

第一步，制定财务战略首先要对财务战略环境进行分析，即要收集各环境的信息及其变化过程与规律，分析、预测环境的未来状况及其对资金流动所产生的重大影响，如影响的性质、程度、时间等。

第二步，要分析企业自身的财务能力，并结合企业整体战略的要求，编制、设计具体财务战略方案。

第三步，通过对各战略方案的评价，选出适合企业发展的最佳方案。

（二）财务战略的实施与控制

财务战略的实施与控制也就是努力遵照前面所述的各战略原则，以此为指导思想，评价各分期目标实现情况，进行有效的控制。财务战略制定与实施前，除了考虑财务战略要求，还得关注组织情况，即建立健全有效的战略实施的组织体系，动员全体职工参加。这是确保战略目标得以实现的组织保证。同时，明确不同战略阶段的控制标准，将一些战略原则予以具体化，比如定量控制标准辅以定性控制标准、长期控制标准辅以短期控制标准、专业性控制标准与群众控制标准相结合等。

在进行具体的战略控制时，要遵循以下原则：①优先原则。对财务战略中重大问题优先安排，重点解决。②自控原则。战略实施的控制要以责任单位与人员自我控制为主，这有利于发挥其主动性与创造性。③灵活性原则。尽量采用经济有效的方法迅速解决实施中出现的问题。④适时适度原则。要善于分析问题，及时反馈信息，及时发现并解决问题。实施过程中努力确保各项工作同步进行，进度差别不应太大，从而利于内部协调。

此外，财务战略实施完毕后，应对其实施进行评价。这是分析企业的预测、决策能力的很好的途径，同时也为以后发展积累管理经验，吸取教训，为下一步财务战略管理奠定基础。

通过对企业内外环境分析并结合企业整体战略的要求，财务战略的实施提高了企业财务能力，即提高了企业财务系统对环境的适应性；财务战略注重系统性分析，这提高了企业整体协调性，从而提高了企业的协同效应；财务战略着眼于长远利益与整体绩效，有助于创造并维持企业的财务优势，进而创造并保持企业的竞争优势。

第二节 企业外部环境分析

从公司战略角度分析企业的外部环境，把握环境的现状及变化趋势，利用有利于企业发展的机会，避开环境可能带来的威胁，是企业谋求生存发展的首要问题。企业的外部环境分析可以从宏观环境、产业环境和竞争环境等几个层面展开。

一、宏观环境分析

一般说来，宏观环境因素可以概括为政治和法律因素（Political and Legal Factors）、经济因素（Economic Factors）、社会文化因素（Social and Cultural Factors）以及技术因素（Technological Factors），由于这四个因素的英文首字母组合起来是“PEST”，因此宏观环境分析也被称为“PEST”分析。

宏观环境分析

（一）政治和法律因素

政治和法律因素是指那些制约和影响企业的政治要素和法律系统，以及其运行状态。政治环境包括国家的政治制度、权力机构、颁布的方针政策、政治团体和政治形势等。法律环境包括国家制定的法律、法规、法令以及国家的执法机构等。政治和法律环境是保障企业生产经营活动的基本条件。在一个稳定的政治和法律环境中，企业能够通过公平竞争，获取自己的正当权益，并保持长期稳定的发展，国家的政策、法规对企业的生产经营活动具有控制、调节作用，同一个政策或法规，可能会给不同的企业带来不同的机会或制约。

政治和法律环境作为影响公司战略决策的因素，有其自身的特点：第一，不可预测性，企业很难预测国家政治环境的变化；第二，不可逆转性，政治和法律环境一旦影响到企业，会迅速发生明显变化，而企业是无法推卸和转移这种变化的；第三，直接性，国家政治环境直接影响企业的经营状况。

【课堂拓展】

重重压力下的华为①

2018年1月，美国合作伙伴AT&T公司突然单方面取消与华为的合作。据《纽约时报》等外媒报道，该公司或受到“政治压力”。随后，美国的一些大型运营商（如T-Mobile、Sprint、Verizon）和美国最大电子产品零售商Best Buy先后与华为终止了合作。

2018年12月，华为副总裁孟晚舟途经温哥华机场时被加方逮捕。逮捕的理由是涉嫌诈骗，却无可靠证据。孟晚舟在被软禁1 028天后，无罪获释，于2021年9月25日回到祖国。

2019年5月，美国商务部以国家安全为由，将华为列入“实体清单”。不仅禁止美企向华为出售技术和产品，还规定全球凡是使用美国技术占比超过25%的企业，必须经美国同意才能向华为提供产品。

2020年5月，美国商务部工业与安全局（BIS）宣布，严格限制华为使用美国的技术、

① 资料来源：葛晓峰. 从华为案探究美国对中国出口管制的本质［J］. 国际经济合作. 2022（1）：60-67.

软件设计和制造半导体芯片。9月，包括台积电、高通、三星及SK海力士、美光等将不再供应芯片给华为。

2023年9月，华为发布Mate60系列手机，搭载自研麒麟9100芯片和鸿蒙OS 4.0系统，成为5G时代的领导者。

请分析：

1.美国政府为什么要对华为进行打压？

2.华为想要突破困境，可以采取什么样的措施？

（二）经济因素

经济因素是指构成企业生存和发展的社会经济状况及国家的经济政策，包括社会经济结构、经济发展水平、经济体制、宏观经济政策、当前经济状况和其他一般经济条件等要素。与政治和法律因素相比，经济因素对企业生产经营的影响更直接、更具体。经济因素主要从以下六个方面进行分析。

1.社会经济结构

社会经济结构是指国民经济中不同的经济成分、不同的产业部门及社会再生产各方面在组成国民经济整体时相互的适应性、数量的比例及排列关联的状况。社会经济结构主要包括产业结构、分配结构、交换结构、消费结构和技术结构五个方面的内容，其中最重要的是产业结构。

2.经济发展水平

经济发展水平是指一个国家经济发展的规模、速度和所达到的水平。反映一个国家经济发展水平的常用指标有国内生产总值（GDP）、人均GDP和经济增长速度。

3.经济体制

经济体制是指国家经济组织的形式。它规定了国家与企业、企业与企业、企业与各经济部门之间的关系，并通过一定的管理手段和方法来调控或影响社会经济流动的范围、内容和方式等。

4.宏观经济政策

宏观经济政策是指实现国家经济发展目标的战略与策略。它包括综合性的全国发展战略和产业政策、国民收入分配政策、价格政策、物资流通政策等。

5.当前经济状况

当前经济状况会影响一家企业的经营业绩。经济的增长率取决于商品和服务需求的总体变化。经济影响因素还包括税收水平、通货膨胀率、贸易差额及汇率、失业率、利率、信贷投放率以及政府补助等。

6.其他一般经济条件

其他一般经济条件及其发展趋势对一家企业的成功也很重要。工资水平、供应商以及竞争对手的价格变化和政府政策，都会影响产品的生产成本和服务的提供成本以及产品销售市场的情况。这些经济因素可能会导致行业内产生竞争，或将公司从市场中淘汰，也可能会延长产品寿命，鼓励企业用自动化取代人工，促进外商投资或引入本土投资，使强劲的市场变弱或使安全的市场变得具有风险等。

（三）社会文化因素

社会文化因素是指企业所处的社会结构、社会风俗和习惯、信仰和价值观念、行为规范、生活方式、文化传统、人口规模与地理分布等因素的形成和变动。社会文化因素对企业生产经营的影响是不言而喻的。例如，人口规模、社会人口年龄结构、家庭人口结构、社会风俗对消费者消费偏好的影响是企业在确定投资方向、产品改进与革新重大经营决策问题时必须考虑的因素。社会文化因素的范围很广，主要包括人口因素、社会流动性、消费心理、生活方式变化、文化传统和价值观等。

1.人口因素

人口因素包括企业所在地居民的地理分布及密度、年龄、教育水平、国籍等。大型企业通常会利用人口统计数据来进行客户定位，并将数据用于研究应如何开发产品。人口因素对企业战略的制定具有重大影响。例如，人口总数直接影响着社会生产的总规模；人口的地理分布影响着企业的厂址选择；人口的性别比例和年龄结构在一定程度上决定了社会的需求结构，进而影响社会供给结构和企业生产结构；人口的教育文化水平直接影响着企业的人力资源状况；家庭户数及其结构的变化与耐用消费品的需求和变化趋势密切相关，因而也就影响到耐用消费品的生产规模等。

对人口因素的分析可以使用以下一些变量：结婚率、离婚率、出生率和死亡率，人口的平均寿命、人口的年龄和地区分布、人口在民族和性别上的比例、地区人口在教育水平和生活方式上的差异等。

2.社会流动性

社会流动性主要涉及社会的分层情况、各阶层之间的差异及人们是否可在各阶层之间转换、人口内部各群体的规模、财富及其构成的变化，以及不同区域（城市、郊区、农村）的人口分布等。

不同阶层对企业的期望也有差异，例如，企业员工评价战略的标准是工资收益、福利待遇等，而消费者主要关心的是产品价格、产品质量、服务态度等。

3.消费心理

消费心理对公司战略也会产生影响。例如，一部分顾客在购物过程中追求有新鲜感的产品多于满足其实际需要，因此，企业应生产不同类型的产品以满足不同顾客的需求。

4.生活方式变化

实际上当国际交流使社会变得更加多元化、外部影响更加开放时，人们对物质的需要也发生了变化，生活方式的变化主要是指当前及新兴的生活方式与时尚。

5.文化传统

文化传统是一个国家或地区在较长历史时期内形成的一种社会习惯，是影响经济活动的一个重要因素。例如，中国的春节、西方的圣诞节就为某些行业带来了商机。

6.价值观

价值观是指社会公众评价各种行为的观念标准。不同国家和地区的人们的价值观各有差异。例如，西方国家的个人主义较强，日本的企业注重内部关系融洽。

以上所提及的因素会对企业制定营销、促销、开展业务和管理内部资源的战略产生影响。

（四）技术因素

技术因素是指企业所处环境中的科技要素及与该要素直接相关的各种社会现象的集合，包括国家科技体制、科技政策、科技水平和科技发展趋势等。在科学技术迅速发展变化的今天，技术环境对企业的影响可能是创造性的，也可能是破坏性的，企业必须预见这些新技术带来的变化，在战略管理上作出相应的战略决策，以获得新的竞争优势。市场或行业内部和外部的技术趋势与事件会对公司战略产生重大影响。某个特定行业的技术水平在很大程度上决定了应生产哪种产品或提供哪种服务、应使用哪些设备以及应如何进行经营管理。

技术因素对公司战略所产生的影响包括：

（1）基本技术的进步使企业能对市场及客户进行更有效的分析。例如，使用数据库或自动化系统来获取数据，能够更加准确地进行分析。

（2）新技术的出现使社会和新兴行业对本行业产品和服务的需求增加，从而使企业扩大经营范围或开辟新的市场。

（3）技术进步可创造竞争优势，例如，技术进步可促使企业利用新的生产方法，在不增加成本的情况下，提供更优质和更高性能的产品和服务。

（4）技术进步可导致现有产品被淘汰或大大缩短产品的生命周期。

（5）新技术的发展使企业更多地关注环境保护、社会责任及可持续发展等问题。

二、产业环境分析

波特在《竞争战略》一书中指出："形成竞争战略的实质就是将一家公司与其环境建立联系。尽管相关环境的范围广阔，包括社会的因素，也包括经济的因素，但公司环境的最关键部分就是公司投入竞争的一个或几个产业。"波特采用了一种关于产业的常用定义："一个产业是由一群生产相似替代品的公司组成的。"

产业环境分析

波特认为，预测产业演变过程的鼻祖是我们熟知的产品生命周期。关于生命周期只适用于个别产品还是适用于整个产业存在着争论，这里概括了认为适用于产业的观点。产业要经历4个阶段：导入期、成长期、成熟期和衰退期。这些阶段是以产业销售额增长率曲线的拐点划分的。产业的增长与衰退根据新产品的创新和推广过程而呈"S"形。当产业走过它的生命周期时，竞争的性质将会变化。波特总结了常见的产业在其生命周期中的变化以及它如何影响战略的预测。

1.导入期

导入期的产品用户很少，只有高收入用户会尝试新的产品。产品虽然设计新颖，但质量有待提高，尤其是可靠性，由于产品刚刚出现，前途未卜，产品类型、特点、性能和目标市场尚在不断发展变化当中，因此导入期只有很少的竞争对手，但导入期的产品销量小、产能过剩、生产成本高，为了说服客户购买，营销成本高，广告费用大。产品的独特性和客户的高收入使得价格弹性较小，可以采用高价格、高毛利的策略，但是销量小使得净利润较低。

企业的规模可能会非常小，企业的战略目标是扩大市场份额，争取成为“领头羊”。这个时期的主要战略路径是投资于研究与开发和技术改进，提高产品质量。

导入期的经营风险非常高。研制的产品能否成功、研制成功的产品能否被顾客接受、被顾客接受的产品能否达到经济生产规模、可以规模生产的产品能否取得相应的市场份额等，都存在很大的不确定性。通常，新产品只有成功和失败两种可能，成功则进入成长期，失败则无法收回前期投入的研发、市场开拓和设备投资成本。

2.成长期

成长期的标志是产品销量节节攀升，产品的销售群体已经扩大。此时，消费者会接受参差不齐的质量，并对质量的要求不高。各企业的产品在技术和性能方面有较大差异，广告费用较高，但是每单位销售收入分摊的广告费在下降，生产能力不足，需要向大批量生产转换，并建立大宗分销渠道。由于市场扩大，竞争者涌入，因此企业之间开始争夺人才和资源，会出现兼并等意外事件，引起市场动荡。由于需求大于供给，因此此时产品价格高，单位产品净利润也高。

企业的战略目标是争取最大市场份额，并坚持到成熟期的到来。如果以较小的市场份额进入成熟期，那么在开拓市场方面的投资将很难得到补偿，成长期的主要战略路径是市场营销，此时是改变价格形象和质量形象的好时机。

成长期的经营风险有所下降，主要是产品本身的不确定性在降低，但是经营风险仍然维持在较高水平，原因是竞争激烈了，市场的不确定性增加了。这些风险主要与产品的市场份额以及该份额能否保持到成熟期有关。

3.成熟期

成熟期开始的标志是竞争者之间出现挑衅性的价格竞争。成熟期市场虽然巨大但是已经基本饱和。市场中新的客户减少，主要靠老客户的重复购买支撑。产品逐步标准化，差异不明显，技术和质量改进缓慢。生产稳定，局部生产能力过剩。产品价格开始下降，毛利率和净利率都下降，利润空间适中。由于整个产业销售额达到前所未有的规模，并且比较稳定，因此任何竞争者想要扩大市场份额，都会遇到对手的顽强抵抗，并引发价格竞争。既然扩大市场份额已经变得很困难，那么经营战略的重点就会转向在巩固市场份额的同时提高投资报酬率。成熟期的主要战略路径是提高效率，降低成本，成熟期的经营风险进一步降低，达到中等水平。导入期和成长期的高风险因素已经消失，销售额和市场份额、盈利水平都比较稳定，现金流量变得比较容易预测。经营风险主要是指稳定的销售额可以持续多长时间，以及总盈利水平的高低。企业和股东希望长期停留在能产生大量现金流入的成熟期，但是价格战随时会出现，衰退期迟早会到来。

4.衰退期

衰退期产品的客户大多很精明，对性价比要求很高。各企业的产品差别小，因此价格差异也会缩小。为降低成本，产品质量可能会出现问题。产能严重过剩，只有大批量生产并有自己销售渠道的企业才具有竞争力。有些竞争者先于产品退出市场。产品的价格、毛利都很低。只有到后期，多数企业退出后，价格才有望上扬。

企业在衰退期的经营战略目标首先是防御，获取最后的现金流。战略途径是控制成本，以求能维持正的现金流量。如果缺乏成本控制的优势，就应采用退却战略，尽早退出。进入衰退期后，经营风险会进一步降低，主要的悬念是什么时间产品将完全退出市场。

产品生命周期理论也受到一些批评：首先，各阶段的持续时间随着产业的不同而非常不同，并且一个产业究竟处于生命周期的哪一阶段，通常不清楚。这就削弱了此概念作为规划工具的有用之处。其次，产业的增长并不总是呈“S”形。有的产业跳过成熟阶段，直接从成长阶段走向衰亡，有的产业在一段时间衰退之后又重新上升，还有的产业似乎完全跳过了导入期这个缓慢的起始阶段。再次，公司可以通过产品创新和产品的重新定位来影响增长曲线的形状。如果公司认定生命周期一成不变，那么该理论就成了一种没有意义的自我臆想的预言。最后，与生命周期每一阶段相联系的竞争属性随着产业的不同而不同。例如，有些产业开始集中，后来仍然集中，而有些产业集中了一段时间后就不那么集中了。

基于上述种种合理的批评，运用产品生命周期理论不能仅仅停留在预测产业的演变上，而应深入研究演变的过程本身，以了解什么因素可以真正推进这种演变过程。

三、竞争环境分析

波特在《竞争战略》一书中，从产业组织理论的角度，提出了产业结构分析的基本框架——五种竞争力分析。波特认为，在每一个产业中都存在五种基本竞争力量，即潜在进入者、替代品、购买者、供应者与现有竞争者，在一个产业中，这五种力量共同决定产业竞争的强度以及产业利润率，最强的一种或几种力量占据着统治地位，并且从战略形成角度来看，起着关键性作用。产业中众多经济技术特征对每种竞争力量的强弱都是至关重要的。这些内容将逐一展开。

1.五种竞争力分析

（1）潜在进入者的进入威胁。利润是给投资者的一个信号，并能够经常导致潜在进入者的进入。潜在进入者将在两个方面减少现有企业的利润：第一，进入者会瓜分原有的市场份额，获得一些业务；第二，进入者减少了市场集中，从而激发现有企业间的竞争，减少价格-成本差。对于一个产业来说，进入的威胁在于呈现的进入障碍与准备进入者可能遇到的现有企业的反击。它们统称为“进入障碍”。前者称为“结构性障碍”，后者称为“行为性障碍”。

（2）替代品的替代威胁。研究替代品的替代威胁，首先需要澄清“产品替代”的两种类型：一类是直接产品替代，另一类是间接产品替代。

① 直接产品替代，即某一种产品直接取代另一种产品，前面所引用的波特关于产业的定义中的替代品是指直接替代品。

② 间接产品替代，即由能起到相同作用的产品非直接地取代另外一些产品，如人工合成纤维取代天然布料。波特所提及的对某一产业而言具有威胁的替代品是指间接替代品。

当然，对某些产品来说，直接替代品与间接替代品的界限并不一定十分清晰，因而直接产品替代与间接产品替代只能是一个相对的概念。替代品往往是新技术与社会新需求的产物。对于现有产业来说，这种“替代”威胁的严重性是不言而喻的。老产品能否被新产品替代，或者反过来说，新产品能否替代老产品，主要取决于两种产品的性能价格比的比较。如果新产品的性能价格比高于老产品，新产品对老产品的替代就具有必然性；如果新产品的性能价格比有时还低于老产品的性能价格比，那么，新产品还不具备足够的实力与老产品竞争。这里“性能价格比”的概念事实上就是价值工程中“价值”的概念。价值工程中的一个基本公式“价值=功能成本”，贯穿于价值分析的整个过程，而价值工程就是起源于寻找物美价廉的替代品。

由于老产品和新产品处于不同的产品生命周期，因此提高老产品和新产品价值的途径有所不同。在这里，我们着重讨论提高老产品价值的途径。对于老产品来说，当替代品威胁日益严重时，产品往往已处于成熟期或衰退期。此时，产品的设计和生产标准化程度较高，技术已相当成熟，因此，老产品提高产品价值的主要途径是降低成本与价格。当然，替代品的替代威胁并不一定意味着新产品对老产品最终的取代。几种替代品长期共存也是很常见的。例如，在运输工具中，汽车、火车、飞机、轮船长期共存；城市交通中，公共汽车、地铁、出租汽车长期共存等。但是，替代品之间的竞争规律是不变的，那就是，价值高的产品获得竞争优势。

（3）供应者、购买者讨价还价的能力。五种竞争力模型的水平方向是对产业价值链（Value Chain）的描述，它反映的是产品（或服务）从获取原材料开始到最终产品的分配和销售的过程。公司战略分析的一个中心问题就是如何组织纵向链条。产业价值链描述了厂商之间为生产最终交易的产品或服务，所经过的价值增值的活动过程，因此，产业价值链上的每一个环节都具有双重身份：对其上游单位而言，它是购买者；对其下游单位而言，它是供应者。购买者和供应者围绕价值增值的两个方面——功能与成本，在讨价还价的交易过程中使自己获得更多的价值增值。

（4）产业内现有企业的竞争。产业内现有企业的竞争是指一个产业内的企业为市场占有率而进行的竞争。产业内现有企业的竞争是通常意义上的竞争。这种竞争通常是以价格竞争、广告战、产品引进以及增加对消费者的服务等方式表现出来的。

2.五种竞争力模型的局限性

虽然，五种竞争力模型在分析企业外部环境时是有效的，但是它同样存在局限性。第一，五种竞争力模型是一个静态模型，而现实中竞争环境始终在变化。这些变化可能从高变低，也可能从低变高，其变化速度比模型所显示的要快得多。第二，该模型能够确定行业的盈利能力，但是对于非营利组织而言，所有有关盈利能力的假设都可能是错误的。第三，该模型假设战略制定者可以了解整个行业（包括所有潜在的进入者和替代产品）的信息，但这一假设在现实中并不存在。对于企业来讲，在制定战略时掌握整个行业的信息既不可能也无必要。第四，该模型低估了企业与供应商、客户或分销商、合资企业之间可能建立长期合作关系以减轻相互之间威胁的可能性。在现实的商业世界中，同行之间、企业与上下游企业之间不一定完全是竞争的关系。强强联手或强弱联手，有时可以创造更大的价值。

第三节 企业内部环境分析

在对企业进行详尽而全面的外部环境分析之后，战略分析的另一个方面是进行企业内部环境分析。通过内部环境分析，企业可以确定能够做什么，即企业所拥有的独特资源与能力所能支持的行为。

一、企业资源与能力分析

（一）企业资源分析

企业资源分析的目的在于识别企业的资源状况、企业资源方面所表现出来的优势和劣势以及对未来战略目标制定和实施的影响。企业资源是指企业所拥有或控制的有效因素的总和，包括资产、生产或其他作业程序技能和知识等。按照竞争优势的资源基础理论，企业的资源是其获得持续竞争优势的重要基础。

企业资源主要分为三种：有形资源、无形资源和人力资源。有形资源是指可见的、能用货币直接计量的资源，主要包括物质资源和财务资源。无形资源是指企业长期积累的、没有实物形态的，甚至无法用货币精确度量的资源，通常包括品牌、商誉、技术、企业文化及组织经验等。尽管无形资源难以被精确度量，但由于无形资源一般都难以被竞争对手了解、购买、模仿或替代，因此，它是一种十分重要的企业核心竞争力的来源。人力资源是指组织成员向组织提供的技能、知识以及推理和决策能力。大量研究发现，那些能够有效开发和利用其人力资源的企业比那些忽视人力资源的企业发展得更好、更快。

决定企业竞争优势的企业资源判断标准（在分析一家企业拥有的资源时，必须知道哪些资源是有价值的，是可以使企业获得竞争优势的）主要包括：

1.资源的稀缺性

如果一种资源是所有竞争者都能轻易取得的，那么，这种资源便不能成为企业竞争优势的来源。如果企业掌握了取得处于短缺供应状态的资源，而其他竞争对手又不能获取这种资源，那么，拥有这种稀缺性资源的企业便能获得竞争优势。如果企业能够持久地拥有这种稀缺性资源，那么该企业从这种稀缺性资源中获得的竞争优势也将是可持续的。

2.资源的不可模仿性

资源的不可模仿性是竞争优势的来源，也是价值创造的核心。资源的不可模仿性主要有以下四种形式：第一，物理上独特的资源。有些资源的特征是物质本身的特性所决定的。第二，具有路径依赖性的资源。这是指那些必须经过长期的积累才能获得的资源。第三，具有因果含糊性的资源。企业对有些资源的形成原因并不能给出清晰的解释，例如，企业的文化常常是一种具有因果含糊性的资源。第四，具有经济制约性的资源。这是指企业的竞争对手已经具有复制其资源的能力，但因市场空间有限不能与其竞争的情况。

3.资源的不可替代性

波特的五种竞争力模型指出了替代产品的威胁力量。同样，企业的资源如果能够很容易地被替代，那么即使竞争者不能拥有或模仿企业的资源，它们也仍然可以通过获取替代资源来改变企业的竞争地位。例如，一些旅游景点的独特优势很难被其他景点所替代。

4.资源的持久性

资源的贬值速度越慢，就越有利于形成企业的核心竞争力。一般来说，有形资源往往都有自己的损耗周期，而无形资源和人力资源则很难确定其贬值速度。例如，一些品牌资源随着时代的发展实际上在不断地升值，而通信技术和计算机技术迅速地更新换代会给建立在这些技术之上的企业竞争优势带来严峻挑战。

（二）企业能力分析

企业能力是企业配置资源、发挥其生产和竞争作用的能力。企业能力来源于企业有形资源、无形资源和人力资源的整合，是企业各种资源有机组合的结果。企业能力主要由研发能力、生产管理能力、营销能力、财务能力和组织管理能力等组成。

1.研发能力

随着市场需求的不断变化和科学技术的持续进步，研发能力已经成为保持企业竞争活力的关键因素。企业的研发活动能够加快产品的更新换代，不断提高产品质量，降低产品成本，更好地满足消费者的需求。企业的研发能力主要从研发计划、研发组织、研发过程和研发效果几个方面进行衡量。

2.生产管理能力

生产是指将投入（原材料、资本、劳动等）转化为产品或服务并为消费者创造效用的活动。生产活动是企业最基本的活动。生产管理能力主要涉及五个方面，即生产过程、生产能力、库存管理、人力管理和质量管理。

3.营销能力

营销能力是指企业通过引导消费获取的产品竞争能力、销售活动能力和市场决策能力。

4.财务能力

企业的财务能力主要涉及两个方面：一是筹集资金的能力；二是使用和管理所筹集资金的能力。筹集资金的能力可以用资产负债率、流动比率和已获利息倍数等指标来衡量；使用和管理所筹集资金的能力可以用投资报酬率、销售利润率和资产周转率等指标来衡量。

5.组织管理能力

企业的组织管理能力主要从职能管理体系的任务分工、岗位责任、集权和分权的情况、组织结构以及管理层次和管理范围的匹配等方面进行衡量。

（三）企业的核心能力

核心能力的概念打破了以往企业的管理人员把企业看成各项业务组合的思考模式，重新认识到企业是一种能力的组合。核心能力是企业中有价值的资源。它可以使企业获得竞争优势，并且不会随着使用而递减。

1.核心能力的概念

所谓核心能力，就是企业在具有重要竞争意义的经营活动中能够比其竞争对手做得更好的能力，企业的核心能力可以是完成某项活动所需的优秀技能，也可以是在一定范围内和一定深度上的企业技术诀窍，或者是那些能够形成很大竞争价值的一系列具体生产技能的组合。从总体上讲，核心能力的产生是企业中各个不同部分有效合作的结果，也就是各种单个资源整合的结果。这种核心能力深深地根植于企业的各种技巧、知识和员工的能力之中，对企业的竞争力起着至关重要的作用。

2.核心能力的辨别

根据核心能力的概念，企业的能力应同时满足以下三个关键测试才可称为核心能力。

（1）它对顾客是否有价值？

（2）它与企业竞争对手相比是否有优势？

（3）它是否很难被模仿或复制？

但是，企业的核心能力就其本质来讲非常复杂和微妙，一般很难满足上述三个关键性测试，因而识别企业的核心能力并非易事。然而，即使它很难被识别，也还是存在几种识别的方法，包括功能分析、资源分析以及过程系统分析。

（1）功能分析。考察企业功能是识别企业核心竞争力常用的方法。这种方法虽然比较有效，但是，它可能只能识别出具有特定功能的核心能力。

（2）资源分析。分析实物资源比较容易，如分析企业所处的区域、生产设备以及机器的质量等，而分析类似商标或者商誉这类无形资源则比较困难。

（3）过程系统分析。过程涉及企业的多种活动，从而形成系统，过程系统有可能仅是企业单一的功能，但是企业通常都涉及多种功能，因而过程系统本身是比较复杂的，但企业通常还是会使用这种方法来识别企业的核心能力，因为只有对整个系统进行分析才能很好地判断企业的经营状况。

二、业务组合分析

公司战略能力分析的另一个重要部分就是对公司进行业务组合分析，保证业务组合的优化是公司战略管理的主要责任。波士顿矩阵与通用矩阵分析就是公司业务组合分析的主要方法。

（一）波士顿矩阵

1.基本概念

波士顿矩阵

波士顿矩阵（BCG Matrix）又称市场增长率相对市场份额矩阵，是由美国著名的管理学家、波士顿咨询公司创始人布鲁斯·亨德森（Bruce Henderson）于1970年首创的一种用来分析和规划企业产品组合的方法。这种方法的核心在于，解决如何使企业的产品品种及其结构适合市场需求的变化。只有这样，企业的生产才有意义。同时，如何将企业有限的资源有效地分配到合理的产品结构中以保证企业收益，是企业在激烈竞争中取胜的关键。波士顿矩阵认为，决定产品结构的基本因素有两个：市场引力与企业实力。市场引力包括市场增长率、目标市场容量、竞争对手强弱及利润高低等。其中最主要的是反映市场引力的综合指标——市场增长率。这是决定企业产品结构是否合理的外在因素。企业实力包括企业市场占有率以及技术、设备、资金利用能力等，其中市场占有率是决定企业产品结构的内在要素，它直接显示出企业的竞争实力。市场引力与市场占有率既相互影响，又互为条件。市场引力大，市场占有率高，可以显示产品发展的良好前景，企业也具备相应的适应能力，实力较强；如果仅是市场引力大，而没有相应的高市场占有率，则说明企业尚无足够实力，该种产品也无法顺利发展。相反，企业实力强而市场引力小的产品也预示了该产品的市场前景不佳。

2.基本原理

波士顿矩阵将企业所有产品从市场增长率和市场占有率角度进行再组合，在波士顿矩阵坐标图（如图10-1所示）上，纵轴表示市场增长率，是指企业所在产业某项业务前后两年市场销售额增长的百分比。这一增长率表示每项业务所在市场的相对吸引力，通常用10%的增长率作为增长高、低的界限。横轴表示企业在产业中的相对市场占有率，是指以企业某项业务的市场份额与这个市场上最大的竞争对手的市场份额之比。这一市场占有率反映企业在市场上的竞争地位。相对市场占有率以1.0为分界线（在该点本企业的某项业务与该业务市场上最大竞争对手市场份额相等）划分为高、低两个区域。横轴之所以采用相对市场占有率而不用绝对市场占有率，是考虑到企业不同产品所在产业的集中度差异，绝对市场占有率不能够准确反映企业在该产业中的实际竞争地位。

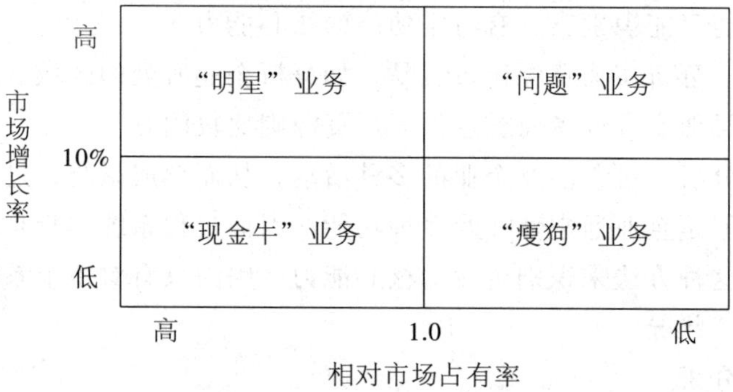

图10-1 波士顿矩阵坐标图

根据有关业务或产品的市场增长率和企业相对市场占有率标准，波士顿矩阵可以把企业全部的经营业务定位在四个区域中，分别为：

（1）高增长——强竞争地位的"明星"业务。这类业务处于迅速增长的市场，具有很大的市场份额。在企业的全部业务中，"明星"业务的增长和获利有着极好的长期机会，但它们是企业资源的主要消费者，需要大量的投资。为了保护和扩展"明星"业务在增长的市场上占主导地位，企业应在短期内优先供给它们所需的资源，支持它们继续发展。

"明星"业务适宜采用的战略是：积极扩大经济规模和市场机会，以长远利益为目标，提高市场占有率，提升竞争地位。"明星"业务的管理组织最好采用事业部制，由对生产技术和销售两方面都很在行的经营者负责。

（2）高增长——弱竞争地位的"问题"业务。这类业务通常处于最差的现金流量状态。一方面，所在产业的市场增长率高，企业需要大量的投资支持其生产经营活动；另一方面，其相对市场占有率低，能够生成的资金量很小。因此，企业对"问题"业务的进一步投资需要进行分析，判断使其转移到"明星"业务所需要的投资量，分析其未来盈利，研究是否值得投资等问题。

（3）低增长——强竞争地位的"现金牛"业务。这类业务处于成熟的低速增长的市场中，市场地位有利，盈利率高，本身不需要投资，反而能为企业提供大量资金，用以支持其他业务的发展。对这一象限内的大多数产品而言，市场增长率的下跌已不可阻挡，因此可采用收割战略。

（4）低增长——弱竞争地位的“瘦狗”业务。这类业务处于饱和的市场中，竞争激烈，可获利润很低，不能成为企业资金的来源。对这类业务应采用放弃战略。首先，应减少批量，逐渐撤退，对于那些还能自我维持的业务，应缩小经营范围，加强内部管理；而对于那些市场增长率和相对市场占有率均极低的业务则应立即淘汰。其次，将剩余资源向其他产品转移。最后，整顿产品系列，最好将“瘦狗”业务与其他事业部合并，统一管理。

3.波士顿矩阵的运用

充分了解了四种业务的特点后还需进一步明确各项业务在公司中的不同地位，从而进一步明确其战略目标。通常有四种策略目标分别适用于不同的业务。

（1）发展。以提高经营单位的相对市场占有率为目标，甚至不惜放弃短期收益，若“问题”业务想尽快成为“明星”业务，就要增加资金投入。

（2）保持。投资维持现状，目标是保持业务现有的市场占有率。对于较大的“现金牛”业务可以此为目标，以使它们产生更多的收益。

（3）收割。这种战略主要是为了获得短期收益，目标是在短期内尽可能地得到最大限度的现金收入。对处境不佳的“现金牛”业务及没有发展前途的“问题”业务和“瘦狗”业务应视具体情况采取这种战略。

（4）放弃。目标在于清理和撤销某些业务，减轻负担，以便将有限的资源用于效益较高的业务。这种目标适用于无利可图的“问题”业务和“瘦狗”业务。一家公司必须对其业务加以调整，以使其投资组合趋于合理。

4.波士顿矩阵的局限性

企业把波士顿矩阵作为分析工具时，应该注意到它的局限性：首先，在现实管理中，企业要确定各项业务的市场增长率和相对市场占有率是比较困难的。其次，波士顿矩阵过于简单，它用市场增长率和相对市场占有率两个单一指标分别代表产业的吸引力和企业的竞争地位，不能全面反映这两方面的状况。再次，波士顿矩阵事实上暗含了一个假设：企业的市场份额与投资回报是成正比的，但在有些情况下这种假设可能是不成立或不全面的。一些市场占有率小的企业如果实施创新、差异化和市场细分等战略，仍能获得很高的利润。最后，波士顿矩阵在具体运用中有很多困难。例如，正确地应用组合计划会对企业的不同部分产生不同的影响和要求，这对许多管理人员来说是一个重要的文化变革，而这一文化变革的过程往往非常艰巨。

（二）通用矩阵

通用矩阵又称行业吸引力矩阵，是美国通用电气公司设计的一种投资组合分析方法。

通用矩阵

1.基本原理

通用矩阵改进了波士顿矩阵过于简化的不足。首先，在两个坐标轴上都增加了中间等级；其次，其纵轴用多个指标反映产业吸引力，横轴用多个指标反映企业竞争地位。这样，通用矩阵不仅适用于波士顿矩阵所能适用的范围，而且适用于不同需求、生命周期曲线的各个阶段以及不同的竞争环境。9个区域的划分，更好地说明了企业中处于不同地位的经营业务的状态。通用矩阵如图10-2所示。

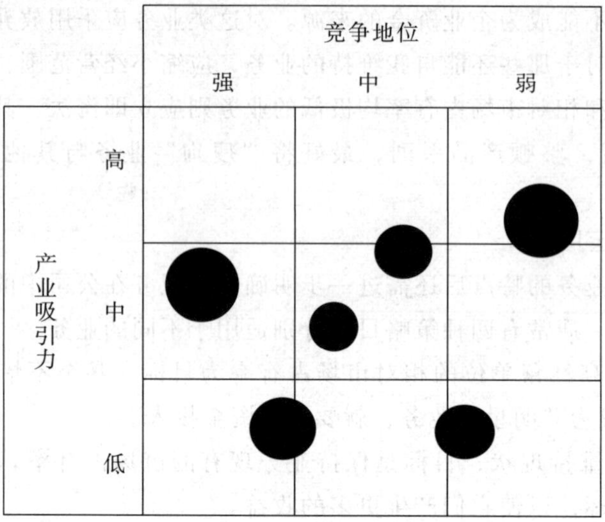

图10-2 通用矩阵

在图10-2中，产业吸引力和竞争地位的值决定着企业某项业务在矩阵中的位置。矩阵中圆圈面积的大小与产业规模成正比。评价产业吸引力的大致步骤是：首先，根据每个因素的相对重要程度，定出各自的权数；其次，根据产业状况定出产业吸引力因素的级数；最后，用权数乘以级数，得出每个因素的加权数，并将各个因素的加权数汇总，即为整个产业吸引力的加权值。从图10-2中9个方格的分布来看，企业中处于左上方3个方格的业务最适于采取增长与发展战略，企业应优先分配资源；处于右下方3个方格的业务，一般采取停止、转移、撤退战略；其他3个方格（处于对角线上）的业务，应采取维持或有选择的发展战略，维持原有的发展规模，同时调整其发展方向。

2.通用矩阵的局限性

通用矩阵虽然改进了波士顿矩阵过于简化的不足，但是也因此带来了自身的不足。第一，用综合指标来测算产业吸引力和企业的竞争地位，这些指标在一个产业或一家企业的表现可能会不一致，评价结果也会由于指标分配得不准确而带来偏差；第二，划分较细，对于多元化业务类型较多的大公司必要性不大，且需要更多数据，方法比较繁杂。

第四节 SWOT分析

SWOT分析是由美国哈佛商学院率先采用的一种经典的分析方法，它根据企业所拥有的资源，分析企业内部的优势与劣势以及企业外部环境的机会与威胁，进而选择适当的战略。

一、基本原理

SWOT分析

SWOT分析是一种综合考虑企业内部环境和外部环境的各种因素，进行系统评价，从而选择最佳经营战略的方法。这里，S是指企业内部的优势（Strengths）；W是指企业内部的劣势（Weaknesses）；O是指企业外部环境的机会（Opportunities）；T是指企业外部环境的威胁（Threats）。

企业内部的优势和劣势是相对于竞争对手而言的，一般表现在企业的资金、技术设备、员工素质、产品、市场、管理技能等方面。判断企业内部的优势和劣势一般有两项标准：一是单项的优势和劣势。例如，企业资金雄厚，则在资金上占优势；市场占有率低，公司战略与风险管理则在市场上处于劣势。二是综合的优势和劣势。为了评估企业的综合优势和劣势，应选定一些重要因素，加以评价打分，然后根据其重要程度按加权平均法加以确定。

企业外部环境的机会是指环境中对企业有利的因素，如政府支持、高新技术的应用、良好的购买者和供应者关系等。企业外部环境的威胁是指环境中对企业不利的因素，如新竞争对手的出现、市场增长缓慢、购买者和供应者讨价还价能力增强、技术老化等。这是影响企业当前竞争地位或影响企业未来竞争地位的主要障碍。图10-3列示了SWOT分析的典型格式。

优势 •企业专家所拥有的专业市场知识 •对自然资源的独有进入性 •新颖的、创新的产品或服务 •企业地理位置优越 •品牌与声誉优势等	**劣势** •缺乏市场经验 •无差别的产品或服务 •企业地理位置较差 •产品或服务质量低下 •声誉败坏等
机会 •并购、合资或战略联盟 •进入新的细分市场 •新的国际市场 •政府政策扶持 •国际贸易壁垒消除等	**威胁** •企业所处的市场中出现新的竞争对手 •价格战 •政府颁布新的规则 •出现新的贸易壁垒 •潜在的税务负担等

图10-3 SWOT分析的典型格式

二、SWOT分析的应用

SWOT分析根据企业的目标列出对企业生产经营活动及发展有着重大影响的内部及外部因素，并且根据所确定的标准对这些因素进行评价，从中判定企业的优势与劣势、机会和威胁。

SWOT分析是要使企业真正考虑到：为了更好地对新出现的产业和竞争环境作出反应，必须对企业的资源采取哪些调整行动；是否存在需要弥补的资源缺口；需要从哪些方面加强企业资源供给；要建立企业未来的资源规划必须采取哪些行动；在分配资源时，哪些机会应该最先考虑。这就是说，SWOT分析中最核心的部分是评价企业的优势和劣势、判断企业所面临的机会和威胁并作出决策，即在企业现有的内外部环境下，如何最优地运用自己的资源，并且考虑建立未来的资源规划（如图10-4所示）。

内部环境 \ 外部环境	机会	威胁
优势	第一类型 增长型战略（SO）	第四类型 多元化战略（ST）
劣势	第二类型 扭转型战略（WO）	第三类型 防御型战略（WT）

图10-4 SWOT分析

从图10-4中可以看出，第一类型的企业具有很好的内部优势以及众多的外部机会，应当采取增长型战略，如开发市场、增加产量等。第二类型的企业面临着巨大的外部机会，却受到内部劣势的限制，应采用扭转型战略，充分利用环境带来的机会，设法清除劣势。第三类型的企业内部存在劣势，外部面临强大威胁，应采用防御型战略，进行业务调整设法避开威胁和消除劣势。第四类型的企业具有一定的内部优势，但外部环境存在威胁，应采取多元化战略，利用自己的优势，在多元化经营上寻找长期发展的机会，或进一步增强自身竞争优势，以对抗来自竞争对手的威胁。

章后知识测试

一、单项选择题（每小题5分，共25分）

本章知识测试

1.（　　）一般表现为长期内迅速扩大投资规模，全部或大部分保留利润，大量筹措外部资本。

A.扩张型财务战略　　B.防御型财务战略

C.稳健型财务战略　　D.收缩型财务战略

2.乙公司是一家生产中档汽车的企业。在下列表述中，乙公司的主要直接竞争对手是（　　）。

A.属于不同战略群组的绿色汽车企业　　B.生产低档汽车的企业

C.属于同一战略群组的汽车企业　　D.生产高档汽车的企业

3.某公司的主营业务为啤酒生产和销售。2024年上半年，公司新开发了一个品牌。截至2025年年初，该品牌啤酒的市场增长率为25%，并且已经占据最大的市场份额。下列关于该业务的说法中，正确的是（　　）。

A.此业务属于“现金牛”业务

B.此业务处于最差的现金流量状态

C.对于此业务该公司的战略是积极扩大经营规模和市场机会，提升竞争地位

D.该公司应该整顿产品系列，将此业务与其他事业部合并，进行统一的管理

4.在元宵节这个传统节日，市场对元宵的需求量会大幅增加，而食品企业也不会放过这个销售黄金时间，纷纷从品种和价格上下功夫，提高销售量。从环境分析角度看，这属

于（　　）。

A.政治和法律因素　　B.经济因素

C.社会文化因素　　D.技术因素

5.为了鼓励降低能源消耗，国家决定给予电动汽车生产企业每辆车5万元的补贴。对于电动汽车生产企业而言，这种补贴行为属于（　　）。

A.经济因素　　B.技术因素

C.政治和法律因素　　D.社会文化因素

二、多项选择题（每小题5分，共25分）

1.下列各项中，属于财务战略的特征的有（　　）。

A.从属性　　B.系统性

C.复杂性　　D.指导性

2.在进行具体的战略控制时，要遵循的原则包括（　　）。

A.优先性原则　　B.自控性原则

C.指导性原则　　D.适时适度原则

3.下列各项中，属于波士顿矩阵局限性的有（　　）。

A. 过于简单

B. 在具体运用中有很多困难

C. 是最早的组合分析方法之一

D. 企业要确定各产品的市场增长率和相对市场占有率是比较困难的

4.通用矩阵又称行业吸引力矩阵，关于通用矩阵的说法，正确的有（　　）。

A. 通用矩阵的纵轴用多个指标反映产业吸引力，横轴用多个指标反映企业竞争地位

B. 产业吸引力和竞争地位的值决定着企业某项业务在矩阵上的位置

C. 处于对角线三个方格的业务，应采取维持或有选择的发展战略，维持原有的发展规模，同时调整其发展方向

D. 通用矩阵经常用于多元化业务类型较多的大公司

5.关于无形资源，下列说法正确的有（　　）。

A. 是一种十分重要的企业核心竞争力的来源

B. 企业的全部无形资源都列示在企业的资产负债表上

C. 是指企业长期积累的没有实物形态的，甚至无法用货币精确度量的资源

D. 商誉是一种关键的无形资源

三、判断题（每小题5分，共50分）

1. 财务战略是对企业资金运筹的总体谋划，它规定着资金运筹的总方向、总方针、总目标等重大财务问题。（　　）

2. 财务战略的制定与实施较企业整体战略下的其他子战略而言，复杂程度更大。（　　）

3. 企业的财务战略具体包含扩张型财务战略、稳健型财务战略及防御收缩型财务战略三种类型。（　　）

4. 社会经济结构属于社会文化因素。（　　）

5. 产品生命周期包括导入期、成长期、成熟期和衰退期四个阶段。（　）

6. 企业的营销能力可分为产品竞争能力、销售活动能力、市场决策能力以及财务能力。（　）

7. 可通过功能分析、资源分析以及过程系统分析来识别企业的核心能力。（　）

8. 通用矩阵将企业所有产品从市场增长率和相对市场占有率角度进行再组合。（　）

9. "瘦狗"业务，处于饱和的市场中，竞争激烈，获利虽高，但也不能成为企业资金的来源。（　）

10. SWOT中的S是指企业内部的劣势。（　）

第十一章

财务危机、破产重组与清算

学习目标

1. 了解财务危机的概念及原因。
2. 理解财务危机的预警方法。
3. 理解企业破产的三个主要程序。
4. 理解破产清算程序、破产财产的分配。

导入案例

广东永奥破产案①

广东永奥是一家位于中国广东省的知名汽车经销商集团，成立于2004年，主要经营多个国际知名汽车品牌的销售和售后服务。作为华南地区重要的汽车经销商之一，永奥曾拥有广泛的销售网络和较高的市场占有率。

知识图谱

（1）市场环境发生变化。中国汽车市场自2018年以来增速明显放缓，尤其是传统燃油车市场受到新能源汽车的冲击，销量持续下滑。永奥主要代理的品牌以燃油车为主，未能及时转型适应新能源汽车市场的快速发展。

（2）高负债经营弊端显现。永奥在扩张过程中采取了高杠杆策略，大量举债用于新建4S店和收购其他经销商，导致资产负债率居高不下。随着市场低迷，销售收入下降，现金流紧张，债务压力进一步加剧。

（3）财务危机爆发。2022年，永奥开始出现资金链断裂的迹象，部分供应商和员工反映未按时收到货款和工资。2023年年初，永奥的多家4S店陆续关闭，消费者投诉售后服务无法保障。

（4）破产申请。2023年中期，永奥正式向法院申请破产清算，债务总额高达数十亿元人民币。法院受理后，成立了清算组，对永奥的资产和债务进行清理。

（5）资产处置。永奥的资产包括多家4S店、库存车辆以及办公设备等，清算组通过拍卖等方式进行处置，以偿还部分债务。由于市场环境不佳，资产拍卖价格普遍低于预期，债权人受偿率较低。

永奥破产引发了汽车经销商行业的广泛关注，暴露了传统汽车销售模式在高负债和市场竞争下的脆弱性。其他经销商开始反思经营策略，加速向新能源汽车和数字化转型。

---

① 资料来源：陈靖斌．广东永奥身陷经营困境传统4S店转型艰难［N］．中国经营报，2024-01-29（C06）．

讨论与思考：

1. 导致广东永奥发生财务危机的原因是什么？

2. 公司财务危机是否可以预警？如何预警？

第一节 财务危机

一、财务危机的概念

关于财务危机（Financial Distress）的概念，虽然学术界的认识存在一定差异，但对其表现存在一些共识，如经营亏损、股利减少、股价下跌、违约、破产等。学术界普遍认为，企业发生财务危机与经营失败密切相关，因此，理解财务危机的含义可以从企业经营失败入手。企业经营失败主要可以分为两种：经济失败和财务失败。经济失败是指企业发生经营亏损或者盈利低于预期水平的情况，如投资报酬率低于资本成本。财务失败是指企业无法偿还到期债务的情况。当企业的现金流量状况恶化，没有足够的流动性，无法偿还到期债务时，即使企业盈利也可能会出现财务危机。因此，财务危机指的是企业的财务失败而不是经济失败。

本章课件

财务危机的概念和原因

在国外文献中，与财务危机相关的概念有很多，如企业失败、财务失败、企业破产、财务困境等。这些概念并不作严格区分，在同一文献中常交替使用。Beaver在1966年将财务危机界定为破产、拖欠优先股股息、银行透支和债券违约。Altman（1968）认为财务危机是指企业失败，包括法律意义上的破产、被接管和财务重整等。Carmichael在1972年将财务危机定义为企业履行义务时受阻，表现为流动性不足、权益不足、资金不足、拖延债务等情况。Ross（2000）从四个方面定义了财务危机的概念：第一，企业失败，即企业清算后仍无力支付债权人的债务；第二，法定破产，即由于债务人无法履行到期债务合约，并呈持续状态，企业或债权人向法院申请企业破产；第三，技术破产，即企业无法按期履行债务合约还本付息；第四，会计破产，即企业的账面净资产出现负数，资不抵债。

在我国，学者主要是以企业是否具有持续经营能力作为界定财务危机的基础，认为财务危机是指企业经营管理不善、不能适应外部环境的变化而导致企业生产经营活动陷入一种危及企业生存和发展的严重困境，反映在财务报表上则是已呈现长时间的亏损状态且无扭转趋势，出现资不抵债甚至面临破产倒闭的危险。

综上所述，财务危机可称为财务困境或财务失败，是指企业由于现金流量不足，无力偿还到期债务，而被迫采取非常措施的一种状态。企业发生财务危机的主要标志就是现金流量短缺并呈持续状态，无力履行偿还到期债务的义务，不得不采取在现金流量正常的情况下不可能采取的非常措施，如出售重要的经营性资产、高息借贷、停发现金股利、债务重组、申请破产等。发生财务危机的企业大多也同时会发生经济失败，但是，经济失败是从企业的盈利能力来描述企业的经营状态的，而财务危机是从企业的偿债能力来描述企业的经营状态的。企业的财务危机实际上是一种渐进式的累积过程，只是程度上的轻重不同而已，企业的违约、无偿债能力、亏损等都可视为财务危机的前期表现，破产倒闭是其最终的结果。

二、财务危机的原因

企业发生财务危机的原因有很多，既有企业无法控制的政治、经济等外部因素，又有企业缺乏管理经验和管理无能等内部因素。邓白氏在1980年的调查中发现，缺乏管理经验和管理无能的内部原因导致企业倒闭的比例高达94%；荆新、王化成等国内学者在1992—1993年期间的相关调查中采用了不同的分类方法，其研究表明，导致企业发生财务危机的经济因素和财务因素合计比例达83%。从倒闭企业的年龄看，新设企业比老企业倒闭的概率更高，原因可能是新企业比老企业规模小，抗风险能力弱，且新企业更缺乏管理经验。虽然外部环境可能是企业倒闭的原因之一，例如，在2008年全球经济下滑的背景下，我国外贸企业盈利状况大幅恶化，有许多企业陷入财务危机之中，但是，管理水平高、具有创新能力、对市场反应迅速、财务状况稳健的企业依然可以生存下来，甚至可以提高市场占有率。

可见，企业要减少甚至避免财务危机的发生，就有必要研究其形成原因及过程。在相关学者研究的基础上，约翰·阿根蒂通过案例分析，总结了财务危机的八大成因。

1.企业管理层结构存在缺陷

这种缺陷会导致企业重大决策出现失误，给企业造成严重损失。管理层的结构缺陷主要表现为：一人权力独大，首席执行官独断专行，其他董事不作为；高管团队知识结构失衡；财务职能弱化，缺乏管理深度。

2.会计信息系统存在缺陷

会计信息系统是决策的支持系统，健全、可靠的信息有助于管理层及时发现问题，为正确决策提供依据。虚假、不完整的信息往往掩盖问题的存在，不断积累，会加剧财务危机的爆发。其具体表现为：预算控制系统缺失或不健全；缺乏对现金流量的预测；没有成本核算系统；对资产的估计不当等。

3.企业应变能力不强，应对措施不得当

由于企业竞争、政治、经济等外部因素经常处于不断变化之中，企业能否对这些不可控的外部因素变化及时作出反应，采取恰当的应对措施，将决定企业的生存和发展。实践证明，企业在环境变化时反应迟钝，不能采取有效的应对策略，必将走向失败。

4.制约企业对环境变化作出反应的因素

来自政府或社会的一些限制因素，可能会制约企业对环境变化的反应，降低企业的自由度，导致企业付出较高的成本。例如，政府要求企业承担过多的社会责任，可能占用企业大量的资源，使企业经营效率低下。

5.过度经营

企业过度经营有许多表现形式，如过度筹资降低了资金利用效率；以牺牲利润率的方式追求销售额的增长等。

6.盲目开发大项目

管理层过于乐观，盲目开发大项目，高估项目的收入或低估项目的成本，导致企业现金流量紧张。企业经常开发的大项目主要包括并购、多元化经营、开发新产品、项目扩张等。如果管理层对大项目的判断失误，就可能导致项目失败，给企业造成重大损失。

7.高财务杠杆

在经济环境不景气、企业经营业绩下降的情况下，较高的资产负债率会加大财务风险，导致企业发生亏损和现金流量紧张。

8.常见的经营风险

任何企业都会面对一些常见的经营风险，这些经营风险一般不会导致企业经营失败，但是对于实力弱小、管理水平较低的企业来说，常见的经营风险也可能使企业陷入财务危机之中。

财务危机是一个渐进和积累的过程。一般来说，企业的财务危机发展过程可以分为以下四个阶段。

第一阶段，财务危机潜伏期。在这个阶段，企业往往盲目乐观，急于扩张，在资源配置上存在重大失误，市场营销缺乏效率，忽视风险控制，在面对环境变化时，缺乏有效的应对措施。

第二阶段，财务危机发作期。这个阶段的主要表现是，企业的资产负债率过高，利息负担过重，由于第一阶段的扩张导致企业现金流量短缺，企业偿债压力较大，开始出现债务拖延偿付现象。

第三阶段，财务危机恶化期。这个阶段的主要表现是，企业资金周转出现困难，经营活动也出现困难，无力偿还到期债务。

第四阶段，财务危机实现期。在这个阶段，企业已经丧失偿债能力，甚至出现净资产为负的情况，最终可能申请破产。

以上四个阶段是企业财务危机大致的发展过程，四个阶段的界限并不是截然清晰的。财务危机是一个长期的发展过程。企业应当在财务危机的第一阶段尽早采取防范措施，以免企业最终丧失偿债能力，走向破产。

【课堂拓展】

自己淋雨还想着为别人撑伞①

2021年7月，中共中央办公厅、国务院办公厅印发针对义务教育阶段学生的减负减压政策。双减政策对教培行业形成巨大的压力，新东方的股价蒸发了90%，新东方面临转型。2021年11月，新东方退租全国1 500个教学点，将8万套桌椅捐赠给偏远乡村学校。对于新东方的举动，有网友留言：自己淋雨还想着为别人撑伞。不仅捐赠桌椅，双减政策落地后，新东方结清员工工资，对已缴费的学生家长，按承诺无条件退款。

2022年，新东方调整业务方向，拓展素质教育与职业教育、直播电商与农产品销售、国际教育等方面业务。2023年，新东方转亏为盈。新东方不仅成功实现了业务转型，还通过公益捐赠和社会责任践行赢得了广泛赞誉。

请分析：

1.分析新东方陷入危机的原因。

① 资料来源：何翠云.新东方转型为何引关注［N］.中华工商时报.2021-11-10（003）.

2.评价新东方在转型时捐赠桌椅给乡村学校的行为。

三、财务危机的征兆

如果企业存在陷入财务危机的原因，首先应该表现为财务危机的征兆，而财务危机的征兆往往表现在财务指标、财务报表以及经营状况等方面。

财务危机的征兆和预警

（一）财务指标的征兆

企业在日常经营过程中，通过观察现金流量、存货、销售量、利润、平均收现期、偿债能力等指标的变化，可以察觉到财务危机的苗头。

1.现金流量不断减少

如果企业的经营活动现金流量不断减少，收不抵支，并且该趋势在短期内并无好转的迹象，就需要引起管理层的注意，及时采取措施，避免状况继续恶化。

2.存货出现异常变动

保持一定数量的存货对于均衡生产、促进销售具有重要的意义。除季节性生产企业外，对于正常经营的企业来说，存货量应当比较稳定。如果在某一时期企业出现存货大幅增加或减少的异常变动，就应当引起注意，这可能是企业财务出现问题的早期信号。

3.销售量的非预期下降

销售量的下降会引起企业管理层的高度关注，但是大多数人往往将销售量的下降看作营销问题，会采取调整产品价格、品种，或加强促销等手段来解决，而不考虑财务问题。事实上，销售量的非预期下降会带来严重的财务问题。比如，当一家销售量正在下降的企业仍扩大向其客户提供赊销时，管理人员就应该预见到其现金流量将面临困境。

4.利润严重下滑

利润指标是一个综合性的指标，是企业一切经营活动的最终成果。如果企业销售额上不去，成本却不断攀升，就会导致盈利空间逐步缩小，甚至出现亏损。几乎所有发生财务危机的企业都要历经3～5年的亏损，随着亏损额的增加，历年的积累被蚕食，而长期亏损的企业又很难从外部获得资金支持，这就出现了财务危机的明显征兆，长期下去企业必然陷入财务困境。

5.平均收现期延长

收现期是反映企业应收账款周转速度的一个重要指标。平均收现期延长，会增加企业在应收账款方面的投资，占用大量的资金。当企业的现金余额由于客户延迟付款而逐渐减少时，较长的平均收现期就会成为企业严重的财务问题。因此，管理层应重视企业的收现期，以免问题变得更加严重。

6.偿债能力指标恶化

反映企业偿债能力的财务指标主要有资产负债率、利息保障倍数、流动比率、速动比率等。这些财务指标连续多个会计期间不断恶化，就是财务危机的明显征兆。

（二）财务报表的征兆

一般来说，财务报表能综合反映企业在特定时点的财务状况和一定时期内的经营成果和现金流量状况。因此，观察财务报表的相关数据和平衡关系，可以判断企业是否存在危机隐患。

1. 从利润表来看

根据企业经营收益、经常收益和当期收益的亏损和盈利情况，可以将企业的财务状况分为A～F六种类型。不同类型对应的安全状态见表11-1。

表11-1 **不同类型财务状况的安全状态**

项目＼类型	A	B	C	D	E	F
经营收益	亏损	亏损	盈利	盈利	盈利	盈利
经常收益	亏损	亏损	亏损	亏损	盈利	盈利
当期收益	亏损	盈利	亏损	盈利	亏损	盈利
状态说明	接近破产状态		若此状态继续，将会导致破产		根据亏损情况而定	正常状态

说明：

经营收益 = 主营业务利润 + 其他业务利润 − 销售费用 − 管理费用 + 投资收益

经常收益 = 经营收益 − 财务费用

当期收益 = 经常收益 + 补贴收入 + 营业外收入 − 营业外支出

2. 从资产负债表来看

根据资产负债表平衡关系和分类排列顺序，可以将企业的财务状况分为X、Y、Z三种类型。X型表示正常的财务状况；Y型表示企业已经亏损了一部分资本，处于轻度的财务危机状态；Z型表示企业已经亏损了全部资本和部分负债，企业净资产为负数，处于严重的财务危机状态，临近破产。三种类型的财务状况分别如图11-1所示。

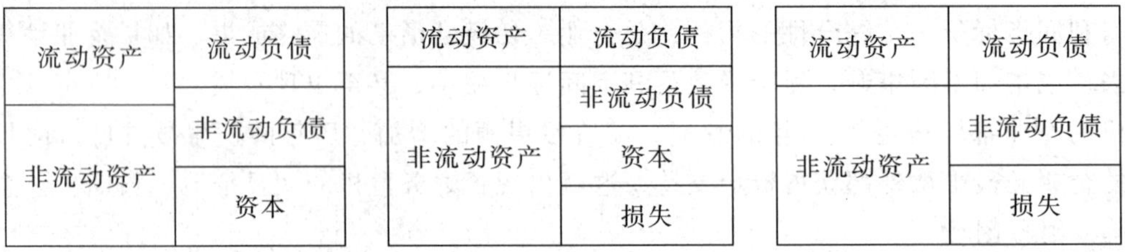

X型财务状况　　Y型财务状况　　Z型财务状况

图11-1　不同类型的财务状况

（三）经营状况的征兆

1. 盲目扩大企业规模

企业规模的扩大通常有两种形式：一是内部扩充；二是外部扩张。内部扩充会增加固定资产投资，耗用企业大量现金。如果某一时期公司的固定资产大幅增加，但其生产能力和营销能力未能很好地配合，则容易导致资金沉淀、流动资金紧张甚至严重不足。公司并购是外部扩张的一条捷径，作为一种高风险、高收益的行为，不少企业只看到其好处，而忽视了可能的风险。如果企业同时在许多地方大举收购其他企业，同时涉足许多不同的经营领域，则可能使企业负担过重，出现资金紧张问题，给财务危机留下隐患。

2. 企业信誉不断降低

信誉是企业融资的风向标，信誉好的企业能顺利地从银行取得贷款，也能从客户那里享受到更多的信用。一旦信誉受损，企业的融资就会受阻，关联企业间的经济往来、信用结算将无法开展。企业信誉度降低是财务危机的重要征兆。

3.关联企业趋于倒闭

由于赊销业务的大量存在，企业之间形成了紧密的债权债务关系。一家企业出现财务危机可能影响到关联企业的财务状况，一旦发现关联企业经营情况和财务状况发生异常变化，有出现财务危机的征兆，就要及时采取应对措施，以防止本企业陷入财务困境。

4.产品市场竞争力不断减弱

产品市场竞争力的高低，主要体现在企业产品所占的市场份额和盈利能力上。如果企业产品市场占有率很高，且盈利空间很大，说明企业市场竞争力很强；反之，如果企业的产品出现积压，市场占有率明显下降，或产品市场份额未变，但盈利空间明显缩小，就说明企业市场竞争力在减弱，从而埋下发生财务危机的伏笔。

（四）其他方面的征兆

企业人员大幅变动往往也是财务危机的征兆之一。例如，在一段时间内，管理层重要成员、董事会成员、财务会计人员及其他高级管理人员突然离职或连续变更。尤其是引起轩然大波的高级管理人员集体辞职，通常是公司存在危机隐患的明显标志。

企业信用等级降低、资本注销、企业主要领导人的反常行为、注册会计师出具非无保留意见的审计报告等，也是企业财务危机发生的征兆。

四、财务危机预警

财务危机预警也称财务预警，是指根据企业经营状况和财务指标等因素的变化，对企业经营活动中存在的财务风险进行监测、诊断和报警的方法。财务预警作为一种诊断工具，对企业的财务风险进行预测和诊断，避免潜在的财务风险演变成财务危机，起到防患于未然的作用。

为了监测和预报财务危机，国内外学者运用不同的预测变量，采用各种数学工具和方法，建立了大量的财务预警模型。下面介绍几种主要的财务预警方法和模型。

1.定性分析法

定性分析法是通过对企业的经济环境、经营状况和财务状况的判断与分析，预测企业发生财务危机可能性的方法。定性分析法主要从经济环境、经营状况和财务状况三个方面进行财务预警分析，具体内容见表11-2。

表11-2 **企业财务危机定性分析法**

经济环境	经营状况	财务状况
经济增长率下降或经济衰退 失业率上升 通货膨胀 金融市场动荡 产业政策的不利变化 市场竞争加剧 技术变化 政府管制 税制变化、税负加重	盲目扩张，过度经营 市场营销失败，销售下滑 预算控制系统缺乏 管理水平低下 人才流失 对环境变化反应迟钝 销售合同违约 研发费用被缩减	财务杠杆过大，负债金额过大 经营亏损 现金流量恶化 应收账款收现期延长 存货周转率下降 债务违约 成本核算系统不健全 财务报表被粉饰

2.单变量模型

单变量模型是指运用单一变量、个别财务比率来进行财务预警。单变量模型属于定量分析法。建立单变量预警模型的主要是威廉姆·比弗。他对79家失败企业和相同数量、同等资产规模的成功企业进行比较研究后发现，按预测能力大小，预测财务危机的比率排序为：债务保障率、资产收益率、资产负债率。他发现，债务保障率指标预测的准确率最高，并且离失败日越近，预见性越强。

在比弗采用单变量模型进行财务危机预测研究之后，很少有人再沿用单变量方法进行分析预测，原因在于单变量模型有以下缺点：

（1）从单变量模型的财务意义上看，对企业的财务状况不可能通过单一财务比率就可以完全掌握。某一财务比率单独考虑时预测效果不显著，但与其他财务比率一同考虑时却可以增强解释力。

（2）从单变量模型的统计方法上看，它只考虑到变量的集中趋势（平均值），而没有考虑到变量的离散程度（如标准差等）。这种对变量变异程度考察的缺乏，使得对单变量的研究未能对所产生的结果做进一步解释，而且单变量模型没有考察所有变量之间的相关程度。

（3）单变量模型会受到行业区别、通货膨胀、地区区别的影响。单变量分析只是笼统地说明了企业正处于困境或未来可能处于困境，但不能具体证明企业可能破产或何时破产。

3.多变量模型

多变量模型——Z-score模型，是指运用多种财务指标加权汇总产生的总判别分值（Z值）来预测财务危机的模型。该模型由爱德华·奥特曼在20世纪60年代提出，模型如下：

$$Z = 0.012X_1 + 0.014X_2 + 0.033X_3 + 0.006X_4 + 0.999X_5$$

模型中，X_1为营运资本与资产总额的比值；X_2为留存收益与资产总额的比值；X_3为息税前利润与资产总额的比值；X_4为权益的市价与负债账面价值的比值；X_5为销售收入与资产总额的比值。

根据这一模型，Z值越低，企业就越有可能破产。奥特曼提出了判断破产企业和非破产企业的临界值为2.675。也就是说，当Z = 2.675时，破产和不破产的概率各为50%。若Z值为2.99，说明企业在短期内不会破产；若Z值为1.81，说明企业破产的可能性非常大；若Z值介于1.81～2.99，属于“未知区域”或“灰色区域”，说明企业的财务状况不稳定，较难估计企业破产的可能性。

多变量模型在财务预警领域得到了广泛的应用，但由于其严格的前提条件（数据服从多元正态分布和协方差矩阵相等）以及模型未充分考虑现金流量变动情况，该方法在实际应用中存在一定的局限性。

【例11-1】2025年年末，M公司的财务数据见表11-3。

要求：用Z-score模型计算分析M公司的财务状况。

表11-3 M公司的财务数据 单位：万元

项　目	金　额
资产总额	10 000
负债总额	6 000
营运资本	2 500
营业收入	15 000
息税前利润	2 000
留存收益	500
股票市价	12 000

解：

$$X_1 = 2\,500 \div 10\,000 = 0.25$$
$$X_2 = 500 \div 10\,000 = 0.05$$
$$X_3 = 2\,000 \div 10\,000 = 0.20$$
$$X_4 = 12\,000 \div 6\,000 = 2.00$$
$$X_5 = 15\,000 \div 10\,000 = 1.50$$
$$Z = 0.012 \times 0.25 + 0.014 \times 0.05 + 0.033 \times 0.20 + 0.006 \times 2.00 + 0.999 \times 1.50 = 1.52$$

$Z \leqslant 1.81$，说明企业破产的概率较高。

第二节 破产重组

公司重组（Enterprise Reorganization）是指公司为了实现其战略目标，对公司的资源进行重新组合和优化配置的活动。公司重组有广义与狭义之分，广义的公司重组包括扩张重组、收缩重组和破产重组三种类型。狭义的公司重组仅仅为收缩重组。本节主要介绍破产重组，通过破产重组可能使临近破产的企业摆脱破产危机，重获新生，走上继续发展之路。

一、企业破产的基本概念

1.企业破产

企业破产（Enterprise Bankruptcy）是市场经济条件下的一种客观经济现象，它是指企业在市场竞争中，由于各种原因不能清偿到期债务，通过重整、和解或者清算等法律程序，使得债权债务关系依据重整计划或者和解协议得以调整，或者通过变卖债务人财产，使得债权人公平受偿。

企业破产与重组

破产是一种概括的执行程序，目的是剥夺不能清偿债务的债务人对其全部财产的管理处分权，在法院主持下使全体债权人公平受偿。它有以下特征：

（1）破产以法定事实的存在为前提。

（2）破产是清偿债务的法律手段。

（3）破产必须由法院受理，并由法院指定管理人。

2.破产界限

破产界限是指法院据以宣告债务人破产的法律标准，在国际上称为法律破产原因。《中华人民共和国企业破产法》（以下简称《企业破产法》）对破产界限做了如下规定：

（1）企业法人不能清偿到期债务，并且资产不足以清偿全部债务或者明显缺乏清偿能力的。

（2）企业法人有上述规定情形，或者有明显丧失清偿能力可能的。

由此可见，“不能清偿到期债务”是《企业破产法》对企业破产规定的破产界限。它是指债务人对请求偿还的到期债务，因丧失清偿能力而无法偿还的客观经济状况。一般认为，如果债务人停止支付到期债务并呈连续状态，如无相反证据，可推定为不能清偿到期债务。

有的国家其破产法将资不抵债作为确定企业破产界限的一个标准。资不抵债也称债务超过，是指债务人的债务数额超过其实有的资产数额。在我国，资不抵债不能确定为企业破产。因为资不抵债还不能断定企业就已丧失清偿能力，不能清偿到期债务。只要企业的经营情况尚好，便不至于出现不能清偿到期债务的现象。在实践中，当债务人不能清偿到期债务时，往往早已资不抵债。

二、破产程序

现代破产制度主要包括三个基本程序，即重整程序、和解程序与破产清算程序。重整程序与和解程序可以统称为破产重组。

重整程序是指对陷入财务危机但仍有转机和重建价值的企业根据一定程序进行重新整顿，使企业得以维持和复兴，并按约定的方式清偿债务的法律程序。启动重整程序后，不对无偿付能力的债务人进行财产清算，而是在法院的主持下由债务人与债权人达成协议，制订重整计划，规定在一定的期限内，债务人按一定的方式全部或部分清偿债务，同时债务人可以继续经营其业务。重整程序是一种再建型的债务清偿制度，其立法目的在于促进债务人复兴，这是破产法律制度的国际惯例，它使破产法不仅仅是一个市场退出法和死亡法，还是一个企业恢复生机法和拯救法。在提出破产申请后，陷入困境的企业依然有可能通过有效的重整避免破产清算。在重整期间，债务人可以在管理人的监督下自行管理财产并继续进行经营活动。

和解程序是指在债务人无法清偿到期债务的情况下，由债务人提出债务和解协议并向法院提出和解申请，经债权人会议通过和法院认可后，按照和解协议规定的条件清偿债务的法律程序。根据《企业破产法》的规定，债务人可以直接向法院申请和解，也可以在法院受理破产申请后、宣告债务人破产前，向法院申请和解。债务人申请和解，应当提出和解协议草案。债权人会议通过和解协议的决议，应由出席会议的有表决权的债权人过半数同意，并且其所代表的债权额占无财产担保债权总额的2/3以上。债权人会议通过和解协议后，由法院裁定认可，终止和解程序，并予以公告。债务人应当按照和解协议规定的条件清偿债务。债务人不能执行或者不执行和解协议的，法院经债权人请求，应当裁定终止和解协议的执行，并宣告债务人破产。如果和解协议草案经债权人会议表决未获得通过，或者已经债权人会议通过的和解协议未获得法院认可，法院应当裁定终止和解程序，并宣告债务人破产。

破产清算程序是指在债务人无法清偿到期债务的情况下，由债务人或债权人向法院申请对债务人进行财产清算，并公平偿还债权人债务的法律程序。法院裁定受理破产申请后，应当指定管理人。管理人制度是国外破产法中普遍规定的一项重要制度。管理人在破产程序中承担重要的职责，负责债务人财产的管理和处分，决定债务人的内部管理事务，代表债务人参加诉讼或者其他法律程序。除重整程序中债务人自行管理财产和营业事务的情形外，管理人实际上成了破产企业的意志机关，决定债务人的一切事务。管理人应当按照债权人会议通过的或者法院裁定的破产财产变价方案，适时变价出售破产财产，并按法律规定的顺序清偿债务。管理人在最后分配完结后，应当及时向法院提交破产财产分配报告，并提请法院裁定终结破产程序。企业破产的基本程序如图11-2所示。

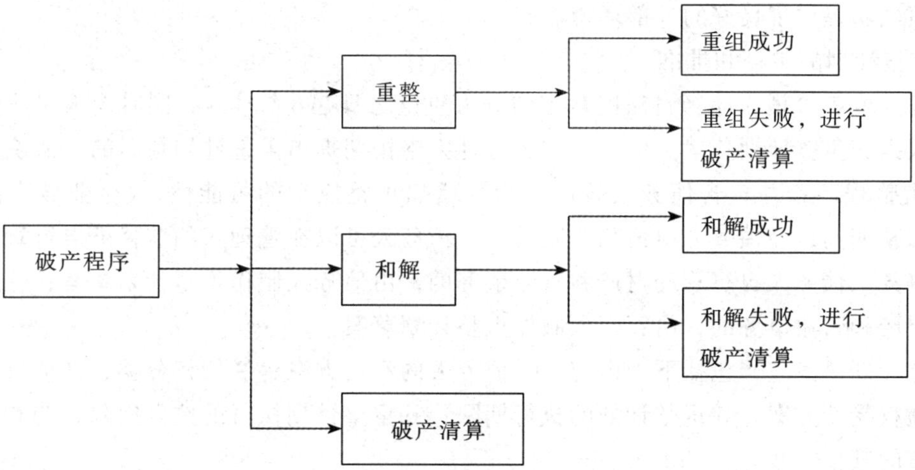

图11-2　破产程序图

从图11-2中可以看出，当企业陷入财务危机，达到破产界限时，可以有三种解决方式，即重整、和解或者破产清算。前两种方式属于破产重组。破产重组是对已经达到破产界限的企业进行挽救的措施。通过破产重组，当债务人不能清偿到期债务时，不必立即进行破产清算，而是在法院的主持下，由债务人和债权人达成协议，制订债务人重整计划或债务和解计划，债务人可以继续营业，并在一定期限内按计划全部或部分清偿债务。因此，破产重组既可以解决债务人的债务问题，又可以使债务人获得自我拯救、重新开始的机会，继续从事经营活动。后面的内容主要介绍企业破产重组的两种方式。

三、破产重整

重整是一个完整的法律程序。根据《企业破产法》的规定，企业重整应当按如下程序进行。

1.重整申请

依据《企业破产法》的规定，债务人不能清偿到期债务，并且资产不足以清偿全部债务或者明显缺乏清偿能力的，或者有明显丧失清偿能力可能的，债务人或者债权人可以依法直接向人民法院申请对债务人进行重整；债权人申请对债务人进行破产清算的，在人民法院受理破产申请后、宣告债务人破产前，债务人或者出资额占债务人注册资本10%以上的出资人，也可以向人民法院申请重整。法院经审查认为重整申请符合法律规定的，应当裁定债务人重整，并予以公告。

重整申请受理至重整计划草案得到债权人会议分组表决通过和人民法院审查批准的期间为重整期间。《企业破产法》设立这个期间的目的在于使管理人或者债务人能够在这个法定的保护期内提出重整计划草案，供债权人会议分组表决通过、法院认可。重整期间为债务人提供了充分的保护。依据《企业破产法》的规定，在重整期间，不仅债权人不能向债务人主张个别清偿，即使是对债务人的特定财产享有的担保权也暂停行使；债务人合法占有的他人财产，该财产的权利人要求取回的，应当符合事先约定的条件；债务人的出资人不得请求投资收益分配；债务人的董事、监事、高级管理人员未经法院同意不得向第三人转让其持有的债务人的股权。上述规定为管理人或者债务人顺利提出重整计划，促使债务人重整成功提供了良好的外部环境。

2.重整计划的制订和批准

债务人或者管理人应当自法院裁定债务人重整之日起6个月内，同时向人民法院和债权人会议提交重整计划草案。债务人或者管理人未按期提出重整计划草案的，法院应当裁定终止重整程序，并宣告债务人破产。为了增加重整成功的可能性，《企业破产法》规定，在重整期间，经债务人申请和法院批准，债务人可以在管理人的监督下自行管理财产和营业事务。债务人自行管理财产和营业事务的，由债务人制作重整计划草案；管理人负责管理财产和营业事务的，由管理人制作重整计划草案。

重整计划草案应当包括下列内容：①债务人的经营方案；②债权分类；③债权调整方案；④债权受偿方案；⑤重整计划的执行期限；⑥重整计划执行的监督期限；⑦有利于债务人重整的其他方案。

3.重整计划的执行

重整计划经人民法院批准后由债务人执行，已接管财产和营业事务的管理人应当向债务人移交财产和营业事务。但是，在重整计划规定的监督期内，管理人应监督重整计划的执行，债务人应当向管理人报告重整计划执行情况和债务人的财务状况。监督期届满时，管理人应当向法院提交监督报告。

4.重整程序的终止

重整程序的终止分为正常终止和失败终止两种情况。正常终止是指重整计划经过债权人会议通过并经法院批准后，债务人成功执行了重整计划，债务问题得以解决，重整程序正常终止。失败终止是指在重整期间，发生下列情形之一的，经管理人或者利害关系人请求，人民法院应终止重整程序，并宣告债务人破产：①债务人的经营状况和财产状况继续恶化，缺乏挽救的可能性；②债务人有欺诈、恶意减少债务人财产或者其他显著不利于债权人的行为；③由于债务人的行为致使管理人无法执行职务；④债务人或者管理人未按期提出重整计划草案；⑤重整计划草案未获得债权人会议通过且未获得人民法院的批准，或者债权人会议通过的重整计划未获得法院的批准。

四、债务和解

债务和解（Debt Concession）也称债务重组，是指在债务人发生财务危机的情况下，债权人按照其与债务人达成的协议或法院的裁定作出让步，使债务人减轻债务负担，渡过难关，从而解决债务人债务问题的行为。通过债务重组，债务人可以推迟债务的偿还时间，减轻债务负担，调节资本结构，从而走出困境。

1.债务和解的方式

（1）以资产清偿债务。这种债务和解方式是指债权人和债务人达成协议或者经法院的裁定，由债务人用现金或非现金资产来清偿全部或部分债务。但是，债权人通常都要作出一定程度的让步，如减免部分债务本金或利息等。这样可以缓解债务人的财务压力，有助于债务人摆脱困境，并且债务人可以由此得到债务重组收益。

（2）债权转为股权。这种债务和解方式是指经债权人和债务人的协商，债权人将全部或部分债权转作对债务人的股权；对于债务人而言，则是将其负债转为股东权益，不再需要偿还。这样，实际上改变了负债企业的资本结构，也减轻了债务人的债务负担。

（3）修改债务条款。这种债务和解方式是指经债权人和债务人的协商，对债务合同的某些条款进行修改，如延长偿还期限、降低利率、减免应付未付利息、减少本金等。这种债务重组方式主要是为了减轻债务人的债务负担，使其尽快摆脱困境。

以上三种债务和解方式可以组合应用，如部分债务以资产来清偿，部分债权转为股权，或者部分债务修改债务条款等。

2.债务和解的条件

债务和解是解决企业债务问题的一种重要方式，但是并非所有的债务问题都可以通过债务和解方式来解决，进行企业债务和解是有条件的。一般而言，债务和解必须具备以下条件：

（1）债务人长期不能偿付债务。债务人因经营失败而导致企业缺乏偿债能力，长期不能偿付债务，并已明确表示不能偿付债务，其债务总额已经大于资产的公允价值。在这种情况下，只能通过破产或债务重组方式来解决债务问题。

（2）债权人和债务人都同意通过债务和解方式解决债务问题。债务和解必须是在债权人和债务人双方一致同意的情况下，经过双方协商来解决问题的，其宗旨是使债务人尽快摆脱财务困境，改善债务人的财务状况。只要有一方不同意进行债务和解，债务人就只能进入破产清算程序进行债务清偿。

（3）债务人必须有恢复正常经营的能力，并具有良好的道德信誉。债务人的债务问题必须是由经营失败导致的，不存在故意损害债权人合法利益的资产处置情况。同时，经过债务重组，债务人有能力恢复正常的生产经营活动，能够尽快地改善企业的财务状况，并恢复偿债能力。

（4）社会经济环境有利于债务人经整顿后走出困境。进行债务和解的企业所处行业必须符合国家的产业政策，并有良好的发展前景。这样经过债务重组之后，企业可以尽快走出困境，摆脱财务危机。

3.债务和解的程序

（1）提出申请。企业进行债务和解应由债务人向法院提出申请。债权人已经向法院申请债务人破产的，债务人也可以向法院提出债务和解申请。债务人自己申请破产的，如果债权人有债务和解的明确表示，债务人也可以在法院宣告破产前，向法院申请债务和解。债务人在申请债务和解时，应当提出债务和解协议，明确申明进行债务重组的理由，包括企业的经营状况、债务总额、不能偿还债务的理由以及进行债务重组的必要性和可行性。

（2）签订债务和解协议。债务人提出的债务和解协议草案须经债权人会议表决通过。债权人会议通过和解协议的决议，应由出席会议的有表决权的债权人过半数同意，并且其所代表的债权额占无财产担保债权总额的2/3以上。债权人会议通过和解协议后，应由法院裁定认可，并终止和解程序。经人民法院裁定认可的和解协议，对债务人和全体和解债权人均有约束力。债务人应当按照和解协议规定的条件清偿债务。债务和解协议是企业债务重组的核心内容，它要体现公平合理和可行的原则。

（3）债务和解程序的终止。债务人按照和解协议履行了债务清偿义务，按照和解协议减免了债务，自和解协议执行完毕时起，债务人不再承担清偿责任，债务和解程序顺利终止。债务和解也可能在以下两种情况下终止：一是和解协议草案经债权人会议表决未获得通过，或者已经债权人会议通过的和解协议未获得法院认可的，法院应当裁定终止和解程序，并宣告债务人破产；二是债务人不能执行或者不执行和解协议的，法院经和解债权人请求，应当裁定终止和解协议的执行，并宣告债务人破产。

第三节 企业清算

一、清算的概念

企业清算（Liquidation）是企业在终止过程中，为终结现存的各种经济关系，对企业的财产进行清查、估值和变现，清理债权和债务，分配剩余财产的行为。任何企业无论出于何种原因终止，都应当进行清算。清算是企业终止阶段的主要工作。企业的经济法律关系只有通过清算才能予以了结。

企业清算

企业出现以下情形之一的，应当进行清算：①营业期限届满或企业章程规定的解散事由出现；②股东大会决议解散；③因企业合并或分立需要解散；④依法被吊销营业执照、责令关闭或者被撤销；⑤依法宣告破产。

二、破产清算的程序

根据《企业破产法》的规定，企业破产清算的基本程序如下：

1.提出破产申请

《企业破产法》规定，破产申请可由债务人向法院提出，即自愿破产，也可由债权人向法院提出，即非自愿破产。债务人或债权人向法院提出破产申请的，应当提交破产申请书和有关证据。破产申请书应当载明下列事项：①申请人、被申请人的基本情况；②申请目的；③申请的事实和理由；④法院认为应当载明的其他事项。

2.法院受理破产申请

法院接到破产申请后应进行受理与否的审查。一般来说，法院应当自收到破产申请之日起15日内裁定是否受理。债权人提出破产申请的，法院应当自收到申请之日起5日内通知债务人。债务人对申请有异议的，应当自收到法院的通知之日起7日内向法院提出。法院应当自异议期满之日起10日内裁定是否受理。

3.指定破产管理人

法院裁定受理破产申请后，应当指定管理人。管理人可以由有关部门、机构的人员组成的清算组或者依法设立的律师事务所、会计师事务所、破产清算事务所等社会中介机构担任。管理人应当勤勉尽责，忠实执行职务。管理人的报酬一般由法院确定。

4.债权人申报债权

法院受理破产申请后，应当确定债权人申报债权的期限。债权申报期限自法院发布受理破产申请公告之日起计算，最短不得少于30日，最长不得超过3个月。债权人应当在法院确定的债权申报期限内向管理人申报债权。管理人收到债权申报材料后，应当登记造册，对申报的债权进行审查，并编制债权表。

5.召开债权人会议，选举债权人委员会

债权人会议是由依法申报债权的所有债权人组成的，决定债务人在破产期间的重大事项。第一次债权人会议由法院召集，自债权申报期限届满之日起15日内召开。债权人会议的决议，由出席会议的有表决权的债权人过半数通过，并且其所代表的债权额占无财产担保债权总额的1/2以上。

债权人会议可以决定设立债权人委员会。债权人委员会由债权人会议选任的债权人代表和一名债务人的职工代表或者工会代表组成。债权人委员会行使下列职权：①监督债务人财产的管理和处分；②监督破产财产分配；③提议召开债权人会议；④债权人会议委托的其他职权。

6.法院宣告债务人破产

法院对债务人的破产申请进行审理，对符合破产条件的企业下发破产宣告裁定书，正式宣告债务人破产。法院宣告债务人破产后，应当自裁定作出之日起5日内送达债务人和管理人，自裁定作出之日起10日内通知已知债权人，并予以公告。债务人被宣告破产后，债务人称为破产人，债务人财产称为破产财产，法院受理破产申请时对债务人享有的债权称为破产债权。

7.管理处分破产财产

管理人负责管理处分破产企业的财产。管理人在法院宣告债务人破产后，应当接管破产企业，开展清产核资、资产评估等工作，对破产财产和破产债权进行认定，清理、回收、管理、处分破产财产，代表破产企业参加诉讼和仲裁活动。在必要的情况下，管理人可以组织破产企业继续进行生产经营活动。管理人应当及时拟订破产财产变价方案，提交债权人会议表决。破产财产变价方案经债权人会议表决通过或者法院裁定后，管理人应当适时变价出售破产财产。

8.分配破产财产

破产财产变价处置后，管理人应当及时拟订破产财产分配方案，并提交债权人会议表决。债权人会议通过破产财产分配方案后，由管理人将该方案提请法院裁定认可后，由管理人执行。

9.终结破产程序

管理人完成最后的破产财产分配后，应当及时向法院提交破产财产分配报告，提请法院裁定终结破产程序。法院应当自收到管理人终结破产程序的请求之日起15日内作出是否终结破产程序的裁定。裁定终结的，应当予以公告。管理人应当自破产程序终结之日起10日内，持人民法院终结破产程序的裁定，向破产人的原登记机关办理注销登记。

三、破产财产的界定

破产财产，是指依法在破产宣告后，可依破产程序进行清算和分配的破产企业的全部财产。破产财产的构成条件是：第一，必须是破产企业法人可以独立支配的财产；第二，必须是在破产程序终结前属于破产企业的财产；第三，必须是依照破产程序可以强制清偿的债务人的财产。根据《企业破产法》的规定，破产财产由下列财产构成：①宣告破产时企业经营管理的全部财产；②破产企业在宣告破产后至破产程序终结前所取得的财产；③应当由破产企业行使的其他财产权利，如专利权、著作权等；④担保物的价款，超过其所担保的债务数额的，超过部分属于破产财产；⑤在法院受理破产案件前6个月至破产宣告之日的期间内，破产企业隐匿、私分、无偿转让、非法出售的财产，经追回后属于破产财产；⑥破产企业与其他单位联营时所投入的财产和应得收益，属于破产财产。

破产财产确定以后，一般都要变卖为货币资金，以便清偿债务。财产变现可分为单项资产变现和“一揽子”变现。破产财产应采用公开拍卖的方式出售，对破产财产中的整套设备或生产线，应尽量整体出售，确定无法整体出售的，方可分散出售。

四、破产债权的界定与确认

破产债权可分为优先破产债权和普通破产债权。对破产人的特定财产享有担保权的权利人，对该特定财产享有优先受偿的权利，该部分债权为优先破产债权。

普通破产债权是在破产宣告前成立的，对破产人发生的，依法在规定的申报期内申报确认，并且只能通过破产程序从破产财产中得到公平清偿的债权。在界定和确认普通破产债权时，应遵循以下标准：①破产宣告前成立的无财产担保的债权，以及放弃优先受偿权的有财产担保的债权为普通破产债权。②破产宣告前未到期的债权视为已到期债权，但应当减去未到期利息。③破产宣告前成立的有财产担保的债权，债权人有就该担保品优先受偿的权利，这部分不能构成普通破产债权。但是，有财产担保的债权，其数额超过担保品价款的，未受偿部分应作为普通破产债权。④债权人对破产企业负有债务的，其债权可在破产清算之前抵消，抵消部分不能作为破产债权。⑤破产企业未履行合同的对方当事人，因管理人解除合同受到损害的，以损害赔偿额作为普通破产债权。⑥为破产企业债务提供保证者，因代替破产企业清偿债务所形成的担保债权为普通破产债权。⑦债务人是委托合同的委托人，受托人因不知债务人被法院裁定破产的事实，继续处理委托事务的，受托人由此产生的债权为普通破产债权。⑧债务人是票据的出票人，在债务人被法院裁定破产后，该票据的付款人继续付款或者承兑的，付款人由此产生的债权为普通破产债权。

此外，法律规定，破产企业所欠职工的工资和医疗补助、伤残补助、抚恤费用，所欠的应当划入职工个人账户的基本养老保险、基本医疗保险以及法律、行政法规规定应当支付给职工的补偿金，欠缴国家的税款等债权，一般不列入普通破产债权内，这部分可以优先于普通破产债权得到清偿。在破产宣告以后产生的利息、债权人为其个人利益参加破产程序的费用，如债权人申报债权的费用、参加债权人会议的差旅费等均不能构成破产债权。

在法院确定的债权申报期限内，债权人未申报债权的，可以在破产财产最后分配前补充申报；但是，此前已进行的分配，不再对其补充分配。为审查和确认补充申报债权的费用，由补充申报人承担。

五、破产费用和共益债务

破产费用是指在破产案件中，为破产债权人的共同利益而支出的费用。法院受理破产申请后发生的下列费用为破产费用：①破产案件的诉讼费用；②管理、变价和分配债务人财产的费用；③管理人执行职务的费用、报酬和聘用工作人员的费用。

共益债务，是指在破产程序中为全体债权人共同利益所负担的各种债务的总称。法院受理破产申请后发生的下列债务为共益债务：①因管理人或者债务人请求对方当事人履行双方均未履行完毕的合同所产生的债务；②债务人财产受无因管理所产生的债务；③因债务人不当得利所产生的债务；④为债务人继续营业而应支付的劳动报酬和社会保险费用以及由此产生的其他债务；⑤管理人或者相关人员执行职务致人损害所产生的债务；⑥债务人财产致人损害所产生的债务。

破产费用和共益债务由债务人财产随时清偿。债务人财产不足以清偿所有破产费用和共益债务的，先行清偿破产费用。债务人财产不足以清偿所有破产费用或者共益债务的，按照比例清偿。债务人财产不足以清偿破产费用的，管理人应当提请法院终结破产程序。法院应当自收到请求之日起15日内裁定终结破产程序，并予以公告。

六、破产财产的分配

当破产财产全部确认和拍卖，破产债权全部被界定和确认，破产费用和共益债务总额计算出来后，破产管理人便可提出分配方案。这一方案要由债权人会议通过，经法院裁定后执行。根据《企业破产法》的规定，破产财产在优先清偿破产费用和共益债务后，依照下列顺序清偿：①破产人所欠职工的工资和医疗补助、伤残补助、抚恤费用，所欠的应当划入职工个人账户的基本养老保险、基本医疗保险费用，以及法律、行政法规规定应当支付给职工的补偿金。②破产人欠缴的除前项规定以外的社会保险费用和破产人所欠税款。③普通破产债权。

在破产财产清偿时，前一顺序的债权得到全额偿还之前，后一顺序的债权不予清偿。破产财产不足以清偿同一顺序求偿权的，应当按照比例进行分配。

章后知识测试

本章知识测试

一、单项选择题（每小题5分，共30分）

1.企业破产的原因是（ ）。

A.资金暂时困难，不能清偿到期债务

B.自破产申请之日起6个月内无法清偿债务

C.经营管理不善引起严重亏损，致使不能清偿到期债务

D.发生重大灾害不能清偿到期债务

2.下列关于企业清算财产支付顺序正确的是（ ）。

A.清算费用-工资-税款-其他无担保债务

B.工资-清算费用-税款-其他无担保债务

C.税款-清算费用-工资-其他无担保债务

D.其他无担保债务-清算费用-工资-税款

3.下列不属于破产费用的是（ ）。

A.破产案件的诉讼费

B.管理变卖和分配债务人财产的费用

C.管理人执行职务的报酬

D.企业员工工资

4.我国法律对企业规定的破产界限是（ ）。

A.企业严重亏损时 B.不能清偿到期债务

C.资不抵债 D.经营管理不善

5.现代破产制度包括三个基本程序，不包括（ ）。

A.和解程序 B.重整程序

C.破产清算程序 D.公司并购

6.现在广泛运用的财务危机预警方法及模型为（ ）。

A.定性分析法 B.单变量模型

C.Z-score模型 D.F分数模型

二、多项选择题（每小题10分，共50分）

1.向法院提出破产申请，一般可以由（ ）提出。

A.债务人的上级主管部门 B.债权人的主管部门

C.债务人 D.债权人

2.债务和解方式包括（ ）。

A.以资产清偿债务 B.债权转为股权

C.修改债务条款 D.实行合并

3.下列属于破产财产的有（ ）。

A.宣告破产时企业经营管理的全部财产

B. 破产企业在宣告破产后至破产程序终结前所取得的财产

C. 已作为担保物的财产

D. 应当由破产企业行使的其他财产权利，如专利权、著作权等

4. 下列属于发生财务危机之前的征兆的有（ ）。

A. 关联企业出现财务危机　　B. 存货出现异常变动

C. 利润严重减少　　D. 公司高管突然离职

5. 下列属于财务危机发生原因的是（ ）。

A. 高管存在结构缺陷　　B. 高财务杠杆经营

C. 会计信息系统不足　　D. 经营过度

三、判断题（每小题5分，共20分）

1. 根据《中华人民共和国企业破产法》的规定，企业法人不能清偿到期债务，并且资产不足以清偿全部债务或者明显缺乏清偿能力的，可以申请破产。（ ）

2. 重整程序是一种再建型的债务清偿制度，其目的在于促进债务人的复兴。（ ）

3. 债权人会议由依法申报债权的所有债权人组成，决定债务人在破产期间的重大事项。（ ）

4. 财务预警只能出现在财务危机阶段，而在潜在的财务风险阶段无法预警。（ ）

“导入案例”参考答案

第一章　格力电器财务管理的目标

讨论与思考：

结合格力电器为员工分房的行为，谈谈怎样正确认识企业财务管理的目标。

参考答案：

格力电器以企业价值最大化为财务管理的目标。格力电器始终保障员工利益，做到以员工为本，把员工作为企业的重要资产。

在本案例中，格力电器为员工分房，解决员工的后顾之忧，目的是使员工对企业有归属感，能够在很大程度上调动员工工作的积极性，为公司发展出力。

由于疫情的影响，格力电器2020年第一季度业绩大降。据董明珠介绍，格力电器在二三月份没有销售收入，但员工工资照发。按照每名员工每月平均7 000元计算，格力电器有9万名员工，每个月工资支出6.3亿元。此外，疫情期间，在很多公司采取收缩规模、裁员减薪以降低费用支出的大背景下，格力电器逆势招人，作出再招5 000人的决定。格力电器认为，制造型的企业必须靠自主创新才能保持优势，而自主创新就一定要有人才。企业必须自己培养人才，而人才培养甚至要用十年时间才能完成。此外，人才的培养要有延续性。如果三年不招大学生，可能就会出现人才断层，所以现在的付出也是必需的。

总结格力电器财务管理的目标，可以发现格力电器克服管理的片面性和短期行为，考虑了资金的时间价值和投资的风险价值，从而作出各项对员工的决策。员工是企业的重要资源，留住、培养员工是企业资产保值增值的要求。企业核心人才越多，愿意为企业付出越多，企业价值就越大。

第二章　两种支付方案如何作出决策

讨论与思考：

作为甲公司的负责人，你认为选择哪个方案比较合适？

参考答案：

甲公司的负责人应该选择哪个方案，不能单纯地看总的付款金额，而应该考虑货币在不同时点的价值问题。第一个方案的200万元是从现在开始每年年初付款的总额，而第二个方案的250万元是从第5年起每年年初付款的总额。两个方案在时间点上截然不同，所以不能同时拿来比较。如果要比较两个方案哪个更适合，应该把付款金额折合到同一时点再进行比较，而且甲公司的资本成本为10%，指的是现在的资本成本，而未来的资本成本没有办法进行准确的计算，所以最好的方法是把两个方案的房款总额都折合到现在时点来进行比较分析，计算两个方案的现在价值，进而选择一个比较合适的方案。具体的计算过程如下：

第一个方案的现值：

$$PV = 20 \times PVIFA_{10\%,\ 9} + 20 = 20 \times 5.7590 + 20 = 135.18(\text{万元})$$

第二个方案的现值：

$$PV = 25 \times PVIFA_{10\%,\ 10} \times PVIF_{10\%,\ 4} = 25 \times 6.1446 \times 0.6830 = 104.92(\text{万元})$$

由于第一个方案折合到现在时点的价值要高于第二个方案的现在价值，因此甲公司应该选择第二个付款方案。

第三章　*ST博信股票投资风险案例

讨论与思考：

1. 针对*ST博信股票投资，分析投资者在投资过程如何规避投资风险？

2. 针对我国目前经济发展情况，投资者该如何选择投资品种？

参考答案：

1. 投资者首先要研究证券投资的种类，包括债券投资、股票投资、组合投资，了解每种投资的收益特征。有效的证券组合管理会提高投资的收益，可以在一定的风险条件下实现收益的最大化或在一定的收益水平上使投资风险最小化。其次，要最大限度地降低投资风险。投资时选择合理有效的证券投资组合，不仅仅投资于一家公司的股票或债券，而是将风险控制在可以承受的范围内。最后，投资者要掌握一定的证券投资知识，提升自身的防雷意识，培养自己敏锐的思考能力。对于舆论质疑度很高或深陷舆论漩涡的上市公司，投资者理应及时回避，及时作出反应，及时止损。

2. 投资者在选择投资类型时，除了正确选择合法的投资平台之外，最重要的是根据自身的投资喜好、收益预期和风险承受能力来配置资产。产品的投资收益和投资风险成正比。多数投资产品都隐含一定的投资风险，因此投资要三思而后行，投资前评估自己是否具备风险管控能力。

按投资喜好选择产品，关键要清楚自己对该产品关联市场了解多少，有没有相关的投资技能、参与的时间和专业知识。没有综合评估就随意进场，结果经常伤痕累累（股票投资就是一个很好的例子，股民投资前评估结果大同小异——对市场不了解、不具备投资技能和专业知识、风险承受能力低、从众心理经常受到市场信息的误导，投资者亏钱的占多数）。

按投资收益预期和风险承受能力来选择投资品种一般有以下几种配置：①无风险年收益2%~6%（国债、储蓄、货币基金、银行理财产品）；②低风险年收益5%~10%（纯债基金、新股申购）；③中风险（基金定投、债券基金、对冲基金）；④能产生高收益（股票型基金、股票、分级基金、期货），其收益和风险经常是普通投资者难以把控的。投资有风险，入市需谨慎，合理有效的资产组合，既能抗通胀又能保值增值。

第四章　“互联网+”背景下的民间融资

讨论与思考：

如何防范“互联网+”背景下民间融资非法集资风险？

参考答案：

1. 完善互联网民间融资立法，实现监管有法可依。对于互联网金融，既要保护创新，又要依法监管。完善立法，依法确定互联网民间融资的定义、适用范围、期限、管理部门及其职责、合理的税负、纠纷处理适用法律规定等，明确界定非法吸收公众存款、非法集资和正常民间融资的界限，以规范、保护正常的民间融资行为，打击高利贷，通过法律手段使民间融资逐步走向规范化。同时，要对行业准入、业务开展、信息披露、风险防控、退出机制、责任承担等方面实行合法性审查，实现监管的有法可依。

2. 完善征信体系，降低信用风险。网络环境的虚拟性弱化了道德和信用约束，在互联网民间融资合法化的前提下，建立健全行业征信系统，是降低非法集资风险的重要途径。

3. 适度调整银行股本金准入的标准。适度提高民间资金注资城市商业银行、农村信用社等地方性中小金融机构的比重，充分发挥主体金融的作用，特别是加快金融机构布局县域和乡镇的步伐。

4. 加大信贷投资力度，拓展中小企业融资渠道。金融机构要采取有效措施，在控制信贷风险的同时加大信贷投放力度，关心中小企业特别是私营企业的发展，切实加强和改善对企业的金融服务。在保障银行资金安全的前提下，尽量满足有市场、有效益、守信用的中小企业合理的资金需求。对符合贷款要求的中小企业简化贷款手续，及时给予信贷支持。地方政府应重视和支持信用担保机构拓展业务，积极为中小企业融资创造条件，拓展渠道、提供服务。同时，应鼓励中小企业以入股方式吸收民间闲散资金，拓展民间投资渠道，减少民间融资。

5. 优化民间金融的生态环境。应建立全方位多层次的服务体系，为民间融资的发展提供必要的信息服务、担保服务和人力资源等服务，如构建民间融资供需的信息服务平台、鼓励担保机构与工商联等组成担保体系等。同时，通过法律手段使民间融资走上契约化和规范化轨道。尽快明确监管职责，加强对民间融资的动态监测。国家尚未明确民间融资监管的具体部门，应该尽快明确民间融资监管的牵头部门和成员单位，采取切实有效的措施，加强对民间融资活动的监测分析，及时对银行进行风险提示，避免民间融资影响金融稳定。

第五章　过度负债企业“去杠杆”

讨论与思考：

1. 案例中提到的“去杠杆”指的是哪种类型的杠杆？杠杆过高的危害是什么？

2. 如何确定企业的最佳资本结构？

参考答案：

1. 案例中提到的“去杠杆”指的是去财务杠杆。“杠杆”是指负债经营；“杠杆率”是指负债率；“去杠杆”是避免企业负债经营或尽量降低企业负债率。去杠杆是防范金融危机的必要措施。案例中指出，从微观杠杆率水平看，非金融A股上市公司资产负债率从2007年的44.07%上升到2017年的60.07%，说明上市公司的负债率在2007年到2017年期间大幅提高，财务风险加大，因此中央提出“去杠杆”的要求，并对房地产行业提出“三道红线”政策。

2. 如果企业采用债务筹资和权益筹资的组合来解决企业资本来源的问题，那么最佳的组合比例就是最佳资本结构，即使综合资本成本最低、企业价值最大的资本结构。

现实中，不同行业的企业，其资本结构存在很大差异。这说明，不同行业的企业由于受企业特性的影响，资本结构也不同。一般来说，金融、房地产行业的负债率较高，使用高杠杆；轻资产行业的负债率较低，比如文化传媒行业。

第六章　项目投资方案可行性评价

讨论与思考：

对财务总监王某及财务人员提出的初始投资方案的可行性进行评价。

参考答案：

该电器制造厂投资项目的可行性可以通过净现值法进行评价。若净现值大于等于零，则该投资项目可行；若净现值小于零，则该投资项目不可行。具体操作步骤如下：①计算该投资项目的生产期营业现金流量；②计算该项目投资建设期和生产期现金流量；③计算该投资项目净现值；④判断该项目的可行性。具体计算过程见表1和表2。

表1 **电器制造厂投资项目营业现金流量计算表** 单位：万元

项　目	第1年	第2年	第3年	第4年	第5年
销售收入	800	800	800	800	800
付现成本	540	540	540	540	540
其中：材料费用	200	200	200	200	200
人工费用	300	300	300	300	300
制造费用	40	40	40	40	40
折旧费	60	60	60	60	60
税前利润	200	200	200	200	200
所得税	50	50	50	50	50
税后利润	150	150	150	150	150
营业现金流量	210	210	210	210	210

表2 **电器制造厂投资项目现金流量计算表** 单位：万元

项　目	投资建设期			生产期				
	第0年	第1年	第2年	第1年	第2年	第3年	第4年	第5年
初始投资额	-500	-100						
流动资金垫支			-50					
营业现金流量				210	210	210	210	210
设备残值								50
流动资金回收								50
现金流量合计	-500	-100	-50	210	210	210	210	310

计算该项目的净现值：

$$\begin{aligned} NPV &= -500 - 100 \times PVIF_{10\%,1} - 50 \times PVIF_{10\%,2} + 210 \times PVIFA_{10\%,4} \times PVIF_{10\%,2} + 310 \times PVIF_{10\%,7} \\ &= -500 - 100 \times 0.9091 - 50 \times 0.8264 + 210 \times 3.1699 \times 0.8264 + 310 \times 0.5132 \\ &= 76.98(\text{万元}) \end{aligned}$$

可见，该项目净现值大于零，可以对该项目进行投资。

第七章 丰田的“零库存”计划

讨论与思考：

1. 广州丰田为什么要实行“零库存”计划？

2. 公司实行“零库存”管理应注意哪些问题？

参考答案：

1. 零库存存货管理是指在需要的时候，按需要的量生产所需的产品。这是在丰田公司生产方式的基础上发展起来的一种先进的管理模式，它是一种旨在消除一切无效劳动，降低存货成本，实现企业资源优化配置，全面提高企业经济效益的管理模式。

2. 转变员工观念，树立全员对减少库存的认识；合理选择供应商，与供应商建立合作伙伴关系（由于零库存要求供应商在需要的时间提供需要的原材料，因此对于原材料库存、供应商的距离远近及运输方式的选择是关键因素）；建立以销定产的观念。

第八章 “佛系分红”与“高派现”

讨论与思考：

1. 企业实现的利润应如何分配？

2. 企业应该如何回报股东？如何评价上市公司的“高派现”行为？

参考答案：

1. 根据我国公司法及相关法律制度的规定，公司净利润的分配应按照下列顺序进行：弥补以前年度亏损，提取法定盈余公积，提取任意盈余公积，向股东分配股利。

2. 公司股东按照实缴的出资比例分取红利，全体股东约定不按照出资比例分取红利的除外；股份有限公司按照股东持有的股份比例分配股利，但股份有限公司章程规定不按照持股比例分配股利的除外。

上市公司实施“高派现”，一方面，反映上市公司由于经营环境的改善，业绩提高，现金获利能力增强；另一方面，说明上市公司回报投资者的观念增强。但从某些企业来看，高派现可能给公司带来隐忧。非理性或超能力的“高派现”容易造成经营活动产生的现金净流量连续多年不能满足投资和筹资现金需求，从而大大影响公司的成长及发展后劲，从长期来看会降低公司价值。

第九章 巴菲特的成功之道

讨论与思考：

企业老板和财务经理是否都需要进行财务分析？

参考答案：

财务分析是以企业的财务报告及其相关资料为主要依据，对企业的财务状况和经营成果进行评价和剖析，反映企业在运营过程中的利弊得失和发展趋势。巴菲特之所以重视阅读和分析财务报表也正因如此。

各种财务报表其实就是把企业的财务状况和经营成果以一种特殊的语言表达出来，通过这种特殊的语言，企业老板和财务经理通过对财务报表的分析，了解企业在偿债、盈利、营运、发展等各方面的能力，评价企业的财务状况和经营成果，也是衡量企业经营业绩的重要依据，更是督促企业挖掘企业潜力、改善管理、实现理财目标的重要手段，亦是实施财务决策的重要手段。由此可知，企业老板和财务经理都应该重视财务分析。

第十章　肯德基的中国本土化战略

讨论与思考：

肯德基是如何进行战略分析的？

参考答案：

肯德基一共分五步进行战略分析与部署：

第一步，人才本土化。肯德基从一开始就聘用一批由中国及亚洲其他地区和国家的华人所组成的核心领导层，使他们在了解中国风土人情的基础上可以在最短的时间内作出正确的决策。第二步，产品本土化。肯德基从一开始就揣摩中国消费者的口味，不断推出有中国特色的新产品。第三步，供应商本土化。肯德基将供应链本土化，发展本地供应商，很好地满足了中国人民对饮食的需求，有效地降低了成本。第四步，选址策略。肯德基选址主要考虑商圈的商业条件、交通条件、客流状况、店面状况等诸多问题。第五步，危机管理。无论事件大小，肯德基都做到了在事件发生后迅速有技巧地处理，并防患于未然，预测可能发生的危机。

第十一章　广东永奥破产案

讨论与思考：

1. 导致广东永奥发生财务危机的原因是什么？

2. 公司财务危机是否可以预警？如何预警？

参考答案：

1. 首先，新能源汽车新零售模式冲击，传统4S店经营受影响，市场份额被新势力抢占。其次，永奥在扩张过程中采取了高杠杆策略，大量举债用于新建4S店和收购其他经销商，导致资产负债率居高不下。销售收入下降，现金流紧张。最后，疫情对汽车行业造成了严重冲击，消费者购车需求下降，线下门店客流量锐减。疫情期间，永奥的库存积压严重，资金周转困难，进一步加剧了财务危机。

2. 对公司的财务危机，可以提前进行预警，财务危机预警方式主要有三种：定性分析法、单变量模型、多变量模型。定性分析法是通过对企业的经济环境、经营状况和财务状况的判断与分析，预测企业发生财务危机的可能性。单变量模型是指运用单一变量、个别财务比率来进行财务预警。多变量模型是指运用多种财务指标加权汇总产生的总判别分值（Z值）来预测财务危机。永泰集团在轮胎业萧条期仍然盲目并购，激进扩张，从定性分析角度存在明显的经营状况危机征兆。如果公司建立了财务危机预警系统，就会提前预警财务风险，避免潜在的财务风险演变成财务危机。在实际的财务风险监测系统中，公司还可以采用单变量模型和多变量模型进行预警。

附　录

附表 1

复利终值系数表（FVIF 表）

n\i	1%	2%	3%	4%	5%	6%	7%	8%	9%	10%	11%	12%	13%	14%	15%	16%	17%	18%	19%	20%	25%
1	1.0100	1.0200	1.0300	1.0400	1.0500	1.0600	1.0700	1.0800	1.0900	1.1000	1.1100	1.1200	1.1300	1.1400	1.1500	1.1600	1.1700	1.1800	1.1900	1.200	1.2500
2	1.0201	1.0404	1.0609	1.0816	1.1025	1.1236	1.1449	1.1664	1.1881	1.2100	1.2321	1.2544	1.2769	1.2996	1.3225	1.3456	1.3689	1.3924	1.4161	1.4400	1.5625
3	1.0303	1.0612	1.0927	1.1249	1.1576	1.1910	1.2250	1.2597	1.2950	1.3310	1.3676	1.4049	1.4429	1.4815	1.5209	1.5609	1.6016	1.6430	1.6852	1.7280	1.9531
4	1.0406	1.0824	1.1255	1.1699	1.2155	1.2625	1.3108	1.3605	1.4116	1.4641	1.5181	1.5735	1.6305	1.6890	1.7490	1.8106	1.8739	1.9388	2.0053	2.0736	2.4414
5	1.0510	1.1041	1.1593	1.2167	1.2763	1.3382	1.4026	1.4693	1.5386	1.6105	1.6851	1.7623	1.8424	1.9254	2.0114	2.1003	2.1924	2.2878	2.3864	2.4883	3.0518
6	1.0615	1.1262	1.1941	1.2653	1.3401	1.4185	1.5007	1.5869	1.6771	1.7716	1.8704	1.9738	2.0820	2.1950	2.3131	2.4364	2.5652	2.6996	2.8398	2.9860	3.8147
7	1.0721	1.1487	1.2299	1.3159	1.4071	1.5036	1.6058	1.7138	1.8280	1.9487	2.0762	2.2107	2.3526	2.5023	2.6600	2.8262	3.0012	3.1855	3.3793	3.5832	4.7684
8	1.0829	1.1717	1.2668	1.3686	1.4775	1.5938	1.7182	1.8509	1.9926	2.1436	2.3045	2.476	2.6584	2.8526	3.0590	3.2784	3.5115	3.7589	4.0214	4.2998	5.9605
9	1.0937	1.1951	1.3048	1.4233	1.5513	1.6895	1.8385	1.9990	2.1719	2.3579	2.5580	2.7731	3.0040	3.2519	3.5179	3.8030	4.1084	4.4355	4.7854	5.1598	7.4506
10	1.1046	1.2190	1.3439	1.4802	1.6289	1.7908	1.9672	2.1589	2.3674	2.5937	2.8394	3.1058	3.3946	3.7072	4.0456	4.4114	4.8068	5.2338	5.6947	6.1917	9.3132
11	1.1157	1.2434	1.3842	1.5395	1.7103	1.8983	2.1049	2.3316	2.5804	2.8531	3.1518	3.4786	3.8359	4.2262	4.6524	5.1173	5.6240	6.1759	6.7767	7.4301	11.6415
12	1.1268	1.2682	1.4258	1.6010	1.7959	2.0122	2.2522	2.5182	2.8127	3.1384	3.4985	3.8960	4.3345	4.8179	5.3503	5.9360	6.5801	7.2876	8.0642	8.9161	14.5519
13	1.1381	1.2936	1.4685	1.6651	1.8856	2.1329	2.4098	2.7196	3.0658	3.4523	3.8833	4.3635	4.8980	5.4924	6.1528	6.8858	7.6987	8.5994	9.5964	10.6993	18.1899
14	1.1495	1.3195	1.5126	1.7317	1.9799	2.2609	2.5785	2.9372	3.3417	3.7975	4.3104	4.8871	5.5348	6.2613	7.0757	7.9875	9.0075	10.1472	11.4198	12.8392	22.7374
15	1.1610	1.3459	1.5580	1.8009	2.0789	2.3966	2.7590	3.1722	3.6425	4.1772	4.7846	5.4736	6.2543	7.1379	8.1371	9.2655	10.5387	11.9737	13.5895	15.4070	28.4217
16	1.1726	1.3728	1.6047	1.8730	2.1829	2.5404	2.9522	3.4259	3.9703	4.5950	5.3109	6.1304	7.0673	8.1372	9.3576	10.748	12.3303	14.1290	16.1715	18.4884	35.5271
17	1.1843	1.4002	1.6528	1.9479	2.2920	2.6928	3.1588	3.7000	4.3276	5.0545	5.8951	6.8660	7.9861	9.2765	10.7613	12.4677	14.4265	16.6722	19.2441	22.1861	44.4089
18	1.1961	1.4282	1.7024	2.0258	2.4066	2.8543	3.3799	3.9960	4.7171	5.5599	6.5436	7.6900	9.0243	10.5752	12.3755	14.4625	16.8790	19.6733	22.9005	26.6233	55.5112
19	1.2081	1.4568	1.7535	2.1068	2.5270	3.0256	3.6165	4.3157	5.1417	6.1159	7.2633	8.6128	10.1974	12.0557	14.2318	16.7765	19.7484	23.2144	27.2516	31.9480	69.3889
20	1.2202	1.4859	1.8061	2.1911	2.6533	3.2071	3.8697	4.6610	5.6044	6.7275	8.0623	9.6463	11.5231	13.7435	16.3665	19.4608	23.1056	27.3930	32.4294	38.3376	86.7362
25	1.2824	1.6406	2.0938	2.6658	3.3864	4.2919	5.4274	6.8485	8.6231	10.8347	13.5855	17.0001	21.2305	26.4619	32.9190	40.8742	50.6578	62.6686	77.3881	95.3962	264.6978
30	1.3478	1.8114	2.4273	3.2434	4.3219	5.7435	7.6123	10.0627	13.2677	17.4494	22.8923	29.9599	39.1159	50.9502	66.2118	85.8499	111.0647	143.3706	184.6753	237.3763	807.7936

附表2 **复利现值系数表（PVIF表）**

n\i	1%	2%	3%	4%	5%	6%	7%	8%	9%	10%	11%	12%	13%	14%	15%	16%	17%	18%	19%	20%	25%
1	0.9901	0.9804	0.9709	0.9615	0.9524	0.9434	0.9346	0.9259	0.9174	0.9091	0.9009	0.8929	0.8850	0.8772	0.8696	0.8621	0.8547	0.8475	0.8403	0.8333	0.8000
2	0.9803	0.9612	0.9426	0.9246	0.9070	0.8900	0.8734	0.8573	0.8417	0.8264	0.8116	0.7972	0.7831	0.7695	0.7561	0.7432	0.7305	0.7182	0.7062	0.6944	0.6400
3	0.9706	0.9423	0.9151	0.889	0.8638	0.8396	0.8163	0.7938	0.7722	0.7513	0.7312	0.7118	0.6931	0.6750	0.6575	0.6407	0.6244	0.6086	0.5934	0.5787	0.5120
4	0.9610	0.9238	0.8885	0.8548	0.8227	0.7921	0.7629	0.7350	0.7084	0.6830	0.6587	0.6355	0.6133	0.5921	0.5718	0.5523	0.5337	0.5158	0.4987	0.4823	0.4096
5	0.9515	0.9057	0.8626	0.8219	0.7835	0.7473	0.713	0.6806	0.6499	0.6209	0.5935	0.5674	0.5428	0.5194	0.4972	0.4761	0.4561	0.4371	0.4190	0.4019	0.3277
6	0.9420	0.8880	0.8375	0.7903	0.7462	0.7050	0.6663	0.6302	0.5963	0.5645	0.5346	0.5066	0.4803	0.4556	0.4323	0.4104	0.3898	0.3704	0.3521	0.3349	0.2621
7	0.9327	0.8706	0.8131	0.7599	0.7107	0.6651	0.6227	0.5835	0.5470	0.5132	0.4817	0.4523	0.4251	0.3996	0.3759	0.3538	0.3332	0.3139	0.2959	0.2791	0.2097
8	0.9235	0.8535	0.7894	0.7307	0.6768	0.6274	0.5820	0.5403	0.5019	0.4665	0.4339	0.4039	0.3762	0.3506	0.3269	0.3050	0.2848	0.266	0.2487	0.2326	0.1678
9	0.9143	0.8368	0.7664	0.7026	0.6446	0.5919	0.5439	0.5002	0.4604	0.4241	0.3909	0.3606	0.3329	0.3075	0.2843	0.2630	0.2434	0.2255	0.2090	0.1938	0.1342
10	0.9053	0.8203	0.7441	0.6756	0.6139	0.5584	0.5083	0.4632	0.4224	0.3855	0.3522	0.3220	0.2946	0.2697	0.2472	0.2267	0.2080	0.1911	0.1756	0.1615	0.1074
11	0.8963	0.8043	0.7224	0.6496	0.5847	0.5268	0.4751	0.4289	0.3875	0.3505	0.3173	0.2875	0.2607	0.2366	0.2149	0.1954	0.1778	0.1619	0.1476	0.1346	0.0859
12	0.8874	0.7885	0.7014	0.6246	0.5568	0.4970	0.444	0.3971	0.3555	0.3186	0.2858	0.2567	0.2307	0.2076	0.1869	0.1685	0.1520	0.1372	0.1240	0.1122	0.0687
13	0.8787	0.773	0.681	0.6006	0.5303	0.4688	0.4150	0.3677	0.3262	0.2897	0.2575	0.2292	0.2042	0.1821	0.1625	0.1452	0.1299	0.1163	0.1042	0.0935	0.0550
14	0.8700	0.7579	0.6611	0.5775	0.5051	0.4423	0.3878	0.3405	0.2992	0.2633	0.2320	0.2046	0.1807	0.1597	0.1413	0.1252	0.1110	0.0985	0.0876	0.0779	0.0440
15	0.8613	0.743	0.6419	0.5553	0.481	0.4173	0.3624	0.3152	0.2745	0.2394	0.2090	0.1827	0.1599	0.1401	0.1229	0.1079	0.0949	0.0835	0.0736	0.0649	0.0352
16	0.8528	0.7284	0.6232	0.5339	0.4581	0.3936	0.3387	0.2919	0.2519	0.2176	0.1883	0.1631	0.1415	0.1229	0.1069	0.0930	0.0811	0.0708	0.0618	0.0541	0.0281
17	0.8444	0.7142	0.6050	0.5134	0.4363	0.3714	0.3166	0.2703	0.2311	0.1978	0.1696	0.1456	0.1252	0.1078	0.0929	0.0802	0.0693	0.0600	0.0520	0.0451	0.0225
18	0.8360	0.7002	0.5874	0.4936	0.4155	0.3503	0.2959	0.2502	0.2120	0.1799	0.1528	0.1300	0.1108	0.0946	0.0808	0.0691	0.0592	0.0508	0.0437	0.0376	0.0180
19	0.8277	0.6864	0.5703	0.4746	0.3957	0.3305	0.2765	0.2317	0.1945	0.1635	0.1377	0.1161	0.0981	0.0829	0.0703	0.0596	0.0506	0.0431	0.0367	0.0313	0.0144
20	0.8195	0.6730	0.5537	0.4564	0.3769	0.3118	0.2584	0.2145	0.1784	0.1486	0.1240	0.1037	0.0868	0.0728	0.0611	0.0514	0.0433	0.0365	0.0308	0.0261	0.0115
25	0.7798	0.6095	0.4776	0.3751	0.2953	0.2330	0.1842	0.1460	0.1160	0.0923	0.0736	0.0588	0.0471	0.0378	0.0304	0.0245	0.0197	0.0160	0.0129	0.0105	0.00388
30	0.7419	0.5521	0.412	0.3083	0.2314	0.1741	0.1314	0.0994	0.0754	0.0573	0.0437	0.0334	0.0256	0.0196	0.0151	0.0116	0.0090	0.0070	0.0054	0.0042	0.00124

附表 3

年金终值系数表（FVIFA表）

n\i	1%	2%	3%	4%	5%	6%	7%	8%	9%	10%	11%	12%	13%	14%	15%	16%	17%	18%	19%	20%	25%
1	1.0000	1.0000	1.0000	1.0000	1.0000	1.0000	1.0000	1.0000	1.0000	1.0000	1.0000	1.0000	1.0000	1.0000	1.0000	1.0000	1.0000	1.0000	1.0000	1.0000	1.0000
2	2.0100	2.0200	2.0300	2.0400	2.0500	2.0600	2.0700	2.0800	2.0900	2.1000	2.1100	2.1200	2.1300	2.1400	2.1500	2.1600	2.1700	2.1800	2.1900	2.2000	2.2500
3	3.0301	3.0604	3.0909	3.1216	3.1525	3.1836	3.2149	3.2464	3.2781	3.3100	3.3421	3.3744	3.4069	3.4396	3.4725	3.5056	3.5389	3.5724	3.6061	3.6400	3.8125
4	4.0604	4.1216	4.1836	4.2465	4.3101	4.3746	4.4399	4.5061	4.5731	4.6410	4.7097	4.7793	4.8498	4.9211	4.9934	5.0665	5.1405	5.2154	5.2913	5.3680	5.7656
5	5.1010	5.2040	5.3091	5.4163	5.5256	5.6371	5.7507	5.8666	5.9847	6.1051	6.2278	6.3528	6.4803	6.6101	6.7424	6.8771	7.0144	7.1542	7.2966	7.4416	8.2070
6	6.1520	6.3081	6.4684	6.6330	6.8019	6.9753	7.1533	7.3359	7.5233	7.7156	7.9129	8.1152	8.3227	8.5355	8.7537	8.9775	9.2068	9.4420	9.6830	9.9299	11.2588
7	7.2135	7.4343	7.6625	7.8983	8.1420	8.3938	8.6540	8.9228	9.2004	9.4872	9.7833	10.0890	10.4047	10.7305	11.0668	11.4139	11.7720	12.1415	12.5227	12.9159	15.5458
8	8.2857	8.5830	8.8923	9.2142	9.5491	9.8975	10.2598	10.6366	11.0285	11.4359	11.8594	12.2997	12.7573	13.2328	13.7268	14.2401	14.7733	15.3270	15.9020	16.4991	19.8419
9	9.3685	9.7546	10.1591	10.5828	11.0266	11.4913	11.9780	12.4876	13.0210	13.5795	14.1640	14.7757	15.4157	16.0853	16.7858	17.5185	18.2847	19.0859	19.9234	20.7989	25.8023
10	10.4622	10.9497	11.4639	12.0061	12.5779	13.1808	13.8164	14.4866	15.1929	15.9374	16.7220	17.5487	18.4197	19.3373	20.3037	21.3215	22.3931	23.5213	24.7089	25.9587	33.2529
11	11.5668	12.1687	12.8078	13.4864	14.2068	14.9716	15.7836	16.6455	17.5603	18.5312	19.5614	20.6546	21.8143	23.0445	24.3493	25.7329	27.1999	28.7551	30.4035	32.1504	42.5661
12	12.6825	13.4121	14.1920	15.0258	15.9171	16.8699	17.8885	18.9771	20.1407	21.3843	22.7132	24.1331	25.6502	27.2707	29.0017	30.8502	32.8239	34.9311	37.1802	39.5805	54.2077
13	13.8093	14.6803	15.6178	16.6268	17.7130	18.8821	20.1406	21.4953	22.9534	24.5227	26.2116	28.0291	29.9847	32.0887	34.3519	36.7862	39.4040	42.2187	45.2445	48.4966	68.7596
14	14.9474	15.9739	17.0863	18.2919	19.5986	21.0151	22.5505	24.2149	26.0192	27.9750	30.0949	32.3926	34.8827	37.5811	40.5047	43.6720	47.1027	50.8180	54.8409	59.1959	86.9495
15	16.0969	17.2934	18.5989	20.0236	21.5786	23.2760	25.1290	27.1521	29.3609	31.7725	34.4054	37.2797	40.4175	43.8424	47.5804	51.6595	56.1101	60.9653	66.2607	72.0351	109.6868
16	17.2579	18.6393	20.1569	21.8245	23.6575	25.6725	27.8881	30.3243	33.0034	35.9497	39.1899	42.7533	46.6717	50.9804	55.7175	60.9250	66.6488	72.9390	79.8502	87.4421	138.1085
17	18.4304	20.0121	21.7616	23.6975	25.8404	28.2129	30.8402	33.7502	36.9737	40.5447	44.5008	48.8837	53.7391	59.1176	65.0751	71.6730	78.9792	87.0680	96.0218	105.9306	173.6357
18	19.6147	21.4123	23.4144	25.6454	28.1324	30.9057	33.9990	37.4502	41.3013	45.5992	50.3959	55.7497	61.7251	68.3941	75.8364	84.1407	93.4056	103.7403	115.2659	128.1167	218.0446
19	20.8109	22.8406	25.1169	27.6712	30.5390	33.7600	37.3790	41.4463	46.0185	51.1591	56.9395	63.4397	70.7494	78.9692	88.2118	98.6032	110.2846	123.4135	138.1664	154.7400	273.5558
20	22.0190	24.2974	26.8704	29.7781	33.0660	36.7856	40.9955	45.7620	51.1601	57.2750	64.2028	72.0524	80.9468	91.0249	102.4436	115.3797	130.0329	146.6280	165.4180	186.6880	342.9447
25	28.2432	32.0303	36.4593	41.6459	47.7271	54.8645	63.2490	73.1059	84.7009	98.3471	114.4133	133.3339	155.6196	181.8708	212.7930	249.2140	292.1049	342.6035	402.0425	471.9811	1054.7912
30	34.7849	40.5681	47.5754	56.0849	66.4388	79.0582	94.4608	113.2832	136.3075	164.4940	199.0209	241.3327	293.1992	356.7868	434.7451	530.3117	647.4391	790.9480	966.7122	1181.8816	3227.1743

附表4

年金现值系数表（PVIFA表）

n\i	1%	2%	3%	4%	5%	6%	7%	8%	9%	10%	11%	12%	13%	14%	15%	16%	17%	18%	19%	20%	25%
1	0.9901	0.9804	0.9709	0.9615	0.9524	0.9434	0.9346	0.9259	0.9174	0.9091	0.9009	0.8929	0.8850	0.8772	0.8696	0.8621	0.8547	0.8475	0.8403	0.8333	0.8000
2	1.9704	1.9416	1.9135	1.8861	1.8594	1.8334	1.8080	1.7833	1.7591	1.7355	1.7125	1.6901	1.6681	1.6467	1.6257	1.6052	1.5852	1.5656	1.5465	1.5278	1.4400
3	2.9410	2.8839	2.8286	2.7751	2.7232	2.6730	2.6243	2.5771	2.5313	2.4869	2.4437	2.4018	2.3612	2.3216	2.2832	2.2459	2.2096	2.1743	2.1399	2.1065	1.9520
4	3.9020	3.8077	3.7171	3.6299	3.5460	3.4651	3.3872	3.3121	3.2397	3.1699	3.1024	3.0373	2.9745	2.9137	2.8550	2.7982	2.7432	2.6901	2.6386	2.5887	2.3616
5	4.8534	4.7135	4.5797	4.4518	4.3295	4.2124	4.1002	3.9927	3.8897	3.7908	3.6959	3.6048	3.5172	3.4331	3.3522	3.2743	3.1993	3.1272	3.0576	2.9906	2.6893
6	5.7955	5.6014	5.4172	5.2421	5.0757	4.9173	4.7665	4.6229	4.4859	4.3553	4.2305	4.1114	3.9975	3.8887	3.7845	3.6847	3.5892	3.4976	3.4098	3.3255	2.9514
7	6.7282	6.4720	6.2303	6.0021	5.7864	5.5824	5.3893	5.2064	5.0330	4.8684	4.7122	4.5638	4.4226	4.2883	4.1604	4.0386	3.9224	3.8115	3.7057	3.6046	3.1611
8	7.6517	7.3255	7.0197	6.7327	6.4632	6.2098	5.9713	5.7466	5.5348	5.3349	5.1461	4.9676	4.7988	4.6389	4.4873	4.3436	4.2072	4.0776	3.9544	3.8372	3.3289
9	8.5660	8.1622	7.7861	7.4353	7.1078	6.8017	6.5152	6.2469	5.9952	5.7590	5.5370	5.3282	5.1317	4.9464	4.7716	4.6065	4.4506	4.3030	4.1633	4.0310	3.4631
10	9.4713	8.9826	8.5302	8.1109	7.7217	7.3601	7.0236	6.7101	6.4177	6.1446	5.8892	5.6502	5.4262	5.2161	5.0188	4.8332	4.6586	4.4941	4.3389	4.1925	3.5705
11	10.3676	9.7868	9.2526	8.7605	8.3064	7.8869	7.4987	7.1390	6.8052	6.4951	6.2065	5.9377	5.6869	5.4527	5.2337	5.0286	4.8364	4.6560	4.4865	4.3271	3.6564
12	11.2551	10.5753	9.9540	9.3851	8.8633	8.3838	7.9427	7.5361	7.1607	6.8137	6.4924	6.1944	5.9176	5.6603	5.4206	5.1971	4.9884	4.7932	4.6105	4.4392	3.7251
13	12.1337	11.3484	10.635	9.9856	9.3936	8.8527	8.3577	7.9038	7.4869	7.1034	6.7499	6.4235	6.1218	5.8424	5.5831	5.3423	5.1183	4.9095	4.7147	4.5327	3.7801
14	13.0037	12.1062	11.2961	10.5631	9.8986	9.2950	8.7455	8.2442	7.7862	7.3667	6.9819	6.6282	6.3025	6.0021	5.7245	5.4675	5.2293	5.0081	4.8023	4.6106	3.8241
15	13.8651	12.8493	11.9379	11.1184	10.3797	9.7122	9.1079	8.5595	8.0607	7.6061	7.1909	6.8109	6.4624	6.1422	5.8474	5.5755	5.3242	5.0916	4.8759	4.6755	3.8593
16	14.7179	13.5777	12.5611	11.6523	10.8378	10.1050	9.4466	8.8514	8.3126	7.8237	7.3792	6.974	6.6039	6.2651	5.9542	5.6685	5.4053	5.1624	4.9377	4.7296	3.8874
17	15.5623	14.2919	13.1661	12.1657	11.2741	10.4773	9.7632	9.1216	8.5436	8.0216	7.5488	7.1196	6.7291	6.3729	6.0472	5.7487	5.4746	5.2223	4.9897	4.7746	3.9099
18	16.3983	14.992	13.7535	12.6593	11.6896	10.8276	10.0591	9.3719	8.7556	8.2014	7.7016	7.2497	6.8399	6.4674	6.1280	5.8178	5.5339	5.2732	5.0333	4.8122	3.9279
19	17.226	15.6785	14.3238	13.1339	12.0853	11.1581	10.3356	9.6036	8.9501	8.3649	7.8393	7.3658	6.938	6.5504	6.1982	5.8775	5.5845	5.3162	5.0700	4.8435	3.9424
20	18.0456	16.3514	14.8775	13.5903	12.4622	11.4699	10.594	9.8181	9.1285	8.5136	7.9633	7.4694	7.0248	6.6231	6.2593	5.9288	5.6278	5.3527	5.1009	4.8696	3.9539
25	22.0232	19.5235	17.4131	15.6221	14.0939	12.7834	11.6536	10.6748	9.8226	9.0770	8.4217	7.8431	7.3300	6.8729	6.4641	6.0971	5.7662	5.4669	5.1951	4.9476	3.9849
30	25.8077	22.3965	19.6004	17.292	15.3725	13.7648	12.409	11.2578	10.2737	9.4269	8.6938	8.0552	7.4957	7.0027	6.566	6.1772	5.8294	5.5168	5.2347	4.9789	3.9950